依据劳动和社会保障部制定的《国家职业标准 汽车修理工》要求编写

汽车修理工职业技能鉴定考证问答（高级、技师）

主 编 陈一永 李金学
主 审 高群钦

金盾出版社

内容提要

本书根据《国家职业标准 汽车修理工》的知识和技能要求，按照职业鉴定考核需要编写。本书分为汽车高级修理工和汽车修理(高级)技师两大部分，每部分分应知单元和应会单元两章：应知单元着力满足考证人员的理论知识需求；应会单元着力满足考证人员的实践技能需求。

本书可供汽车修理从业人员学习、培训和考证用，也可作为汽车爱好者的自学参考书。

图书在版编目(CIP)数据

汽车修理工职业技能鉴定考证问答(高级、技师)/陈一永，李金学主编. —北京：金盾出版社，2009.11

ISBN 978-7-5082-6051-8

Ⅰ. 汽… Ⅱ. ①陈…②李… Ⅲ. 汽车—车辆修理—职业技能鉴定—问答 Ⅳ. U472.4—44

中国版本图书馆 CIP 数据核字(2009)第 189814 号

金盾出版社出版、总发行

北京太平路 5 号(地铁万寿路站往南)

邮政编码：100036 电话：68214039 83219215

传真：68276683 网址：www.jdcbs.cn

封面印刷：北京精美彩色印刷有限公司

正文印刷：北京蓝迪彩色印务有限公司

装订：北京蓝迪彩色印务有限公司

各地新华书店经销

开本：787×1092 1/16 印张：17.875 字数：430 千字

2009 年 11 月第 1 版第 1 次印刷

印数：1～8000 册 定价：34.00 元

前　言

随着我国职业资格证书制度的不断完善和发展，职业资格证书已成为劳动就业的必备条件和通行证，是通向成功就业的金钥匙。为了帮助考证人员顺利取得国家职业资格证书，推动职业资格证书制度的深入实施，加快技能人才的培养，安徽省蚌埠市汽车管理学院汽车职业鉴定所根据多年的实践经验，组织相关专家、教授、技师和高级考评员共同编写了这本《汽车修理工职业技能鉴定考证问答（高级、技师）》。

为满足读者对培训、鉴定和考证等内容的需要，本书在编写过程中，严格遵循《国家职业标准 汽车修理工》的要求，按照模块化的方式分级编写。本书内容全面，实用性突出；根据客观实际，以岗位技能需求为出发点，以国家技能考核鉴定题库的内容为编写重点，针对性突出；紧跟时代步伐，力求更多地采用新知识、新工艺和新方法方面的内容，时代性突出。

本书主要由陈一永教授、李金学教授编写，全书由高群钦副教授主审。李春亮、汪时武、王元龙、徐寅生、赵学鹏、肖银培、魏建秋、蒙留记、尤晓玲、贾继德、张志远、吴鹏程等人参与了部分章节的编写工作。

本书主要面向有志于考取高级汽车修理工或汽车修理技师、高级技师的自学备考人员，也可作为各职业学校、修理单位的培训用书。我们真诚地希望本书能够成为考证人员的好老师、好帮手，真正能够让考证人员一书在手，证书可求。

本书涉及的知识较多，科学技术的发展日新月异，受编者的水平所限，书中难免存在缺点和错误，欢迎读者批评指正。

作　者

目　录

汽车高级修理工

第一章　高级修理工应知

第一节　汽车大修应知

一、申报汽车高级修理工考证，应具备什么条件？

根据中华人民共和国劳动和社会保障部制定的“汽车修理工”国家职业标准的规定，申报高级汽车修理工考证者，需具备以下条件之一：

①取得本职业中级职业资格证书后，连续从事本职业工作 4 年以上，经本职业高级正规培训达规定标准学时数，并取得毕（结）业证书。

②取得本职业中级职业资格证书后，连续从事本职业工作 7 年以上。

③取得高级技工学校或经劳动保障行政部门审核认定的、以高级技能为培养目标的高等职业学校本职业（专业）毕业证书。

④取得本职业中级职业资格证书的大专以上本专业或相关专业毕业生，连续从事本职业工作满 2 年以上。

二、对汽车高级修理工的工作要求有哪些？

对汽车高级修理工的工作要求：一要掌握相关理论知识；二要具有相应操作技能。

1. 编制汽车各总成主要零部件的修理工艺卡

(1)相关知识

①汽车各总成主要零部件的技术标准。

②金属材料与热处理工艺知识。

③机械制图。

④公差配合与技术测量。

(2)技能要求

能编制曲轴、气缸体、变速器壳体、差速器壳体等零件的修理工艺卡。

2. 主持汽车整车或总成的大修

(1)相关知识

汽车典型零部件的修复方法。

(2)技能要求

能主持汽车发动机、底盘及整车的大修作业。

3. 接车验收

(1)相关知识

车辆和总成的送修标准。

(2)技能要求

能使用仪器、仪表对送修车辆的技术状况进行检测,确定维修项目。

4. 过程验收

(1)相关知识

汽车零部件修理的技术标准。

(2)技能要求

①能使用量具、仪器、仪表检测已修复的零件;

②能按工艺规程监控维修质量。

5. 竣工验收

(1)相关知识

车辆和总成大修竣工验收技术标准。

(2)技能要求

能根据竣工验收标准,使用仪器、仪表检测修竣车辆的质量。

6. 诊断发动机疑难故障

(1)相关知识

①机动车辆技术性能的检测标准。

②汽车运输业车辆技术管理规定。

③发动机理论(发动机的工作循环、性能指标与特性)知识。

④汽车理论(汽车的动力性、经济性、制动性、行驶稳定性、平顺性与通过性)。

(2)技能要求

①能用仪器检测、分析油耗超标等故障。

②能用仪器检测、分析气缸异常磨损等故障。

③能用仪器检测、分析排放超标等故障。

7. 诊断底盘疑难故障

(1)相关知识

①汽车综合性能检测线的组成、设备、检测项目及检测设备的标定、使用。

②电工学与电子学知识。

③传感器、执行元件的构造、性能与工作原理。

④故障码阅读仪(解码器)、示波器、专用检测仪的分类、组成、原理、使用与调整方法。

(2)技能要求

①能用仪器检测、分析前轮异常磨损和摆振。

②能用仪器检测、分析汽车驱动桥异响。

③能用仪器检测、分析自动变速器打滑等故障。

④能用仪器检测、分析汽车制动防抱死装置失效。

8. 指导初、中级工技能操作

(1)相关知识

汽车的新技术、新工艺、新材料知识。

(2)技能要求

能够指导初、中级工完成汽车、总成的大修,排除常见故障。

9. 安全技术培训

(1)相关知识

全面质量管理知识。

(2)技能要求

能对初、中级工进行安全、技术培训。

三、金属材料的一般性能有哪些?金属材料的力学性能包括哪些内容?

(1)金属材料的一般性能

金属材料的一般性能分为使用性能和工艺性能两大类。使用性能又分为物理性能、化学性能、力学性能和其他性能。

(2)金属材料的力学性能

金属材料的使用性能,是通过金属的各种技术性能指标来表现的。而力学性能是选用金属材料的重要依据,它是指金属材料受到载荷作用或机件间作用表现出来的性能。金属材料的力学性能主要有弹性、塑性、强度、硬度、冲击韧性和疲劳强度等。

①弹性。弹性是指金属材料受外力作用时产生变形,当外力去除后仍能恢复原来形状和尺寸的性能。

②塑性。产生弹性变形的金属材料,当所加的外力进一步增加时,金属材料将产生更大的变形。外力去除后,变形不能完全消失(只有弹性变形部分消失),有一部分变形被保留。这种被保留下来的变形就成为“永久变形”或“残留变形”。这种随外力的消失而保留下来的永久性变形称为塑性变形。金属材料在外力作用下能产生永久变形而不发生断裂、损坏的性能称为塑性。塑性表示了材料塑性变形能力的大小。金属材料塑性的好坏,通常用延伸率和断面收缩率来衡量。

③强度。强度是指金属材料在外力作用下抵抗塑性变形和断裂的能力。如在外力作用下金属材料不发生断裂,也不产生塑性变形,这种金属材料的强度就高,反之就低。强度是工程技术上最重要的力学性能指标,是设计零件和选用材料的依据。机械零件在使用过程中,必须满足设计的强度要求。由于金属材料受到各种不同的外力作用,如拉力、压力、弯曲力、剪切力和扭转力等,所以金属材料的强度可分为抗拉强度、抗压强度、抗弯强度、抗剪强度和抗扭强度

等五种。金属材料最常用的强度指标是:屈服强度和抗拉强度。

④硬度。金属材料抵抗其他更硬物体压入自己表面的能力称为硬度。硬度是衡量金属材料软硬的一个指标,表示金属材料的坚硬程度。在机械制造中对所使用的各种刀具、量具、模具以及需要高耐磨性的零件来说,硬度具有特别重要的意义。因此,硬度也是金属材料重要的力学性能指标。金属的硬度,可以通过硬度计来测得。金属材料的硬度一般以布氏硬度(HBS 或 HBW)、洛氏硬度(HR)和维氏硬度(HV)表示。

⑤冲击韧性。金属材料抗冲击载荷的能力称为冲击韧性。金属材料的韧性以试样被冲断时,其断口处单位截面所消耗的功用 a_k 表示。

⑥疲劳强度。金属材料在无限次重复的交变载荷作用下,而不致引起断裂的最大应力称为疲劳强度,或称疲劳极限。

四、什么叫金属材料的抗拉强度和屈服强度?

(1)金属材料的抗拉强度

金属材料在拉力的作用下,抵杭破坏的最大能力,称为抗拉强度。抗拉强度又叫强度极限,是金属材料强度性能的主要指标,表示金属材料在拉断前单位横截面面积上所能承受的最大应力值。测定金属材料的抗拉强度,一般要进行金属材料的拉伸试验。抗拉强度一般用 σ_b 表示,其计算公式如下:

$$\sigma_b = P_b / F_o \text{(MPa)}$$

式中 P_b——试样在拉断前的最大载荷(N);

F_o——试样原始横截面面积(mm^2)。

σ_b 越大,表示金属材料抵抗断裂的能力越大,强度越高,零件在使用中就越安全。

(2)金属材料的屈服强度

金属材料在外力作用下,开始发生明显的塑性变形或达到规定塑性变形值时的应力,称为屈服强度。屈服强度是评定金属材料品质的重要力学指标。一般规定值是拉伸试件标距长的 0.2%,常用 $\sigma_{0.2}$ 表示。塑性高的材料,在拉伸过程中,当加载到 P_s 时,不再增加载荷,而材料仍继续变形(即材料丧失了抵抗塑性变形的能力)的现象称为屈服现象。屈服强度 σ_s(又叫屈服极限)的计算公式如下:

$$\sigma_s = P_s / F_o \text{(MPa)}$$

式中 P_s——屈服载荷(N);

F_o——试件断面面积(mm^2)。

五、钢的分类方法有哪几种?碳素结构钢的牌号如何表示?

黑色金属是指生铁和钢,其中含碳量在 0.04%~2.06%范围内是钢。严格地说,钢是铁和碳的合金,因此,钢又称为碳素钢,简称碳钢。

碳钢的分类方法很多,根据不同的分类方法,有许多不同的钢种。一般按钢的含碳量、用途和脱氧方法等进行分类。钢按含碳量可分为低碳钢、中碳钢和高碳钢三类;按用途可分为碳素结构钢、优质碳素结构钢和碳素工具钢；按脱氧方法可分为镇静钢、半镇静钢和沸腾钢。

碳素结构钢的牌号由代表屈服点的字母、屈服点数值、品质等级符号、脱氧方法符号4个部分按顺序组成。

如：Q235-A·F，表示屈服点为235MPa的A级沸腾钢。

牌号中符号及意义解释如下：

Q——钢材屈服点“屈”字汉语拼音首位字母；

A、B、C、D——品质等级；

F——沸腾钢“沸”字汉语拼音首位字母；

b——半镇静钢“半”字汉语拼音首位字母；

Z——镇静钢“镇”字汉语拼音首位字母；

TZ——特殊镇静钢“特镇”两字汉语拼音首位字母。在牌号组成方法中，“Z”、“TZ”符号予以省略。

六、优质碳素结构钢的牌号和碳素工具钢的牌号如何表示？

优质碳素结构钢与普通碳素钢的区别主要在于钢中非金属夹杂物较少，它的牌号用两位数字表示钢中平均含碳量的万分之几，如：

45——平均含碳量为0.45%的优质碳素结构钢；

20A——平均含碳量为0.20%的高级优质碳素结构钢；

45Mn——平均含碳量为0.45%的，较高含锰量(0.7%～1.2%)的优质碳素结构钢；

08F——含碳量为0.08%的优质碳素沸腾钢。

碳素工具钢的牌号表示方法：

碳素工具钢的牌号是用“T”及其后面加数字表示。“T”是汉语拼音“碳”的首位字母，其后面的数字表示钢中平均含碳量的千分之几，含锰量较高者，在牌号后面标注“Mn”，如：

T7——平均含碳量为0.7%的碳素工具钢；

T7A——平均含碳量为0.7%的高级优质碳素工具钢；

T10MnA——平均含碳量为1.0%的较高含锰量的高级优质碳素工具钢。

七、铸钢主要用于制造什么零件？铸钢代号表示什么？

一般工程用铸造碳钢即铸造碳素钢，简称铸钢，一般用于制造形状复杂、力学性能要求较高的零件。铸钢的含碳量一般为0.20%～0.60%，因为含碳量高，塑性差，铸造时易产生裂纹。铸钢的牌号是用汉语拼音字母“ZG”后面加上两组数字组成。“ZG”是“铸钢”两字的汉语拼音首位字母；后面的数字，第一组表示屈服强度，第二组代表抗拉强度，两组数字间用一短横隔开。例如ZG230-450表示屈服强度为230MPa，抗拉强度为450MPa的铸造碳钢。铸钢的晶粒较粗大，组织较疏松，因此其性能比锻钢差。

八、什么是合金钢？合金钢有几种分类方法？合金钢的编号是如何规定的？

1. 合金钢及其分类

合金钢是为了改善钢的性能，在碳钢的基础上，在冶炼时加入一种或数种合金元素的钢。合金钢与碳钢相比有较高的强度、较好的综合性能、高淬透性、红硬性及其特殊的物理、化学性能等。

合金钢的分类方法很多，一般是按用途和合金元素分类。

(1)按用途分

合金结构钢用于制造各种机械零件及工程结构；合金工具钢，用于制造各种工具、刃具、模具和量具等；特殊性能钢，具有某种特殊物理或化学性能的合金钢，如不锈钢、耐热钢、耐磨钢、磁钢、电工钢等。

(2)按合金元素含量分

低合金钢的合金元素总含量小于5%；中合金钢，合金元素总含量在5%～10%范围内；高合金钢，合金元素总含量大于10%。

2. 合金钢牌号的编制方法

根据国家标准规定，我国合金钢牌号采用国际化学元素符号和数字及汉语拼音字母并用的原则，具体编号方法如下：

(1)合金结构钢的编号

合金结构钢的编号方法是：二位数字＋化学元素符号＋数字。

前二位数字表示钢的平均含碳量为万分之几；元素符号表示该合金钢所含的合金元素，元素符号后面的数字表示该元素平均含量的百分之几。当合金元素含量小于1.5%时，元素符号后面不标含量；当平均含量大于或等于1.5%而小于2.5%时标注2；大于或等于2.5%而小于3.5时标注3，以此类推。对于高级优质合金钢，则在编号末尾加注“A”。

如：40Cr(或40铬)——平均含碳量为0.40%，含铬量小于1.5%的合金结构钢。

20Cr2Ni4A(20铬2镍4高)——平均含碳量为0.20%，含铬量约为2%，含镍量约为4%的高级合金结构钢。

(2)合金工具钢的编号

合金工具钢的编号方法和合金结构钢相似，只是含碳量的表示方法不同，当其平均含碳量大于或等于1.0%时含碳量不标注；平均含碳量小于1.0%时以千分之几表示。如9CrSi，表示平均含碳量为0.9%，铬和硅的含量均小于1.5%的合金工具钢。

高速钢也属于合金工具钢。如W18Cr4V，表示平均含碳量大于或等于1.0%，平均含钨量18%，平均含铬量4%，平均含钒量小于1.5%的高速工具钢。合金工具钢一般都为高级优质钢，所以合金工具钢牌号后面不再标“A”。

(3)特殊性能钢的编号

特殊性能钢的编号基本上与合金工具钢相同。如不锈钢2Cr13，表示含碳量为0.2%，含铬量为13%。滚动轴承钢一般不标含碳量，而铬以千分之几表示，并在牌号前冠以“G”或

“滚”，其他元素仍用百分之几表示。

如：GCr15SiMn 表示含铬为 1.5%，Si、Mn 均少于 1.5%的滚动轴承钢。

九、如何辨认复杂的钢号？

我国国家规定钢号的表示方法，是通过各种字母、化学元素符号及数字来区分钢的类别、用途、冶炼方法、化学成分及品质。在辨认复杂的钢号时，只要掌握“三看原则”，就能很快加以识别。

一看：钢号前后有无特殊符号。如 08F(沸腾钢)、Y12(易切削钢)、GCr15(滚动轴承钢)等。

二看：用几位数字表示钢号(即看含碳量的数字)。如果为二位数字则是合金(或碳素)结构钢；一位数字则是合金工具钢。

三看：含有哪些合金元素及含量多少。如 20CrMnTi 钢是二位数字“20”表示钢号，并含有合金元素，所以是合金结构钢；5CrNiMo 是用一位数字“5”表示钢号，且含有合金元素，所以为合金工具钢。

十、铸铁分哪几类，各有何特点？

铸铁是含碳量大于 2.11%的铁碳合金。铸铁可分为白口铸铁和灰口铸铁、可锻铸铁、球墨铸铁和蠕墨铸铁。

(1)白口铸铁

铸铁中绝大部分碳和铁形成化合物，以渗碳体的形式存在于铸铁中，因其断口呈银白色，故称白口铸铁(或白口生铁)。由于白口铸铁既硬又脆，不能切削加工，在工业中极少应用。

(2)灰口铸铁

铸铁中的碳大部分以片状石墨(即全部是碳)形式存在，因其断口呈灰黑色，所以称灰铸铁。

(3)可锻铸铁

可锻铸铁是将白口铸铁经过长期高温退火而获得的铸铁。强度比灰铸铁高，有一定的塑性和韧性，但不能锻造。

(4)球墨铸铁

球墨铸铁是在液态灰口铁中加入墨化剂和球化剂，使碳形成片状游离石墨后再变成球状石墨而获得。强度高，韧性好，有良好的铸造性能，耐磨性、减振性、抗氧化性均比钢好，并且可以通过各种热处理方法，使其力学性能得到进一步改善和提高。

(5)合金铸铁

在灰口铸铁或球墨铸铁中加入一定的合金元素，就可得到一些有特殊功能的合金铸铁。合金铸铁与合金钢相比，成本低，冶炼容易。

(6)奥-贝球墨铸铁

奥-贝球墨铸铁主要靠等温淬火处理获得，具有优异的性能，其抗拉强度超过了普通球墨铸铁，达 GPA 级；延伸率达 10%，冲击韧性远高于调质钢，其值为 98J/cm²；疲劳强度为 400～500MPa。

十一、什么叫热处理？热处理有什么作用？

热处理是将固态金属或合金，采用适当的方式加热到预定温度并保温一定时间，再以不同的降温速度改变其内部组织结构，从而获得所需要性能的一种工艺方法。热处理操作过程如图 1-1-1 所示。

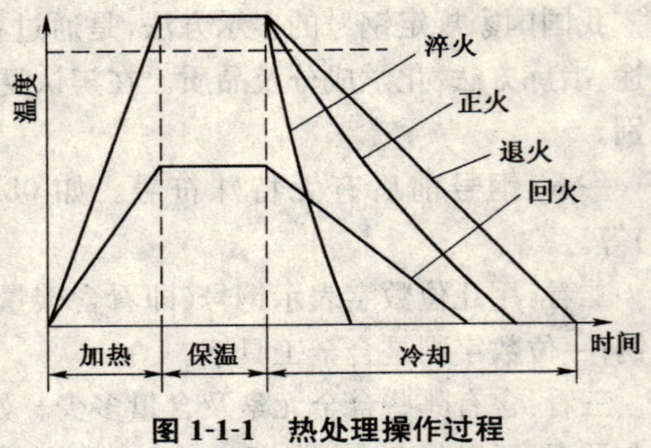

图 1-1-1 热处理操作过程

热处理的目的是改变金属内部组织及性质，但不改变零件的形状和尺寸，使工件具有所需要的性能。热处理可以提高材料的力学性能，节约材料并延长其使用寿命；改善工件的加工工艺性能，使产品加工的质量和劳动生产率得到进一步提高。

热处理在机械制造工业中占有非常重要的地位，它是强化金属材料的有效方法之一。在汽车、拖拉机制造中，经热处理的零件占 70%～80%。

十二、钢的热处理方法有几类，代号是什么？

热处理工艺方法的种类繁多，按照热处理的目的要求和冷却方式的不同，可将钢的热处理分为普通热处理和表面热处理两大类，如图 1-1-2 所示。

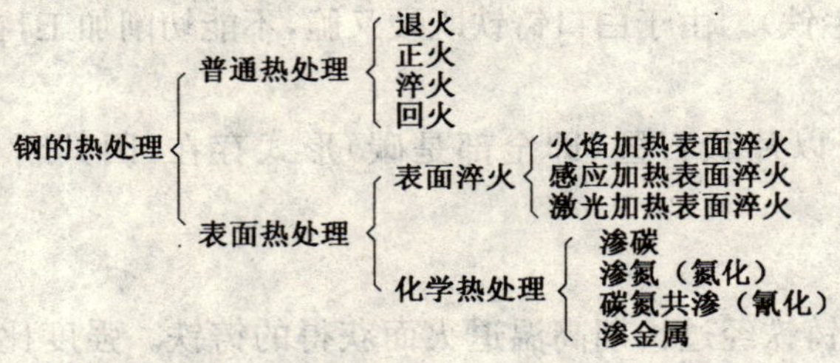

图 1-1-2 钢的热处理类型

(1)钢的普通热处理

钢的普通热处理就是单纯用控制加热、保温和冷却的方法来改变钢的组织和性能的热处理。可分为退火、正火、淬火和回火四种基本形式。它们有时作为预备热处理，有时作为最终热处理。预备热处理的目的在于消除先前加工所造成的某些缺陷（如钢材晶粒粗大），或为以后的冷加工和最终热处理做好组织准备，如退火和正火这两种形式。最终热处理是使钢满足在使用条件下的性能要求，如淬火、回火等形式。有的钢材经过退火或正火后，就能满足使用性能要求，此时退火或正火也就成为最终热处理。

(2)钢的表面热处理

在动载荷及摩擦条件下工作的汽车传动齿轮、曲轴等零件，要求表面具有高硬度和耐磨性而中心部位具有足够的塑性和韧性。为了达到这一要求，只从选择材料入手是难以解决的。例如：高碳钢的硬度虽高，但心部韧性不足；而低碳钢的心部韧性虽好，但表面硬度低，不耐磨。为此，只能采用表面热处理(即表面淬火或化学热处理)的方法来解决。

(3)钢的热处理方法代号

钢的热处理方法代号见表 1-1-1。

表 1-1-1　钢的热处理方法代号

热处理方法	代号	热处理方法	代号
退火	Tn	调质高频淬火	T-G
正火	Z	火焰淬火	H
调质	T	氰化	Q
淬火	C	氮化	D
油冷淬火	Y	渗碳淬火	S-C
高频淬火	G	渗碳高频淬火	S-G

十三、什么叫退火？退火的作用是什么？

按钢的成分和不同的处理目的，通常的退火工艺分为完全退火、扩散退火、等温退火、球化退火和去应力退火等。

将钢件加热至 Ac_3 以上 30℃～50℃(一般 780℃～900℃)，保温一定时间后，随炉缓慢冷却(可在缓冷坑中或埋在砂中冷却)至 500℃以下，然后在空气中冷却的工艺方法称为完全退火，亦称重结晶退火，一般简称为退火；将钢件加热至高温 Ac_3＋150℃～250℃(1050℃～1150℃)，保温 10～20h，然后缓冷的工艺方法称为扩散退火；钢件退火不用随炉冷却的办法，而是打开炉门，冷到 A_1 以下的某一温度，保温足够时间，使过冷奥氏体完成等温分解，温度降至 500℃～600℃时出炉空冷的工艺方法称为等温退火；加热温度略高于 Ac_1＋10℃～20℃，保温足够时间后，随炉缓冷或采用等温退火的冷却方法，使钢件获得球状组织的工艺方法称为球化退火；将钢件加热到 500℃～650℃，经保温一段时间后，随炉缓冷至 300℃以下出炉空冷的工艺方法称为去应力退火，有时亦称“时效”。通常把在室温下放置的叫做自然时效，在一定温度下保温的叫做人工时效。

退火的作用：

①降低钢的硬度，使之易于切削加工。

②提高钢的塑性和韧性，以便于深冲或拉拔加工。

③消除钢中的组织缺陷，细化晶粒、均匀组织及成分，为热锻、热轧或热处理做准备。

④消除前一道工序(铸造、锻造或焊接等)所产生的内应力，以防工件再加工时或在停放过程中产生变形。

十四、什么叫正火？正火的作用是什么？

将钢件加热到上临界点(Ac_3 或 Acm)以上 30℃～50℃(820℃～950℃)，保温一定时间后从炉中取出，在空气中冷却的热处理方法称为正火。正火与退火的明显不同点，是正火的冷却速度较退火稍快，正火后所得的组织比退火细，强度和硬度也有所提高。

正火的目的，对亚共析钢而言与完全退火相似，只是正火后钢的强度、硬度高些。正火比退火生产周期短，较为经济。对于过共析钢，正火是为了消除网状渗碳体。正火能提高钢的机械性能和改善钢的组织，对一些不重要的零件已能满足使用要求，故常作为最终热处理以代替淬火和回火。

十五、什么叫淬火？淬火的目的是什么？常用的淬火方法有哪几种？

(1)淬火的概念

将钢加热到 Ac_1(或 Ac_3)以上 30℃～50℃，保温一定时间，然后以大于钢的临界冷却速度 $V_{临}$ 冷却时，奥氏体将被过冷到 Ms 以下向马氏体转变，淬火后获得马氏体组织，从而提高钢的硬度和耐磨性的热处理方法称为淬火。各种钢的淬火加热温度主要由钢的化学成分决定，图 1-1-3 所示为各种碳钢的淬火加热温度范围。

(2)淬火的目的

①提高钢的零件表面硬度，增加耐磨性。

②提高零件的强度，增加冲击韧性。淬火并不是最终处理，淬火后要进行回火才能达到目的，获得所需要的使用性能。

在淬火过程中，复杂的内应力往往会引起各种淬火缺陷。为了避免淬火缺陷的产生，必须根据钢材的特点和工件的技术要求选择好淬火方法，以保证良好的淬火质量。

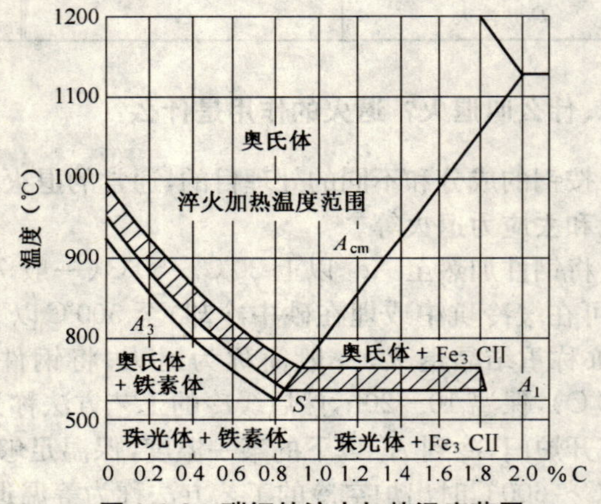

图 1-1-3 碳钢的淬火加热温度范围

(3)常用的淬火方法

①单液淬火法。将高温的钢件放入一种淬火介质中冷却至转变结束的淬火方法，称为单液淬火。水淬和油淬都属于单液淬火法。水淬可得到较深的淬硬层与高的硬度，但变形和开裂倾向大；油淬的淬硬层薄。在一般情况下，碳钢淬火采用水淬，合金钢淬火采用油淬。

②双液淬火法。将钢件加热到淬火温度并保温后，先在水或盐水中进行冷却，等钢件温度降低到接近 Ms 点(300℃～400℃)迅速移入油中冷却，这种水淬油冷的淬火方法称双液淬火。

③分级淬火。将高温钢件直接放入温度为 150℃～260℃的盐液或碱液中淬火，在该温度下停留一定时间，以减少零件表面与心部的温差，然后取出在空气或油中冷却，这样的淬火方法称为分级淬火。

④等温淬火。将高温钢件放入稍高于 Ms 的硝盐液中，停留较长时间，使其获得下贝氏体组织，再把钢件取出在空气中冷却，这种淬火方法称为等温淬火。

⑤局部淬火法。局部硬度要求高的工件，可采用局部加热淬火的方法，以避免工件其他部分产生变形和裂纹，即使工件局部淬硬的方法，称为局部淬火法。

十六、什么是回火？回火的目的是什么？回火有哪些方法？

(1)回火的概念

将淬火后的钢重新加热到低于 A_1 某一选定温度，并保温一定时间，然后以适宜的速度冷却(一般在油中进行)的热处理工艺称为回火。

(2)回火的主要目的

①获得所需的机械性能。在通常情况下，零件淬火后强度和硬度有很大的提高，但塑性和韧性却有明显的降低。为获得良好的强度和韧性，可以选择适当的温度进行回火处理。

②稳定钢件的组织和尺寸。淬火组织中的马氏体和残余奥氏体有自发转化的趋势，只有经回火后，才能稳定钢件的性能与尺寸。

③消除内应力。一般钢件淬火后残留的内应力都较大，如不及时消除，将引起钢件的变形和开裂，故回火是淬火后不可缺少的后续工艺。

(3)常用的回火方法

①低温回火。在150℃～250℃进行的低温回火工艺，所得组织为回火马氏体。回火后降低了淬火钢的内应力和脆性，保持其高硬度、高耐磨的特点，但韧性不高。这种回火主要用于要求硬度在55～62HRC的各类高碳工具、模具、滚动轴承、渗碳及表面淬火的零件。

②中温回火。在350℃～450℃进行的中温回火工艺，所得组织为铁素体及极细的粒状渗碳体组成的回火屈氏体，硬度为35～45 HRC。中温回火后具有高的弹性极限和屈服强度，同时有较好的韧性，它的淬火应力也进一步得到消除。中温回火主要用于各种弹簧、弹簧夹头及锻模、螺钉等。

③高温回火。在500℃～650℃进行的高温回火工艺，所得到组织是由铁素体和细而均匀的粒状渗碳体组成的回火索氏体。高温回火后钢件具有一定的强度和硬度，并有较好的塑性和韧性。

十七、什么叫调质处理？调质与正火有什么不同？

生产中通常把淬火和高温回火称为调质处理。调质后的钢件能获得由铁素体和细而均匀的、粒状渗碳体组成的回火索氏体组织，从而具有一定的强度和硬度，以及较好的塑性和韧性相配合的综合力学性能。适合于进行调质处理的中碳钢和中碳合金钢称为调质钢。调质处理广泛用于各种受力构件，特别是在交变载荷作用下的重要汽车零件，如连杆、气缸盖螺栓、连杆螺栓、齿轮、万向节及轴类等。调质处理也常作为改善切削加工性能或表面淬火、氮化等重要精密零件的预先热处理，使其先获得均匀细小的回火索氏体组织，以减少随后最终热处理过程中的变形，并为获得较好的最终性能做好组织准备。

调质处理的钢与正火处理的钢相比，不仅强度较高，而且塑性、韧性也远高于正火处理钢，这是由于调质后钢的组织是回火索氏体，其中渗碳体呈粒状，而正火后组织为细片状珠光体，其中渗碳体呈片状。因而当两者硬度相同时，前者比后者具有较高的强度、塑性和韧性。

十八、时效处理的目的是什么？时效处理有几种方法？

一些形状复杂或断面变化较大的铸件，在凝固和冷却过程中由于各部位凝固及冷却速度不同，收缩情况不一样，使金属内部常存在着不同程度的应力。因此，精度要求高的铸件，在机械加工前通常都要进行时效处理，以消除其内应力。

时效处理的方法有以下两种：

①自然时效。将需要机械加工的铸件放置在室外 6～18 个月，其内应力可降低 20%～30%。这种方法的缺点是时间长、效果差，目前已很少采用。

②人工时效。将铸件转入 100℃～200℃的炉中，随炉缓慢升温至 500℃～600℃，经保温较长的时间，再极其缓慢地冷却下来的方法叫人工时效，这种方法可消除 90%以上的内应为。

十九、什么叫钢的化学热处理？化学热处理有何特点，方法有哪些？

将钢件或合金机件置于一定温度的活性介质中保温，使一种或几种元素渗入它的表层，以改变其化学成分、组织和性能的热处理工艺称为化学热处理。进行化学热处理的目的是提高零件表面的耐磨、耐蚀、耐热性及耐疲劳、硬度等性能。

化学热处理对提高产品质量，使工件满足某些特殊要求，发挥材料的潜力，节约贵重金属，均具有重要意义。另外，与表面淬火相比，它可以克服因工件形状复杂、制造仿形器（感应线圈）困难、淬硬层不均等缺点。任何复杂的工件，经化学热处理后一般均可获得与工件形状相似的渗层。目前常用的化学热处理可分为两类：一类是以表面强化为主，如渗碳、渗氮、氰化（碳氮共渗）等，目的是提高钢的表面硬度、耐磨性和抗疲劳性能，渗氮也能提高表面的热硬性和耐蚀性能；另一类是以改善工件表面的物理、化学性能为主，如渗铬、渗铝、渗硅等，目的是提高抗氧化、耐酸蚀等，其中渗铬、渗硅也兼有耐磨的特点。

在汽车、拖拉机和机床制造中，最常用的化学热处理有渗碳、氮化和气体碳氮共渗（氰化）等。

(1)渗碳

渗碳是指向钢的表面层渗入碳原子，即把钢件放入渗碳气氛中，加热至 900℃～950℃，并保温，使活性炭原子渗入钢件表面层（增碳）的过程。这类零件常采用含碳量为 0.15%～0.25%的低碳钢或低碳合金钢，渗碳层的深度一般在 0.5～2.5mm。按照渗碳剂不同，渗碳法分为固体渗碳、气体渗碳和液体渗碳。

(2)氮化

利用氨在一定温度下（500℃～600℃）所分解的活性氮原子向钢的表面层扩散而形成铁氮合金，从而改变钢件表面的机械性能和物理化学性质的方法。

(3)氰化

同时向钢件的表面渗入碳和氮的过程，也称碳氮共渗。按使用介质不同可分为固体、液体、气体氰化三种；按温度不同可分为低温氰化（500℃～600℃）、中温氰化（800℃～870℃）和高温氰化（900℃～950℃）。常用的是中温，一般为 850℃左右的气体氰化，它主要起渗碳作用。

二十、装配图中有哪些表达方法？

装配图上规定一些表达方法，其目的是便于绘图和看图，主要有装配图的规定画法、装配图特殊表达方法、装配图尺寸标注和装配图的零件编号和明细表等。

(1)装配图的规定画法

装配图的规定画法有以下四种：

①两个相邻零件的接触面和配合面，规定只划一条线；非接触面或非配合面不论间隙大小，都要划两条线。

②相邻零件的剖面线倾斜方向应相反。同一零件在各视图上的剖面线方向、间隔应一致。

③在剖视图中，剖切面通过标准件和实心件的基本轴线时，这些零件按不剖绘制。

④剖视或剖面中，零件厚度小于 2mm 断面部分可涂黑表示。

(2)装配图特殊表达方法

①拆卸画法。在视图上已表达清楚的零件，为了不影响后面零件表达，可假想将该零件拆去不画。

②假想画法。与该部件有关联的零(部)件，虽不属于这个部件，但可用双点划线画出其轮廓。

③简化画法。在装配图中，对于规格一样、分布均匀的螺栓、螺母等联接件，允许只画一个，其余用中心线表示其位置；滚动轴承可仅画出一半(剖视图)，而另一半只画出轮廓，中间画交叉细实线即可；零件上的细小结构如倒角、倒圆、退刀槽可省略不画。

(3)装配图的尺寸标注

根据装配图在设计和生产中的作用和要求，图上一般应注出机器或部件的性能(规格)、装配、安装和外形等几类尺寸。

①性能(规格)尺寸。它是表示机器或部件的性能或规格的，在设计时确定，是了解或选用机器或部件的依据。

②装配尺寸。它是表示机器或部件中零件之间装配关系的尺寸，包括配合尺寸，重要的相对位置尺寸。

③安装和对外连接尺寸。它是指将机器或部件安装到其他机器或地基上所需的尺寸及对外连接的尺寸。通常指孔的大小及其定位尺寸。

④外形尺寸。它是表示机器或部件的总长、总宽和总高的尺寸。这类尺寸在机器或部件的包装、运输和安装时有用。

⑤其他重要尺寸。它是指不包括在上列四类尺寸中的重要尺寸，如运动零件的极限位置尺寸、传动螺纹尺寸，经过计算而确定的重要尺寸等。但并不是每张装配图都具备上述五类尺寸，有时装配图上的同一尺寸往往具有几种含义。所以，注装配图的尺寸时必须根据具体情况进行具体分析，才能确定要标注的尺寸。

(4)装配图的零件编号和明细表

为便于读图和管理，对装配图的全部零件都按顺序编号。通常用细实线从被注零件轮廓内引出，并在端点画水平细实线短横，在短横上写上序号。对于一组零件，允许在引出线端点画一竖直细实线，按零件数在竖直细实线上均布画短横，在短横上写该组零件

(各自)的序号。编号引线不得相互交叉及与剖面线平行,允许有一次转折。在标题栏上方画出明细表,明细表内的序号应自下而上按顺序填写,表内零件如系标准件,应注出代号和国标。

二十一、装配图应包括和反映哪些内容?阅读装配图的方法和步骤是什么?

(1)装配图应包括和反映的基本内容

①用一组视图正确、完整、清晰地表达出零件间的装配关系以及机器或部件的传动系统、工作原理等,并不要求把各组成部分的结构形状表达完整。

②装配图中应具有表示机器或部件的性能、规格、装配、外形及安装时所必需的各类尺寸。

③用文字或符号说明机器或部件的性能及对装配、检验、调试、密封、无噪声等方面的技术要求。

④将图中各组成部分按一定的顺序和方法进行编号,用于指明各组成部分所在的位置。将序号和明细表配合起来,可查找各组成部分的名称、代号、数量和材料等。

⑤标题栏和明细表起着技术档案的作用,它们提供了所表达的机器或部件的名称、规格,以及各组成部分的名称、材料、图样代号、比例和有关人员的签字等内容。

(2)阅读装配图的方法和步骤

①概括了解。首先从标题栏、明细表及有关说明书中了解装配体名称、比例、用途及使用场合,结合图中的几个主要尺寸来了解装配体的体积大小;按照明细表中的序号,在装配图上找到零件的位置及数量,结合图中所显示的主要零件形状,大致了解装配体的复杂程度;通过图样中所注的技术要求,查看装配体的性能及精密程度。

在装配图中区分零件图,可用剖面线的方向、疏密、零件各视图剖面线方向疏密一致的原则进行区分;按实心件剖切后不画剖面线的规定,可以区分出轴与轴上的各种零件;或区别出螺纹连接件与被连接的零件;按零件编号可区分零件。

②深入分析。找出表达内容最多的主视图,然后确定其他视图、剖视、剖面的相互关系及表达意图,进行深入分析,了解工作原理。通过分析装配关系,了解运动情况、运动如何传递、哪些零件运动,运动的形式(转动、往复、摆动等)是什么。通过分析零件结构,了解凡有配合关系的零件,应根据图样上标注的配合代号,搞清配合种类、松紧程度、精度等级等。分析零件上哪些地方是定位面,哪些地方需要调整,部件上哪些地方需要密封,用什么形式,各运动零件之间如何润滑等。

③归纳总结总体结构,想象总体形状。在深入分析之后,应对装配体的结构进行总体分析,并将各零件联系起来想象出一个完整的装配体,从而完全了解该装配图中所表示的装配体。

二十二、什么是汽车修理工艺和汽车修理工艺规程?

(1)汽车修理工艺

汽车修理工艺是指利用生产工具按一定的要求修理汽车的方法,是在修理汽车过程中积累起来、并经过总结的操作技术经验和技巧。

(2)汽车修理工艺规程

汽车修理工艺规程指的是通过对各种情况(如工效、质量、成本等)的分析,在一种生产对象的工艺过程的多种方案中选定某一具体生产条件下最科学合理的方案,将其内容用条文、图表等形式确定下来,并写成的技术文件。通常情况下,工艺规程只是提出总的目标要求,并不具体写明每一工序如何操作,它是技术管理中重要的技术文件,一般保存在技术部门作为技术档案。

二十三、什么是汽车修理工艺卡?工艺卡的种类和内容都有哪些?

(1)汽车修理工艺卡

汽车修理工艺卡是按不同的作业范围(如清洗、检验、加工、装配),根据工艺规程所规定的内容,用简明的文字、表格或工作图等形式表达出来的技术文件。它是工艺规程的具体体现,是具体安排和指导生产的依据,是工艺规程进入生产的执行部分。卡片上要较详细地写明各工序的技术要求、操作要点及步骤,以便送达车间,用其组织和指导生产。

(2)汽车修理工艺卡的种类

汽车修理工艺卡的种类繁多、内容繁杂,目前国家尚无统一定型的格式,可由企业自定。按照工种或作业性质的不同,汽车修理工艺卡通常分为拆卸工艺卡、装配工艺卡、技术检验工艺卡(包括综合技术检验工艺卡、零件技术检验工艺卡)、零件修复工艺卡和调试工艺卡等。有的零件或总成的检、修、装、调、试工艺卡也采用综合工艺卡的形式。

①装配工艺卡。装配工艺卡的格式和主要内容见表1-1-2。通常将其分为汽车装配、总成装配和组合件(如活塞连杆组)装配工艺卡等。

表1-1-2 装配工艺卡的格式和内容

<table>
<tr><td colspan="2">企业名称</td><td colspan="2"></td><td colspan="2">装配工艺卡</td><td colspan="2">卡号</td><td></td></tr>
<tr><td colspan="4" rowspan="3">(装配工作图)</td><td colspan="2">装配名称</td><td>厂牌</td><td></td><td>第 页</td></tr>
<tr><td colspan="2"></td><td colspan="2"></td><td>共 页</td></tr>
<tr><td>说明</td><td colspan="4"></td></tr>
<tr><td>工序号</td><td>工种</td><td>作业名称</td><td>操作要点及技术要求</td><td>设备</td><td>工具</td><td>量具</td><td>工序时间</td><td>备注</td></tr>
<tr><td></td><td></td><td></td><td></td><td></td><td></td><td></td><td></td><td></td></tr>
<tr><td></td><td></td><td></td><td></td><td></td><td></td><td></td><td></td><td></td></tr>
</table>

②技术检验工艺卡。按照检验的类别可将技术检验工艺卡分为综合技术检验工艺卡和零件技术检验工艺卡两种。

a. 综合技术检验工艺卡。综合技术检验工艺卡的格式和内容见表1-1-3。它适用于总成、组合件(如活塞连杆组)、结构系统(如制动系统、配气机构)等的综合性技术检验。在卡片的“检验项目”栏内,应逐项注明检验技术名称(如曲轴主轴承径向间隙、连杆轴承轴向间隙、飞轮端面跳动、气缸压缩压力等)。

表 1-1-3 综合技术检验工艺卡的格式和内容

<table>
<tr><td>企业名称</td><td colspan="4"></td><td>卡号</td><td colspan="3"></td></tr>
<tr><td>检验名称</td><td>厂牌</td><td>车别</td><td colspan="2"></td><td>修别</td><td></td><td>第 页</td><td>共 页</td></tr>
<tr><td rowspan="2">检验项目</td><td rowspan="2">技术要求</td><td rowspan="2">检验方法</td><td colspan="2">检验</td><td rowspan="2">检验结论</td><td rowspan="2">作业时间</td><td colspan="2" rowspan="2">备注</td></tr>
<tr><td>量具</td><td>仪器</td></tr>
<tr><td></td><td></td><td></td><td></td><td></td><td></td><td></td><td colspan="2"></td></tr>
<tr><td></td><td></td><td></td><td></td><td></td><td></td><td></td><td colspan="2"></td></tr>
</table>

b. 零件技术检验工艺卡。零件技术检验工艺卡通常是每件一卡，其格式和内容见表 1-1-4。适用于零件修复前的检验分类和零件修复过程的检验。零件修复前的技术检验工艺卡可以不填写卡片的“工序号”，而零件修复过程的技术检验工艺卡必须按修理工艺过程顺序填写“工序号”。

表 1-1-4 零件技术检验工艺卡的格式和内容

<table>
<tr><td>企业名称</td><td colspan="3"></td><td colspan="5">零件技术检验工艺卡</td><td>卡片编号</td></tr>
<tr><td colspan="4" rowspan="4">（检验部位图）</td><td colspan="5">零　件</td><td></td></tr>
<tr><td>名称</td><td>厂牌</td><td>编号</td><td>材质</td><td>机械性能</td><td>第　页</td></tr>
<tr><td></td><td></td><td></td><td></td><td></td><td>共　页</td></tr>
<tr><td colspan="6">说明：</td></tr>
<tr><td rowspan="2">工序号</td><td rowspan="2">工种</td><td rowspan="2">图上号码</td><td rowspan="2">技术要求</td><td rowspan="2">检验方法</td><td colspan="2">检验</td><td rowspan="2">检验结论</td><td rowspan="2">工序时间</td><td rowspan="2">备注</td></tr>
<tr><td>量具</td><td>仪器</td></tr>
<tr><td></td><td></td><td></td><td></td><td></td><td></td><td></td><td></td><td></td><td></td></tr>
<tr><td></td><td></td><td></td><td></td><td></td><td></td><td></td><td></td><td></td><td></td></tr>
</table>

③零件修复工艺卡。零件修复工艺卡通常也是每件一卡，其格式和内容见表 1-1-5。对于简单零件的制配，也可将其作为零件机械加工工艺卡。

表 1-1-5 零件修复工艺卡的格式和内容

<table>
<tr><td colspan="2">企业名称</td><td colspan="3"></td><td colspan="6">零件修复工艺卡</td><td>卡片编号</td></tr>
<tr><td colspan="5" rowspan="4">（工艺图）</td><td colspan="6">零　件</td><td></td></tr>
<tr><td>名称</td><td>厂牌</td><td>编号</td><td colspan="2">材质</td><td>机械性能</td><td>第　页</td></tr>
<tr><td></td><td></td><td></td><td colspan="2"></td><td></td><td>共　页</td></tr>
<tr><td colspan="7">说明：</td></tr>
<tr><td>工序号</td><td>工种</td><td>图上号码</td><td>工序名称</td><td>操作要点及技术要求</td><td>设备</td><td>工具、模具夹具、刀具</td><td>量具</td><td>焊条牌号</td><td>工序时间</td><td colspan="2">备注</td></tr>
<tr><td></td><td></td><td></td><td></td><td></td><td></td><td></td><td></td><td></td><td></td><td colspan="2"></td></tr>
<tr><td></td><td></td><td></td><td></td><td></td><td></td><td></td><td></td><td></td><td></td><td colspan="2"></td></tr>
</table>

汽车修理工艺卡的格式多种多样，以上几种形式仅供参考。也可以将以上工艺卡的名称和内容作适当改变，做成其他类型的工艺卡。

(3)汽车修理工艺卡的内容

汽车修理工艺卡的内容应根据工艺特点而定，一般应包括工序号、工位图和技术要求几个主要方面。

①工序号。工序号是按作业顺序编排的序号，在修理工艺卡片中，此序号还包含工艺过程程序。

②工作图。工作图用于指明零件或总成的作业部位，以便按照指明的部位工作。如检验图和装配图，应在图上用引线注明其损伤部位或配合副的公差、间距、角度及方位等的相互位置。对操作方法，应用简图表明工件对设备、夹具、工具、量具及仪器等在操作中的相互位置或操作方法。

③技术要求。技术要求主要包括以下内容：

a. 工艺规范。主要是指用于工艺上的数据，如切削加工的切削用量，零件清洗溶液的成分，热处理的温度及机械性能等有关数据。

b. 技术规范。主要是指零件的尺寸(如公称尺寸、允许磨损尺寸、极限磨损尺寸等)、表面粗糙度及精度、配合副的公差等。

c. 性能条件。指装配中某部位承受的压力、转矩和工作性能等。

d. 报废条件。指零件损伤达到无法修复程度的具体规定。

e. 设备、工夹具。应在每一作业项目(工序)中指明所使用的设备、夹具、工具、量具和仪器等的名称及必要的型号。

f. 材质。指工件所用材料的种类、型号及尺寸等。

g. 工序时间。指完成每一工序所需的连续作业时间。根据时间长短，工序时间用“min”或“h”计算。为了便于安排生产计划和考核，最好分定额工时和实际工时。

h. 机械性能。通常指零件的表面硬度。

工艺卡是法定性工艺文件，编好后由检验员签字并报有关单位批准。批准单位盖章(或签字)后在注明的执行日期生效。如要修改，需经有关部门批准。

二十四、汽车修理工艺规程的制定原则和注意事项是什么？

(1)汽车修理工艺规程的制定原则

由于汽车修理企业的生产规模、生产条件和承修车型不同，因此国家没有统一的工艺规程。各地、各企业应根据各自的具体情况研究、编制、借鉴、实施、总结和积累各种整车、总成以及零部件修理的工艺规程。但在确定工艺规程的过程中，应遵循以下原则：

①技术先进性。技术先进性是相对的，是指在一定条件下可能达到的水平。各企业应尽量采用新技术、新工艺、新设备，以提高劳动生产率，降低修理成本，保证修理质量。还要结合本企业现有的设备条件和人员条件，既考虑目前，又与长远相结合，使工艺既先进又可行。

②经济合理性。在保证产品质量的前提下，应尽量降低修理成本，挖掘技术潜力修旧利

废。例如零件机械加工工艺，必须充分注意选定合理的加工基准及切削用量，使切削用量为最小，同时质量又有保证，以增加零件修复的加工次数（如镗缸、磨曲轴），延长零件的使用寿命。

③改善劳动和安全条件。制定工艺时，必须注意降低工人的劳动强度和改善工人的劳动条件，注意噪声和排污标准，消除各种公害。还要保证安全操作规程的完善和落实，保证人身、工件和机具不受损害，特殊安全问题除在操作工艺本身上做合理安排外，必要时应附加特别注意事项。

(2)制定汽车修理工艺规程的注意事项

①凡容易使工件产生变形的工序，应尽量安排在最前面，避免最后因变形而浪费加工工料。对热加工（如热铆、堆焊、热喷涂）、冷压加工（如镶套、校正）等加工应力大（如工件受夹持和切削应力大）的工序，应尽量安排在精加工或定型加工的前面。

②加工精度和表面粗糙度要求高的工序，应尽量安排在后面，以免精加工表面在工件移动、运输过程中受到损伤。

③工件钻孔应在平面切削加工之后进行，尽量不要在斜面上钻孔，以免钻斜。

④在各工序间，工件运输的路程和次数应为最短和最少，这样可以减少运载工具，减轻劳动强度。

⑤工序之间的工人活动不能相互干扰。

⑥尽量采取流水作业。流水工序应紧密配合流水节奏（时间节拍），如因局部工作量过重，无法进行流水作业，应对相应工组（工位）进行调整，可进行技术革新或提高其机械化程度。

二十五、汽车零件修复方法分为哪几种？如何选择零件修复方法？

(1)汽车零件修复方法种类

汽车零件修复方法主要有机械加工法、焊接法、振动堆焊法、电镀、刷镀、金属喷涂、电火花加工以及粘结法。每种修复方法各自具有一定的特点和适用范围。按照零件的缺陷特征，可将修复方法分为磨损零件的修复、变形零件的修复和裂纹、破损零件的修复。

①磨损零件的修复。磨损零件的修复方法基本上可分为两类：一是对磨损零件进行机械加工，使其恢复正确的几何形状和配合特性，并获得新的几何尺寸；二是利用堆焊、喷涂、电镀和化学镀等方法对零件的磨损部位进行增补，或采用胀大（缩小）、镦粗等压力加工方法增大（或减小）磨损部位的尺寸，然后再进行机械加工，恢复其基本尺寸、几何形状及规定的表面粗糙度。

②变形零件的修复。变形零件的修复可采用压力校正法、火焰校正法和敲击校正法。

③裂纹、破损零件的修复。对零件上的裂纹、破损等损伤缺陷采用焊接，钎焊或钳工、机械加工法进行修复。

(2)汽车零件修复方法选择

选择零件的修复方法，主要考虑技术上的先进性、工艺上的合理性、质量上的可靠性和经济上是否合算。另外还要考虑各种修复方法的修复层厚度、性能；零件本身的结构、形状、尺寸和热处理对修复的影响；零件的磨损情况，工作条件对修复的要求等。

二十六、汽车零件损伤有哪几种类型?

汽车零件损伤有如下几种类型:

(1)磨损

零件的磨损是导致汽车失去工作能力的主要原因。磨损可分为磨料磨损、疲劳磨损和粘着磨损等。

①磨料磨损。主要是硬的颗粒夹在摩擦表面里引起的磨损。

②疲劳磨损。在滚动或滚动加滑动摩擦中,摩擦表面在接触应力反复作用下产生麻点、坑洼和剥落的现象。

③粘着磨损。当固体摩擦的结果相当严重时,会使两摩擦件咬死,所以又称胶着磨损。这是一种严重破坏汽车零件的磨损,如活塞在气缸中拉缸或曲轴在轴瓦中抱死等。

(2)变形

零件变形会产生弯曲、扭曲、翘曲等。基础件变形是造成轴线平行度、垂直度和同轴度等形位公差超差的主要原因,对总成和车辆的修复质量和使用寿命有很大影响。

(3)疲劳

疲劳易使在摩擦表面产生麻点、坑洼或剥落,甚至产生疲劳裂纹等。

(4)蚀损

蚀损主要是指使零件表面产生化学腐蚀或锈蚀。

二十七、什么是汽车零件的修理尺寸法?

修理尺寸法是修复配合副零件磨损的一种方法。是将待修配合副中的一个零件利用机械加工的方法恢复其正确几何形状,并获得新的尺寸(修理尺寸),然后选配具有相应尺寸的另一配合件与之相配,恢复配合性质的一种修理方法。零件修复时,在其材料强度和结构允许的范围内,可将修理尺寸分为若干级,每级级差不尽相同,但以0.25mm为级差的最多。

通常只对不便于更换的基础件(如气缸体、曲轴、前轴等)按修理尺寸法进行机加工修复,而对于容易更换的配合件(如活塞、轴瓦、衬套、销轴等)则予以更换。零件磨损后的每次修理都需要加工到最接近的一级修理尺寸,直到最后一级修理尺寸。当磨损超过最后一级修理尺寸时,由于受到零件材料强度和结构合理程度的限制,不允许再用修理尺寸法修复,只能采用镶套、堆焊、喷焊、电镀等方法恢复到零件的基本尺寸。为了防止零件间的混淆,应在零件的非工作表面上标注分级尺寸或其代号。在修理时,应先核对分级记号。如无记号或记号不清,应查阅零件的标准尺寸,并测出其实际尺寸,两者差值的绝对值就是零件的修理尺寸。

修理尺寸法不仅使各级修理尺寸标准化(加大了加工余量,使可修理次数减少),提高零件的互换性,便于加工配件和修理,而且能大大延长复杂零件和基础件的使用寿命,简便易行,经济性好,因而广泛应用于曲轴、凸轮轴、气缸、转向节主销孔等的修理。

二十八、什么是汽车零件的镶套修复法?

镶套修复法是先在零件的磨损部位做圆整加工,然后用过盈配合的方式镶上新的金属套,使零件恢复其基本尺寸的方法。镶套配合分为轻级、中级和重级过盈配合。通常轻级过盈配合的过盈量为0.02～0.05mm；中级过盈配合的过盈量为0.05～0.15mm；重级过盈配合的过盈量超过0.15mm。只要零件修复后的强度和结构允许，均可采用镶套法修复。镶套过盈量应选择合适，必要时要经过强度计算。镶套材料要根据镶套部位的工作条件来选择，高温下工作的部位，其镶套材料应与基体一致或相近，另外要求镶套材料的热稳定性要好。如镶发动机气门座圈时，应选用灰铸铁、耐热钢或与基体一样的材料。过盈量与两镶套件的加工精度和表面粗糙度、直径大小、工作表面长度、壁厚、表面的硬度等有关。一般来说两镶套件，加工精度越高、表面粗糙度值越小、直径越大、壁厚越厚、长度越长以及材料硬度越高，两者过盈量可相对下降一些，但这些影响一般应不超过0.01～0.02mm。镶套之前，应仔细检查并测量两镶套件的尺寸公差、形位公差和表面粗糙度值(应满足技术要求)，并对零件的圆度、圆柱度好作记号。除按工艺要求镶套外，可让轴的小尺寸端先压入孔的大尺寸端，且两镶件的椭圆长短轴方向一致，这样可使两镶件在镶压过程中先松后紧，容易压入。此外，两镶件的镶入端应有15°～30°的倒角。在镶件表面做好清洁工作后，有些还应涂一层润滑油或密封胶。压入过程中，应注意压入件是否歪斜，压力是否正常。对于精密零件或过盈量较大零件的镶套，还应采取必要的工艺来帮助镶压。例如，外圈零件采用喷灯加热或机油煮热；内圈零件则采用液态氮降温等。

镶套修复具有能恢复较多的磨损量、修复过程中不需要高温加热、工艺简单、修复成本低的优点，应用于干式气缸套、气门座圈、气门导管、飞轮齿圈、变速器轴承孔、后桥和轮毂壳体中滚动轴承的配合孔，以及壳体零件上磨损的螺纹孔和各类型的轴端轴颈等。

二十九、什么是汽车零件的振动堆焊法?

振动堆焊是焊接修复的一种。焊接修复是借助于电弧或气体火焰产生的热量，使焊丝金属熔化并融合在本体金属上，以填补零件的磨损，恢复零件的完整性。焊接修复是汽车修理中广泛使用的一种零件修理方法，具有增大零件的尺寸、焊层厚度易控制、设备简单、修复成本低的优点，普遍用于零件磨损、破裂、断裂等缺陷的修复。根据使用热源的不同，可将焊接分为气焊和电焊。而根据熔剂层的不同，又将电焊分为手工电弧焊和振动堆焊。振动堆焊是焊丝以一定的频率和振幅振动的脉冲电弧焊，是机械零件修复中广泛应用的一种自动堆焊方法。其实质是在焊丝送进的同时，按一定频率振动，造成焊丝与工件周期地起弧和断弧，电弧使焊丝在较低电压(12～20V)下熔化，并稳定均匀地堆焊到工件表面。振动堆焊的主要特点是堆焊层厚，接合强度高，工件受热变形小，故常用于修复一些轴类零件。

振动堆焊设备包括堆焊机床、电源、电气控制柜及切削液供给装置、蒸气发生器等附属设备。振动堆焊原理如图1-1-4所示。将需堆焊的零件夹持在车床卡盘内，工件接负极，电流从直流发电机1的正极经焊嘴2、焊丝3、工件4及电感器5回到发电机负极。焊丝由焊丝盘6经送丝轮7进入焊嘴。送丝轮由小电动机8驱动，焊嘴受交流电磁铁9和弹簧10的作用，以50～100Hz的频率振动，在振动中焊丝尖端与堆焊表面不断地起弧(断开)和断弧(接通)，电焊丝被熔化，并滴焊在工件表面上。为了防止焊丝和焊嘴熔化而被粘结，焊嘴应稍微冷却。

堆焊过程的每一振动循环可分为三个阶段：短路期、电弧期和空程期。

①短路期。焊丝前进，尖端与工件表面接触，正、负极短路，电流由零急剧上升到最大值，

而电压几乎下降为零。此时，电流使焊丝加热熔化，并使焊丝尖端与零件表面焊接，此阶段产生的热量为总热量的10%～20%。短路期大约为一循环周期的1/4～1/3。

②电弧期。焊丝振动离开零件表面时，离焊丝尖端一定处的截面开始缩小，导致电流密度增大，从而加剧焊丝脱离零件。焊丝脱离后，在零件上留下一小块熔接金属。焊丝脱离零件瞬间，电压上升到26～32V，并产生电弧放电。在电弧放电期间，高达80%～90%的热能使焊丝熔化在工件表面上。电弧期大约为一循环周期的1/2～2/3。

③空程期。随着焊丝远离零件，放电结束。从电弧熄灭到焊丝与工件表面再次接触的时间称为空程期。空程期不产生热量。以上过程周而复始，从而完成了堆焊过程。

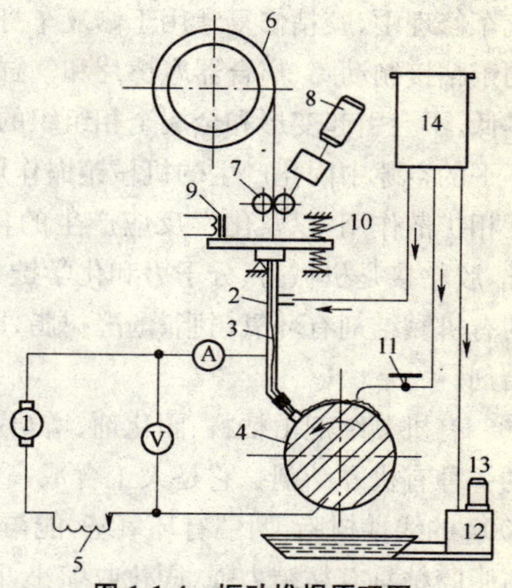

图1-1-4　振动堆焊原理图

1. 发电机　2. 焊嘴　3. 焊丝　4. 工件　5. 电感器　6. 焊丝盘　7. 送丝轮　8. 焊丝驱动电动机　9. 电磁铁　10. 弹簧　11. 阀　12、14. 切削液箱　13. 电动机

三十、什么是金属喷涂法？

以某种热源将粉末或线状材料加热到熔化或熔融状态后，用高压、高速气流将其雾化成细小颗粒，并喷射到经过准备的零件表面上，以形成一层覆盖层的过程称为喷涂。喷涂可以喷金属或非金属，生产中多为金属材料，通常称为金属喷涂。

金属喷涂层的接合过程是熔化的金属微粒于塑性状态下，通过强烈撞击，嵌塞到零件表面上的过程。根据熔化金属所用热源的不同，喷涂可分为电喷涂、气体火焰喷涂、高频电喷涂、等离子喷涂、爆炸喷涂等。喷涂层性能与很多因素有关，如粉末材料、喷涂工具、喷涂工艺等，尤其是所选用的材料不同，其性能各异。金属喷涂的主要方法有氧-乙炔火焰粉末喷涂、氧-乙炔火焰线材喷涂、电弧喷涂、等离子喷涂等。而喷焊主要是用氧-乙炔火焰的气喷焊。

喷涂工艺过程包括：喷涂前工件表面的准备、喷涂（喷打底层和工作层）和喷涂层加工。金属喷涂修复法的优点是：

①用金属喷涂零件时不需将零件加热，零件在喷涂时的温度不超过70℃，因此不会改变基体金属的金相组织结构，零件也不会受热变形。

②可以获得较大的加厚层。

③选用高碳钢丝可获得高硬度的涂层，涂层具有多孔性，吸油性良好，因而喷涂层耐磨性比较好。

④设备简单，操作方便，生产率较高。

金属喷涂修复法的缺点：一是涂层与基体金属接合强度较差；二是在喷涂直径较小的零件时，金属损耗量较大。

三十一、什么是汽车零件的胶粘修复法？

胶粘修复是应用黏结剂将两个物体或损坏的零件牢固地粘接在一起的一种修复方法。在汽车修理中，胶粘修复常用于修复车身零件、粘补水箱、油箱和其他壳体上的穿孔和裂纹，也可用于粘接制动蹄、离合器摩擦片和气缸体的堵漏等。胶粘修复的特点是：工艺简单、设备少、成本低，不会引起变形和金属金相组织的变化。胶粘的基本原理：依靠黏结剂渗入物体表面凹凸不平的空隙中固化产生的机械镶嵌作用、液体胶作用下分子间相互吸引、粘件和黏结剂分子的互相扩散作用，以及化学反应产生的化学键作用，把两个物体或损坏的零件连接在一起。因此，胶粘接是机械力、分子力和化学键共同作用的结果。黏结剂的种类很多，汽车修理中常用的有机黏结剂有环氧树脂、酚醛树脂、厌氧胶、高强度黏结剂等，常用的无机黏结剂是氧化铜黏结剂。

有机黏结剂由粘料、固化剂、增塑剂、稀释剂、填料和促进剂等组成。环氧树脂是应用最广的一种有机黏结剂。它是人工合成高分子树脂状有机化合物，是一种相对分子质量为300～7000的线性树脂，两端有环氧基，能与多种材料的表面形成化学键而产生较大的粘结力。环氧树脂胶粘具有粘结力强、固化收缩小，耐油、耐酸、耐腐蚀、电绝缘性好、使用方便、可粘接各种金属与多种非金属等优点。其缺点是固化后较脆、韧性差、不耐碱、不耐高温，适合150℃以下工作的零件粘结。

无机黏结剂多以磷酸、氢氧化铝、氧化铜按一定比例调制而成，又称氧化铜黏结剂。氧化铜黏结剂是将纯的氧化铜(粒度320目)和无水磷酸放在铜片上，用竹片调匀，待拉出7～10mm的丝时，即可使用。待生成磷酸铜并吸收水分后，会形成结晶水化物而固化，与硅酸盐水泥类似。实际上它也是一种特殊“水泥”，可用于充填补漏和粘结。由于生成磷酸铜的化学反应是放热反应，为防止调制量过多，发生冒烟固化而无法使用，每次调制量为氧化铜粉10g，磷酸2.5ml。氧化铜黏结剂耐热性好(耐热温度为600℃～900℃)，且固化过程体积略有膨胀，宜采用槽接或套接，适用于气缸体上平面、气门室裂纹、管接头防漏等粘结。缺点是粘结脆性大，耐冲击能力差。

三十二、什么是汽车零件的电镀修复法？

将金属工件浸入电解质(酸类、碱类、盐类)溶液中(刷镀则不浸入)，以工件为阴极通以直流电，在电流作用下溶液中的金属离子(或阳极溶解的金属离子)析出，沉积到工件表面上，形成金属镀层的过程称为电镀。根据零件的结构特点和使用特性，目前用来修复磨损零件的金属电镀有镀铁、镀铬和镀铜等。电镀工艺过程为：镀前准备、电镀及镀后处理。

汽车修理中镀铬用得最多，它最适合修复磨损的零件，特别是恢复磨损不大的零件，如活塞销、转向节和主销、凸轮轴轴颈、曲轴轴颈、气门杆等。镀铬只适于修复磨损量较小的零件。但汽车上许多零件的磨损往往比较大，所以在镀铬层下面需衬以比较容易镀积且经济、并能与基体金属以及镀铬层牢固连接的底层。先镀钢后镀铬，可达到这个目的。不对称交流—直流电低温镀铁，是一种修复汽车零件的新工艺。它具有镀层厚、硬度高，接合力强，耐磨，无毒，成本低，电力省，质量稳定，简便易行等优点。镀铜和镀钢一样，也是在镀铬层下面衬以一层镀积基体。汽车修理中主要用来修复内径和已用压力方法修复的青铜衬套的外径。

三十三、什么是汽车零件的刷镀修复法？

刷镀又称涂镀，是应用电化学的原理，在金属表面局部有选择地快速沉积金属镀层，以达到恢复零件表面性能的目的。它所需设备简单，主要由专用电源、镀笔（包括各种阳极）及刷镀溶液三部分组成。刷镀的工作原理如图 1-1-5 所示，将接于电源正极的刷镀笔周期性地浸蘸或浇注专用刷镀液与接于电源负极的工件表面接触并相对运动。镀液中的金属离子在电场力的作用下向工件表面迁移，不断还原并沉积在工件表面而形成镀层。随着时间的延长和通电量的增加，镀层逐渐增厚，直至达到需要的厚度。

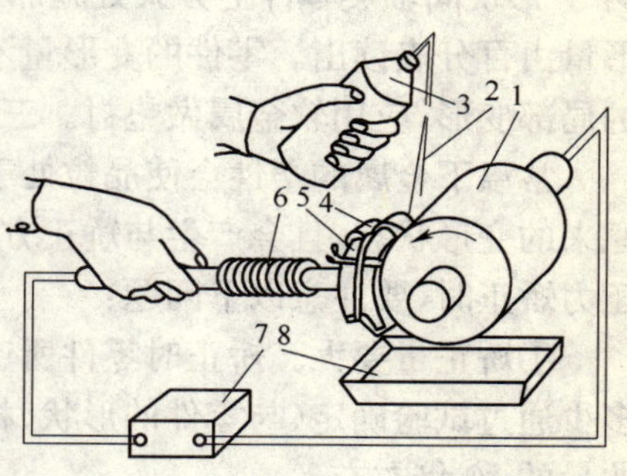

图 1-1-5 刷镀的工作原理

1. 工件 2. 镀液 3. 供送镀液瓶 4. 阳极棉垫和包套 5. 阳极 6. 镀笔 7. 专用电源 8. 盛接镀液盘

刷镀具有以下特点：

①刷镀在低温下进行，基体金属性质几乎不受影响，热处理效果不会改变。镀层具有良好的力学和化学性能，它与基体金属的接合强度高于常规的槽镀和金属喷涂。

②由于不需要镀槽，所以工艺适用范围大，工件尺寸不受限制，可以在不解体或半解体的条件下快速修复零件，用于对轴、壳体、孔类、花键槽、轴瓦、平面类及盲孔、深孔等各类零件的修复。

③在大电流密度及高离子浓度下，仍能获得均匀、致密的镀层。沉积速度快、耗电少、成本低，一台设备可镀多种金属和合金，同一零件又可获得不同程度的镀层，镀层的厚度可控制在±0.01mm，适用于修复精密零件。

④刷镀适用于局部修复，一次只能修复一个零件，对大面积和大批量零件的修复不如槽镀。

⑤设备简单，操作安全，对环境污染小。

三十四、汽车零件矫正的目的是什么？矫正方法有哪些？

汽车零件在使用中由于残余应力、外载荷、温度或事故等多种因素的影响而产生弯、扭和翘曲变形。零件矫正的目的就是消除零件的残余应力的形变，以恢复零件的正确形状。零件矫正方法有压力矫正、敲击矫正和火焰矫正。

(1)压力矫正

压力矫正是以外加的静载荷使零件产生变形的矫正方法，一般金属零件均可采用。如连杆弯曲、气门杆弯曲、工字梁弯曲和扭曲以及车架、驾驶室等的变形等都可进行压力矫正。压力矫正有两端矫正法和三点矫正法。

①两端矫正法。固定零件的一端，在另一端施加一个反弯矩或反转矩而使零件矫正。如

连杆弯曲和扭曲、离合器从动盘钢片翘曲等，均可采用两端矫正法矫正。

②三点矫正法。按需要将轴类零件的两端分别支承在V形块上，下置一个百分表。当在两V形块间轴类零件上方某处施加压力时，零件就会产生与原变形方向相反的弯曲变形，其变形量由百分表读出。零件的变形量不仅与压力有关，还与支承距离有关。为了防止作用点处的局部变形，应用软金属做垫衬。三点矫正法通常用来矫正弯曲变形，特别是轴类零件。

常温下金属的塑性会使晶粒处于不稳定状态，而在卸去矫正压力后，将有一部分晶粒恢复原来的变形状态，且会产生与矫正方向相反的变形。针对这种弹性和弹性后效的影响，在零件压力矫正时，要注意以下问题：

①矫正量要大。矫正时零件所产生的反向变形量必须远远大于原来的变形量。反变形的多少通过试验确定（与零件的形状、材料和刚度有关），通常中碳钢零件的压力矫正变形量为弯曲量的10倍左右。

②延长加载时间。零件加压后不卸压，而是保持几小时甚至一两天的时间。

③进行时效处理。零件矫正后，必须放置一段时间（数天或数十天），以进行自然时效。也可进行人工时效，即将矫压零件均匀加热至150℃～200℃，并保温若干小时，以消除内应力。

压力矫正的优点是工艺简单，并可获得较大的变形量，但对于有轴肩的轴类零件，由于凸肩应力集中过大，降低了轴的疲劳强度，容易在轴肩处出现裂缝。为此，可采用一些辅助措施，如加温与时效处理，或者多次矫正等，但不宜盲目增加矫正量。

(2)敲击矫正

敲击矫正仅用来矫正曲轴弯曲变形。这种方法是采用专用的球锤轻敲曲柄臂，使曲柄臂受敲一面逐渐伸张而发生变形，从而带动曲轴轴线产生位移，达到校直的目的。敲击矫正的优点是矫正的稳定性好，矫正的精度高（可达0.02mm），生产率高，疲劳强度不受影响。

(3)火焰矫正

火焰矫正是用氧-乙炔火焰对变形零件（主要是弯曲）进行局部快速加热，并辅以浇注冷却水快速冷却，靠加热部位的冷却应力作用来矫正零件的方法。当工件凸起点温度迅速上升时，表面金属膨胀使工件向下弯曲，上层金属受压应力，在高温下产生塑性变形，由于工件向上弯曲，这就对原有的下弯量起到了矫正作用，如图1-1-6所示。火焰矫正效率较高，变形稳定，对疲劳强度影响较小。

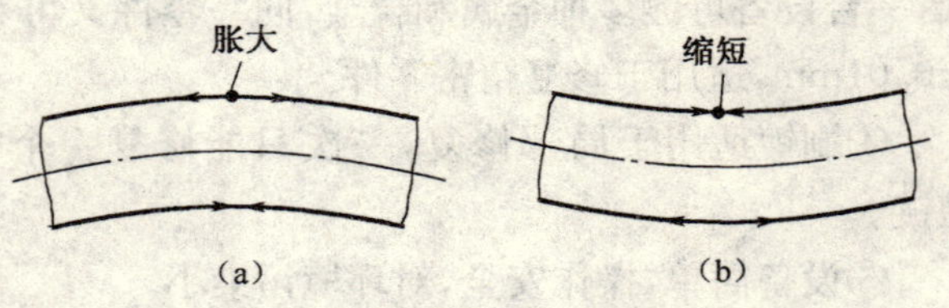

图1-1-6 火焰矫正的应力及变形

(a)加热时 (b)冷却时

三十五、什么是汽车零件的表面变形强化？

零件的表面变形强化是零件的一种典型的表面改进技术，它是利用金属的塑性变形的特点，在外力作用下使金属组织结构改变，而又不破坏金属整体的加工方法。表面变形强化的原理是预先用外力使金属表面产生塑性变形，在零件表面预加一定的压应力，以抵消工作时在交变应力作用下产生拉应力的作用。表面变形强化的主要方法有射丸、滚压、挤压等几种形式。

(1)射丸表面强化

射丸有喷丸和抛丸两种形式，喷丸是用400～500kPa压力的压缩空气，将小铁丸高速喷向零件表面。喷丸适合于单件或小批量生产，多用于零件的内孔、圆角、键槽的局部强化。抛丸是用旋转的圆盘将小铁丸抛向零件表面。抛丸适合于大批量自动化生产。曲轴上的曲柄圆角、连杆、气门弹簧、片状钢板弹簧、半轴等都可以采用射丸法强化，以延长它们的使用寿命。

(2)滚压强化

滚压是用很硬的滚子对零件表面滚压，使零件形成紧密的冷作硬化层，并减小零件的表面粗糙度值，从而使零件表面得到强化，通常用来加工轴类零件表面，但也可以用于内孔表面的加工。进行外圆柱表面滚压时，对刚性不足的零件，为防止轴弯曲，可采用多滚子滚压。

(3)挤压强化

挤压强化仅用于内孔的加工，它是利用与孔形状相吻合的挤刀(或滚珠)推或拉被加工的孔，使其达到一定尺寸精度或表面粗糙度值的强化方法。挤压过盈量大小与材料、工件孔径和壁厚有关。过盈量太小，表面粗糙度值和表面精度达不到要求；过盈量过大，表面会产生刮伤和拉毛，挤压时必须正确选择过盈量。挤压中需要润滑剂，如挤压钢用机油加少量石墨，挤压青铜用稀机油，挤压铝合金用肥皂水等。

三十六、我国将汽车修理分为几级？

目前，我国把汽车修理分为四级，即汽车大修、总成大修、车辆小修和零件修理。

(1)汽车大修

汽车大修是新车或经过大修后的车辆，在行驶规定里程(或时间)后，经过检测诊断和技术鉴定，用修理或更换车辆任何零部件的方法，完全(或接近完全)恢复车辆技术状况的恢复性修理。其目的是恢复汽车的动力性、经济性、可靠性和原有装备，使汽车的技术状况和使用性能达到规定的技术条件。

(2)总成大修

总成大修是车辆的总成经过一定使用里程(或时间)后，用修理或更换总成中任何零部件(包括基础件)的方法，恢复其完好技术状况和寿命的恢复性修理。

(3)车辆小修

车辆小修是用修理或更换个别零件的方法，保证或恢复车辆工作能力的运行性修理，主要是消除车辆在运行过程或维护作业过程中发生的临时性故障和发现的隐患及局部损伤。

(4)零件修理

零件修理是对因磨损、变形、损伤等而不能继续使用的零件进行的修理。零件修理要考虑经济合理和技术可靠原则。

三十七、汽车整车大修和主要总成的大修送修标志是什么？

(1)汽车整车大修送修标志

①客车以车厢为主，结合发动机总成符合大修条件。

②货车以发动机总成为主，结合车架总成或其他两个总成符合大修条件。

③挂车大修送修标志如下：

a. 挂车车架(包括转盘)和货厢符合大修条件。

b. 客车牵引的半挂车和铰接式大客车，按照汽车大修的标志与牵引车同时进厂大修。

(2)总成大修送修标志

①发动机总成。气缸磨损圆柱度(以其中磨损量最大的一个气缸为准)达到0.175～0.25mm或圆度磨损达到0.050～0.063mm；最大功率或气缸压力较标准降低25%以上；燃料、润滑料消耗明显增加。

②车架总成。车架断裂、锈蚀、弯曲、扭曲变形超过标准，大部分铆钉松动或铆钉孔磨损，必须拆卸其他总成后才能进行矫正、修理或重铆方能修复。

③变速器(分动器)总成。壳体变形、破裂、轴承承孔磨损逾限，变速齿轮及轴恶性磨损、损坏，需要矫正或彻底修复。

④后桥(驱动桥、中桥)总成。桥壳破裂、变形，半轴套管承孔磨损逾限，减速器齿轮恶性磨损，需要矫正或彻底修复。

⑤前桥总成。前轴裂纹、变形，主销承孔磨损超限，需要矫正或彻底修复。

⑥客车车身总成。车厢骨架断裂、锈蚀、变形严重，蒙皮破损面积较大，需要彻底修复。

⑦货车车身总成。驾驶室锈蚀、变形严重、破裂，或货厢纵、横梁腐朽，底板、挡板破损面积较大，需要彻底修复。

三十八、汽车大修进厂检验的程序和内容是什么?

汽车大修进厂检验主要是对车辆或总成进行外部测试，必要时进行简单的不解体检测诊断和路试，以准确评价和掌握汽车技术状况，验证报修项目的准确性。汽车大修进厂检验的目的，在于掌握技术状况、确定更换零部件和确定工时、费用及修理竣工时间，填写双方认可的入厂检验交接单，办理交接手续。送修车辆应先进行技术鉴定，根据鉴定结果适时安排维修，以避免超前维修或失修。

(1)汽车大修进厂检验程序

汽车大修进厂检验程序，通常包括汽车资料查询、汽车外部检视、汽车行驶检验、仪器设备检测诊断、综合技术评定、填写入厂检验交接单、签订维修合同等七个步骤。

(2)汽车大修进厂检验内容

①汽车资料查询。大修车辆进厂时，应向送修方详细查询送修车辆的送修原因，查阅汽车技术档案(包括车辆运行记录、维修记录、检测记录和总成修理记录等)，听取驾驶员的反映(包括汽车动力性、异响、转向、制动及燃油、润滑油消耗等)，以便充分掌握车辆技术状况变坏的主要特征，为进一步对送修车辆进行有针对性的检测诊断和综合技术评定打下良好的基础。

②汽车外部检视。汽车外部检视包括以下七项内容：

a. 检查车容。检视汽车的完整性，装备是否齐全，外部有无损伤和渗漏。

b. 检查基础件。检查气缸体、变速器壳、前桥、后桥、车架等有无明显裂纹、变形和损坏等。

c. 检查安全机构。检查转向、传动、制动等机构是否有松旷、变形、缺损、渗漏等现象。

d. 检查轮胎。查看轮胎有无异常磨损，如有应查明原因。

e. 检查车内部。检视车厢、驾驶室、门窗、坐椅、内饰件等有无损伤变形、短缺等。

f. 检查全车涂装。检视油漆表面有无损伤、脱落、开裂、变色及表面缺陷。

g. 检查电气设备。检视全车线路是否规范，仪表、照明、信号装置和起动机、发电机、蓄电池等电气设备有无短缺、损伤、失效等。

③汽车行驶检验。

a. 发动机运行情况。检察发动机有无异响，各级运转速度是否稳定，排气是否有异常现象，机油压力和冷却液温度是否正常。

b. 汽车起步情况。检查离合器是否有打滑、发抖和分离不彻底现象，变速器是否有挂档困难或异响现象。对于自动变速器，还要检查换入前进档和倒档时是否冲击，起步是否打滑，换档迟滞时间是否过长。

c. 汽车行驶情况。检查制动性能是否良好，转向是否灵活，有无跑偏现象，变速器是否跳档和乱档。车速高时，传动轴和后桥是否有不正常响声，各轴承及密封部位是否有发热和渗漏现象。电气、仪表、信号灯、空调等是否工作正常等。对于自动变速器要检查换档点是否准确，换档是否冲击，各档有无打滑、异响现象，强制降档功能和变矩器离合器的锁止功能以及发动机的制动作用是否正常，自动变速器油的温度是否过高等。

对客车车身：通过路试检查车桥、车架是否有断裂现象。

④仪器设备检测诊断。通过以上三步骤的检查后，即可定性判定送修车辆的技术状况，确定修理级别，但有些故障还不能准确判定其性质和部位，所以需要利用不解体检测设备对送修车辆的各总成和部件的实际运行工况进行定性或定量检测诊断，以准确评价和掌握汽车技术状况，预先发现潜在的故障与隐患，查明故障的部位、原因和严重程度。

⑤综合技术评定。在进行汽车资料查询、汽车外部检视、汽车行驶检验、仪器设备检测诊断后，即可按照汽车或总成大修送修标准，对送修车辆的完整性和技术状况进行综合技术评定，确定修理级别、确定出比较明确的修理项目、估算出修理工时和配件费用以及修理竣工时间。

⑥填写入厂检验交接单。将汽车外部检视、汽车行驶检验、仪器设备检测诊断和综合技术评定的有关内容分别逐项填入汽车大修进厂检验单内，由承修方和托修方代表确认并签字后生效，即可作为接车验收的依据和维修生产的指导。

⑦签订维修合同。承托双方商定好送修要求、修理内容、修理竣工时间、质量保证期以及违约赔偿责任等具体事宜后，即可签订维修合同。维修合同签订后，承托双方必须严格遵守和认真履行。

三十九、汽车大修过程检验的一般技术要求有哪些？

汽车大修过程检验又称为工序检验，是对组成汽车的各总成和零件大修过程所作的质量鉴定。过程检验的目的是实现大修过程的质量控制，防止不合格的零部件或总成装配到汽车上，也是大修竣工检验合格的前提。在汽车大修过程中，对影响到大修质量的主要修理项目都必须检验，并按技术要求认真做好记录，为汽车竣工出厂检验提供依据。

(1)汽车大修过程检验的重点

①零件分类。对重要零件，要按照技术标准严格检验分类，做到不漏检。

②零件质量检验。对修竣或购进的零件，要按照技术标准严格检验，确保零件质量。

③总成装配质量检验。总成装配过程中，操作者要按工序和工步的技术要求认真操作，检验员要严格监督和控制装配质量。对重要的间隙、力矩、啮合印痕、啮合面积、径向圆跳动公差、端面圆跳动公差、形位公差等，修理人员要认真自检。自检合格后，交检验员检验。

④总成试验。对可以单独试验的小总成，要按技术标准进行性能试验，以保证大修总成的装配质量。

(2)认真填写汽车大修工艺过程检验单

汽车大修工艺过程检验单是汽车在大修过程中，由汽车维修工或检验技术人员对总成及零部件按其在修理过程中的工艺顺序所进行的技术鉴定记录。

①汽车整车大修工艺过程检验单。主要包括发动机及离合器修理工艺过程检验单、前桥及转向系统修理工艺过程检验单、后桥修理工艺过程检验单、变速器及分动器修理工艺过程检验单、传动轴及万向节修理工艺过程检验单、车架悬挂及车轮修理工艺过程检验单、车身修理工艺过程检验单和汽车电器、仪表和线路修理工艺过程检验单及汽车制动系统修理工艺过程检验单等。

②修理工艺过程检验单的内容。应包括进厂编号、厂牌、车型、各总成型号、号码、检验项目、检验结果记录、检验结论、处理意见、主修人及检验员签章及日期等。

③过程检验单填制要求。检验单中字迹应清晰，项目齐全、完整，填写真实、正确。检验项目、名词术语和计量单位应符合国家及行业有关标准及相关车辆修理技术文件的规定。

四十、气缸体和气缸盖的检验内容、检验方法和技术要求是什么？

(1)检验内容

气缸体与气缸盖的检验主要包括裂纹、腐蚀、螺纹孔、燃烧室容积、形位公差和气缸表面状况检验。气缸体与气缸盖在清除油污、积炭、水垢及杂物后，应首先检视有无明显裂纹、螺纹孔损坏和严重腐蚀，然后检查燃烧室容积、气缸盖的厚度、气缸体主轴承孔轴线到气缸体上平面的距离，最后检查形位公差和气缸表面状况。

(2)检验方法与技术要求

①气缸体与气缸盖裂纹检验。气缸体与气缸盖的明显裂纹可直观检查，对细微和内部裂纹，通常采用水压试验进行检验，如图 1-1-7 所示。

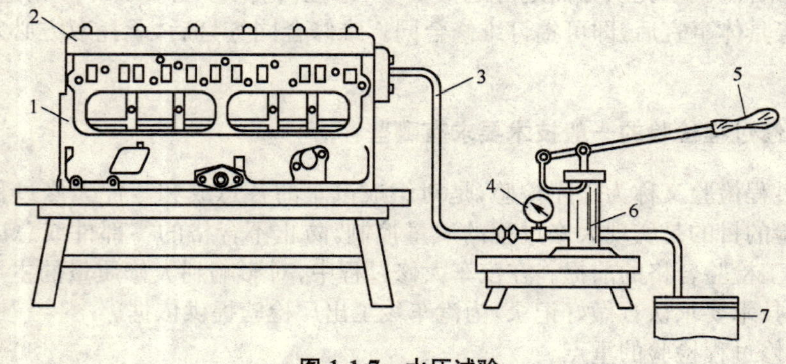

图 1-1-7 水压试验

1. 气缸体 2. 气缸盖 3. 管子 4. 水压表 5. 手把 6. 水压杯 7. 储水池

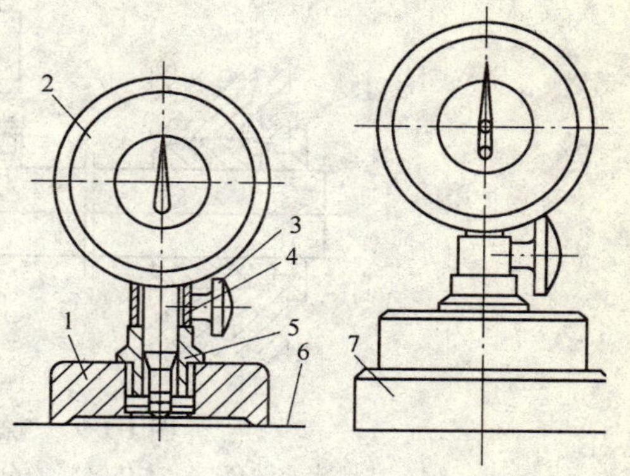

图 1-1-8　平面度检验仪

1. 底座　2. 百分表　3. 锁紧螺栓　4. 锁紧套　5. 表座　6. 被检平面　7. 调零规

检验时将气缸盖及衬垫安装在气缸体上，将水压试验机出水管接到气缸体前端的出水口处，密封所有水道口，然后用 294～392kPa 的压力将水压入水套中并保持 5min，不得渗漏，否则说明有裂纹。镶换气缸套、气门座圈及气门导管后，应再进行一次水压试验。

②气缸体、气缸盖平面度的检验。气缸体上平面和气缸盖下平面的平面度在维修前后都要进行检验，通常可用直尺和塞尺进行检测。任意 50mm×50mm 平面的平面度可用平面度检验仪进行检验，平面度检验仪如图 1-1-8 所示。

国产汽车气缸体上平面和气缸盖下平面的平面度公差见表 1-1-6，若不符合规定应采用研磨法或机加工法修理气缸体和气缸盖。修后的气缸体主轴承孔轴线到气缸体上平面的距离以及气缸盖的厚度应符合原厂技术要求。

表 1-1-6　气缸体上平面与气缸盖下平面的平面度公差　(mm)

测量范围	气缸体长度	铸铁		铝合金	
		气缸体上平面	气缸盖下平面	气缸体上平面	气缸盖下平面
任 50×50	—	0.05	0.025	0.05	0.05
整个平面	≤600	0.15	0.10	0.15	0.15
	>600	0.25	—	0.35	—

③气缸盖燃烧室容积的检验。燃烧室的容积通常用量杯法测量。首先清除燃烧室内的积炭和油污，按规定力矩安装火花塞（或喷油器），然后将气缸盖放在平板上，并用水平仪校平。在燃烧室上方盖上一块带圆孔的平板玻璃，用量杯将煤油倒入，至煤油表面与玻璃板接触为止，此时量杯中减少的容积即为燃烧室容积。通常燃烧室的容积不小于原设计极限值的 95%，同一台发动机的气缸盖燃烧室容积之差应符合原设计规定。

④气缸体曲轴、凸轮轴轴承孔的同轴度的检验。检测主轴承孔的同轴度时，应先将主轴承盖及气缸体主轴承孔清洗干净，然后将轴承盖（拆去轴承片）正确地安装在气缸体上，并按标准力矩拧紧螺栓。然后用内径百分表测量主轴承孔的圆度、圆柱度，确认其符合原设计标准后，才可以检验主轴承孔的同轴度。

常用的主轴承孔同轴度专用检验仪如图 1-1-9 所示，它是以气缸体两端主轴承孔的公共轴线为基准，两端轴承孔内装有定心套，将定心轴安装在定心套内，然后在定心轴上安装检测仪本体、等臂杠杆及百分表。检测时，使等臂杠杆的球形触头触及被测孔的表面。当转动心轴时，如果轴承孔不同轴，等臂杠杆的球形触头便产生径向移动，其移动量经等臂杠杆传给百分表，便可测出该孔的同轴度。对不同轴承孔进行检测，便可测出各道轴承孔的同轴度值。

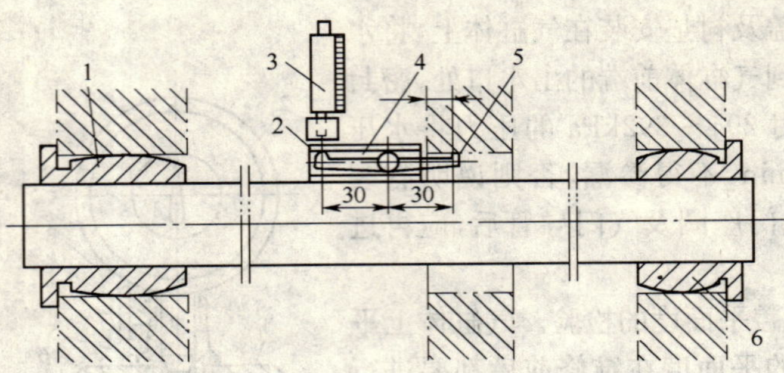

图 1-1-9 气缸体轴承孔同轴度检验仪

1. 定心轴套 2. 本体 3. 百分表 4. 等臂杠杆 5. 球形触头 6. 定心轴

气缸体曲轴、凸轮轴轴承孔的同轴度公差应符合原设计规定。凡能用减磨合金补偿同轴度误差的，以气缸体两端曲轴轴承孔公共轴线为基准，所有曲轴轴承孔的同轴度公差为0.15mm；以气缸体两端凸轮轴轴承孔公共轴线为基准，所有凸轮轴轴承孔的同轴度公差为0.15mm。当无同轴度检验仪时，也可用标准杆和塞尺进行检查，如图 1-1-10 所示。

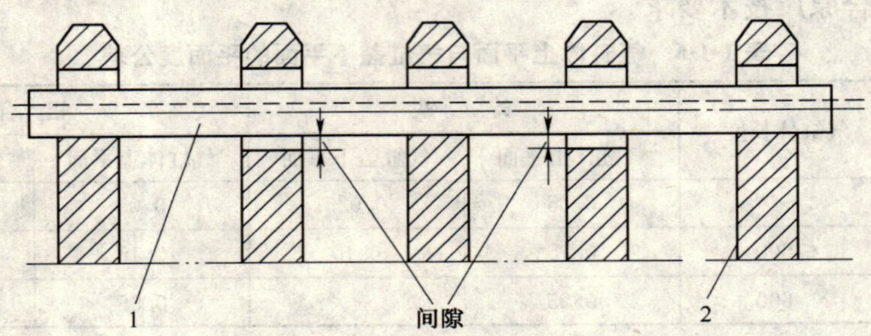

图 1-1-10 主轴承孔的同轴度检查

1. 标准杆 2. 曲轴轴承

⑤气缸体后端面对曲轴两端轴承孔公共轴线垂直度的检验。气缸体后端面对曲轴两端轴承孔公共轴线垂直度可采用通用量具进行检测，如图1-1-11 所示。作为基准的曲轴轴承孔轴线用心轴模拟，用固定和可调支承将气缸体后端向下支持在平板上，用直角尺调整心轴使其与平板垂直，然后移动指示器，测量整个后端面，其最大读数差便是后端面对曲轴轴承孔轴线的垂直度。通常要求气缸体后端面对曲轴两端轴承孔公共轴线的端面全跳动量应小于 0.20mm。

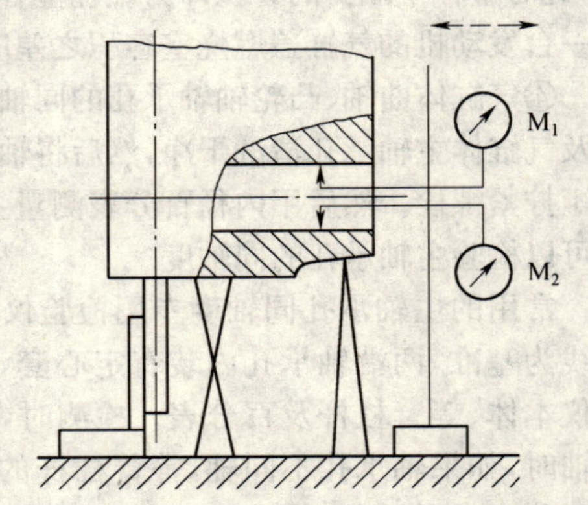

图 1-1-11 气缸体后端面对曲轴两端轴承孔公共轴线垂直度的检查

⑥气缸磨损检验。气缸表面磨损的检验，首先用观察法检查有无明显的刮伤和裂纹，然后用量缸表（内径百分表）测量气缸的圆度误差和圆柱度误差，再对照技术标准确定气缸是否需要修理以及修

理尺寸级别。气缸磨损后，其直径不能按最大一级修理尺寸修理时，应换镶气缸套；特殊情况下允许更换个别气缸套，但必须将其镗磨到同其他气缸相同的尺寸。进口汽车气缸经修理后应符合其原厂技术要求。国产汽车气缸经修理后应符合下列技术要求：

a. 镶装干式气缸套的承孔内径应为原设计尺寸或同一级修理尺寸，见表 1-1-7。承孔表面粗糙度值不大于 Ra3.2μm，圆柱度公差为 0.01mm。气缸套与承孔的配合过盈应符合原设计规定；无规定者，通常为 0.05～0.10mm。有凸缘的气缸套配合过盈可采用 0.05～0.07mm；无凸缘的气缸套配合过盈可采用 0.07～0.10mm。气缸套上端面应不低于气缸体上平面，亦不得高出 0.10mm。

b. 湿式气缸套承孔的内径应为原设计尺寸或同一级修理尺寸，参见表 1-1-7。湿式气缸套与承孔的配合间隙为 0.05～0.15mm，安装后气缸套上端面应高出气缸体上平面（通常为 0.05～0.15mm），并应符合原设计规定。

表 1-1-7 气缸体修理尺寸 (mm)

修理部位 \ 加大尺寸 \ 分级	0	1	2	3	4	5	6	7	8
气缸套承孔内径	0	0.50	1.00	1.50					
气缸或气缸套内径	0	0.25	0.50	0.75	1.00	1.25	1.50	1.75	2.00
进、排气门座圈承孔内径	0	0.30	0.50	0.70					
气门导管承孔内径	0	0.20	0.40	0.65					

注：1. 各级修理尺寸仍采用原设计规定尺寸的极限偏差。

2. 图 1-1-11 中粗线内尺寸仅适用于柴油发动机。

c. 同一气缸体各气缸或气缸套的内径应为原设计尺寸或同一级修理尺寸（见表 1-1-7），气缸壁表面粗糙度值不大于 *R*a0.8μm。干式气缸套的气缸圆度公差为 0.005mm，圆柱度公差为 0.0075mm；湿式气缸套的气缸圆度公差为 0.0125mm。

⑦气缸体和气缸盖检验的其他技术要求。

a. 主轴承座孔轴线与凸轮轴轴承孔轴线平行度。一般要求平行度误差不大于 0.10mm。

b. 气门导管承孔内径应符合原设计尺寸或分级修理尺寸（见表 1-1-7）。气门导管与承孔的配合过盈通常为 0.02～0.06mm。

四十一、曲轴的检验内容、检验方法和技术要求是什么？

(1)检验内容

曲轴的检验主要包括曲轴裂纹、弯曲、扭曲、曲柄半径、主轴颈和连杆轴颈磨损。

(2)检验方法及技术要求

①曲轴裂纹的检验。通常用磁力探伤仪检查曲轴裂纹，也可用浸油敲击法检查。用浸油敲击法检查时，先将洗净的曲轴放在煤油中浸泡片刻，然后取出并擦净表面，在可能产生裂纹的部位撒上白粉，用手锤分段敲击每道曲柄臂，如有明显油迹出现，则表明该处有裂纹。曲轴修复前不得有裂纹，但轴颈上沿油孔四周有长度不超过 5mm 的短浅裂纹或有未延伸到轴颈圆

角和油孔处的纵向裂纹(轴颈长度≤40mm 的,裂纹长度不大于 10mm;轴颈长度>40mm 的,裂纹长度不大于 15mm)时,仍允许修复。

②曲轴轴颈圆度误差、圆柱度误差的检验。曲轴轴颈圆度误差、圆柱度误差通常都用外径千分尺进行测量。要求各主轴颈及连杆轴颈的圆柱度公差为 0.005mm。超过此值就需要按修理尺寸对轴颈进行修磨。通常曲轴轴颈直径在 80mm 以下的,其圆度、圆柱度误差不大于 0.005mm;轴颈直径在 80mm 以上的,其圆度、圆柱度误差不大于 0.025mm 和 0.04mm。

③安装带轮的轴颈径向圆跳动检验。采用与飞轮凸缘的检验相同的方法检查安装带轮的轴颈径向圆跳动,公差为 0.05mm。

④曲轴平衡的检验。发动机的曲轴修理后应在曲轴动平衡机上进行动平衡试验,其不平衡量应符合原设计规定。通常曲轴每端允许动不平衡量为 100g·cm。

⑤曲轴的其他检验技术要求:

a. 曲轴磨损后,同名轴颈必须为同级修理尺寸。

b. 曲轴修复后,以两端主轴颈的公共轴线为基准时,中间各主轴颈的径向圆跳动公差为 0.05mm;各连杆轴颈轴线的平行度公差,整体式曲轴为 0.01mm,组合式曲轴为 0.03mm;与止推轴颈及正时齿轮配合端面的端面圆跳动公差为 0.05mm;正时齿轮的轴颈径向圆跳动公差为 0.03mm。

c. 以装正时齿轮的键槽中心平面为基准,连杆轴颈的分配角度偏差为±30′。

d. 主轴颈及连杆轴颈表面粗糙度值应不大于 Ra0.8μm,圆角处表面粗糙度值应不大于 Ra1.6μm。

e. 曲轴油道应清洁畅通,油孔应有倒角。

f. 修复后的曲轴不得有焊渣、毛刺、金属飞溅等杂物,加工表面不得有肉眼可见的刻痕、黑点、碰伤、凹陷、伤痕、孔眼及其他缺陷。但用电振动堆焊修复的曲轴表面允许有细微的龟裂纹。

四十二、飞轮的检验内容、检验方法和技术要求是什么?

(1)检验内容

飞轮的检验内容主要包括飞轮表面质量(裂纹、沟槽、擦伤等)、厚度、平面度、平衡检验。

(2)检验方法与技术要求

用观察法检查飞轮工作表面应平整光洁,无沟槽、龟裂和擦伤;在平板上用高度游标卡尺测量飞轮的厚度,应符合技术要求;飞轮修复后应在静平衡试验器上进行静平衡试验,其不平衡量应符合规定;飞轮与曲轴装合后,飞轮平面对曲轴轴线的端面全跳动应符合技术要求。要求飞轮修复后不能有裂纹,工作表面应平整光洁,平面度误差≤0.10mm。飞轮的厚度通常不得小于基本尺寸 1.2mm。飞轮修理后应进行静平衡试验,其允许不平衡量通常为 100g·cm;飞轮与曲轴装合后,飞轮平面对曲轴轴线的端面全跳动量不大于 0.20mm。

四十三、凸轮轴的检验内容、检验方法和技术要求是什么?

(1)检验内容

凸轮轴的检验内容主要包括凸轮轴裂纹、凸轮表面质量(擦伤、点蚀、表面粗糙度等)、凸轮升程、凸轮轴变形、凸轮轴轴颈磨损检验。

(2)检验方法与技术要求

①凸轮轴裂纹的检验。凸轮轴的裂纹通常用磁力探伤仪检查或采用浸油敲击法检查。除凸轮表面堆焊层可以有不连续的、成片的鱼鳞状裂纹外，不得有其他裂纹。

②凸轮表面质量的检验。用观察法检查凸轮表面应无擦伤、疲劳点蚀和严重磨损。否则应修磨或更换。

③凸轮升程的检验。检验凸轮的升程时，通常用外径千分尺测量凸轮的最大高度 H 和基圆直径 D，如图 1-1-12 所示。两者之差便是其实际升程，然后按下式算出其升程减小量 S 和累计磨损量Δ(mm)

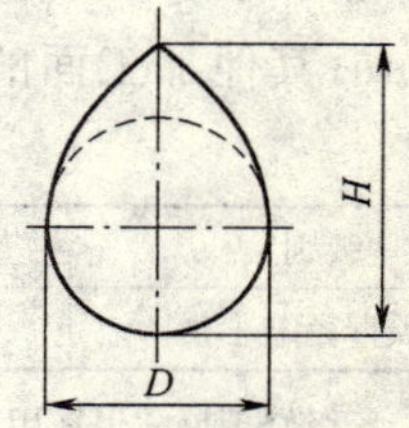

图 1-1-12　凸轮轴磨损的测量

$$S=h_{理}-(H-D)$$

$$\Delta=S+\delta$$

式中　S——凸轮升程减小量(mm)；

Δ——凸轮升程累计磨损量(mm)；

$h_{理}$——凸轮理论升程(mm)；

δ——凸轮基圆半径方向磨损量(mm)，$\delta=(D_{标}-D)/2$；

$D_{标}$——标准凸轮基圆直径(mm)。

磨损后的凸轮也可用样板或凸轮磨损检测仪进行检验，如图 1-1-13 所示。凸轮表面累积磨损量(包括修理加工磨削量)不超过 0.8mm 时，允许用直接修磨的方法恢复凸轮；超过 0.8mm 需要修理时，可在凸轮的局部或全部表面敷以补偿修复层。

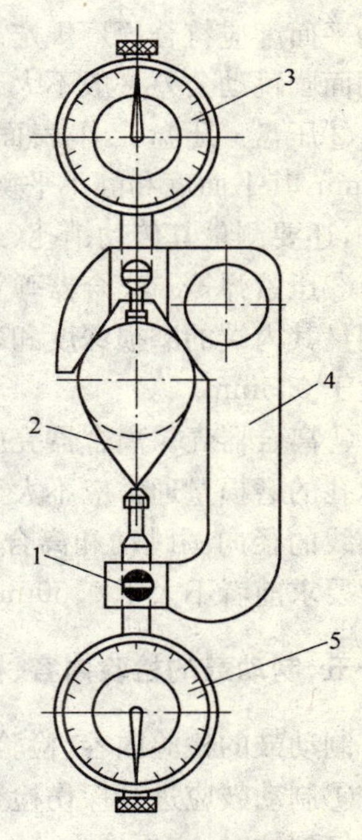

图 1-1-13　凸轮磨损检测仪

1. 紧固螺钉　2. 被测凸轮

3、5. 百分表　4. 本体

④凸轮轴弯曲变形的检验。凸轮轴弯曲的检验方法，通常是将凸轮轴两轴颈支承在平板上的 V 形块上，用百分表测量中间轴颈的径向圆跳动量。修理后的凸轮轴，以两端支承轴颈的公共轴线为基准，中间各支承轴颈的径向圆跳动公差为 0.025mm。

⑤凸轮轴轴颈磨损的检验。用外径千分尺检验。要求凸轮轴所有轴颈的圆柱度误差应不大于 0.01mm，中间各支撑轴径的圆度误差应不大于 0.05mm。

⑥凸轮轴检验的其他技术要求：凸轮轮廓的升程曲线应符合原设计规定，但个别区段内的升高量允许有不大于 0.02mm 的超差；以两端支承轴颈的公共轴线为基准，凸轮基圆的径向圆跳动公差为 0.05mm；凸轮斜角应符合原设计规定；通过凸轮升程最高点和轴线的平面，相对于正时齿轮键槽中心平面的角度偏差，不得超过±45′。同一根凸轮的各支承轴颈直径应修磨为同一级修理尺寸。分级修理尺寸见表 1-1-8。

支承轴颈直径缩小量超过使用限度时，可敷以补偿修复层，使轴颈直径恢复至原设计尺寸或修理尺寸。安装正时齿轮的轴颈，其尺寸应符合原设计规定。以两端支承轴颈的公共轴线为基准，其轴颈的径向圆跳动公差和轴向止推端面的端面圆跳动公差为 0.03mm。驱动汽油泵的偏心轮直径，允许比原设计规定的最小极限尺寸小于 1.0mm。机油泵驱动齿轮不得缺损，轮齿工作表面不得有剥落，齿厚不小于原设计规定的最小极限尺寸 0.50mm。支承轴颈表面粗糙度值不大于 Ra0.8μm；凸轮和驱动机油泵的偏心轮的表面粗糙度值不大于 Ra1.6μm；轴向止推端面的表面粗糙度值不大于 Ra3.2μm；其他加工面的表面粗糙度值应符合原设计规定。

表 1-1-8 凸轮轴支承轴颈分级修理尺寸 (mm)

级别	0	1	2	3	4	5	6
轴颈直径缩小量	0	0.10	0.20	0.30	0.40	0.50	0.60

注：①各级修理尺寸仍采用原设计尺寸的极限偏差。

②有特殊要求的凸轮轴，按原设计要求执行。

四十四、离合器各部件的检验内容、检验方法和技术要求有哪些？

离合器各部件的检验内容、检验方法和技术要求如下：

①从动盘总成。从动盘总成的厚度、铆钉埋入深度、摩擦片和钢片的铆接紧度和摩擦片表面的平面度应符合原厂规定。摩擦片表面的平面度误差一般不大于 0.50mm。从动盘总成外缘端面圆跳动公差一般不大于 0.50mm。

②压盘。压盘工作表面应平整、无烧蚀、擦伤、变形和裂纹，沟槽深度一般应不大于 0.5mm，其平面度和静不平衡量应符合标准。对于双片离合器的中间压盘，除了要检查上述项目外，还要测量其传动销孔（或传力槽）的磨损量，磨损量通常应不大于 0.50mm。

③压紧弹簧。离合器弹簧的弹力、自由长度和变形量应符合原厂规定。对于膜片弹簧，还应测量其内端的磨损深度和装合后的平面度，要求其内端磨损深度不大于 0.6mm，平面度误差不大于 0.5mm。

④离合器壳。离合器壳应无变形和裂纹，若有裂纹，其长度通常应不大于 150mm。离合器壳承孔的磨损量通常应不大于 0.30mm。用离合器壳检验仪测量离合器壳承孔对曲轴主轴承孔轴线的径向圆跳动和离合器壳后端面对曲轴主轴承轴线的圆跳动公差，如图 1-1-14 所示。通常要求前者不大于 0.30mm，后者不大于 0.20mm。

四十五、制动鼓的检验内容、检验方法和技术要求有哪些？

制动鼓的检验内容、检验方法和技术要求如下：

①制动鼓应进行探伤检查，不允许有裂纹及影响质量和使用性能的夹渣、气孔等缺陷，出现任何裂纹时，应更换。

②在相互成直角的摩擦表面的宽窄两边缘测量制动鼓的磨损量，在圆周上每隔 45°的各点且在最深沟槽的底部测量制动鼓的直径。当制动鼓直径超过报废尺寸，见表 1-1-9，或未超过报废尺寸，但经过切削加工后，其直径超过安全修理尺寸的制动鼓应更换。

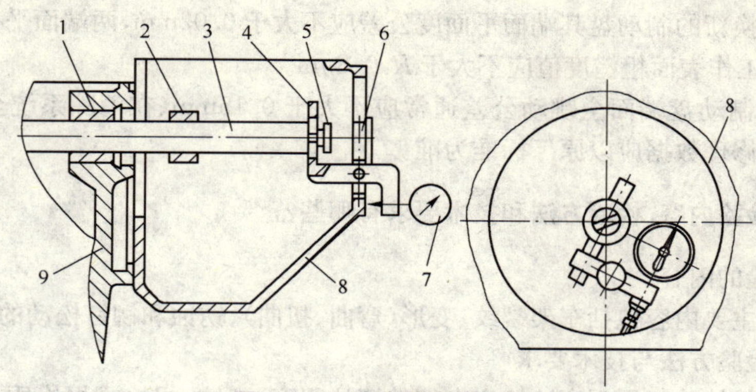

图 1-1-14　离合器壳检验仪

1. 定心套　2. 轴向定位套　3. 心轴　4. 表架　5. 紧固螺栓　6、7. 百分表　8. 离合器壳　9. 气缸体

表 1-1-9　制动鼓修理尺寸表　(mm)

制动鼓标准内径/D	≤320	320＜D＜420	≥420
报废尺寸	D+0.5	D+0.4	D+6.0
安全修理尺寸	D+0.7	D+0.8	D+4.2
左右制动鼓直径差值	0.2	0.5	0.8

③圆柱度或圆度误差超过 0.155mm 的制动鼓，应更换。

④制动鼓摩擦表面由于制动热能引起金相组织结构发生变化而产生硬点时，应更换。

⑤制动鼓切削后不得有裂纹和变形，其尺寸必须符合原厂要求，没有规定的应符合表 1-1-9 的规定。

⑥制动鼓摩擦表面的圆柱度误差应不大于 0.05mm；表面粗糙度值应不大于 $Ra1.6\mu m$。

⑦制动鼓与轮毂轴承承孔轴线的同轴度检验方法如图 1-1-15 所示。要求制动鼓摩擦表面对与轮毂接合的圆柱面及平面的径向全跳动误差不大于 0.10mm；对于轮毂轴承承孔轴线的径向全跳动误差不大于 0.12mm。

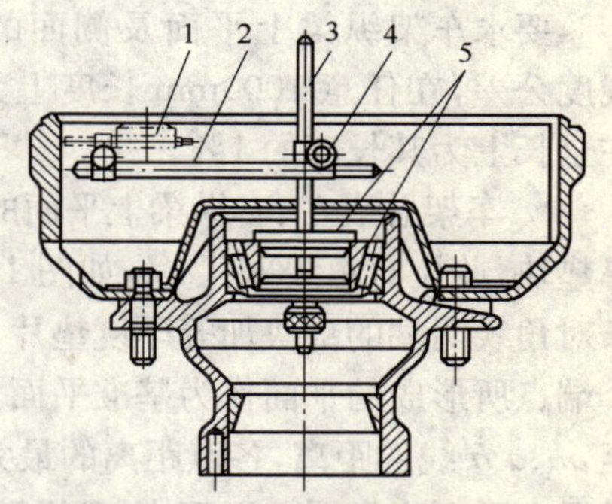

图 1-1-15　制动鼓与轮毂轴承承孔轴线的同轴度检验

1. 百分表　2. 支架　3. 中心杆　4. 锁紧装置　5. 夹具

⑧制动鼓的壁厚差应不大于 1.00mm；同轴上的左、右制动鼓的直径差值不得大于表 1-1-9 所规定的数值。

四十六、制动盘的检验内容、检验方法和技术要求有哪些？

制动盘的检验内容、检验方法和技术要求如下：

①制动盘不得有裂纹，其工作表面不得有锈斑、缩孔等缺陷。制动盘总厚度一般不得小于标准厚度 2.0mm；划痕、沟槽深度不得大于 0.38mm。具体车型的修理数据应以原厂标准为准。

②修理后和换新的制动盘其端面平面度公差应不大于0.02mm，两端面平行度公差应不大于0.0125mm。工作表面粗糙度值应不大于Ra0.8μm。

③装配后的制动盘端面全跳动公差通常应不大于0.15mm（在消除系统全跳动误差情况下），具体车型的修理数据应以原厂标准为准。

四十七、车架的检验内容、检验方法和技术要求有哪些？

(1)车架检验的内容

车架检验的主要内容包括车架裂纹、变形（弯曲、扭曲）、锈蚀和铆钉松动的检验。

(2)车架的检验方法与技术要求

①车架裂纹的检验。用观察法检查车架的清洁程度、裂纹、焊接或焊修质量、铆接质量、车架防锈处理质量和附属装置的安装状况等。车架的裂纹、铆接情况与焊接质量还可用敲击听声音的方法进行检查。要求车架应无泥沙、油污、锈蚀及裂纹。

②车架形位公差的检验。

a. 车架宽度用直尺、卷尺或专用游标卡尺检验。车架宽度极限偏差为$^{+1}_{-3}$mm。

b. 纵梁上平面及侧面的纵向直线度可用1m长的金属直尺和3mm厚的塞尺或用拉线法检验，如图1-1-16所示。

要求车架纵梁上平面及侧面的纵向直线度公差，在任意1000mm长度上为3mm，在全长上为其长度的1%。

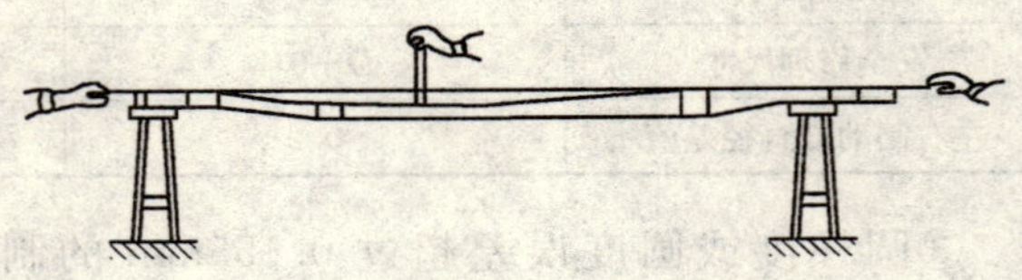

图 1-1-16 车架纵梁直线度的拉线法检验

c. 车架总成左、右纵梁上平面的平面度检验。在被测平面两端的纵梁上对称放置4个等厚垫块，并拉对角线ab'、$a'b$，如图1-1-17所示。若两对角线在c点不接触，则对处于下面的一条对角线两端的垫块加等厚度垫片，使两对角线相交（在c点处接触）。此时，将两对角线的4个端点所形成的平面作为基准平面，然后再在纵梁上拉两线ab、$a'b'$，并测量两纵梁上平面各点至ab、$a'b'$线的距离，各点距离的最大差值即为纵梁上平面的平面度误差。要求车架总成左、右纵梁上平面应在同一平面内，其平面度公差为1.5%。

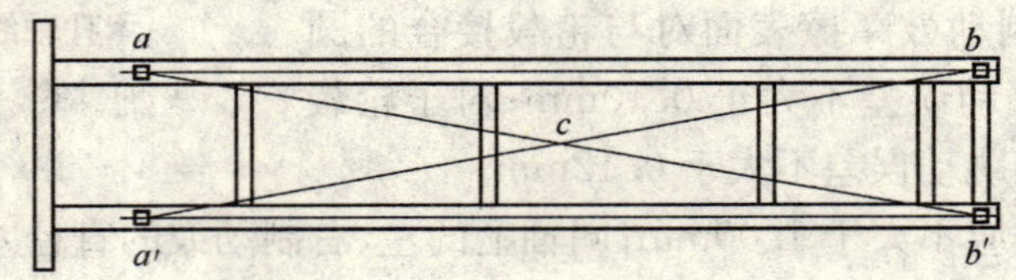

图 1-1-17 车架纵梁上平面的平面度检测

d. 纵梁侧面对车架上平面的垂直度检验。可以用专用直尺、直角尺以及塞尺进行检验，如图1-1-18所示。要求纵梁侧面对车架上平面的垂直度公差为纵梁高度的1%。

e. 车架主要横梁对纵梁的垂直度检验。可用直角尺和塞尺检查，要求车架主要横梁对纵梁的垂直度公差不大于横梁长度的2%。

f. 车架的分段检验。车架的分段检验方法如图 1-1-19 所示。选择车架或底架上平面较大的平整部位作为基准平面，在钢板弹簧固定支架销承孔轴线中点（或与车架或底架侧面左右等距离的对称点）引出 4 个在基准面上的投影点，测出 4 点间对角线的长度差。要求车架分段检验，各段对角线长度差不大于 5mm。

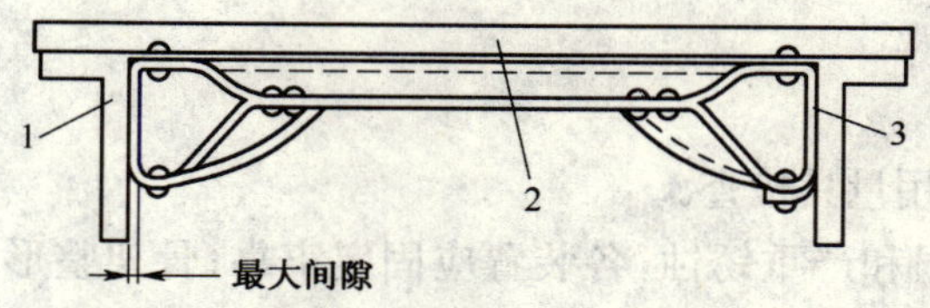

图 1-1-18　车架垂直度的检验

1. 直角尺　2. 专用直尺　3. 纵梁

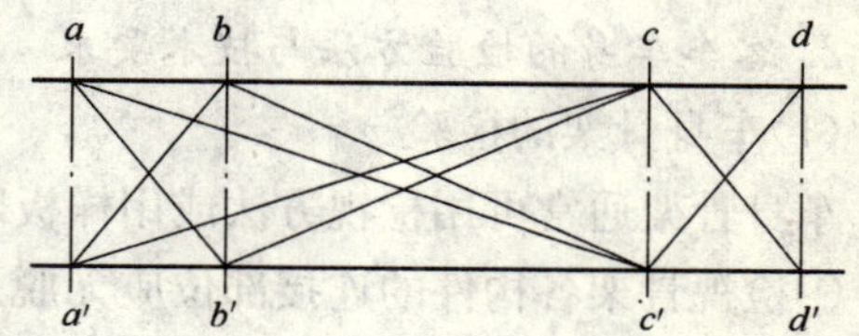

图 1-1-19　车架的分段检验

aa'—前钢板前支架销孔轴线　bb'—前钢板后支架销孔轴线　cc'—后钢板前支架销孔轴线　dd'—后钢板后支架销孔轴线　ab'、$a'b$—第 1 段对角线　bc'、$b'c$—第 2 段对角线　cd'、$c'd$—第三段对角线　ac'、$a'c$—第 4 段对角线

g. 左、右钢板弹簧固定支架销孔同轴度的检验。检验方法如图 1-1-20 所示。将两根特制的心轴分别插入左、右钢板弹簧固定支架销孔中，测量两轴的中心距，即为该两销孔的同轴度。

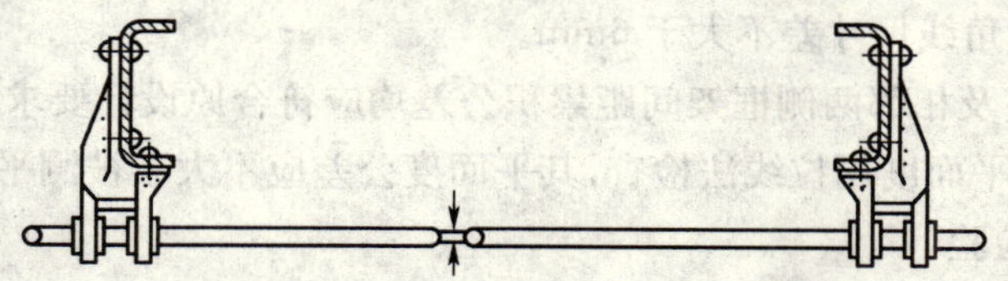

图 1-1-20　左、右钢板弹簧固定支架销孔同轴度的检验

要求左、右钢板弹簧固定支架销孔同轴度公差为 2.0mm。前、后固定支架销孔轴线间的距离左、右相差：轴距在 4000mm 及其以下的应不大于 2mm，轴距在 4000mm 以上的应不大于 3mm。

h. 前、后钢板弹簧固定支架销孔轴线间的距离差可用直尺或拉线法测量。

③车架检验的其他技术要求。

a. 车架的焊接应符合焊接规范。焊缝应平整、光滑、无焊瘤、弧坑，咬边深度不大于 0.5mm。咬边长度不大于焊缝长度的 15%，并且无气孔、夹渣等缺陷。

b. 车架挖补或截修的焊缝方向，除特殊车架外，不允许与棱线垂直、重叠；焊缝及其周围机体金属上不应有裂纹。

c. 铆接件的接合面必须贴紧，铆钉应充满钉孔，铆钉头不得有裂纹、歪斜或残缺，所有铆钉不得以螺栓代替。

d. 前后保险杠应平整，形状符合原设计规定。

e. 修理竣工的车架所增加的质量不得超过原设计质量的 10%。

f. 修理竣工的车架应进行防锈处理。

四十八、客车车身的检验内容、检验方法和技术要求有哪些?

1. 客车车身检验的主要内容

客车车身的主要检验内容包括车身骨架、内外蒙皮、车窗和门窗、地板、坐椅检验等。

2. 客车车身的检验方法与技术要求

(1)车身骨架的检验

车身骨架通常可用检视方法或用样板以及通用量具检查。

①检视骨架各构件的连接部位应无脱焊、裂损和严重锈蚀,各装置应固定牢靠;骨架整形后,外形应平整,曲面衔接应变化均匀。立柱间距公差及相邻两侧框架间距累积公差均应符合原设计要求。

②用样板检查骨架的形状和尺寸应符合技术要求。

③用通用量具检查骨架。采用通用量具测量乘客门框、侧窗框及车身骨架横断面龙门框架、底架等的尺寸应符合如下技术要求:

a. 侧窗框对角线长度的偏差不大于 3mm。

b. 车身横断面框架(龙门框架)对角线长度差不大于 5mm。

c. 乘客门框的对角线尺寸差不大于 6mm。

d. 立柱间距公差及相邻两侧框架间距累积公差均应符合原设计要求。

④底架上平面的平面度用拉线法检查,其平面度公差应不大于被测平面总长度的 1.5%。

(2)内外蒙皮的检验

①检视外蒙皮外表应平整,外形曲面过渡均匀,无凸凹变形、裂损、皱褶、刮痕,压条与各板之间应密合牢固,用样板检查其面轮廓度公差应小于 1.5mm。

②检视内围板应无锈蚀、裂损和翘曲。

③检验铆接。铆接应坚实牢固,所有铆钉应无歪斜、压伤和头部残缺等。蒙皮铆钉排列平直整齐,间隔均匀,位置度公差值应为 ϕ4mm。

④检验油漆。

a. 车身骨架、底架及蒙皮内表面应进行除锈及防锈防腐处理。

b. 对可利用的旧外蒙皮、零部件,涂漆前应清除旧漆皮、腻子、底漆及铁锈。

c. 油漆涂层外观应色泽均匀,表面漆膜附着牢固,漆面和漆层应无流痕、脱层、裂纹、起泡、皱纹、污点,色泽光亮,异色边界应分明整齐。表面漆膜应接合牢固,无流痕、脱层、龟裂、起泡、皱纹和漏漆等。

d. 不需涂漆的零部件部位,不应有漆痕。

e. 漆膜光泽可用漆膜光泽测量仪测量。漆表面硬度可用漆表面硬度测量仪检测。油漆涂层应符合 QC/T 484 的有关规定。

⑤检验内外装饰件。

a. 检视车身内外装饰件外观应平顺贴合,无凹陷、隆起或弯曲,拐弯处圆顺平滑,表面不得有划痕、锤击印等。紧固件排列整齐，装置牢固。

b. 检视外装饰带与蒙皮应贴合良好，平直圆顺，分段接口处平齐，接口间隙应不大于0.5mm，并与窗下沿平行，其平行度公差在全长上应不大于5mm。

c. 检视车身电镀装饰件，应光亮，无锈斑、脱层、划痕。

d. 检视车身铝质装饰件，应进行表面抛光、氧化或电化学处理。

四十九、蓄电池的检验内容、检验方法和技术要求有哪些？

蓄电池的检验内容、检验方法和技术要求主要有以下几点：

①蓄电池应无明显的外部损伤。

②电解液液面应高出极板10～15mm或在“HIGH”和“LOW”两液面线之间。

③测量电解液的相对密度和电解液的温度，然后按照表1-1-10所列的修正数值进行修正，即可得到在25℃时的电解液相对密度。不同地区和气温条件下电解液的相对密度见表1-1-11，不符合规定时应予调整。

表1-1-10　不同温度下密度计读数的修正值表

电解液温度/℃	相对密度修正数值	电解液温度/℃	相对密度修正数值
—	—	0	−0.0175
+45	+0.0140	−5	−0.0210
+40	−0.0105	−10	−0.0245
+35	+0.0070	−15	−0.0280
+30	+0.0035	−20	−0.0315
+25	0	−25	−0.0350
+20	−0.0035	−30	−0.0385
+15	−0.0070	−35	−0.0420
+10	−0.0105	−40	−0.0455
+5	−0.0140	−45	−0.0490

表1-1-11　不同地区和气温条件下电解液的相对密度

气候条件	完全充足电的蓄电池在25℃时电解液的相对密度	
	冬季	夏季
冬季低于−40℃的地区	1.30	1.26
冬季高于−40℃的地区	1.28	1.24
冬季高于−30℃的地区	1.27	1.24
冬季高于−20℃的地区	1.26	1.23
冬季高于0℃的地区	1.23	1.23

④在充足电的状态下用高率放电计测量蓄电池的电压，并保持5s，电压应稳定在10.6～11.6V。若电压稳定在9.6～10.5V，表明蓄电池容量正常，但存电不足；若电压迅速下降，表明蓄电池已损坏，应予更换。

对于内设密度计的免维护铅蓄电池，当看到绿色小点时，电解液相对密度为1.22以上，可以用高率放电计测量蓄电池电压；当看不到绿色小点时(变为深绿色)，蓄电池存电不足，必须先充电，直至出现绿色亮点后才能进行测量；当从观察孔中看到淡黄色时，蓄电池已损坏，必须更换蓄电池。

五十、交流发电机的检验内容、检验方法和技术要求有哪些？

(1)交流发电机主要部件检验

①前后端盖。前后端盖不得有变形、破裂和缺损现象。轴承座孔的直径、圆度、圆柱度应符合原厂技术要求。

②定子。用数字万用表检测定子绕组的电阻值(通常为0.5～1.2Ω)应符合原厂规定，绝缘性能良好，定子绕组应安装牢靠，无碰擦痕迹。

③转子。用百分表和V形铁检测转子轴的径向圆跳动误差应不大于0.10mm，否则应予校正。转子轴与轴承的配合间隙应符合技术要求。滑环表面不得有油污，圆柱度应符合原厂技术要求。不应有烧蚀和过度磨损现象，滑环的圆度误差超限，如果烧蚀或磨损较重应修磨，修磨后的滑环直径应大于极限值(通常比标准直径小0.5mm)。磁场绕组无断路和绝缘破坏，电阻值符合要求(通常为2.6～3.0Ω)。

④电刷组件。电刷在电刷架内应活动自如，无明显松旷。电刷表面无油污，其长度应大于标准长度的一半。电刷弹簧弹力应符合原厂规定。电刷架应无烧损、破裂和变形。

⑤硅整流器。硅整流二极管在散热板上应安装牢固，无断路或短路，正、反向电阻值符合原厂规定。用数字万用表的二极管挡测量交流发电机整流二极管和励磁二极管时，其读数均应为0.30～0.7V，否则更换整流器。

⑥轴承。轴承应润滑良好、转动灵活，无卡滞和噪声过大现象。

(2)交流发电机装配后的检验

①电阻检测。用万用表测量发电机“F”与“－”、“B”与“－”以及“B”与“F”之间的正、反向电阻，其电阻值应符合原厂规定。

②空载和满载试验。交流发电机试验线路如图1-1-21所示。将交流发电机固定在汽车电器万能试验台上并连接好线路，起动试验台，观察发电机输出电压达到额定值(12V系统发电机为14V，24V系统发电机为28V)时的空载转速应符合原厂规定。

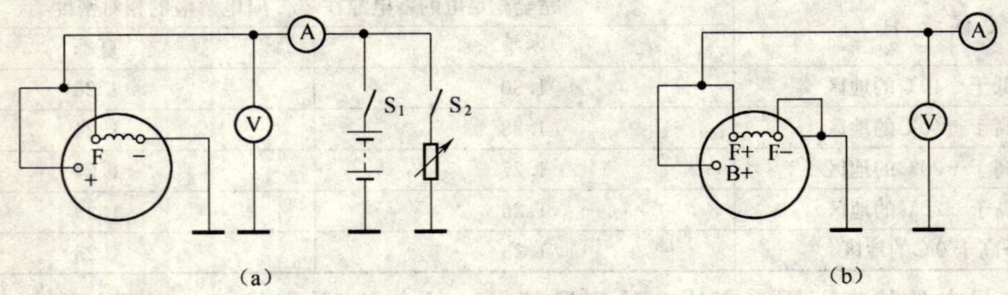

图1-1-21 交流发电机试验线路

(a)内搭铁交流发电机线路 (b)外搭铁交流发电机线路

通常空载转速不大于1000r/min；带有中性点“N”的硅整流发电机试验时，在其空载转速下，中性点电压应为发电机输出电压的一半。

与空载试验方法相同，观察发电机输出电压达到14V时，输出电流应达到25A。当发电机输出电压和输出电流均达到额定值时，发电机转速(满载转速)应不大于2500r/min。

五十一、晶体管电压调节器的检验内容、检验方法和技术要求是什么？

①电阻检测。用万用表分别测量晶体管电压调节器接线柱“B”与“－”、“B”与“F”、“F”与“B”之间的静态电阻值，应符合原厂规定。

②性能试验。晶体管电压调节器测试线路如图1-1-22所示。在汽车电器万能试验台上将晶体管电压调节器和配套的标准发电机固定好并接好线，然后使发电机在3000r/min下稳定运转，观察发电机半载状态下晶体管电压调节器所保持的电压，其值应符合原厂规定，否则应予更换。

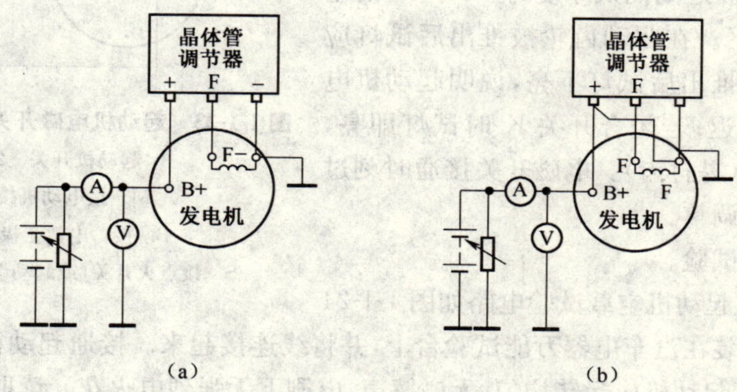

图1-1-22 晶体管电压调节器测试线路

(a)内搭铁调节器测试 (b)外搭铁调节器测试

五十二、起动机的检验内容、检验方法和技术要求是什么？

(1)起动机主要零部件的检验

①电枢。用百分表检查电枢轴的径向圆跳动公差应不大于0.10mm，否则应予校正。轴颈的直径、圆度和圆柱度应符合原厂技术要求。电枢绕组应固定牢靠，其电阻值和绝缘性能应符合原厂规定。换向器表面不得有油污、烧蚀和严重磨损；换向器圆柱面的直径、圆度和圆柱度公差应符合原厂规定；修磨后的换向器直径应不小于标准值1.10mm；换向片应高出云母片0.40～0.80mm；换向器与电枢轴的同轴度应不大于0.03mm；起动机装复后电枢轴的轴向间隙应为0.05～0.10mm。

②定子绕组。用数字万用表检测定子绕组的电阻值(通常为0.3～0.5Ω)应符合原厂规定，绝缘性能良好。定子绕组应安装牢靠，无碰擦痕迹。

③电刷组件。电刷在电刷架内应活动自如，无明显松旷。电刷表面无油污，其长度应不小于标准长度的一半，通常不小于10mm。电刷与换向器的接触面积应不小于80%。电刷弹簧

弹力应符合原厂规定。电刷架应无烧损、破裂和变形。

④单向离合器。将单向离合器齿轮用布包好，夹在台虎钳上，用扭力表按单向离合器锁止方向施力，应能承受制动试验时的最大转矩而不打滑。驱动齿轮机内花键无过度磨损。齿轮机装配后其驱动齿轮外端面与驱动齿轮止动器的间隙应符合原厂规定（通常为1～4mm）。

⑤电磁开关。电磁开关的吸引线圈和保持线圈的电阻值和绝缘性能应符合原厂技术要求。铁心滑动灵活，拨叉回位弹簧自由长度和弹力符合原厂技术要求。

(2)起动机的检验

①起动机的检验。起动机电磁开关接通时刻的检验方法如图1-1-23所示。接好线后，拆掉起动机电磁开关与电动机之间的导电片，在驱动齿轮与限位螺母（或止推垫圈）之间插入厚度为4～5mm的塞尺，然后闭合开关K。在驱动齿轮被推出后试灯应亮。若驱动齿轮被推出后试灯不亮，说明起动机电磁开关接通时刻过迟；若闭合开关K时试灯即亮，说明接通时刻过早（易打齿）。电磁开关接通时刻过早或过迟都应予以调整。

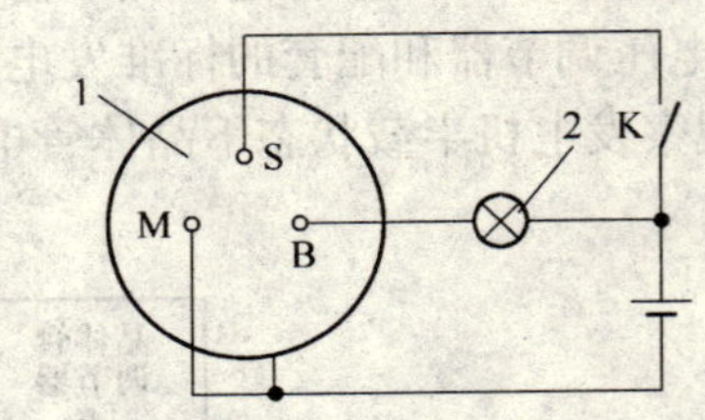

图1-1-23 起动机电磁开关接通时刻的检验

1. 起动机开关 2. 试灯

M—接电动机接线柱

B—接蓄电池正极接线柱

S—接点火开关（或起动继电器）接线柱

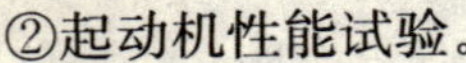

②起动机性能试验。

a. 空载试验。起动机空载试验电路如图1-1-24所示。将起动机安装在汽车电器万能试验台上，并将线连接起来。接通起动机电路（每次接通时间应小于1min），起动机应运转均匀，无碰擦声，电刷下无强烈电火花。读取电压表读数和电流表的读数（即为空载电流），并用转速表测量其转速（即空载转速），其值应符合原厂规定。通常蓄电池为额定电压时，起动机空载转速应大于5000r/min，电流小于90A。

b. 全制动试验。在起动机驱动齿轮上安装专用测试装置，如图1-1-25所示。接通起动机电路（与空载试验电路相同），起动机应该处于制动状态，即驱动齿轮不转。观察单向离合器是否打滑（即电枢轴是否缓慢转动），并且观察电压表读数、电流表读数（即全制动电流）和弹簧秤的读数（即全制动转矩），其值应符合原厂规定。每次全制动试验时间应小于5s。若驱动齿轮锁止而电枢轴缓慢转动，说明单向离合器有打滑现象，此时测得的制动电流值和制动转矩值也就不是全制动电流和全制动转矩。

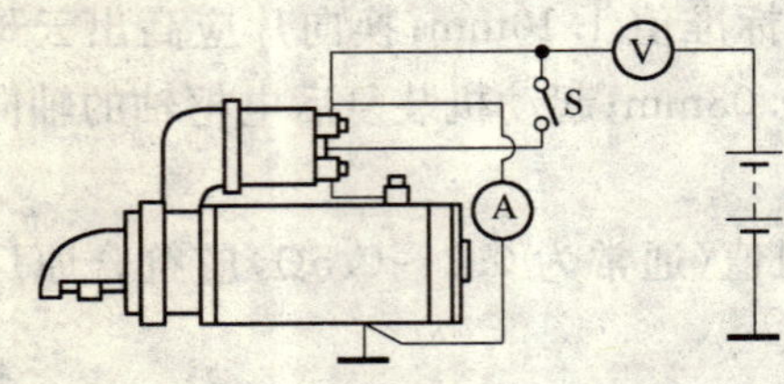

图1-1-24 起动机空载试验电路

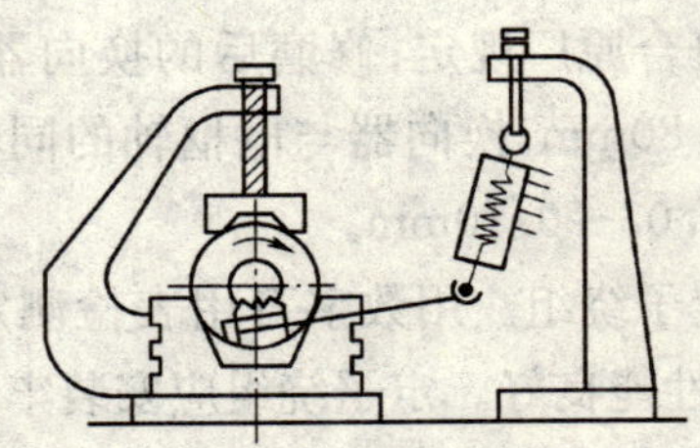
图1-1-25 起动机全制动试验

五十三、汽车竣工出厂有哪些规定?

根据交通部颁发的《汽车运输业车辆技术管理规定》,汽车修理竣工出厂应符合下列规定:

①送修的汽车或总成修理竣工检验合格后,承修单位应签发出厂合格证,并将技术档案、维修技术资料和合格证一并移交托修方。

②汽车或总成修竣出厂时,不论送修时的装备(附件)状况如何,均应按照有关规定配备齐全。发动机应安装限速装置。

③接车人员应根据合同规定,就汽车或总成的技术状况和装备情况等进行验收,如发现有不符合竣工要求的情况,承修单位应立即查明,及时处理。

④托修方必须严格执行汽车走合期规定,在质量保证期内因维修质量发生故障或提前损坏时,承修方应及时排除,免费维修。

五十四、汽车整车大修竣工检验程序是怎样的?

整车大修竣工验收包括路试前的外部检视、汽车的路试及仪器(台架)试验、路试后的检查(并清除故障)以及全车综合性能的检测四个阶段。汽车修理竣工后必须按照《汽车大修竣工出厂技术条件》以及其他相关标准进行严格检验。首先进行外部检视,然后进行汽车的路试和仪器(台架)检验。汽车经路试后的检查并清除故障后,送交汽车综合性能检测站进行检测。经检测合格的车辆,由维修企业签发汽车大修出厂合格证,车辆才能准予出厂。

(1)外部检视

外部检视包括检视油漆补修涂装质量、各总成装备完整齐全、车轮定位、车轮轮距、前后轴距、转向盘游动量、离合器和制动踏板自由行程、驻车制动、灯光信号标志和有效光照、喇叭音质、仪表及指示值、后视镜、电气线路和各管路以及接头连接与牢靠状况、全车润滑油脂以及冷却液、制动液、电解液加注与密封状况、轮胎换位与充气、发动机以及散热器、驾驶室、车厢、底盘、各部的密封、紧固、锁止技术状况,并逐一填表登记。

(2)路试和仪器检验

路试和仪器检验的目的是检查发动机与底盘的工作情况,主要包括以下内容:

①起步性能的检查。

②转向性能的检查。

③变速器换档的检查。

④手制动性能和车轮制动性能的检查。

⑤传动轴、驱动桥工作情况的检查。

⑥滑行性能试验、动力性的检查、燃料经济性的检查、加速性能的检查。

⑦冷却液、发动机等部位润滑液的液面高度、温度与压力的检查。

⑧异响、最大噪声的检查,排气污染的检查。

⑨灯光、信号、仪表指示值的检查。

⑩发动机各工况的检查。

(3)路试后的检查

①制动盘鼓、轮毂、变速器壳体、驱动桥壳体、传动轴中间轴承、齿轮轴、机油、冷却液等温度是否正常。

②全车各部位的密封状况。

③再次检查各重要部位螺栓、螺母的紧固锁止状况(如转向、传动、悬架、中间传动轴、轮毂等)。

④检查轮胎气压。

(4)全车综合性能检测

综合性能检测是鉴定汽车修理质量的主要手段,由维修企业完成,也可委托相应级别的综合性能检测站进行检测,检测结果证明可作为维修车辆的出厂凭证。《汽车运输业车辆综合性能检测站管理办法》规定A级站和B级站出具的检测结果证明,可以作为维修单位维修质量的证明。

五十五、汽车整车大修竣工检验的内容、方法和技术要求是什么?

(1)外部检视

修理竣工的汽车在静态下,通过外部检视,检查汽车外部技术状况、装备完整情况、各总成和仪表的工作情况,其主要技术要求如下:

①驾驶室、客车厢应形状正确、曲面圆顺、转角处无皱褶,蒙皮完整、无松弛及机械损伤缺陷;喷漆颜色协调、均匀、光亮,漆层无裂纹、剥落、起泡、流痕、皱纹。不需涂漆的部位,不得有漆痕。刷漆部位不应有明显的流痕和刷纹。

②驾驶室、客车厢、货厢、保险杠及翼子板左右对称。各对称部位离地高度差:驾驶室、客车厢、保险杠、翼子板不大于10mm,货厢不大于20mm;保险杠、翼子板安装应端正、牢固,货厢边板、铰链应铰接牢固、启闭灵活,边板关闭后缝隙不大于5mm。检查时将汽车停放在平坦的路面上,用直尺进行测量;门窗启闭灵活、关闭严密、锁止可靠、合缝匀称,不松旷。风窗玻璃透明,不炫目。门窗玻璃应采用安全玻璃,前风窗玻璃应采用夹层玻璃或部分区域钢化玻璃。

③转向机构各连接部位不松旷,锁止可靠。

④离合器踏板、制动踏板自由行程和手制动的有效行程应符合原厂规定。采用液压制动的汽车,制动踏板在规定压力下保持1min,踏板不应有向下移动现象。

⑤照明及各种信号装置应齐全、有效,符合GB 4785—1997中有关规定。各种仪表应装备齐全、完好、有效。各种线路布置应合理,接头牢固,导线包扎固定可靠,不得有裸露、破损、老化,线束通过孔洞时,应有防护套且距排气管距离应不小于300mm。各部导线及电器元件不得漏电。

⑥轮胎气压应符合原厂规定。乘用车或挂车轮胎胎冠上的花纹深度应不小于1.6mm,其他机动车转向轮应≥3.2mm,其余轮胎胎冠花纹深度≥1.6mm。轮胎胎面不得暴露出轮胎帘布层。胎面与胎壁上不得有长度超过25mm、深度足以暴露出轮胎帘布层的破裂或割伤。同轴

上装用的轮胎型号和花纹应相同。汽车转向轮不得装用翻新胎。

⑦各种油嘴应安装正确、齐全、有效；润滑油(脂)规格质量及添加量应符合原车规定；各总成、零部件和附件应齐全、完好、有效，安装应符合原厂规定；空调装置齐全、有效。

⑧车轮圆跳动量公差，总质量≤3.5t 的汽车应不大于 5mm，其他汽车应不大于 8mm。可用直角尺或金属直尺测量。车轮动不平衡量应符合有关规定。

⑨车轮定位、左右轮距差应符合有关规定；汽车整备质量及各轴负荷分配不得大于原设计的 3%。

⑩关键紧固件的拧紧力矩应符合原厂规定，锁定可靠；一般紧固件应牢固可靠，不得有松动现象；铆接件的接合面应紧贴，铆钉应充满钉孔不松动，钉头不应有裂纹、歪斜、残缺现象，不得用螺栓代替铆钉；焊缝应平整、光滑，不应有夹渣、裂纹等缺陷。

(2)路试和仪器检验

在进行完车辆外部检视后，应按照技术标准，采用路试和仪器检验的方法对汽车修理质量进行全面检验，填写检验单，并消除检验中发现的缺陷，以保证汽车的修理质量。汽车路试检验时应选择在平坦、干燥、清洁的高级或次高级路面，长度和宽度适应测试要求，纵向坡度不大于 1%的直线道路上往返进行。测试数据取平均值。汽车路试检验流程如图 1-1-26 所示。

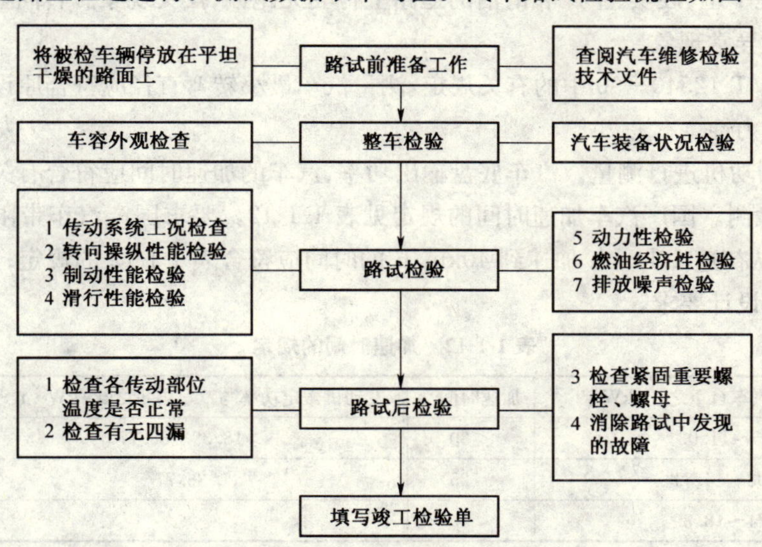

图 1-1-26　汽车路试检验流程

①发动机性能。

a. 发动机起动顺利，无异响。发动机在正常工作温度下 5s 以内能起动；柴油发动机在环境温度≥5℃时，汽油发动机在环境温度≥−5℃时应顺利起动。

b. 在正常工作温度下，发动机怠速运转应稳定，其转速应符合原设计规定，转速波动≤50r/min。

c. 发动机在各种转速下运转应平稳，改变转速时过渡应圆滑，突然加速或减速时不得有突爆声，在正常工况下不得过热，无异响。

d. 在规定转速下，发动机机油压力应符合原厂规定。

②传动机构性能。

a. 离合器应接合平稳、分离彻底、操作轻便、工作可靠、无异响。

b. 变速器换档轻便、准确可靠，无异响，正常工况下不得过热。

c. 传动轴及中间轴承应工作正常，无松旷、异响；中间轴承不得过热。

d. 差速器、主减速器应工作正常、无异响，正常工况下不得过热。

③转向机构性能。

a. 用前束尺、前轮或四轮定位仪等测量汽车车轮前束、主销内倾、主销后倾、车轮外倾，应符合原设计规定。

b. 用侧滑试验台测量转向轮侧滑量不大于 5m/km。

c. 用转向盘转动测量仪测量转向盘最大自由转角量，应符合 GB 7258—2004 中规定的要求。即转向盘自由转动量(带转向助力器的除外)，最高设计车速不小于 100km/h 的机动车应不大于 20°，其他机动车应不大于 30°。

d. 机动车在平坦、硬实、干燥和清洁的道路上行驶无跑偏、摆头现象。转向盘不能有摆振、路感不灵或其他异常现象。

e. 按照 GB/T 12540—90 中的有关规定，测量汽车最小转弯直径应符合原设计要求。

④汽车的动力性。

a. 用底盘测功机进行测量。汽车底盘输出功率、汽车的加速时间应符合有关规定要求。

b. 用路试检测。国产汽车加速时间的规定见表 1-1-12。要求国产汽车带限速装置，以直接档空载行驶，从初速 20km/h 加速到 40km/h 的时间应符合表 1-1-12 的规定；进口汽车的加速时间应符合原设计要求。

表 1-1-12 加速时间的规定

发动机额定功率与汽车自重之比/kW·t^{-1}	加速时间/s	发动机额定功率与汽车自重之比/kW·t^{-1}	加速时间/s
>7.35～11.03	<30	>18.39～36.77	<15
>11.03～14.71	<25	>36.77	<10
>14.71～18.39	<20		

⑤汽车的经济性。

a. 用底盘测功机、油耗计等按 GB/T 12545.1～2—2001 进行测量，乘用车燃料消耗量限值应符合 GB 19578—2004 的规定。其他汽车的燃料消耗量应符合有关规定。

b. 路试测量。国产汽车带限速装置，空载行驶，在经济车速下，每百公里燃油消耗量应不高于原设计规定值的 85%，汽车走合期满后，每百公里燃油消耗量应不高于原设计规定。进口汽车油耗应不高于原厂规定。

⑥汽车的滑行性能。

a. 滑行距离。用底盘测功仪进行测量时，汽车在台架上的滑行距离应符合有关规定；用第五轮仪按 GB/T 12536—90 中的规定测量时，汽车空载以初速度 30km/h 摘档滑行的距离，应满足表 1-1-13 的要求。

b. 滑行阻力。在干燥平坦的沥青或混凝土路面上用拉力计测量滑行阻力，汽车的滑行阻力应不超过汽车整备质量的 1.5%。

⑦汽车的制动性能。

a. 路试检验。应符合 GB 7258—2004 中有关规定。

b. 台试检验。应符合 GB 7258—2004 中有关规定。

表 1-1-13 滑行距离规定

汽车整备质量(m)/kg	双轴驱动汽车滑行距离/m	单轴驱动汽车滑行距离/m
$m<1000$	≥104	≥130
$1000\leqslant m\leqslant 4000$	≥120	≥160
$4000<m\leqslant 5000$	≥144	≥180
$5000<m\leqslant 8000$	≥184	≥230
$8000<m\leqslant 11000$	≥200	≥250
$m>11000$	≥214	≥270

⑧前照灯和车速表。

a. 机动车每只前照灯的远光光束发光强度应符合 GB 7258—2004 中的要求。即二灯制应大于 15000cd，四灯制应大于 12000cd。

b. 前照灯光束照射位置应符合 GB 7258—2004 中的要求。

c. 用检视方法检查车速表波动情况，要求汽车稳定运行时，车速表指针不得有明显的上下摆动。

d. 用车速表试验台测量车速表应符合 GB 7258—2004 中的有关规定。即车速表指示 40km/h 时，试验台显示应为 32.8～40km/h。

⑨排放和噪声。

a. 汽油车怠速污染物排放。用废气分析仪按 GB 18285—2005 中的有关规定测量，要求汽油发动机怠速污染排放应符合 GB 18285—2005 中的规定。

b. 柴油车自由加速烟度排放。用烟度计按 GB/T 3847—99 规定测量，要求柴油车的全负荷烟度排放应符合规定。

c. 用声级计按 GB 1495—2002 中的有关规定测量，要求汽车加速行驶，车外噪声应符合 GB 1495—2002 的规定。客车车内噪声按 GB 18697—2002 的规定检验，应符合 GB 7258—2004 的规定。

⑩密封性和空调。

a. 防雨密封性。按 GB/T 12480—90 中的规定进行测量和检视，客车防雨，密封性限值应符合 GB/T 12481—90 的规定；货车的门窗及防雨设施应齐全、完好、有效，不得有漏水现象。

b. 防尘密封性。按 GB/T 12478—90 中的规定进行测量和检视，客车防尘密封性限值应符合 GB/T 12479—90 的规定。货车防尘密封性装置应完好、有效,不应有明显进尘现象。

c. 用温度计检测空调出风口温度应达到原厂规定,各旋钮和按键操作灵活、有效,风量和风向调节准确、可靠。

(3)路试后的检验

①检查各部运行温度是否正常。

②检查有无四漏(漏油、漏水、漏电、漏气)。但润滑油、冷却液密封接合面处允许有不致形成滴状的浸渍。

③检查并紧固重要螺栓、螺母。

④轮胎气压应符合原厂规定。路试检验或检测线检验完毕后,要消除检验中发现的故障。竣工检验合格后,要填写汽车大修竣工出厂检验单,签发出厂合格证,并将技术档案、维修技术资料和合格证移交托修方。

(4)综合性能检测

汽车整车大修竣工,经外部检视合格后,维修企业可利用不解体检测诊断设备,在路试中和路试后的检查调整并消除故障后,对车辆技术状况进行全面检测。若维修企业不具备综合检测能力,可委托相应级别的综合性能检测站进行检测。检测站出具的检测合格报告可作为汽车大修竣工验收合格的凭证,维修企业可据此签发汽车大修竣工出厂合格证。汽车综合性能检测站对送检车辆的技术状况进行检测诊断,可确定汽车维修质量是否符合大修标准,检测诊断的主要技术要求:

①汽车的安全性。制动、侧滑、转向、前照灯等应符合技术标准。

②汽车的可靠性。各部零件应无异响、磨损、变形、裂纹等隐患。

③汽车的动力性。车速、加速能力、底盘输出功率、发动机功率和转矩及供给系统、点火系统的技术状况应符合原厂规定。

④汽车的经济性。油耗及噪声、废气排放应达到规定值。

第二节　疑难故障诊断应知

五十六、什么是发动机的理论循环?

为了便于分析研究,可根据实际工作过程所表现的特征,将发动机实际循环抽象简化,这种简化后的循环称为理论循环。将实际循环简化为理论循环,需要作以下假设:

①工质是理想的气体,把其比热看做定值。

②工质与外界无质量交换,不计进、排气过程及其流动损失。

③工质的压缩和膨胀过程均为绝热过程,不计气缸壁传热、漏气等热损失。

④燃烧过程为外界高温热源,以等容过程、等压过程对工质加热,排气过程用等容放热过程代替。

⑤构成循环的各个过程均是可逆的。

汽油发动机因可燃混合气燃烧迅速，其实际循环接近等容加热循环。高速柴油发动机的实际循环接近混合循环，因为先喷入气缸的燃料燃烧迅速，加热近似等容过程，后喷入气缸的燃料燃烧缓慢，加热近似等压过程。

五十七、发动机的性能指标有哪些？

评价发动机的性能指标有指示指标和有效指标等。

指示指标是燃料在气缸内燃烧经历的理想状态，可从示功图上测量计算得出。指示指标有指示功 W_i、平均指示压力 p_i、指示功率 P_i、指示热效率 η_i 和指示燃料消耗率 g_i。

有效指标是以发动机输出功率为基础的性能指标。有效指标有有效功率 P_e、有效转矩 M_e、平均有效压力 P_e、有效热效率 η_e、有效燃料消耗率 g_e、有效机械效率 η_m、升功率 N_L 和比重量 G_e。在工作中通常采用有效指标中的动力性、经济性、废气排放性、运转性能以及可靠稳定性指标来评价发动机的性能。

五十八、发动机动力性指标有哪些？如何表示？

发动机动力性指标主要包括有效功率、有效转矩、平均有效压力、转速等。

(1)有效功率

发动机通过曲轴飞轮对外输出的功率称为有效功率，由发动机台架试验得出。它是发动机实际工作的动力性指标，也叫额定功率，用 P_e 表示，单位为 kW。有效功率是发动机除去消耗功率后所得到的净功率。

有效功率的计算公式为

$$P_e = T_e \cdot \frac{2\pi \cdot n}{60} \times 10^{-3} = \frac{T_e \cdot \mathrm{n}}{9550}$$

式中　P_e——有效功率(kW)；

T_e——有效转矩(N·m)；

n——曲轴转速(r/min)。

有效功率也等于指示功率与机械损失功率之差值。当发动机有效功率一定时，载荷的增加将引起转速降低；当转速为常数时，发动机的有效功率与有效转矩成正比。发动机产品铭牌上标明的功率和转速就是标定功率和标定转速。按照国家有关标准规定，发动机的标定功率分为 15min、1h、12h 和持续功率 4 种，车用发动机用 15min 功率作为标定功率。

(2)有效转矩

发动机通过飞轮对外输出的转矩称为有效转矩，用 T_e 表示，单位为 N·m，可在发动机测功器上测得。有效转矩与外界施加于发动机曲轴上的阻力矩相平衡，所以它表示发动机能带动的工作机械阻力(力矩)的大小，而不表示做功的多少。发动机的转矩是由于气体作用在活塞上的力通过连杆推动曲柄而产生的，因此一台发动机的转矩大小主要取决于气体作用在活塞上的平均气体压力，而平均气体压力与气缸充气量、燃烧的完善程度、各种内部损耗(热量损耗、漏窜气、摩擦)等因素有关。

(3)平均有效压力

平均有效压力是发动机在一个循环中，每单位气缸工作容积所输出的有效功，用 p_e 表示，单位为 kPa。平均有效压力的计算公式为

$$p_e=30P_e\tau/(V_h in)$$

式中 τ——冲程数，4 冲程发动机为 4，2 冲程发动机为 2；

V_h——气缸工作容积(L)；

i——气缸数；

n——发动机的转速(r/min)。

对特定的发动机，当其行程数一定、气缸容积一定时，平均有效压力与有效功率成正比，即平均有效压力越大，对外输出的功越多，转矩越大。p_e 的范围通常为：柴油发动机 588～980kPa，汽油发动机 588～1170kPa。

(4)发动机转速

发动机的转速影响其功率与性能，用 n 表示，单位为 r/min。提高转速可以提高发动机的功率，可使单位功率的发动机体积减少，质量减轻，但发动机转速的提高也会产生如下不利影响：

①使运动件的惯性力和发动机的机械负荷增大。

②使发动机的摩擦损失功率增加，效率降低，油耗增加。

③使发动机零部件磨损加快，寿命缩短。

④使发动机的振动加大，噪声增加。

⑤使进、排气阻力增加，充气效率下降。

五十九、发动机经济性指标有哪些？如何表示？

发动机的经济性指标主要指燃油消耗、机油及其他运行材料的消耗情况。常用的经济性指标有燃油消耗率和有效热效率。

(1)燃油消耗率

发动机工作 1h，发出 1kW 的有效功率所消耗的燃油质量称为油耗率，用 g_e 表示，单位为 g/(kW・h)。

油耗率的计算公式为

$$g_e=(G_T/P_e)\times10^3$$

式中 G_T——单位时间的耗油量(kg/h)；

P_e——有效功率(kW)。

燃油消耗率越低，发动机的经济性越好。

(2)有效热效率

有效热效率是指发动机实际循环的有效功与所消耗的燃油相应产生的热量的比值，用 η_t 表示。计算公式为

$$\eta_t=W_e/Q$$

六十、发动机运转性能指标有哪些？如何表示？

发动机运转性能指标主要有起动性能、噪声和废气排放性能等。

(1)起动性能

起动性能是指汽车发动机在冷、热车状态下，迅速起动发动机的可靠程度。要求在各种使用条件下，不附加任何辅助设施条件能快速起动发动机。如果起动性不好，不利于发挥汽车的功能，丧失其机动性，同时增加机件的磨损，降低发动机的使用寿命及增加油耗等。影响发动机起动性能的因素很多，对于汽油发动机主要有发动机结构、汽油品质、环境温度、起动转速和油、气混合情况等影响因素。在其他条件一定时，起动转速和可燃混合气的质量是主要影响因素。对于柴油发动机，主要有柴油发动机的结构、柴油特性、压缩终了的温度、压力的大小和可燃混合气的形成质量等影响因素。其中柴油发动机结构特点、柴油特性、燃烧室的结构和供油方式、环境温度、润滑条件以及起动转速都很重要。

(2)噪声

发动机的噪声主要来自燃油燃烧噪声，进、排气体的流动噪声，机械摩擦噪声和冷却风扇的噪声等，噪声对环境会造成一定的危害。评定噪声的标准是噪声级，单位为分贝(dB)。

(3)废气排放性能

汽油发动机的排放污染物主要有燃烧的废气、汽油挥发泄漏、曲轴箱窜气泄漏及其他废物等；有害成分主要有 CO、HC、NO_x、SO_2 和各种颗粒物等。发动机污染物的排放量主要取决于可燃混合气的成分、燃烧条件、排气系统的反应条件和发动机的运转情况。其中空燃比对汽油发动机排放的影响较大。柴油发动机的排放污染物主要有炭烟微粒和 NO_x 等。发动机的排放物直接危害人们的身心健康和动植物的生长发育，影响环境质量，所以必须采取多种措施严格控制汽车废气的排放。

六十一、什么是发动机的特性，包括哪些内容？

发动机性能指标随发动机调整和运转工况而变化的关系，称为发动机的特性。发动机的特性主要有：发动机速度特性、发动机负荷特性、发动机调整特性和发动机万有特性。

(1)发动机的速度特性

发动机性能指标随转速变化的关系称为发动机速度特性。它包括汽油发动机速度特性和柴油发动机速度特性。

汽油发动机速度特性是指汽油发动机节气门开度不变，发动机有效功率 P_e、有效转矩 T_{tq}、耗油率 b_e、每小时耗油量 B 等性能指标随转速变化的关系。节气门全开，所得到的速度特性称为汽油发动机外特性(图1-1-27)，外特性曲线只有一条；节气门部分开启所得到的速度特性称为部分特性，部分特性曲线有无数条。

柴油发动机速度特性是指喷油泵油量调节机构(油量调节拉杆或齿条拉杆)位置不动，柴油发动机性能指标 P_e、T_{tq}、b_e、B 等随发动机转速变化而变化的关系。当油量调节拉杆固定在标定功率循环供油量位置时，测得的速度特性，习惯上称为柴油发动机外特性(图 1-1-28)；当油量调节拉杆固定在小于标定功率循环供油量位置时的速度特性称为柴油发动机部分速度特性。

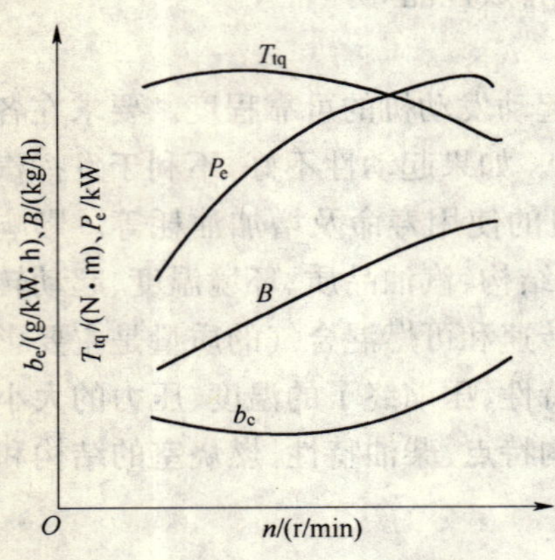

图 1-1-27 汽油发动机外特性曲线

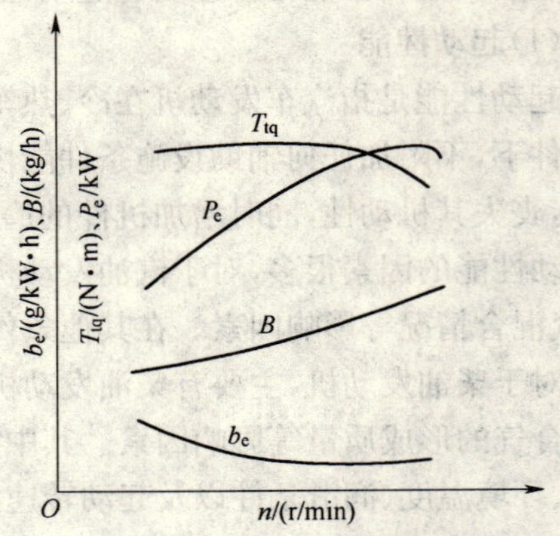

图 1-1-28 柴油发动机外特性曲线

(2)发动机的负荷特性

发动机的负荷特性是指发动机转速不变，其经济性随负荷变化而变化的关系。它包括汽油发动机负荷特性和柴油发动机负荷特性。

汽油发动机负荷特性是指当汽油发动机转速不变，逐渐改变节气门开度，同时调节测功器负荷，如改变水力测功器水量，以保持发动机转速不变，每小时耗油量 B 和耗油率曲线 b_e 随有效功率 P_e（或有效转矩 T_{tq}、平均有效压力 P_{me}）变化而变化的关系，如图 1-1-29 所示。

柴油发动机负荷特性是指当柴油发动机保持某一转速不变，移动喷油泵油量调节拉杆，改变每循环供油量 Δb 时，B、b_e 随 P_e（或 T_{tq}、P_{me}）变化而变化的关系，如图 1-1-30 所示。

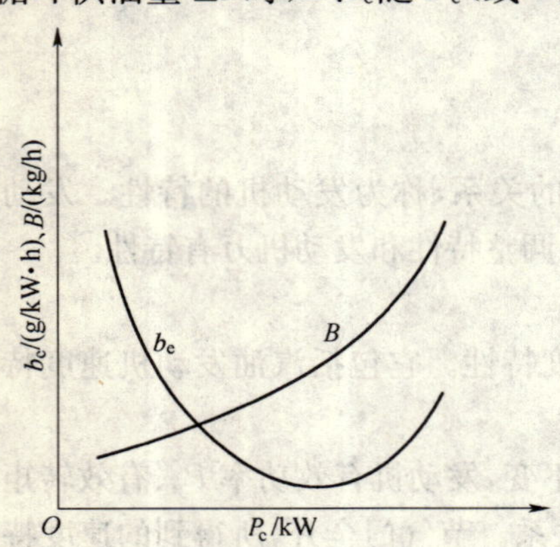

图 1-1-29 汽油发动机负荷特性曲线

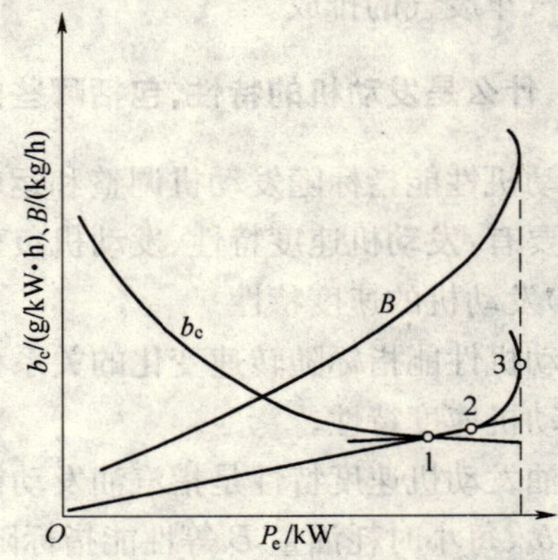

图 1-1-30 柴油发动机负荷特性曲线

(3)发动机的调整特性和柴油发动机的调速特性

发动机的性能指标随调整情况而变化的关系叫调整特性。汽油发动机的调整特性有燃料调整和点火提前角的调整。柴油发动机的调整特性有供油时刻的调整和速度的调整。

速度的调整又称为调速特性，即在调速器起作用、喷油泵调速手柄位置固定时，柴油发动机的性能指标随转速的变化关系称为调速特性。调速特性表达方式有两种：一种以有效功率 P_e 为横坐标，相当于负荷特性的形式，如图 1-1-31 所示；另一种以发动机转速 n 为横坐标，相当于速度特性的形式，如图 1-1-32 所示。

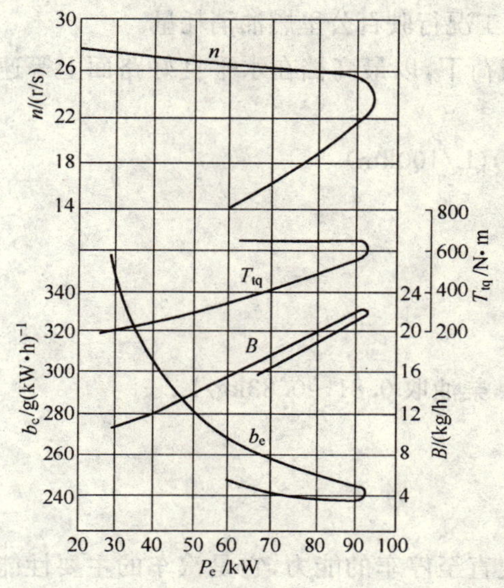

图 1-1-31　6135K-2 型柴油发动机调速特性

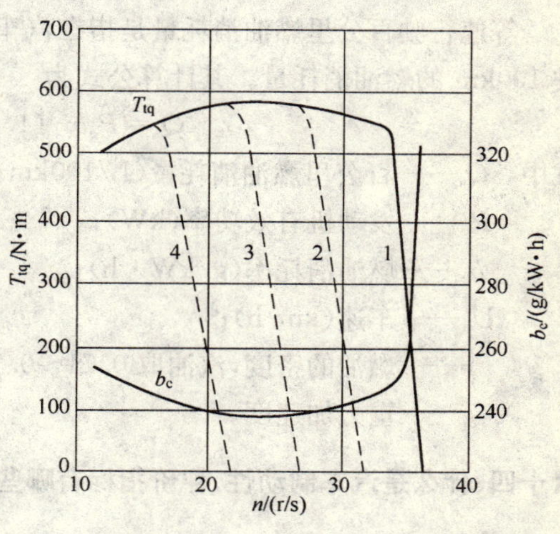

图 1-1-32　6120 型柴油发动机调速特性

六十二、什么是汽车的动力性，评价指标有哪些？

汽车的动力性是指汽车在良好路面上直线行驶时由汽车纵向外力决定的、所能达到的平均行驶速度。汽车的动力性好，则说明汽车具有较高的行驶速度，较好的加速能力和上坡能力。汽车的动力性是汽车的主要性能之一。

汽车动力性评价指标包括：汽车的最高车速、汽车的加速时间和汽车的最大爬坡度。汽车的最高车速是指在良好的水平路面（混凝土或沥青）上汽车所能达到的最高车速，用 U_{amax} 表示，单位为 km/h；汽车的加速时间表示汽车的加速能力，用 t 表示，单位为 s。加速时间分原地起步加速时间与超车加速时间。原地起步加速时间指汽车由低档起步，并以最快的加速度逐步换至最高档，达到某一距离和车速所需的时间。超车加速时间指用高档由某一较低车速全力加速至某一高速所需的时间；汽车的最大爬坡度是指汽车挂 1 档时的最大爬坡度。爬坡度可用角度表示；也可用每百米水平距离内坡度的升高 h 与百米之比 i 来表示，即 $i=h/100\times 100\%=\tan\alpha$。

六十三、什么是汽车的燃料经济性，评价指标是什么？等速行驶百公里燃油消耗量的计算公式如何表示？

汽车的燃料经济性是指在保证动力性的条件下，汽车以最小的燃油消耗量完成单位运输工作的能力。

汽车燃料经济性用一定负荷、一定里程的耗油量或一定耗油量能使汽车行驶的里程来表示。我国的燃料经济性评价指标为：一定运行工况下汽车行驶百公里的燃油消耗量，即汽车行驶 100km 所消耗的燃油量，单位为 L/100km，该数值越大，汽车的燃料经济性就越差。百公里燃油消耗量分为等速行驶百公里燃油消耗量和循环工况行驶百公里燃油消耗量。

等速行驶百公里燃油消耗量是指在汽车额定载荷下，以最高档在水平良好路面上等速行驶 100km 的燃油消耗量。其计算公式为

$$Q_s = P_e b_e / (1.02 U_a \rho g) \text{(L/100km)}$$

式中 Q_s——百公里燃油消耗量(L/100km)；

P_e——发动机有效功率(kW)；

b_e——燃油消耗率(g/kW・h)；

U_a——车速(km/h)；

ρ——燃油的密度，汽油取 0.71～0.73kg/L，柴油取 0.81～0.83kg/L；

g——重力加速度。

六十四、什么是汽车制动性，评价指标有哪些？

汽车制动性是指汽车按给定方向连续强制减速直至停车的能力，它是汽车的主要性能之一，是汽车安全行驶的重要保证。汽车如果缺乏可靠的制动性，优良的动力性就不能得到充分的发挥。所以汽车的制动性和动力性同等重要，这是汽车行驶的两个关键条件。

汽车制动性能的评价指标：

①制动效能。制动效能是指汽车迅速减速直至停车的能力。它可以用汽车的制动距离、制动减速度和制动力等参数表示。是制动性能最基本的评价指标。

②制动效能的恒定性。制动效能的恒定性主要指制动器受摩擦热和水润滑作用时制动效能的稳定程度，即制动器抗衰退的性能，包括抗热衰退性能和抗水衰退性能。汽车高速行驶或下长坡连续制动时，制动器温度升高，此时汽车制动效能保持的程度，称为抗热衰退性能。汽车涉水行驶后，在制动器潮湿的情况下，汽车制动效能保持的程度，称为抗水衰退性能。

③制动时汽车的方向稳定性。制动时的方向稳定性是指汽车在制动过程中按驾驶者给定方向行驶的能力，即制动过程中汽车不发生跑偏、侧滑以及失去转向的能力。

六十五、什么是制动跑偏？什么是制动侧滑？

制动时原期望按直线方向减速停车的汽车自动向左或向右偏驶，称为制动跑偏。制动跑偏的原因主要有两个：一是左、右转向轮制动器制动力不相等；二是悬架导向杆系统和转向泵拉杆的运动不协调。

制动侧滑是指制动时汽车的某一轴或两轴发生横向移动。实验表明：

①制动时，如果只有前轮抱死拖滑，汽车基本上沿直线向前减速行驶，汽车处于稳定状态，但汽车丧失转向能力。

②如果后轮比前轮提前一定时间先抱死拖滑，且车速超过某一数值时，只要有轻微的侧向力作用，汽车就会出现后轴侧滑而急剧转动，甚至掉头的现象。

六十六、什么是汽车的操纵稳定性？车稳态转向特性分哪三种？何谓稳定性因数 K？

汽车的操纵稳定性包括操纵性和稳定性两部分。操纵性是指汽车能够确切地响应驾驶者转向指令的能力；稳定性是指汽车受到外界干扰时保持稳定行驶的能力。

(1)汽车纵向行驶稳定性

汽车沿纵向坡道向上行驶，如果坡度角大到使汽车的重力作用线通过后轮与地面的接触点时，汽车将失去稳定能力，发生纵翻。研究表明：如果汽车重心离后轴的距离越大，重心高度越小，则越不易发生绕后轴纵向翻倒，稳定性越好。

(2)汽车的横向行驶稳定性

汽车在横向坡道面行驶或在水平路面上转弯行驶时，相应的侧向力对汽车的横向稳定性产生影响。研究表明：汽车重心降低和轮距增大可以增大汽车的横向稳定性；汽车转弯时，降低车速可避免汽车发生侧滑危险。

(3)汽车的转向特性

汽车轮胎存在侧偏现象，实验表明：轮胎的最大侧偏力越大，汽车的操纵稳定性越好。一般宜选用尺寸较大的宽面轮胎。

汽车稳态转向特性分三种，即不足转向特性($\alpha_1>\alpha_2$)、中性转向特性($\alpha_1=\alpha_2$)和过多转向特性($\alpha_1<\alpha_2$)，α_1、α_2 指前后轴车轮产生的侧偏角，如图1-1-33所示。可通过下列公式判定汽车的稳态转向特性。研究表明：具有适度不足转向的汽车才具有良好的操纵稳定性。可通过下列公式计算 K，判定汽车的稳态转向特性：

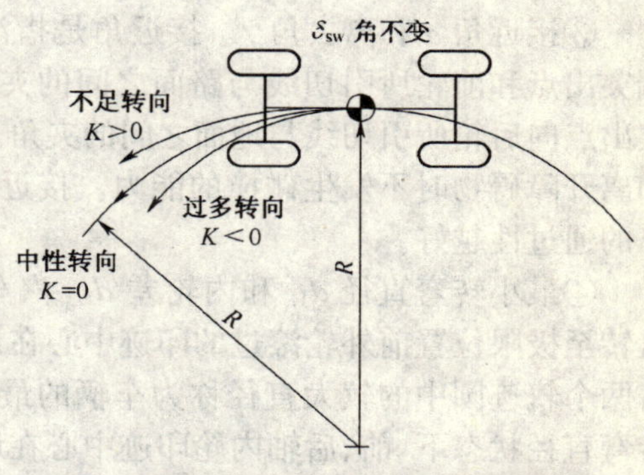

图 1-1-33　汽车的三种稳态转向特性

$$K=m/[L^2(a/k_2-b/k_1)]$$

式中　K——稳定性因数(s^2/m^2)；

m——汽车质量(kg)；

L——汽车轴距(m)；

a——汽车质心至前轴距离(m)；

b——汽车质心至后轴距离(m)。

中性转向特性($K=0$)；不足转向特性($K>0$)；过多转向特性($K<0$)。

(4)汽车转向轮的稳定效应

转向轮的稳定效应是指汽车直线行驶时转向轮保持居中位置的能力及转向后自动回正的

能力。稳定效应是通过主销内倾角、主销后倾角和车轮侧偏角来加以保证的。转向轮的稳定效应可使汽车摆振减弱甚至避免，保持汽车良好的行驶稳定性。

六十七、什么是汽车的通过性？通过性的几何参数有哪些？

汽车在坏路或无路地面上行驶时，要求汽车具有良好的通过能力。汽车的通过性是指汽车在一定载荷质量下，能以足够高的平均车速通过各种坏路及无路地带和克服各种障碍的能力。汽车的通过性与汽车的动力性、操纵稳定性、舒适性等有着密切的联系，同时与汽车本身的结构有一定的关系。汽车的通过性参数如图 1-1-34 所示。

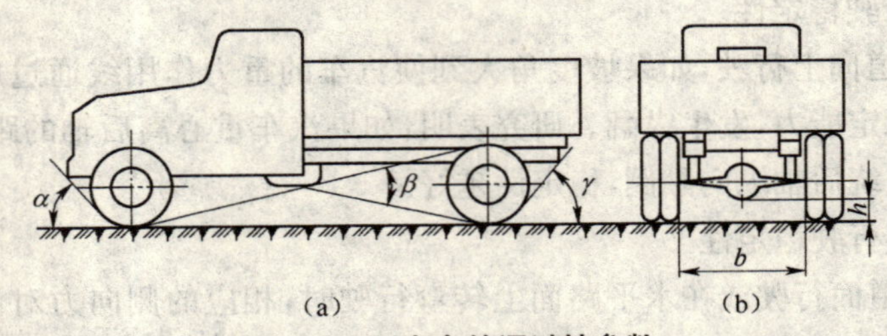

图 1-1-34 汽车的通过性参数

①最小离地间隙 h。最小离地间隙是指汽车除车轮外的最低点与路面之间的距离。它反映汽车无碰撞越过障碍物的能力，汽车结构应保证有较大的最小离地间隙。

②纵向通过角 β。纵向通过角是指汽车在侧视图上两轴间车体底部较低部位向前后轮所作的切线所夹的最小锐角。纵向通过角越大，汽车的通过性越好。

③接近角 α 和离去角 γ。接近角是指汽车在侧视图上从前端突出点和前轮所引切线与路面之间的夹角；离去角是指后端突出点向后轮所引切线与地面之间的夹角。它们分别表示接近和离开障碍物时不发生碰撞的能力。接近角和离去角越大，汽车的通过性越好。

④最小转弯直径 d_H 和内轮差 d。汽车在转弯过程中转向盘转至极限位置前外轮滚过的印迹中心在地面形成轨迹圆，左、右两个轨迹圆中的较大直径称为车辆的最小转弯直径；在最小转弯直径状态下，前、后轴内轮印迹中心在地面上形成的轨迹圆的半径之差称为内轮差，如图 1-1-35 所示。

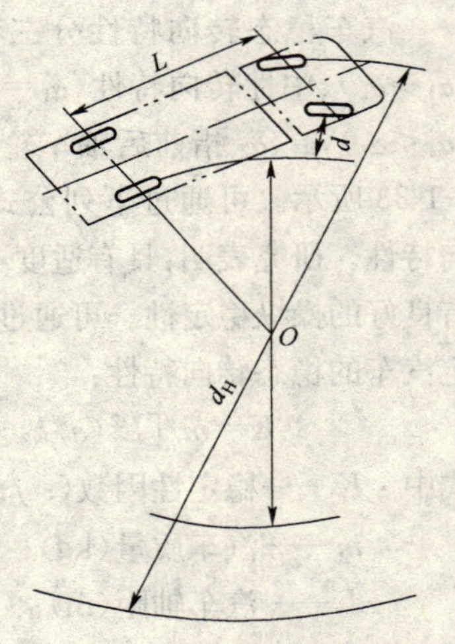

图 1-1-35 汽车转弯直径示意图

⑤车轮半径 r。车辆克服垂直障碍物（台阶、壕沟）的能力与车轮半径有关。对于后轮驱动的车辆，在驱动力和附着力足够时，能克服垂直障碍物的最大高度为 $H=2r/3$；对双轴驱动的车辆 $H=r$。

⑥转弯通道圆。当汽车的转向盘转到极限位置，汽车以低速转弯行驶时，车体所有点在支承平面上的投影均位于圆周以外的最大圆，称为转弯通道内圆；车体上的所有点在支承平面上的投影均位于圆周以内的最小圆，称为转弯通道外圆。转弯通道内、外圆半径的差值为汽车极

限转弯时所占空间的宽度。

六十八、影响汽车平顺性的主要因素有哪些?

(1)结构因素

①悬架弹性的影响。悬架弹性对车身振动频率起着决定性作用。如果悬架的刚度是常数,则其变形与所受载荷成正比,这种悬架称为线性悬架,一般的钢板弹簧、螺旋弹簧悬架就属于此类。这种悬架系统往往不能满足汽车平顺性的要求。现代汽车为了改变这种状况,多采用非线性悬架(或变刚度悬架)。即其刚度可随载荷的变化而变化,可以较好地满足汽车平顺性的要求。

②悬架阻尼的影响。为了减少车身的自由振动,抑制车身和车轮的摆振,以减少车身的垂直振动加速度和车轮的振幅,悬架系统要有适当的阻尼,这样可以提高汽车的平顺性,改善汽车的行驶稳定性。悬架的阻尼主要来自减振器、钢板弹簧叶片和轮胎变形时橡胶分子间的摩擦等。螺旋弹簧和扭杆弹簧等弹性元件,其内摩擦小,为使振动衰减,必须采用减振器,以吸收振动能量。为使减振器阻尼效果好,又不传递大的冲击力,常把压缩行程的阻力和伸张行程的阻力取得不同。压缩行程取较小的相对阻尼系数,伸张行程取较大的相对阻尼系数。

③非悬挂质量的影响。非悬挂质量对汽车的平顺性影响较大,减少非悬挂质量可降低车身的振动频率,提高车轮的振动频率,这对汽车的平顺性有利。另外,减少非悬挂质量,可有效减少对车身的冲击力。

④轮胎的影响。轮胎的弹性使悬架的换算刚度减小。当汽车在不平道路上行驶时,由于轮胎的弹性作用,轮胎位移曲线较道路断面轮廓要圆滑平整,跳跃长度较道路坎坷不平的长度大,而跳跃曲线的高度则较道路不平的真正高度小,它可使汽车在高频共振时振动减小。轮胎内摩擦所引起的阻尼作用可吸收振动能量,使振动衰减。从改善汽车平顺性考虑,轮胎的径向刚度应尽可能小。但轮胎刚度过低,会增加轮胎侧偏,影响汽车的操纵稳定性,还会使滚动阻力增加,并降低轮胎的寿命。

⑤底盘旋转件不平衡的影响。底盘旋转件(如传动轴、车轮等)的不平衡,在汽车行驶过程中极易产生周期性的激振力,而后通过悬架传至车身,影响汽车的平顺性。

⑥坐椅的影响。坐椅的位置对平顺性的反应差别很大。试验和实际感受表明,接近车身中部的座位,其振动量最小;与汽车质量中心间的距离越大,车身振动对乘客的影响越大。为了减小水平纵向振动的振幅,座位在高度上应尽量减小与质心的距离。坐椅垫的弹性要适当,若汽车的悬架较硬,可采用较软的坐垫;若汽车悬架较软,则采用较硬的坐垫,以防因乘客在座位上的振动频率与车身的振动频率重合而发生共振。另外,坐垫也需要一定的阻尼,以衰减振动。

(2)使用因素

道路不平是引起汽车振动的主要因素,这就决定了汽车运行过程中的平顺性与路面状况和车速有着密切的关系。此外,汽车悬架系统在汽车使用过程中的技术状况对汽车的平顺性也有着重要的影响。

①路面状况的影响。汽车在不平道路上行驶时,前、后车轮连同车身都要受到来自路面的冲击作用。对汽车来说,激振的强度和频率主要取决于路面状况和车速,这就相应决定了汽车

振动响应。

②悬架系统的技术状况影响。悬架系统的固有频率和阻尼系数对汽车的平顺性有着重要的影响。汽车在使用过程中，由于受各种因素的影响，这些参数可能产生变化，如钢板弹簧各片之间的润滑不好或由于减振器阻尼过大，都会使弹簧部分或全部被锁住，引起车身振动频率增加。当汽车通过不平路面时，就会使汽车产生剧烈的冲击。

第三节 仪器使用应知

六十九、示波器的功用与组成如何？

示波器是检测、诊断汽油发动机点火系统技术状况的主要仪器之一。示波器由示波管、传感器和电子电路组成。如图 1-1-36 所示，示波管为阴极射线管，它由电子枪、垂直偏转板、水平偏转板和荧光屏组成。阴极射线管内的电子枪将电子束射至管前的荧光屏上，产生一个光亮点。在阴极射线管内的里面有两组金属板，水平的两块叫垂直偏转板，垂直的两块叫水平偏转板。当从示波器电路中得到适当电荷时，水平偏转板会使电子束在管内的水平方向产生弯曲，从而使在荧光屏上显示光点的电子束从左至右横掠屏幕扫过一条光亮的线条，然后再从右至左变暗回扫。由于光的运动非常之快，以致光点出现在观察者前面的是一条实线。

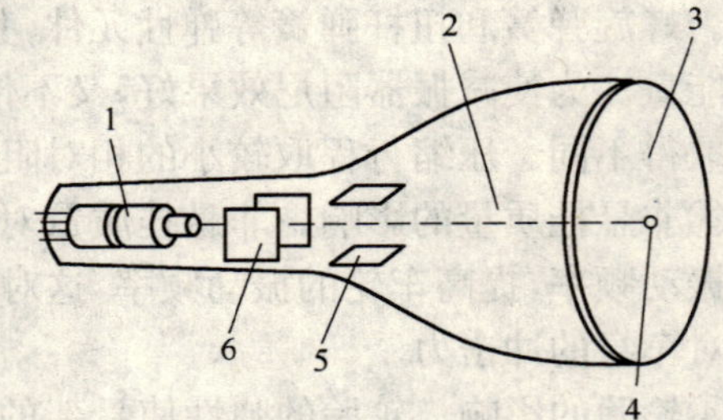

图 1-1-36 示波管的阴极射线管

1. 电子枪 2. 电子束 3. 荧光屏 4. 光亮点 5. 垂直偏转板 6. 水平偏转板

将示波器接到运转的发动机点火系统时，垂直偏转板可通过示波器电路接受到电荷，且此电荷的大小与点火系统电压的瞬时变化成比例。随着电子束从左至右的扫描，变化着的电荷使其在垂直方向产生弯曲，因而光点在阴极射线管的屏幕上扫出一条曲线图形。该曲线图形与点火系统电荷的大小相对应，并代表了点火系统中电压随时间的变化。屏幕上的曲线波形，在垂直方向上表示电压，在水平方向上表示时间，走向从左到右，并且以基线为准，向上为正电压，向下为负电压。

七十、如何正确使用故障阅读器 V·A·G1552？

故障阅读器 V·A·G1552 仪器面板如图 1-1-37 所示。

(1)程序卡的更换

①从仪器卡上部壳体护板上拆下程序卡盖板。

②把夹板中的程序卡向上抽出。

③把新的程序卡插到安装基座的挡块处，注意安装方向。

④把夹板后置，并装上程序卡盖。

⑤连接诊断插线。

⑥进行仪器自检。

(2)具体操作方法

步骤1:连接仪器和诊断接口。

步骤2:接通电源。

步骤3:打开点火开关置于ON位置,但不起动发动机,该仪器进入工作状态,屏幕显示:

快速数据传输	帮助
输入地址代码	

步骤4:按"C"键确认,屏幕显示:

1—快速数据传输	帮助
3—自检　4—经销商(维修站)代码	

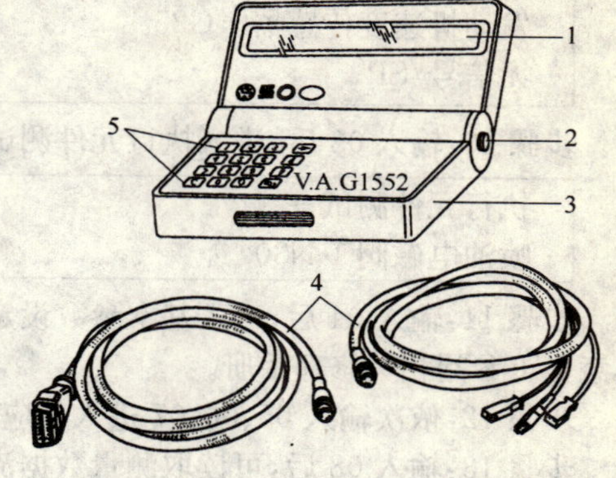

图1-1-37　阅读器V·A·G1552仪器

1. 显示屏　2. 测试导线插座　3. 程序卡及插口盖板　4. 测试线缆　5. 数字、字母及符号键盘

如果按"帮助"键,则仪器将显示有关操作信息:

01—发动机电器
02—变速器电器
03—制动器电器等

步骤5:选择模式"1",进入"快速数据传输"状态,屏幕显示:

快速数据传输	帮助
输入地址代码	

此时可利用键盘输入两位数字,该数字自00开始,至79结束,共80项内容。

步骤6:输入01后,进入发动机电控系统,有关功能如下:

01—控制单元代码查询;02—查阅故障码;03—执行元件测试;04—基本参数设定介绍;05—清除已存故障码;06—结束输出;07—控制单元编码(0～32767);08—读取测量数据流;09—读取独立通道数据;10—更新。

步骤7:输入01后,控制单元的版本信息就会显示在屏幕上:

0123456789×
CODING×××××WSC××××

即:

控制单元零件号相关元件定义(如发动机)
控制单元软件型号经销商或维修站代码

步骤8:输入02后,进入故障查询功能,屏幕显示故障数量:

查到了3个故障→

步骤9:按提示箭头键,显示各个故障码,再按箭头键,显示其相应文字说明;如果故障类型之后有/SP,表示该故障是偶然产生的短时间故障:

故障码:00513→

发动机速度传感器－G25 无信号/SP

步骤 10：输入 03 后，进入执行元件测试功能，例如喷油器电磁阀、怠速控制阀等。

执行元件测试→ 喷油电磁阀 1-N30

步骤 11：输入 04 后，进入基本参数设定功能，该项功能中显示从 000～009 共 10 组编码，其意义可参阅相关修理手册。

步骤 12：依次输入 05、06、07 进入相应功能。

步骤 13：输入 08 后，可读取测量数据流，如发动机转速、冷却液温度、进气温度、点火提前角、喷油脉宽等。

步骤 14：输入 09 后，可读取从 00～99 共 100 组独立通道数据。

步骤 15：输入 10 后，进入数据更新功能，可对数据进行修正，此时必须分步进行：读出修正值、测试修正值、存储修正值、删除已知值。

(3)注意事项

①开机前，确保各元件之间的连接良好，以免出现故障。

②在点火开关置于 ON 的情况下，不得随意拔下传感器电插头或仪器测试线。

③对于需开机测试的项目，首先连接仪器及其他接线，然后打开点火开关。

④不得在测试过程中随意起动或加速，应严格按照测试要求进行。

⑤不得随意更改基本参数的设置，以免损坏发动机。

七十一、如何正确使用 KM300 型车用数字万用表？

KM300 型车用数字万用表的面板如图 1-1-38 所示。

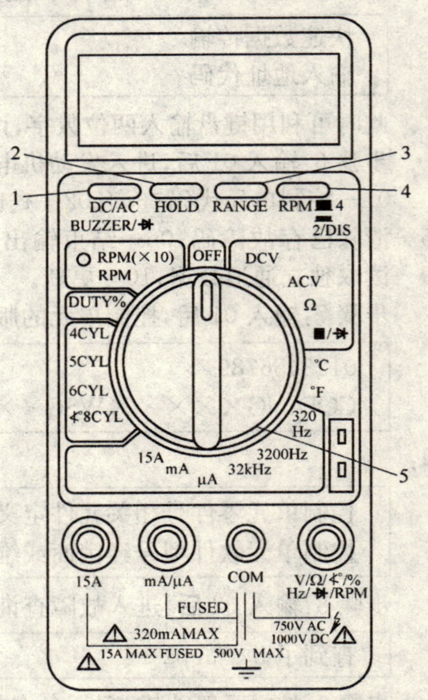

图 1-1-38 KM300 型车用数字万用表
1. 直流/交流按钮 2. 保持按钮 3. 量程按钮 4. 车速按钮 5. 选择开关

KM300 型车用数字万用表，除了具有一般万用表的功能外，还具有一些汽车专用测试功能。一般能测量电压、电流、电阻、转速、频率、温度、电容、闭合角、占空比和二极管等项目，并具有自动断电、自动量程变换、图形显示、峰值保留和数据锁定等功能。

KM300 型车用数字万用表的具体操作方法如下：

(1)测量直流电压

步骤 1：将选择开关旋转到直流电压(DCV)位置，此时万用表进入自动选择量程方式，能自动选择最佳测量量程。也可以按下量程(RANGE)按钮，选择手动选择量程方式，每按动量程按钮一次，即可选择更高的量程。

步骤 2：将红色测针的导线插入面板 V/Ω 插孔中，黑色测针的导线插入面板 COM 插孔中。并将红、黑测针接到被测电路上，如图 1-1-39 所示。

注意万用表的“＋”、“－”测针应与电路测点的“＋”、“－”极性一致。

(2)测量直流电流

步骤 1：按下直流/交流(DC/AC)按钮，选择直流挡。

步骤 2：根据被测电流的大小，将选择开关旋转到 15A 或 mA 或 μA 位置，如果不能确定所需电流量程，应先从 15A 开始往下降。

步骤 3：将红色测针的导线插入所选定的 15A 或 mA 或 μA 插孔内，黑色测针的导线插入面板的 COM 插孔内。并将红、黑测针接到被测电路上，与电路串联，如图 1-1-40 所示。

步骤 4：打开被测电路。

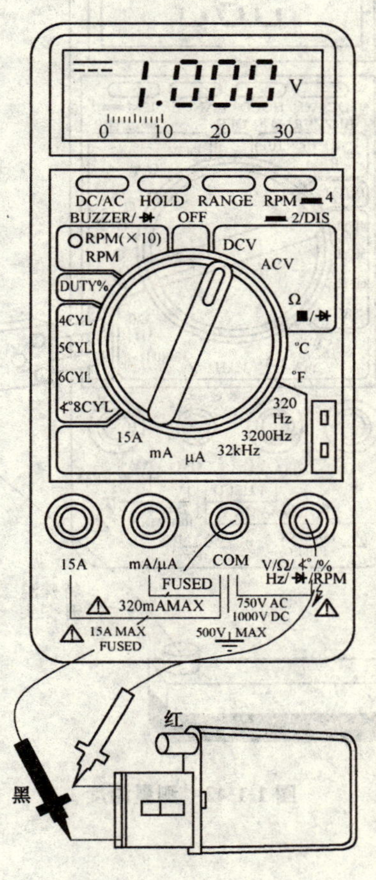

图 1-1-39　测量直流电压

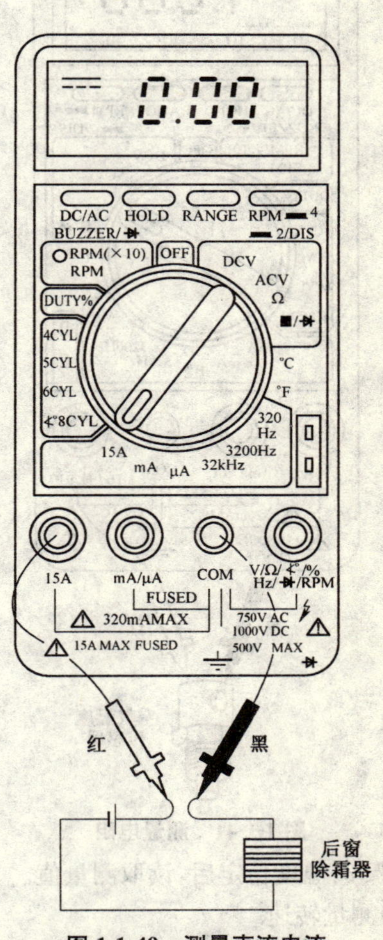

图 1-1-40　测量直流电流

步骤 5：读取被测直流电流值。

(3)测量电阻

步骤 1：将选择开关旋转到欧姆位置上，此时万用表进入自动选择量程方式，能自动选择最佳量程。也可以按下量程按钮，选择手动选择量程方式，按动量程按钮选择适当的量程。

步骤 2:将红色测针的导线插入面板 V/Ω 插孔中,黑色测针的导线插入面板 COM 插孔中。并将红、黑测针接到被测电路上,如图 1-1-41 所示。

步骤 3:读取被测电阻值。测量电阻时不可带电操作,否则易烧毁万用表。

(4)测量温度

步骤 1:将选择开关旋转到温度位置上。

步骤 2:将万用表配备的带测针的特殊插头,插接到面板黄色插孔内,测针与被测温度的部位接触,如图 1-1-42 所示。

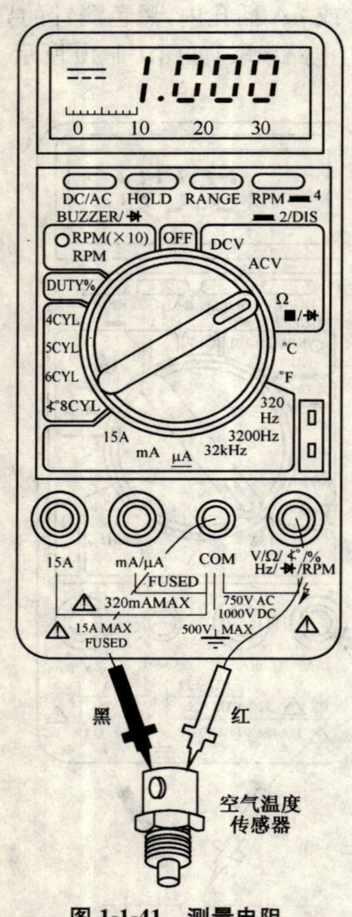

图 1-1-41 测量电阻

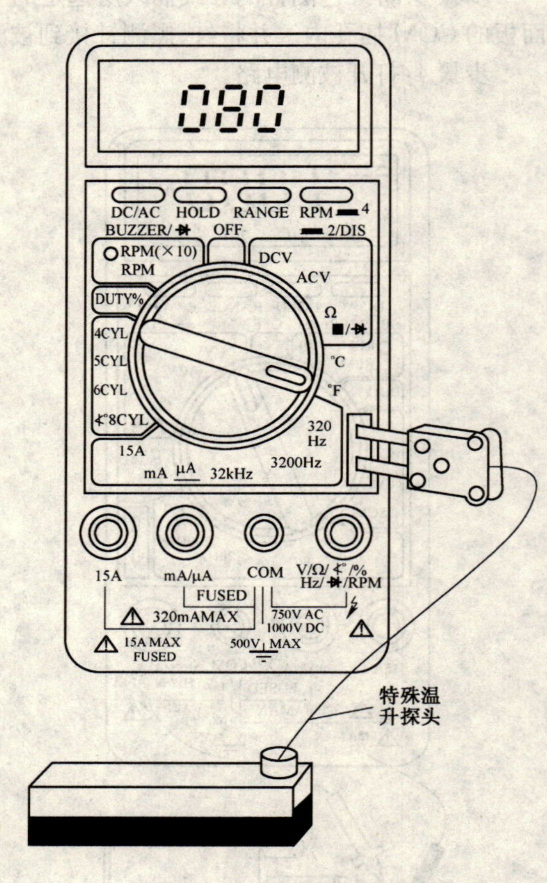

图 1-1-42 测量温度

步骤 3:温度稳定后,读取测量值。

(5)测量转速

步骤 1:将选择开关旋转到转速(RPM 或 RPM×10)位置上。

步骤 2:将感应夹的红色导线插入面板 V/12 插孔内,黑色导线插入 COM 插孔内,感应夹夹在通往火花塞的高压线上,其上方的箭头应指向火花塞,如图 1-1-43 所示。

步骤 3:按下转速选择按钮,根据被测发动机的冲程数,选择“4”或“2”。

步骤 4:读取被测发动机转速。

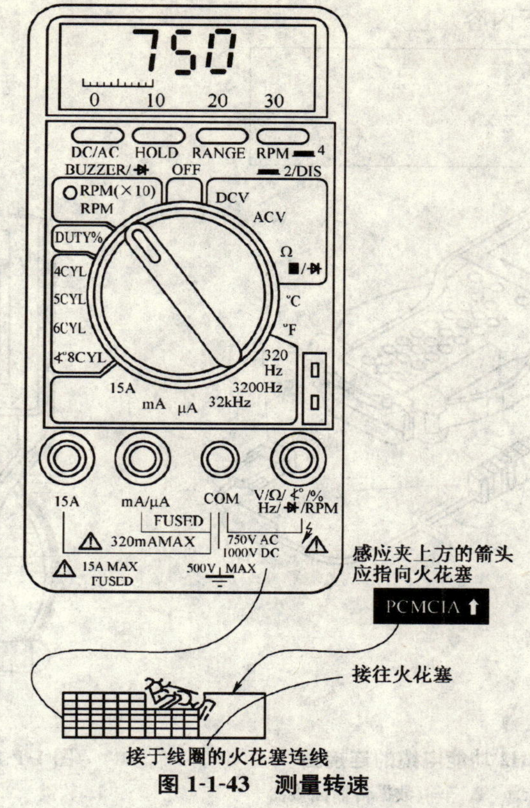

图 1-1-43　测量转速

七十二、如何正确使用 TECH2 专用检测仪？

TECH2 专用检测仪器外观如图 1-1-44 所示。主要由金属支架、液晶显示屏、四个“软键”、标准键盘、可调手皮带、车辆通信接口（VC1）模块、锁杆、26 针螺纹插座、插接各种电源插口的电插座、插接（PCMCIA）卡片的有盖凹槽座、释放按钮、RS-232 通信端口、尚未使用的 RS-485 通信端口及功能电缆、蓄电池电缆、点烟器电缆、主电网/墙式插座变压器及其电缆组件，如图 1-1-45 所示。TELH2 键盘布置如图 1-1-46 所示。

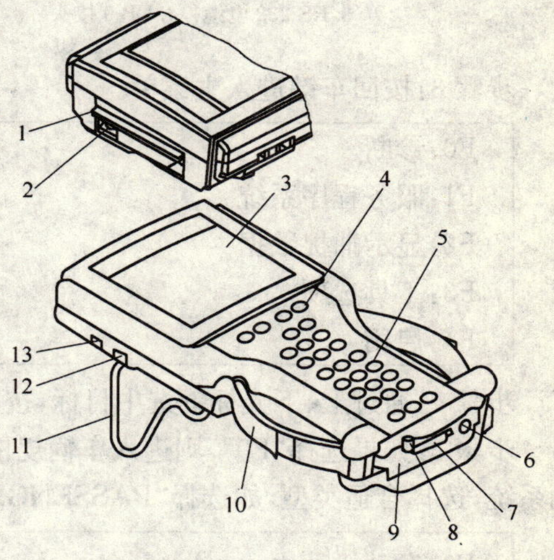

图 1-1-44　TECH2 专用检测仪器外观

1. 卡片座　2. 释放按钮　3. 显示屏　4、5. 标准键盘　6. 电源插座　7. 26 针螺纹插座　8. 锁杆　9. 通信接口模块　10. 手皮带　11. 金属支架　12. 外接通信端口　13. RS-485 通信端口

（1）具体操作方法

以别克轿车的检测为例进行介绍。

步骤 1：接通电源、开机，仪器进入自检状态，屏幕读取“SYSTEMINITIANLIZING（系统初始化）”约需 4s；自检结束后仪器发出蜂鸣提示音（1 声）。

步骤 2:屏幕显示以下内容。

按回车键继续 软件版本 21.002 北美操作模式

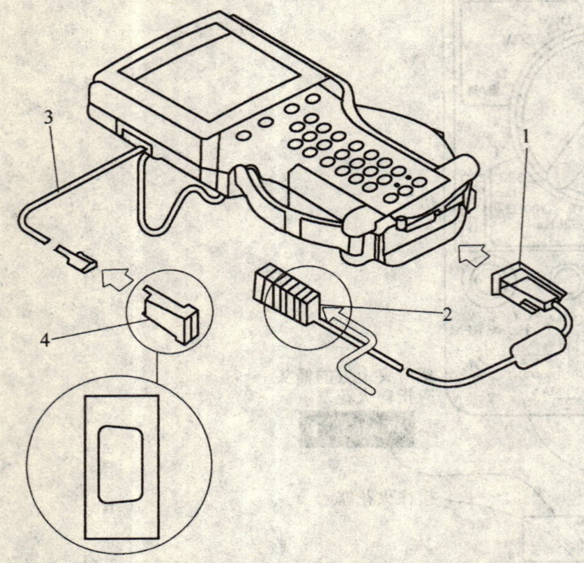

图 1-1-45 TECH2 功能电缆的连接图

1. 数据传输插接器电缆 2. 车辆数据传输插接器 3. RS-232 电缆 4. DB-9 接头

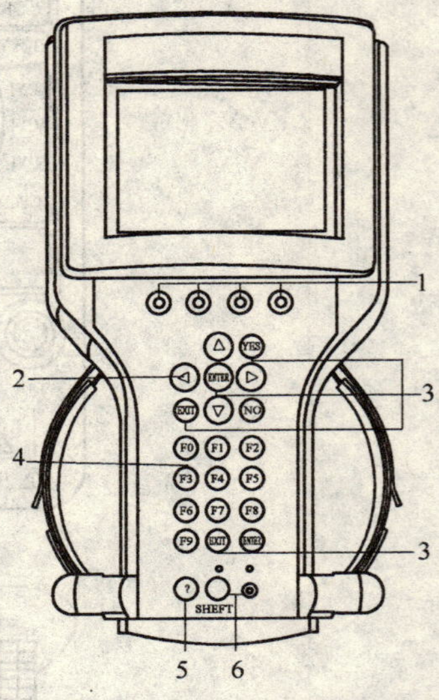

图 1-1-46 TECH2 键盘布置图

1. 软键 2. 选择键(箭头键) 3. 作用键 4. 功能键 5. 帮助键 6. 控制键

步骤 3:按回车键进入主菜单。

F0:诊断 F1:服务程序系统 F2:显示捕捉数据 F3:工具选项 F4:启用

步骤 4:通过上、下光标键选中目标,按回车键确认。

步骤 5:如果选择“F0”,则进入车辆规格选项,可通过光标键的移动选择合适车款;进入车辆系统,选择合适类型,如选择“PASSENGERCAR”,按回车键进入系统选择菜单。

F0:发动机动力 F1:车身 F3:底盘 F4:诊断电路检查

步骤 6:通过光标键选择“F0”,按回车键进入发动机类型选项;此时可选择 3.2LV6G8 或 3.1LV6L82 两种型号,选择前者按回车键直接进入下面功能;选择后者按回车键后,还要选择“BUICK”,按回车键进入以下功能。

F0:故障码 DTC F1:数据显示 F2:特殊功能 F3:捕捉 F4:I/M 信息 F5:ID 信息

步骤 7:选择“DTC”,按回车键进入诊断码功能。

F0:DTC 信息 F1:失败记录 F2:清除故障码 F3:捕捉信息

步骤 8:通过光标键选择“F0”,按回车键确定进入以下界面:

F0:DTC 信息 F1:查阅故障码(特殊 DTC) F2:清除故障码后记录 F3:诊断测试说明

步骤 9:通过光标键选择“F0”,按回车键确定显示故障码,通过光标键翻页;按“TN_F0”对应键,可提供有关帮助信息。

步骤 10:返回到步骤 8,选择“F1”,按回车键确定,进入故障查询界面;此时可通过故障码的输入,查询所指代的故障,并提供有关帮助信息。

步骤 11:返回到步骤 7,选择“F1”,按回车键确定,进入失败记录,此时可显示故障码。

步骤 12:返回到步骤 7,选择“F2”,按回车键确定,屏幕显示以下内容:

真的要清除吗?(Y/N),按“Y”键清除,按“N”键取消。

步骤 13:返回到步骤 7,选择“F3”,按回车键确定,屏幕显示以下内容:

重新捕捉信息 重复显示 提示:的确要刷新吗?(Y/N),按 Y 键重新捕捉。按 N 键重复显示(在发动机起动时可以进行刷新)。

步骤 14:返回到步骤 6,选择“F2”,按回车键确定,屏幕显示以下内容:

发动机输出控制 变速器输出控制 燃油系统 怠速系统 曲轴位置变化学习功能 点火图 辅助元件测试

步骤 15:通过光标键选择“发动机”,按回车键确定,进入以下操作界面:

F0:发动机数据 F1:催化剂数据 F2:EGR 阀数据 F3:氧传感器数据 F4:仪表数据 F5:点火数据 F6:输出驾驶员数据 F7:碳罐数据

步骤 16:通过光标键选择“F0”,按回车键进入以下界面,共 58 项内容。

发动机转速 理想怠速 冷却液温度 进气温度 空气流量传感器 发动机负荷 怠速位置 节气门信号电压 节气门开度 进气压力传感器 ……

步骤 17:选择其中一项,可进行测试。

步骤 18:返回步骤 14,通过光标键选择“变速器”,按回车键确定,进入以下界面:

变速器数据 变矩器数据 1-2 档电磁阀 2-3 档电磁阀 3-4 档电磁阀

步骤 19:通过光标键选择各项功能,可以进行测试。

步骤 20:返回步骤 6,通过光标键选择“F2”,按回车键进入以下界面:

发动机输出控制 变速器输出控制 燃油系统 怠速系统 曲轴位置变化学习功能 点火图 辅助元件测试

步骤 21:选择发动机输出控制,按回车键进入以下界面:

风扇继电器 故障指示灯 空调继电器 炭罐系统 EGR 电磁阀 闭环数据 巡航控制 燃油泵 GENL-终端

步骤 22:通过选择可进入相应功能。

注:由于测试过程类似,这里不再详细作出说明,其他操作与上述类似。

(2)注意事项

①测试场所应通风良好,禁止烟火。

②测试时,应将车辆停放可靠,将变速操纵杆置于空档位,拉紧驻车制动。

③插接或拆卸测试卡前,必须关闭电源。

④不得频繁拆卸和插接此测试卡。

⑤启用仪器前应确保所有电缆和接头连接稳固。

⑥安置仪器时,禁止支架与蓄电池接线柱相接触,以免使蓄电池短路。

⑦测试结束,必须先断开电源,再拆下连接线。

七十三、如何正确使用红盒子 MT2500 汽车电脑解码器?

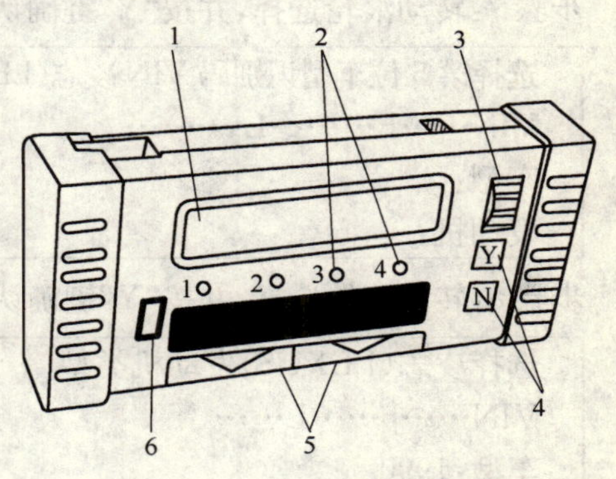

图 1-1-47　红盒子 MT2500 面板及按键

1. 屏幕　2. 指示灯　3. 转轮　4. Y 或 N 选择键　5. 测试软件卡盒　6. 备用电源

红盒子 MT2500 面板及按键如图 1-1-47 所示。它主要由解码器主机、测试软件卡盒、诊断接头及其连接线组成，同时还配有各种类型的诊断接头、资料传输线及电源接头。红盒子测试接头如图 1-1-48 所示。

(1)具体操作方法

以丰田、凌志汽车的检测操作为例进行介绍。

步骤 1：选择亚洲车系测试卡，接入仪器。未装任何软卡时，屏幕将显示：

请断开电源后，插入诊断卡!!!

步骤 2：接通电源。

步骤 3：按“N”键。之后屏幕显示以下提示信息：

本仪器 4 个常用键的作用如下：按上、下箭头键（即滚轮）进行操作选择，移动光标或移动屏幕，可显示更多信息；按“Y”键确认选择，按“N”键返回菜单或退出当前操作。

步骤 4：按“Y”键，屏幕显示以下内容：

亚洲（ASIAN）车型诊断卡（1997）V3.0

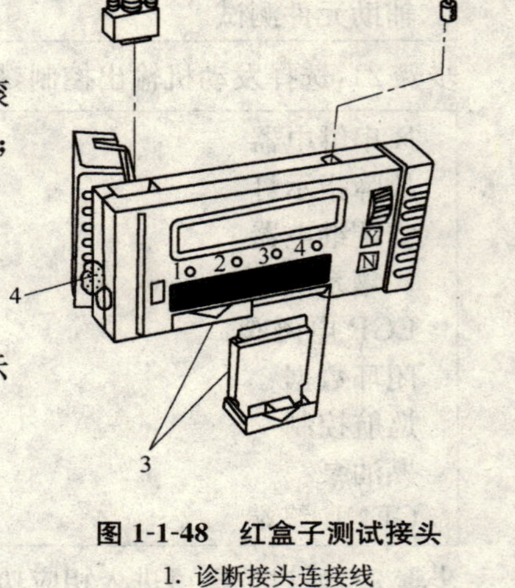

图 1-1-48 红盒子测试接头

1. 诊断接头连接线
2. 列表机和工作站的连接线
3. 诊断软件卡盒座 4. 备用电池

步骤 5：按“Y”键，并转动滚轮选择生产厂家，屏幕显示以下内容。

凌志（LEXUS）（1990～1997）

步骤 6：按“Y”键，屏幕显示以下内容：

```
选择第 10 位车型识别码 VIN 凌志(LEXUS)
VIN
车型：
发动机：
```

步骤 7：转动滚轮选择，并按“Y”键确认，屏幕显示以下内容：

```
选择第 5 位车型识别码 VIN 凌志(LEXUS)
VIN……F………L…… …
车型：
发动机：
```

步骤 8：转动滚轮选择，并按“Y”键确认。屏幕显示：

```
选择凌志(LEXUS)发动机类型
VIN……p……L……
车型：1990
发动机：
```

步骤 9：转动滚轮选择以下内容：

VIN:……F……L……
车型:1990
发动机:1UZ-FE4.0LV8MFI

步骤10:屏幕出现其他问题,是否有自动变速器?是否有空调?

步骤11:按"Y"键确认后,进入系统选择。

发动机
ABS
4速自动变速器
气囊

步骤12:选择发动机系统,按"Y"键确认。屏幕显示:

将丰田2(TOYOTA-2)与17针检测接头相接,该接头在仪表台下侧

步骤13:按"Y"键确认,进入发动机系统主菜单。屏幕显示:

发动机其他系统
故障码功能数据(无故障码)
用户设定

步骤14:转动滚轮选择发动机选项,按"Y"键确认。屏幕显示:

自动读取故障码人工读取故障码
如何读取故障码
清除故障码

步骤15:进入故障码功能选项。

步骤16:进入用户设定功能选项。

步骤17:进入数据选项,可读出以下数据。喷油脉宽、ISC步节、空气流量、车速、冷却液温度、冷却液体积、左右排气状态、左右控制状态、左右空燃比数据、节气门开度、点火提前角、爆燃情况、起动机情况、P/N开关状态、空调离合器状态等。

(2)注意事项

①本仪器必须使用碱性电池、锂电池或充电电池。

②在插入或取出软件卡前,必须断开电源线缆和检测接头。

③不得使用水、溶剂或其他药剂等清洁材料清洁软件卡的插脚,或清洗仪器内部的插口。

④为保证仪器的正常使用,电源要保持充电良好。

⑤仪器必须在通风良好的环境下使用,并且操作场所严禁烟火。

七十四、如何正确使用431ME汽车故障电脑分析仪?

431ME汽车故障电脑分析仪由主机、测试卡、测试主线、测试辅线和测试接头组成,并附带一个传感器/测试仪。431ME 汽车故障电脑分析仪主机的面板如图 1-1-49 所示。

(1)结构介绍

①主机由显示屏、操作键、上端两个 9PIN 接口,下端一个测试卡插孔组成。上端两个 9PIN 接口中,左侧的接口与测试主线连接,右侧的接口与 PC 相连。

②测试卡。共有 12 块测试卡。其中,A01～A05 为亚洲车系测试卡,可测丰田、本田、日产、现代等车;B01～B04 为欧洲车系测试卡,可测大众、奥迪、奔驰、宝马等车系;C01 为美洲车系测试卡,可测通用、福特、克莱斯勒等车;D01OBD-Ⅱ为 OBD-Ⅱ数据流测试卡,并具有字典功能;F01 为传感器模拟/测试卡,用于模拟和测试传感器。

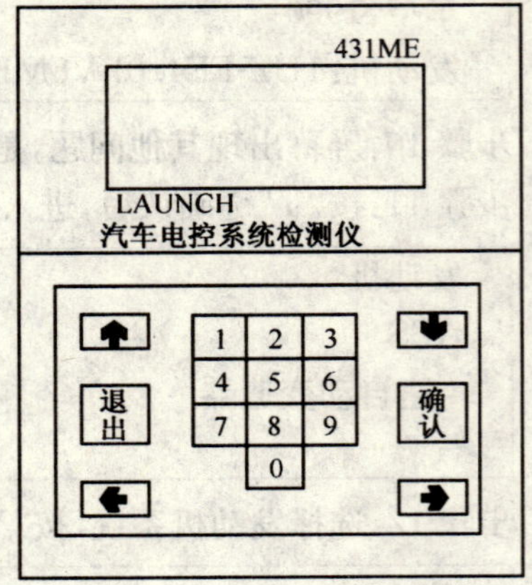

图 1-1-49 431ME 汽车故障电脑分析仪外观图

③测试主线用于连接汽车诊断座和解码器。

④测试辅线。包括双钳电源线、点烟器线、万用-1线、万用-2线和飞线。

⑤测试接头。共有 15 个测试接头,包括大众/奥迪 4PIN 接头、宝马 20PIN 接头、奔驰 38PIN 接头、丰田 17PIN 接头、本田 3PIN 接头、三菱/现代 12PIN 接头、通用/大宇 12PIN 接头、OBD-Ⅱ 16PIN 接头和传感器测试接头等。

⑥传感器模拟/测试仪有输出、输入、接地 3 个测试端口,上端的 9PIN 接口与测试主线连接。当进行传感器测试时,将传感器测试线的红线插入输入端,黑线插入接地端。当进行传感器模拟测试时,将传感器测试的红线插入输出端,黑线插入接地端。

(2)具体操作方法(以丰田车为例)

①开机。

步骤 1:选择相应测试卡(丰田车选择亚洲车系测试卡,假定为 A01),将其标签朝上插入主机下部的测试卡中。

步骤 2:将测试主线与主机相连,另一端的电源线与汽车点烟器或通过双钳线与蓄电池相接,使主机通电。

②调节显示屏亮度。主机通电后即打开仪器,仪器响两声,此时立即用[↑]或[↓]键调节显示屏亮度,在进入菜单后不可再调。

③选择测试接头。

步骤 1:主机通电后进入亚洲车系诊断系统,具体内容如下:

CARDA01Ver6.2
亚洲车系诊断系统
LAUNCH 431ME

步骤 2:按[确认]键后,显示 A01 卡可测试的车系。

431ME Select mode
丰田/TOYOTA 三菱/MITSUBISHI 马自达/MAZDA

步骤 3:选择“丰田/TOYOTA”车系,按[确认]键屏幕显示出该车系测试接头形式。

Select ding. Con.
1. 半圆形诊断座 2. 长方形诊断座 3. OBD-Ⅱ诊断座

步骤 4:用[↑]或[↓]键阅读图中内容,按提示选择合适的测试接头。将选择的测试接头一端与测试主线相连,另一端与车上的诊断插座相连。

选择好测试卡和测试接头后,即可进行测试操作。

④测试故障码。

步骤 1:在选择测试接头时,若选择“半圆形诊断座”,按[确认]键,将显示如下测试功能。

431ME Select func
(1)测试故障码 (2)重阅已测故障码 (3)查阅故障码 (4)清除故障码 (5)清除安全气囊故障码 (6)打印测试结果

步骤 2:选择“测试故障码”功能,按[确认]键,屏幕显示“自动测试所有系统”和“选择系统测试”两项供选择。

Sel test operation
自动测试所有系统 选择系统测试

步骤 3:选择“自动测试所有系统”,按[确认]键。此时,解码器自动对被检汽车的发动机(ENG)、自动变速器(AT)、制动防抱死(ABS)、安全气囊(SRS)和定速系统(CC)进行检测,并自动显示检测结果。用[↑]、[↓]键和[确认]键可读取各系统的故障码及内容。

若选择“ENG 系统”,按[确认]键,则显示出如下故障码:

发动机系统………………ENG		
12	13	14

选择“12”，按[确认]键，则显示出故障码所代表的故障含义，其中，“01”表示第1页内容，“03”表示共有3页，用[↑]、[↓]键可阅读所有内容。

转速信号不良(发动机起动2s内无曲轴转速NE信号或曲轴位置G信号输送到ECU)	
Code:12	01　03

步骤4:选择“选择系统测试”，按[确认]键，则显示可测试的5个系统，即：

Sel. System
发动机系统………………………ENG 自动变速器系统…………………AT 制动防抱死系统…………………ABS 安全气囊系统……………………SRS 定速系统…………………………CC

选择“ENG系统”，按[确认]键，进入测试状态，解码器即可对发动机进行测试，并显示测试结果。

Testing System
正在测试系统： 发动机系统………………………ENG Code:00

若选择其他系统，方法相同。

⑤重阅已测故障码。使用“重阅已测故障码”功能，可重新查阅实测操作时读取的故障码内容及故障分析。

步骤1:选择“重阅已测故障码”，按[确认]键，屏幕显示出“已测系统列表重阅”和“选择系统重阅”两种选择，即：

Select operation
已测系统列表重阅 选择系统重阅

步骤 2:选择“已测系统列表重阅”,按[确认]键,屏幕自动显示已测系统的测试结果。

SYSTEM	RESULT
ENG	Tb. code
AT	Tb. code
SRS	Tb. code
CC	Tb. code

如果选择“ENG 系统”,按[确认]键,屏幕重新显示出发动机系统已测故障码。选择其中某一故障码,按[确认]键,屏幕显示出故障码的含义。

步骤 3:选择“选择系统重阅”,按[确认]键,屏幕显示出可选择的五个系统,用[↑]、[↓]键和[确认]键,可阅读各系统故障码及故障码的内容。

⑥查阅故障码。使用“查阅故障码”功能,可查阅电控系统所有故障码或查阅已读取的故障码。

步骤 1:选择“查阅故障码”,按[确认]键,屏幕显示出五个系统。

步骤 2:在选择某系统后,屏幕显示出“依照故障码顺序查阅”和“输入故障码查阅”两项选择,用[↑]、[↓]键和[确认]键选择其中一项。

Select operation
依照故障码顺序查阅 输入故障码查阅

步骤 3:选择“依照故障码顺序查阅”,按[确认]键,屏幕可显示出故障码 11 的内容,按[→]键,可查看下一个顺序号的故障码内容。

主电脑电源中断	
Code:11	0101

步骤 4:如果选择“输入故障码查阅”,按[确认]键,屏幕显示出“请输入故障码”。按主机上的 0～9 数字键,即可将故障码输入,按[→]键可更改数字,按[确认]键可查出该故障码对应的故障内容并指导修车。

Search Code···
请输入故障码: 0 0

⑦清除故障码。使用“清除故障码”,可自动清除故障码或人工清除故障码。清除故障码前,应读取一遍所有故障码。清除故障码后,应再读取一遍所有故障码,检查是否仍有故障存在。

步骤 1:选择“清除故障码”,按[确认]键,屏幕显示如下清码方法,按照屏幕提示即可清除故障码。

> [清码方法]
> 除安全气囊系统以外的其他系统拆下 EFI 熔丝或拆下蓄电池负极 30s 后即可清除故障码

步骤 2:有些系统故障码的清除,有特别提示时应按特别提示操作。例如丰田汽车安全气囊的故障码清除就有特别提示,具体如下:

> [清除安全气囊故障码]
> 1. 接上[TOYOTA-17]或[TOYOTA-17F]测试接头,按[确认]键
> 2. 数秒钟后,安全气囊警告灯会快速闪烁,表示安全气囊故障码已清除,此时关闭点火开关,即完成清除

步骤 3:人工清除故障码的方法有时不止一种,需要根据被测车型的情况进行选择。

⑧打印测试结果。可通过连接微型打印机将测试结果打印出来。

步骤 1:连接微型打印机,选择“打印测试结果”,按[确认]键,屏幕显示出五个系统。

步骤 2:用[↑]、[↓]键选择要打印的系统,按[确认]键,即可打印出测试结果。

(3)注意事项

①不得在开机状态下随意拔出或插上传感器插头,以免损伤控制电脑。

②不得随意长时间进行执行元件测试,以免损坏执行元件。

③测试中出现故障时,应立即停止测试,并关闭点火开关。

④测试区应通风良好,严禁烟火。

七十五、如何正确使用 TEKTRONIX THM550 示波器?

TEKTRONIX THM550 具有示波器和万用表两种功能,通过切换键可实现功能转换。无论在哪一种功能下,该仪器都可以进行量程的自动设置,其外观如图 1-1-50 所示。

(1)具体操作方法

步骤 1:测试前的准备。

①装入 6 节 1.5V 干电池,选择合适测试线并连接,按下电源开关(ON)。

②显示屏显示万用表功能,按下主菜单键,进入万用表状态下的主菜单选择;此时可通过电压、电阻、二极管等的选择键进行测试选择,测试线接入 DMM、COM 与被测元件之间(同普

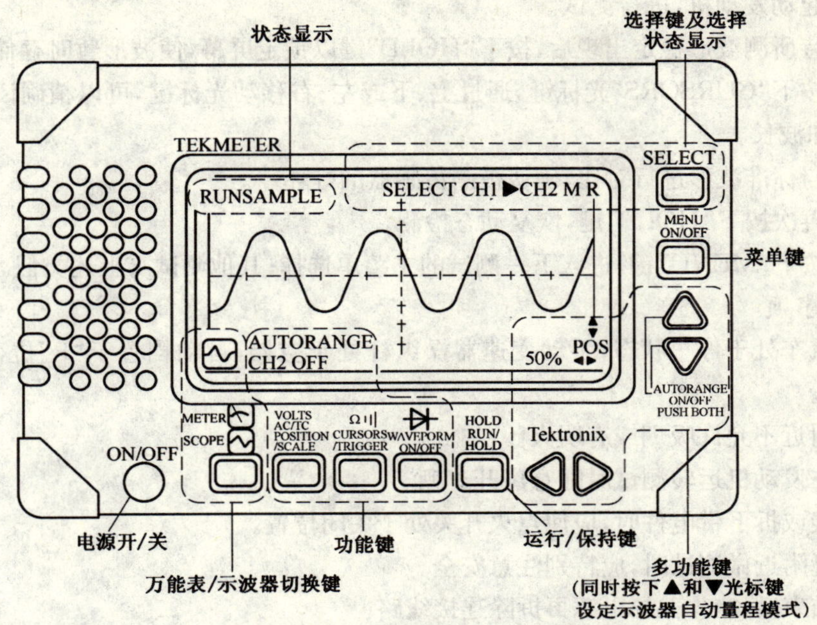

图 1-1-50　TEKTRONIX THM550 示波器外观图

通万用表使用类似)。

③按下万用表与示波器的切换键[METER/SCOPE],进入示波器状态。

④按下主菜单选择键,可选择测试所需主菜单及子菜单。屏幕显示如下:

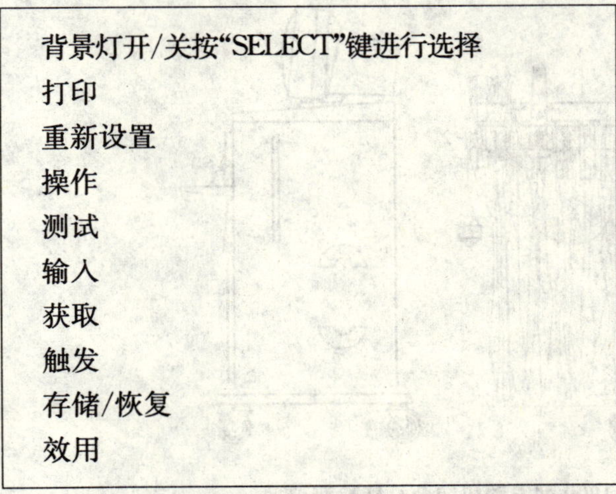
背景灯开/关按"SELECT"键进行选择
打印
重新设置
操作
测试
输入
获取
触发
存储/恢复
效用

⑤按下[MENU]键确认选择,进入示波器待测试状态,此时可以通过 POSITION/SCALE/标尺键的选择设定轨迹线的位置和单格测试量程,也可以同时按下上、下光标键进入自动量程。

步骤 2:选择被测传感器进行测试,一般 COM 接地,CH1 或 CH2 接信号线。

步骤 3:起动发动机,进行测试。

步骤 4:待所测波形稳定出现后,按下“HOLD”键以锁定屏幕,使波形暂时存储于屏幕上。

步骤 5:按下“CURSORS”光标键,通过上、下或左、右移动光标键,可以精确读出被测波形的振动幅度和波长。

步骤 6:与标准波形进行对比,确认被测传感器的好坏。

步骤 7:再次按下“HOLD”键,恢复动态检测。

步骤 8:按下“MENU”键,进入下一测试的主菜单选择;其他测试与上述类似。

(2)注意事项

①确保汽车处于停车状态,手动变速器操纵杆处于空档,自动档置于“P”位,拉好驻车制动,锁住车轮。

②汽车附近不允许吸烟或有明火。

③不要在发动机运转测试时随意离开车辆。

④当连接或拆下带电件时,应使点火开关处于关闭位置。

⑤在气囊附近做测试时,应特别注意安全。

⑥操作结束后,应先关掉电源再拆除连接线路。

七十六、如何正确使用 EA1000 型发动机综合性能检测仪?

国产 EA1000 型发动机综合性能检测仪由信号提取系统、信息处理系统和采控显示系统三大部分组成,如图 1-1-51 所示。

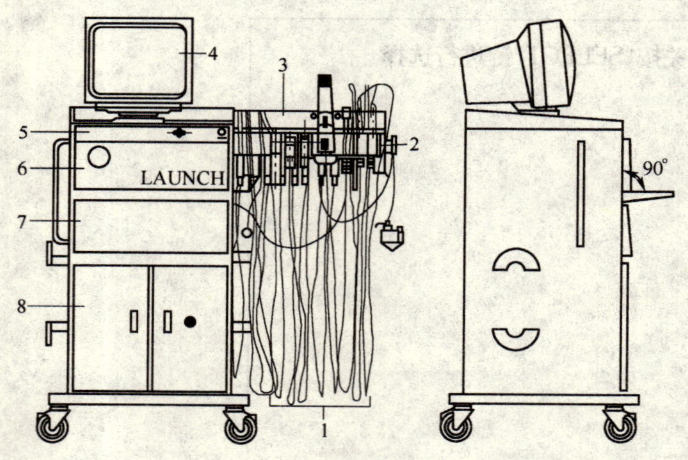

图 1-1-51 EA1000 型发动机综合性能检测仪

1. 信号提取系统 2. 传感器挂架 3. 前端处理器 4. 采集处理与显示系统 5. 热键板 6. 主机柜与键盘柜 7. 打印机柜 8. 排放仪柜

(1)系统介绍

①信号提取系统。信号提取系统的作用是拾取测量点的信号,其配备有多种传感器、夹持

器和探针等，直接或间接地与被测点接触。如图 1-1-52 所示，该系统由 12 组拾取器组成，每一组拾取器根据用途不同，由相应的传感器、夹持器或探针，通过电缆与其适配器或接插头构成。适配器的作用是对采集的信号在进入前端处理器之前进行预处理。

②信号预处理系统。信号预处理系统，也称为前端处理器，能对所有或部分采集的信号进行预处理，即进行衰减、滤波、放大、整形等处理，并能将所有脉冲信号和数字信号直接输入 CPU 的高速输入端。从发动机采集来的信号千差万别，不能被检测仪中央控制器直接使用，必须经过预处理，转换成标准数字信号后，才能送入处理器。

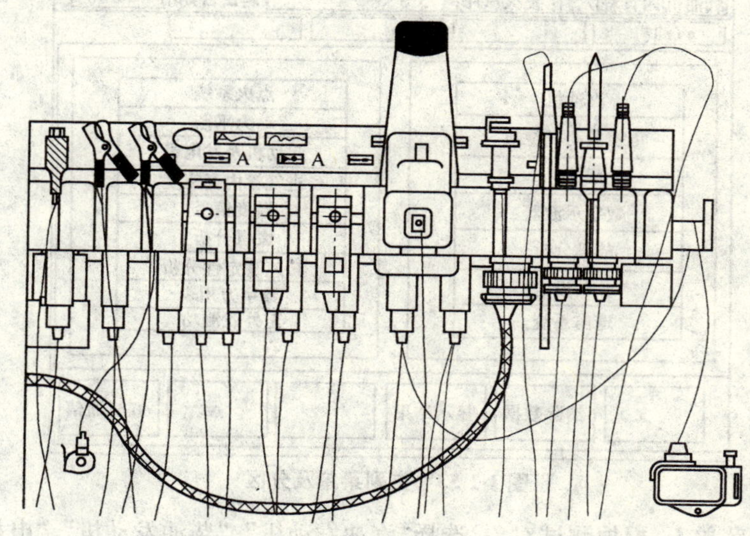

图 1-1-52　信号提取系统

③采控与显示系统。现代的发动机综合性能检测仪均由微机控制，能高速采控信号。检测仪的显示装置多为彩色显示器或液晶显示器。系统采用菜单式操作，使用方便。

(2)具体操作方法

①准备工作。

步骤 1：接通电源，打开检测仪总开关、微机主机开关和显示器开关，暖机 20min。电源必须可靠接地。

步骤 2：在发动机不工作和点火系统关闭的情况下，将信号提取系统连接到被测发动机上。

步骤 3：在测试电喷发动机 ECU 时，仪器必须与发动机共地线，测试人员必须随时与汽车车身接触。

步骤 4：发动机应预热至正常工作温度。

步骤 5：调整发动机怠速，怠速转速应在规定范围内。

步骤 6：发动机保持运转。

②启动检测仪。

步骤 1:检测仪经预热后,用鼠标左键双击显示器上“检测仪”图标,启动检测仪综合性能检测程序。

步骤 2:检测仪主机将对单片机通信、适配器逐一进行自检。自检通过为绿色,未通过将给以提示。

步骤 3:显示屏出现“用户资料录入”界面。点击[修改]按钮,录入汽车用户资料。然后点击[确定]按钮,显示屏出现检测主副菜单。显示屏主副菜单及分区如图 1-1-53 所示。

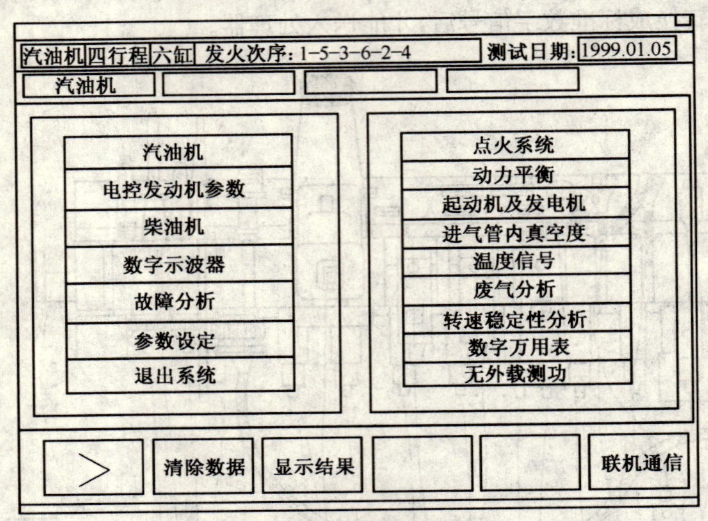

图 1-1-53 主副菜单及分区

步骤 4:在主菜单上,根据测试对象,选择“汽油发动机”、“柴油发动机”、“电控发动机参数”或“故障分析”等项目。如果前述步骤中未进行汽车用户资料录入,则选择[参数设定],点击[修改]按钮,录入汽车用户资料后点击[确定]即可。

步骤 5:若需清除以前测试的数据,点击显示器下方的[清除数据]按钮。

③检测方法。下面以检测某六缸汽油发动机点火提前角为例,介绍检测方法。

步骤 1:将 1 缸信号夹夹在 1 缸高压线上。

步骤 2:按动上、下键或用鼠标在屏幕上选择点火提前角功能。

步骤 3:从检测仪挂架上拆下正时灯,对准在曲轴传动带盘或飞轮上的 1 缸上止点,如图 1-1-54 所示。

步骤 4:按下正时灯电源按钮。

步骤 5:旋转正时灯调整电位器,直到旋转件的上止点标志对准壳体上的上止点标志为止。

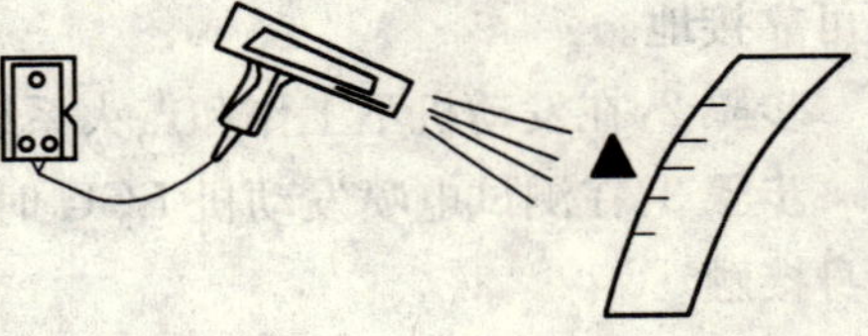

图 1-1-54 正时灯对准 1 缸上止点标记

步骤 6:显示器上的指针和数字将显示出点火提前角数值,如图 1-1-55 所示。

步骤 7:按 F2 数据存储热键,可将有效数据保存。

步骤 8:按 F6 图形打印热键,可将当前屏幕显示图打印。

步骤 9：检测完毕后，按 F1 热键，可返回上级菜单。

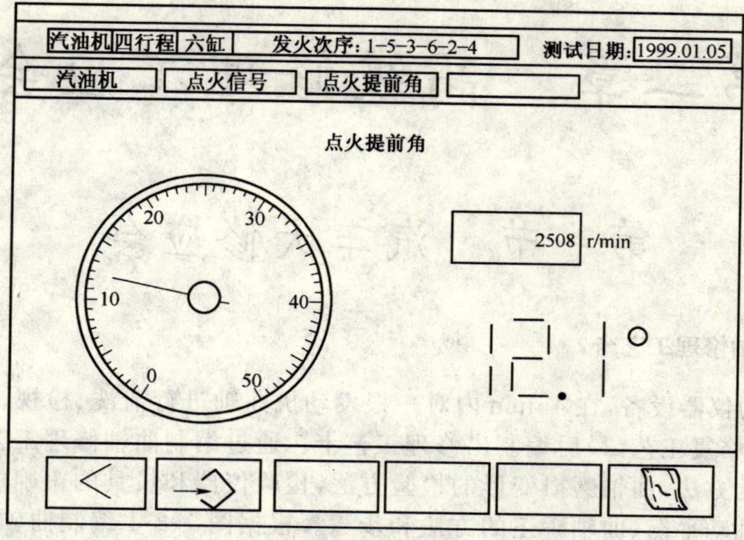

图 1-1-55　显示器显示的点火提前角

第二章　高级修理工应会

第一节　汽车大修应会

一、如何编制曲轴修理工艺卡?

使用准备的仪器设备，在45min内对一根发动机曲轴进行清洗、检视、探伤和磨损变形检验，确定其修复工艺，最后编制出修理工艺卡。通过编制曲轴修理工艺卡，要掌握曲轴清洗和检查的方法，曲轴磨损变形的检验方法，检验仪器和量具的正确使用；了解曲轴磨削加工和曲轴动平衡、曲轴矫正的方法和步骤。根据图1-2-1编制曲轴修理工艺卡具体步骤如下：

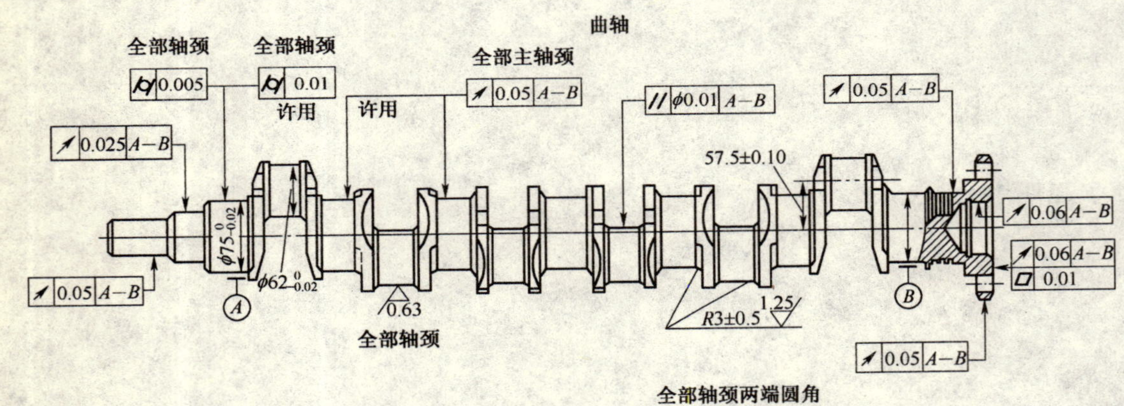

图1-2-1　曲轴的形状和位置公差及表面粗糙度要求

步骤1：按规定清洗曲轴。

步骤2：检视曲轴各表面是否有划伤、破损等损伤。

步骤3：用磁力探伤仪检查曲轴是否有裂纹。

步骤4：进行磨损变形检验。在平板上，将曲轴正确安置在V形块上，用外径千分尺检验主轴颈、连杆轴颈的磨损(包括圆度、圆柱度)。用高度尺、百分表、磁性表座等检验曲轴的弯曲、扭曲等变形。

步骤5：确定修复工艺。根据检查情况确定是否进行焊补等作业；根据扭曲变形检验结果确定是否进行压力矫正；根据磨损检验结果确定修理尺寸。

步骤6：编制曲轴修理工艺卡。曲轴修理工艺卡见表1-2-1。

表 1-2-1 曲轴修理工艺卡

<table>
<tr><td>企业名称</td><td>××××</td><td colspan="5">零件修复工艺卡</td><td>卡片编号</td></tr>
<tr><td colspan="2" rowspan="5">(曲轴修理工艺图)</td><td colspan="5">零件</td><td>×××</td></tr>
<tr><td>名称</td><td>厂牌</td><td>编号</td><td>材质</td><td>机械性能</td><td>第×页</td></tr>
<tr><td>曲轴</td><td>EQ1092</td><td>001</td><td>QT60-2</td><td></td><td>共×页</td></tr>
<tr><td colspan="6">说明:</td></tr>
</table>

工序号	工种	图上号码	工序名称	操作要点及技术要求	设备	工具、模具、夹具、刀具	量具	工序时间/min	备注
1	清洗		清洗		清洗机			10	
2	检验		探伤	各曲柄、轴颈	探伤仪			20	
3	检验	1,2	检验	磨损、弯扭、变形	平台		百分表、千分尺	15	
4	钳工		校正		压力机		百分表	60	
5	磨工	1,2	磨削		曲轴磨床		百分表、K字规	60	
6	检验		平衡		平衡机			20	
7	检验	1,2	检验	尺寸、弯扭、检验	平台		百分表、千分尺	20	

二、如何编制凸轮轴修理工艺卡?

使用准备的仪器设备,在 50min 内对一根发动机凸轮轴进行清洗、检视、探伤和磨损变形检验,确定其修复工艺,最后编制出修理工艺卡。通过编制凸轮轴修理工艺卡,应掌握凸轮轴清洗和检查的方法、凸轮轴磨损变形的检验方法及检验仪器、量具的正确使用;了解凸轮轴磨削加工和凸轮轴校正的方法和步骤。根据图 1-2-2 编制凸轮轴修理工艺卡的具体步骤如下:

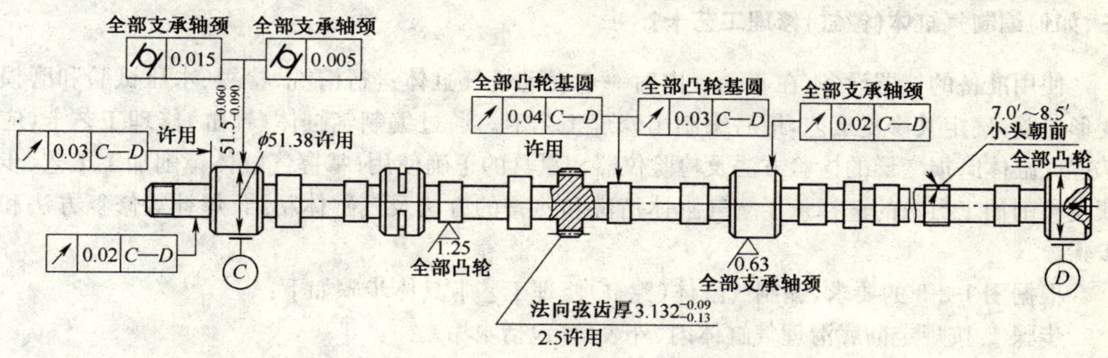

图 1-2-2 凸轮轴的形状和位置公差及表面粗糙度要求

步骤 1:按规定清洗凸轮轴。

步骤 2:检视凸轮轴各轴颈和凸轮表面是否有划伤、破损等损伤;检视机油泵驱动齿轮是否有磨损、损伤。

步骤 3:用磁力探伤仪检查凸轮轴是否有裂纹。

步骤 4:进行磨损变形检验。在平板上,将凸轮轴正确安置在 V 形块上。用外径千分尺检验凸轮轴轴颈及凸轮表面磨损(包括轴颈的圆度、圆柱度;凸轮的升程)。用百分表、磁性表座等检验凸轮轴的弯曲、扭曲等变形。

步骤 5:确定修复工艺。根据检查情况确定是否进行堆焊等修复作业;根据扭曲变形检验结果确定是否进行压力校正;根据磨损检验结果确定修理尺寸。

步骤 6:编制凸轮轴修理工艺卡。凸轮轴修理工艺卡见表 1-2-2。

表 1-2-2 凸轮轴修理工艺卡

<table>
<tr><td colspan="2">企业名称</td><td colspan="3">××××</td><td colspan="5">零件修复工艺卡</td><td colspan="2">卡片编号</td></tr>
<tr><td colspan="5" rowspan="4">(凸轮轴修理工艺图)</td><td colspan="5">零件</td><td colspan="2">×××</td></tr>
<tr><td>名称</td><td>厂牌</td><td>编号</td><td>材质</td><td>机械性能</td><td colspan="2">第×页</td></tr>
<tr><td>凸轮轴</td><td>EQ1092</td><td>002</td><td>QT60-2</td><td></td><td colspan="2">共×页</td></tr>
<tr><td colspan="7">说明:</td></tr>
<tr><td>工序号</td><td>工种</td><td>图上号码</td><td>工序名称</td><td>操作要点及技术要求</td><td colspan="2">设备</td><td>工具、模具、夹具、刀具</td><td colspan="2">量具</td><td>工序时间/min</td><td>备注</td></tr>
<tr><td>1</td><td>清洗</td><td></td><td>清洗</td><td></td><td colspan="2">清洗机</td><td></td><td colspan="2"></td><td>10</td><td></td></tr>
<tr><td>2</td><td>检验</td><td></td><td>探伤</td><td>各凸轮、轴颈</td><td colspan="2">探伤仪</td><td></td><td colspan="2"></td><td>20</td><td></td></tr>
<tr><td>3</td><td>检验</td><td></td><td>检验</td><td>磨损、弯扭、变形</td><td colspan="2">平台</td><td></td><td colspan="2">百分表、千分尺</td><td>20</td><td></td></tr>
<tr><td>4</td><td>焊接</td><td></td><td>堆焊</td><td></td><td colspan="2">电焊机</td><td></td><td colspan="2"></td><td>60</td><td></td></tr>
<tr><td>5</td><td>钳工</td><td></td><td>校正</td><td></td><td colspan="2">压力机</td><td></td><td colspan="2">百分表</td><td>30</td><td></td></tr>
<tr><td>6</td><td>磨工</td><td></td><td>磨削</td><td></td><td colspan="2">凸轮轴磨床</td><td></td><td colspan="2">百分表、千分尺</td><td>60</td><td></td></tr>
<tr><td>7</td><td>检验</td><td></td><td>检验</td><td>尺寸、弯扭、检验</td><td colspan="2">平台</td><td></td><td colspan="2">百分表、千分尺</td><td>20</td><td></td></tr>
</table>

三、如何编制气缸体(镗缸)修理工艺卡?

使用准备的仪器设备,在 50min 内对一个发动机气缸体进行清洗、检视、水压试验和磨损变形检验,确定其修复工艺,最后编制出修理工艺卡。通过编制气缸体(镗缸)修理工艺卡,应掌握气缸体磨损变形的检验方法及检验仪器和量具的正确使用;掌握气缸体镗削加工工艺、步骤及镗削加工参数的选择。了解气缸体清洗和检查的方法及气缸体粘结、焊补等修复方法和步骤。

根据图 1-2-3 的要求,编制气缸体(镗缸)修理工艺卡具体步骤如下:

步骤 1:按规定彻底清理气缸体内、外表面(包括水垢)。

步骤 2:检视气缸体各表面是否有裂纹、破损等损伤现象。

步骤 3:按规定进行水压试验。

步骤 4:进行磨损变形检验。在平板上利用平尺检验气缸体上平面的平面度;检验气缸磨损(量缸),确定修理尺寸。

步骤 5:确定修理内容及修复工艺。根据检查情况确定是否进行粘接、焊接等修复;根据气缸体上平面变形检验结果确定是否进行平面磨削或铣削加工;根据磨损检验结果确定镗缸工艺及镗削加工参数。

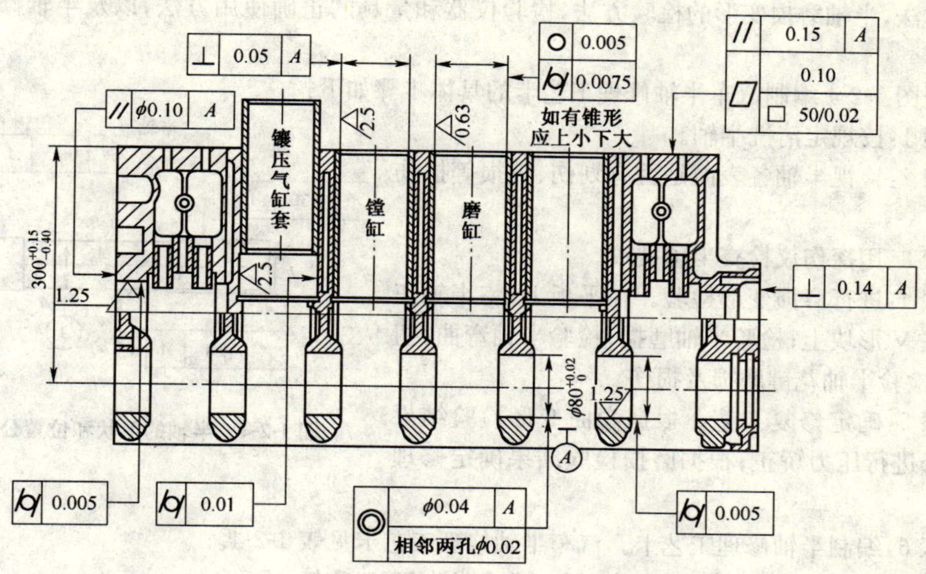

图 1-2-3　气缸体的形状和位置公差及表面粗糙度要求

步骤 6：编制气缸体修理工艺卡。气缸体修理工艺卡见表 1-2-3。

表 1-2-3　气缸体修理工艺卡

企业名称	××××	零件修复工艺卡					卡片编号
（气缸体修理工艺图）		零件					×××
		名称	厂牌	编号	材质	机械性能	第×页
		气缸体	EQ1092	003			共×页
		说明：					

工序号	工种	图上号码	工序名称	操作要点及技术要求	设备	工具、模具、夹具、刀具	量具	工序时间/min	备注
1	清洗		清洗		清洗机			10	
2	检验		探伤	查裂纹等损伤	水压试验			20	
3	检验		检验	检查磨损、变形	平台		平尺、量缸表	20	
4	钳工		修补	粘接焊补裂纹	电焊机等			60	
5	磨工		磨削	磨缸体上平面	平面磨床			30	
6	镗工		镗削	镗缸	金刚镗床		量缸表	60	
7	磨工		磨削	磨缸	磨缸机		量缸表	20	

四、如何编制半轴修理工艺卡？

使用准备的仪器设备，在 50min 内对一根汽车半轴进行清洗、检视、探伤和磨损变形检验，确定其修复工艺，最后编制出修理工艺卡。通过编制汽车半轴修理工艺卡，应掌握半轴清洗和检查的方法，半轴磨损变形的检验方法，检验仪器和量具的正确使用方法，以及半轴修复的方法步骤。

根据图 1-2-4 编制汽车半轴修理工艺卡的具体步骤如下：

步骤 1：按规定清洗半轴。

步骤 2：检视半轴各表面是否有划伤、破损等损伤现象。

步骤 3：用探伤仪检查半轴裂纹。

步骤 4：进行磨损变形检验。在平板上，将半轴正确安置在 V 形块上；检验半轴磨损；检验半轴弯曲、扭曲变形；检验半轴花键磨损及损伤。

步骤 5：确定修复工艺。根据弯曲变形检验结果确定是否进行压力矫正；根据磨损检验结果确定修理工艺。

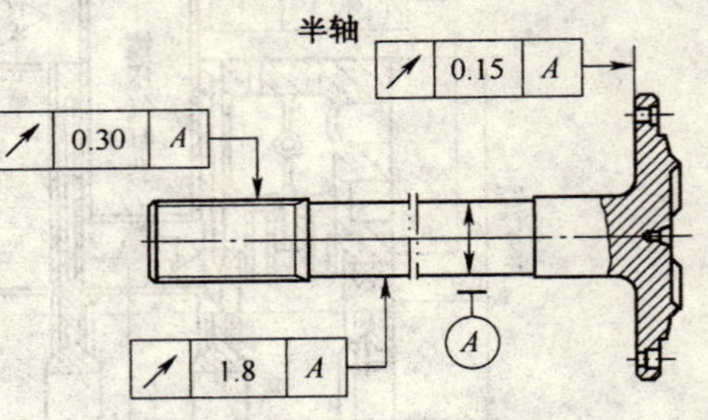

图 1-2-4 半轴的形状和位置公差

步骤 6：编制半轴修理工艺卡。汽车半轴修理工艺卡见表 1-2-4。

表 1-2-4 汽车半轴修理工艺卡

<table>
<tr><td>企业名称</td><td>××××</td><td colspan="5">零件修复工艺卡</td><td>卡片编号</td></tr>
<tr><td colspan="2" rowspan="4">（半轴修理工艺图）</td><td colspan="5">零件</td><td>×××</td></tr>
<tr><td>名称</td><td>厂牌</td><td>编号</td><td>材质</td><td>机械性能</td><td>第×页</td></tr>
<tr><td>半轴</td><td>EQ1092</td><td>004</td><td>40Cr</td><td>HRC37-44</td><td>共×页</td></tr>
<tr><td colspan="6">说明：</td></tr>
</table>

工序号	工种	图上号码	工序名称	操作要点及技术要求	设备	工具、模具、夹具、刀具	量具	工序时间/min	备注
1	清洗		清洗		清洗机			10	
2	检验		探伤		探伤仪			20	
3	检验		检验	磨损、弯扭、检验	平台		百分表、千分尺	20	
4	钳工		校正		压力机		百分表	30	
5	车工		车削	切除花键部分	车床			10	
6	铣工		铣削	铣花键	铣床			60	
7	焊工		焊接	对焊	电焊机			60	
8	热处理		热处理	花键热处理				60	

五、如何装配东风 EQ1090 型汽车的发动机总成？

装配东风 EQ1090 型汽车的发动机总成应在 120min 内完成，主要按照以下步骤进行：

（1）准备工作

准备必要的专用工具、量具和通用工具，清洗用的盘子、刷子以及存放零件的盘格，并准备好常用辅料，如各种螺母、螺栓、开口销、垫圈、铜垫片等。准备适量的机油、黄油、清洗液、密封胶等，还要做好清洁工作，装配前认真清洗零件、工具、工作台等，彻底清洗气缸体、气缸盖、曲轴上的润滑油道并用压缩空气吹净。保持操作人员、工作场地和工作台清洁，然后将气缸体主油道螺塞涂上密封胶后，拧紧在气缸体上。将水闷头分别敲入气缸体及气缸盖的水道孔上。在气缸体上敲入飞轮壳定位销钉，装上飞轮壳，将气缸体倒置在工作台上。

(2)安装曲轴

将曲轴主轴承上片对号装入气缸体轴承座上，并在轴承内表面涂上机油。将曲轴推力轴承套入曲轴前端，装上半圆键和曲轴正时齿轮，并用螺栓固定，最后将经动平衡试验后的曲轴飞轮组合件装入轴承内。将曲轴主轴承下片对号装入轴承盖，并涂上机油，然后对号安装轴承盖，并按规定力矩分次、均匀拧紧螺栓。每拧紧一道轴承盖，应转动曲轴一次，以转动曲轴的扭力大小判断其松紧程度。轴承盖全部拧紧后，用手扳动曲柄臂，应能轻松转动曲轴。用撬棒沿轴向撬动曲轴，并用塞尺塞入曲轴曲柄与推力轴承之间，或用百分表抵触在曲轴端面上，测量曲轴的轴向间隙，应符合标准 0.05～0.20mm。否则应重新选配推力轴承。

(3)安装凸轮轴

将隔圈及止推凸缘套装在凸轮轴上，然后装上半圆键和正时齿轮，并用螺栓固定。润滑凸轮轴轴颈和轴承，将凸轮轴插入轴承孔，凸轮轴正时齿轮与曲轴齿轮进入啮合时，应对正标记。然后拧紧凸轮轴止推凸缘的固定螺钉。用塞尺或百分表检查凸轮轴轴向间隙，应符合标准 0.08～0.308mm。用塞尺在齿轮圆周方向相隔 120°分三次测量检查正时齿轮的啮合间隙，其间隙应为 0.04～0.30mm，齿隙差应不大于 0.10mm。安装调整好润滑正时齿轮的喷油嘴。

(4)安装活塞连杆组

将气缸体侧置，将气缸壁与曲轴连杆轴颈涂上机油，把没有安装活塞环的活塞连杆组对号装入气缸，并按规定力矩紧固各螺栓。检查连杆小头与活塞销座端面之间的距离，其值应不大于 0.50mm。转动曲轴，将活塞置于上、下止点和中间位置，用塞尺分别测量活塞与气缸壁在气缸前后两方向的间隙，其间隙差应不大于 0.10mm，若发现两边间隙相差过大，应找出原因，重新装配。当活塞、连杆组无偏斜后，可分别将活塞环装入活塞。活塞装入气缸前，应在活塞表面、销孔和活塞环槽内涂上机油，并将环的开口错开。装入气缸时，应注意活塞安装方向。对好标记后，用活塞环箍夹紧活塞环，用锤子的木柄将活塞轻轻敲入气缸。在连杆大头垫好原垫片，涂上机油，按规定转矩拧紧轴承盖螺栓。活塞连杆组装配后，用锤子沿曲轴轴向轻敲连杆轴承盖时，连杆大端应能轻微地移动。全部装好后转动曲轴时，应松紧适宜。各缸活塞在上止点时，活塞顶距缸上平面的距离应不低于 0.20mm，且不高于 0.50mm。

(5)安装正时齿轮盖

先将正时齿轮盖定位销敲入气缸体承孔内，并将正时齿轮盖衬垫涂以黄油，黏附在气缸体上，然后将挡油盘装在曲轴前端，再把已装好油封的正时齿轮盖对准定位销(或用对中工具)装上，均匀地将正时齿轮盖螺钉拧紧，最后将半圆键装于曲轴前端轴颈上，再装上带轮毂和起动爪以及带轮。

(6)安装机油泵和油底壳

首先将机油泵驱动轴插入气缸体座孔并保证驱动轴上的齿轮与凸轮轴齿轮完全啮合，然后再装上分电器座。将机油泵内注满机油，垫好衬垫，用螺栓固定后，再将机油集滤器安装在机油泵上。清洁气缸体下平面，垫上衬垫，装上油底壳，均匀地拧紧全部螺栓，最后将放油螺塞垫上垫圈并拧紧在油底壳上。

(7)安装配气机构及气缸盖

将挺杆涂上机油后对号放入挺杆孔内并检查挺杆在孔中是否能自由转动和上下滑动，然后将气门油封装在气门导管上，接着将涂上机油的气门杆对号插入气门导管内，再将气门弹簧及锁片组件等用专用压紧工具装配在气缸盖上。将气缸盖定位销钉敲入气缸体承孔内后，再将气缸垫放于气缸体上平面，使衬垫光滑的一面朝向气缸体。装上气缸盖和气缸盖螺栓，按规定力矩从中间向两端分次均匀地拧紧。插入气门推杆。在气缸盖上安装好摇臂轴支座，注意对准支座与气缸盖的润滑油道。在摇臂、摇臂轴上涂以机油，然后将装好气门调整螺钉的摇臂、摇臂轴、摇臂定位弹簧等装合在支座上，转动摇臂轴，使其定位孔对准摇臂中间支座中部的定位孔，拧入螺钉，固定摇臂轴。调整好气门间隙和火花塞电极间隙并装上火花塞，最后装上挺杆室盖和气门室盖。

(8)安装进、排气支管

将进、排气支管衬垫光滑的一面朝向气缸体。在拧紧进、排气支管紧固螺母时，应从中间向两端分次均匀拧紧，直至达到规定力矩。

(9)安装离合器

将飞轮、离合器压盘的工作面和摩擦片擦拭干净后，用专用对中导杆(或用变速器第一轴为导杆)，套上离合器总成，然后均匀地拧紧离合器固定螺栓，最后抽出导杆。

(10)安装其他附件

安装水泵、发电机、空气压缩机并调整各传动带的松紧度；安装气缸盖出水管、节温器、冷却液温度感应塞；安装起动机、分电器、汽油泵、化油器、空气滤清器及连接管路；安装机油粗滤器、机油细滤器、机油加注管、机油尺、机油感应塞及其连接管路，并加注机油；安装曲轴减振器、曲轴箱通风管道等其他附件。

六、如何检修东风 EQ1090 型汽车后桥主减速器?

检修东风 EQ1090 型后桥主减速器，应在 90min 内完成。主要检查主减速器壳体有无变形和裂纹；检查主、从动锥齿轮的齿面磨损程度；检查差速器壳的半轴齿轮承孔、十字轴承孔以及差速器轴承座的磨损程度；检查行星齿轮齿面和球面的磨损量；检查传动轴连接凸缘的油封位置磨损量；检查传动轴连接凸缘花键套与主动齿轮的花键配合间隙。具体操作步骤如下：

(1)准备工作

准备好一个东风 EQ1090 型主减速器及其相应的工、量具：梅花扳手、套筒扳手各 1 套，扭力扳手 1 只；75～100mm 外径千分尺 1 把，200mm 游标卡尺 1 把；量缸表 1 套。并将主减速器外表洗净，用压缩空气吹干后放在工作台上。

(2)拆卸

拆下传动轴连接凸缘、差速器和从动锥齿轮总成以及主动齿轮轴；拆下十字轴、行星齿轮和半轴齿轮。

(3)清洗

将所有零件放在汽油中清洗干净，然后用压缩空气吹干。

(4)检查

①检查主、从动锥齿轮的齿面磨损，其允许值通常应小于0.50mm；齿面疲劳剥落总面积应小于齿面的25%；轮齿的损坏不得超过齿长的1/5和齿高的1/3，数量不大于3个而且互不相邻。

②检查主动齿轮轴轴颈与导向轴承的配合，极限偏差为－0.018～－0.047mm，不允许有松旷转动现象，否则轴颈应堆焊修复，并磨至标准尺寸。

③检查主动齿轮轴前端轴颈与导向轴承配合，极限偏差为－0.003～＋0.032mm。如间隙大于0.05mm，轴颈应堆焊修复。

④检查主动齿轮轴端部的螺纹损坏不多于2牙，花键磨损不超过使用极限。

⑤检查从动齿轮与差速器壳的连接螺栓孔，其磨损量应不大于0.50mm。齿轮的端面圆跳动也不应大于0.50mm。

⑥检查主减速器壳体有无变形，主动齿轮轴前导轴承座孔支架有无变形，各轴承座孔是否因磨损而松旷。

⑦检查主减速器壳上左、右差速器轴承座孔的同轴度，误差应小于0.03mm，并以此为基准，要求主动齿轮轴座孔中心线与它的垂直度误差小于0.05mm，与后桥安装平面的平行度误差小于0.15mm，跳动量小于0.10mm。各端面的平面度误差小于0.03mm。对于前导轴承座孔轴线与主动齿轮轴座孔轴线的同轴度误差应小于0.08mm。

主减速器壳体座孔磨损严重，可镀铁或堆焊后重新加工；前导轴承座孔损伤，可采用高矾焊条堆焊修补后重新镗孔，或采用镶套法修复；壳体端面圆跳动过大，通常采用手工锉平或铲削。

⑧检查主动锥齿轮前轴承座与轴承外径的配合，极限偏差为－0.009～－0.059mm，当出现松旷时，应予以修复。

⑨检查主动锥齿轮轴承座与主减速器壳座孔的配合，极限偏差为－0.014～＋0.077mm，当误差超过0.10mm时，应予以修复，与油封座接合平面应平整。

⑩检查传动轴连接凸缘的油封位置，若磨损起槽超过0.35mm，应更换或镶套修复。

⑪检查花键套与主动齿轮轴花键的配合间隙应为0.03～0.20mm，当超过0.25mm时应更换。检查行星齿轮和半轴齿轮与主减速器壳相接触的止推面磨损，应不超过0.20mm，否则可用加厚的垫圈来调整。当超出过大时，应堆焊止推面，重新镗削。

⑫检查十字轴座孔与轴颈的配合极限偏差为－0.013～＋0.041mm，当超过0.15mm时，应予以修复，修复方法可以采用堆焊重镗或用转向法旋转45°重钻。

⑬检查十字轴座孔位置误差应小于0.05mm。左、右差速器壳相配凸肩的配合极限偏差为－0.045～＋0.030mm，使用极限为0.10mm，超出时可堆焊修复。差速器两端轴承与轴颈的配合极限偏差为－0.090～－0.135mm，当产生松动时，应予修复，修复方法可采用镀铬或镶套。

⑭检查十字轴轴颈与行星齿轮孔径的间隙应为0.06～0.13mm，使用极限应为0.40mm。行星齿轮齿面磨损应不大于0.50mm，球面磨损起槽超过0.50mm时应重磨。各种垫片厚度磨损超过0.20mm时，应予以更换。

(5)装配

按照与拆卸的相反顺序安装主减速器。检查行星齿轮与半轴齿轮的啮合间隙,不符合标准时可换用不同的行星齿轮垫。检查主动齿轮轴轴承的预紧度应符合原厂规定标准。

七、如何检修桑塔纳 2000 型轿车的动力转向器?

运用桑塔纳乘用车专用工具检修桑塔纳 2000 型轿车的动力转向器应在 130min 内完成,通过训练,应熟练掌握转向器的拆装工艺;熟悉动力转向器的有关间隙的调整方法和技术标准;掌握动力转向器的检修方法,并通过分解与装合掌握动力转向器的构造和原理。

动力转向装置的故障是根据系统压力来判断的。检查系统压力,应在发动机怠速、压力表节流阀打开时进行,此时将转向盘左、右旋转至止推块,检查压力表上显示的压力值是否为 6.8～8.2MPa(68～82bar)。如果左转或右转的压力值不足时应检修或更换动力转向器总成。桑塔纳 2000 型乘用车液压动力转向器的检修与组装要求如图 1-2-5 所示。

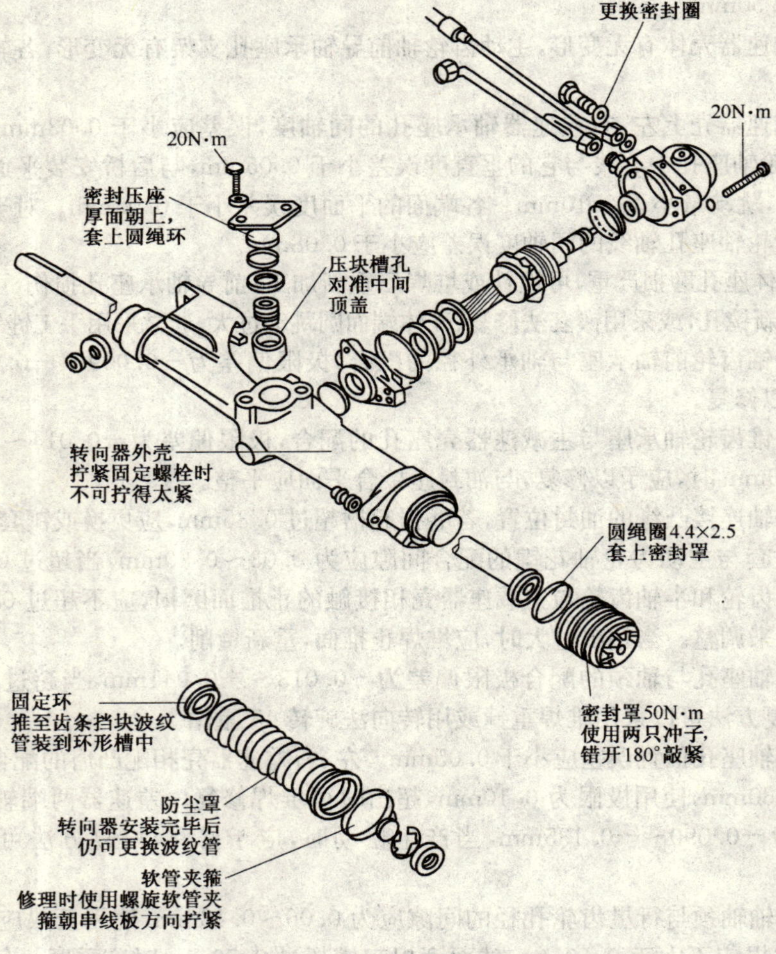

图 1-2-5 桑塔纳 2000 液压动力转向器的检修与组装要求

具体检修步骤如下：

(1)拆卸

拆下转向助力泵储液罐下端的回油管，放掉转向助力油；拆下驾驶室内仪表下饰板，然后拆下柔性万向节及凸缘；将回油管和压力管从转向器分配阀上拆下；从左车轮罩内侧拆下与转向节连接的转向拉杆球头固定螺栓及球头；从右车轮罩内侧拆下与转向节连接的转向拉杆球头固定螺栓及球头；拆下转向器支架自锁螺母和两边的固定螺栓，拆下转向器总成。

(2)分解

从齿条上拆下左、右转向拉杆；拆下齿条间隙调整装置；拆下转向分配阀体装置；从转向器壳体内拉出齿条；用 20-505 和 40-202 专用工具拆卸阀体密封圈；用专用拉器拉出齿条密封圈。

(3)转向器零件的检修

对于严重磨损或损坏的零件必须更换，不允许进行焊修或校正。所有密封件一经拆卸，必须全部换新；检查转向器壳体应无裂纹，否则必须更换；检查齿条齿形应正确，无过度磨损，否则必须换新；齿条间隙压块上的摩擦材料高度应高于压块金属部分，否则更换压块。

(4)转向器零件的装复

用 3013 专用工具装配新的阀体密封圈，如图 1-2-6 所示。装配时阀体密封圈的密封唇边朝向中间盖板。

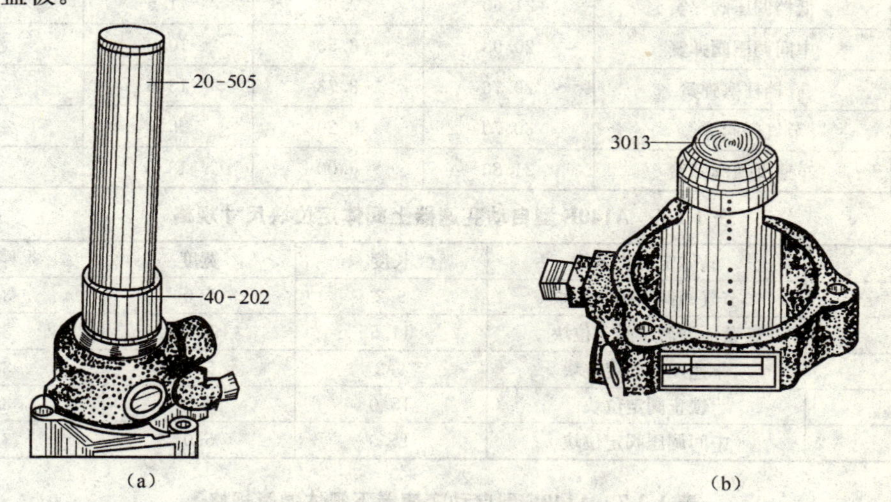

图 1-2-6　阀体密封圈的更换

(a)取出阀体密封圈　(b)将阀体密封圈装至限位块且密封唇边朝向中间盖板

将新的齿条密封圈装入转向器壳内。装复齿条密封圈时，将密封圈置于平面装配套管上，将密封圈随套管推入到挡块处，然后抽出装配套管，压紧挡圈，用专用工具装进齿形环。其他零件按与拆卸相反的顺序进行装复。

(5)转向器总成的装复

按与转向器总成拆卸的相反顺序装复；装复后需注入 ATF 润滑油。

(6)装复后的密封性检查

发动，加注新的 ATF 润滑油至“MAX”标处；停熄发动机，将转向盘从左到右转动数次，再补充 ATF 至“MAX”标处。再次起动发动机，注意 ATF 油面变化。只要油面还在下降，就应不断加入，直到油面停留在储液灌“MAX”处，并在转动转向盘时，液灌中不再出现气泡为止。

在热车时，将转向盘朝左、右两侧转至极限位置使管内产生最大压力，然后检查下列部位的密封性：分配阀、齿条密封（松开波纹管软管夹箍，将波纹管推至一旁检查）、叶轮泵和油管接头。如某处有漏油，必须重新检查更换该处密封件及有关零件。

八、如何检修丰田佳美 A140E 型自动变速器阀体？

检修丰田佳美 A140E 型自动变速器阀体，应在 130min 内完成。通过训练，掌握自动变速器阀体的检修内容和方法以及阀体零部件的技术标准。

丰田佳美 A140E 型自动变速器阀体零部件相关技术数据见表 1-2-5～表 1-2-8。

表 1-2-5　A140E 型自动变速器上阀体弹簧规格

序号	阀体弹簧名称	自由长度/mm	弹簧外径/mm	圈数	颜色
1	锁止阀弹簧	25.56	10.20	11.5	绿
2	节气门阀调压阀弹簧	21.70	9.50	9.5	无
3	蓄压器调压阀弹簧	28.06	10.60	13.0	黄
4	低档调压阀弹簧	21.60	7.90	11.5	无
5	中间调压阀弹簧	20.93	8.50	10.0	浅绿
6	降档柱塞弹簧	29.76	8.73	13.5	黄
7	节气门阀弹簧	30.70	9.20	9.5	无
8	车速反馈阀弹簧	21.80	6.00	13.5	无

表 1-2-6　A140E 型自动变速器上阀体定位块尺寸规格 (mm)

序号	阀体定位块名称	长度	宽度	厚度
1	节气阀调压阀定位块	9.2	5.0	3.2
2	蓄压器调压阀定位块	11.5	5.0	3.2
3	车速反馈阀定位块	9.2	5.0	3.2
4	锁止阀定位块	15.0	5.0	3.2
5	中间调压阀定位块	15.0	5.0	3.2

表 1-2-7　A140E 型自动变速器下阀体弹簧规格

序号	阀体弹簧名称	自由长度/mm	弹簧外径/mm	圈数	颜色
1	限压阀弹簧	11.20	6.40	7.5	无
2	主调压阀弹簧	66.65	18.60	12.5	无
3	散热器旁通阀弹簧	19.90	6.40	8.5	无
4	次调压阀弹簧	43.60	10.90	11.5	无
5	2-3 档换档阀弹簧	29.27	9.70	10.5	无
6	1-2 档换档阀弹簧	29.27	9.70	10.5	无
7	3-4 档换档阀弹簧	29.27	9.70	10.5	无
8	锁止信号阀弹簧	30.00	8.20	11.5	无

表 1-2-8　A140E 型自动变速器下阀体定位块尺寸规格　(mm)

序号	阀体定位块名称	长度	宽度	厚度
1	主调压阀定位块	9.2	5.0	3.2
2	2-3 档换档阀定位块	8.0	5.0	3.2
3	1-2 档换档阀定位块	9.2	5.0	3.2
4	3-4 档换档阀定位块	8.0	5.0	3.2
5	次调压阀定位块	13.0	5.0	3.2
6	锁止信号阀定位块	15.0	5.0	3.2

变速器阀体应无毛刺、裂纹及弯曲；当阀体斜 45°时，滑阀能从阀体中滑出；滑阀和阀孔的配合间隙不得大于 0.025mm，如果阀孔磨损严重，则更换整个阀体。具体检修步骤如下：

(1)准备工作

将阀体总成放在工作台上；将煤油倒入清洗油盆中待用。

(2)阀体总成的分解

A140E 型自动变速器阀体零部件分解、位置图如图 1-2-7～图 1-2-10 所示。拆下 1 号和 2 号电磁阀；拆下上阀体盖的 9 个固定螺栓后，取下上阀体盖。从上阀体上取下隔板、衬垫、滤网、挡块等并取下其上的 3 个固定螺栓；拆下下阀体盖的 10 个固定螺栓后，取下下阀体盖和衬垫。取下下阀体上的 3 个固定螺栓后，将下阀体和隔板一起取下并反扣在工作台上，不要让单向阀掉出，然后从下阀上取下隔板、衬垫、球阀等；从上、下阀体上拆下所有的阀和弹簧，但要注意确保所有的弹簧和其他部件与相关的阀一并拆下。

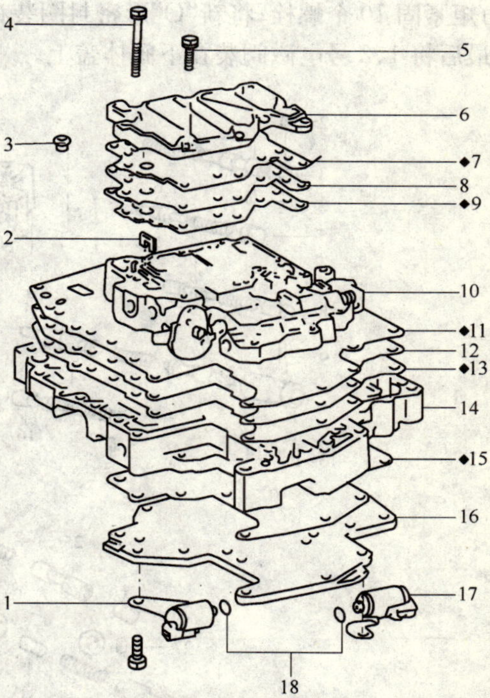

图 1-2-7　A140E 型自动变速器阀体总成分解图

1. 1 号电磁阀　2. 套筒定位块　3. 滤网　4、5. 螺栓　6. 上阀体盖　7、9、11、13、15. 衬垫　8、12. 隔板　10. 上阀体　14. 下阀体　16. 下阀体盖　17. 2 号电磁阀　18. “O”形密封圈

(3)清洗阀体

在把所有的阀和弹簧从阀体上取下之后，将阀体和隔板在煤油中浸泡几分钟，但不能用化油器清洗剂清洗阀体。彻底清洗所有的部件并确保阀体中所有的油道都通畅且没有碎屑；用干燥的压缩空气仔细地吹干每一个部件，切忌用抹布或纸巾擦拭阀体部件，避免其中的纤维存留在阀体油道中导致换档故障；每一个部件清洗后用一干净的油盘按顺序放置。

(4)检查阀体

检查零件上是否有小毛刺或轻微划痕以及其他损坏。检查与阀相关的孔的配合间隙，可将阀体竖立起来，将未经润滑的阀插入孔中，让阀靠自身重力在阀体中下落直至停止，然后用手指堵住阀孔并将阀体倒转，则阀应靠自身重力落回。如果阀不能在孔中自由运动，可用细砂布轻磨，切忌用砂纸或锉刀，阀和孔之间的间隙应不大于 0.025mm，若磨损超限，则需要更换整个阀体；如果隔板在某个方向存在缺陷，必须换新；检查阀体上部和下部的油液通道，看是否存在能够阻碍阀运动的漆膜状沉积物、擦伤或其他损坏；检查所有的螺纹孔和有关的螺栓、螺钉的螺纹损伤不得多于 2 牙，否则应换用新件；用直尺和塞尺检查阀体上、下平面的平面度，若不平应修磨或换用新件；用游标卡尺检查弹簧的长度、直径是否符合标准，否则换用新件。

(5)阀体总成的组装

将球阀放入下阀体的相应位置，然后将隔板和 2 个新衬垫放在下阀体上；将球阀放入上阀体的相应位置；将下阀体连同隔板和衬垫一起放在上阀体上，然后反向放置，注意上、下阀体间的 2 个隔板衬垫相似但有区别，不能互换；按规定力矩紧固 3 个螺栓以固定上阀体；将滤网、定位块、隔板、2 个衬垫(相同)装到上阀体上；将上阀体盖放在上阀体上，并按规定力矩紧固 9 个螺栓；安装并按规定力矩紧固下阀体的 3 个螺栓；将下阀体盖和新衬垫放在下阀体上，并按规定力矩紧固 10 个螺栓；将新“O”形密封圈装在 1、2 号电磁阀上，并涂上 ATF 后按规定力矩紧固，最后将 1、2 号电磁阀装在下阀体盖上。

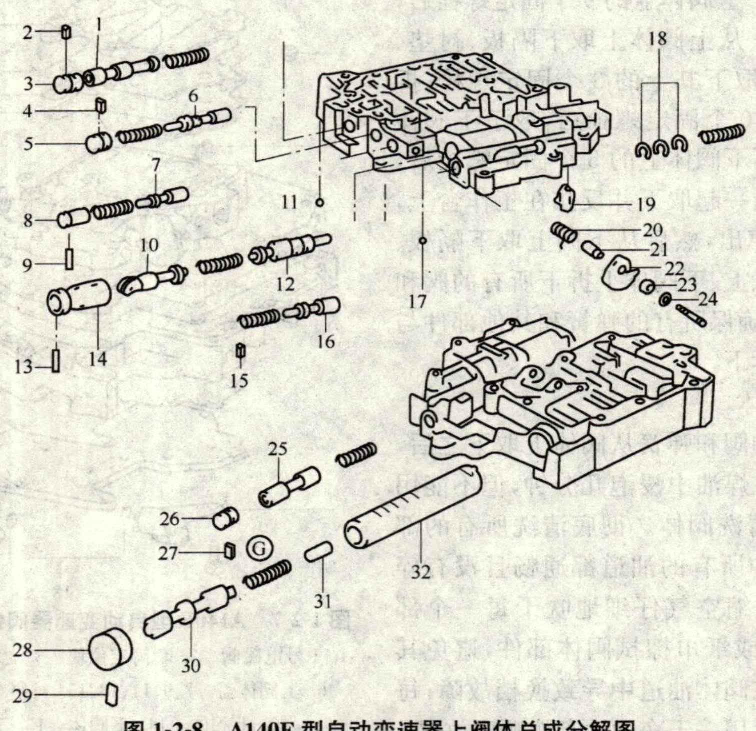

图 1-2-8 A140E 型自动变速器上阀体总成分解图

1、12. 节气门阀 2、4、15、27、29. 定位块 3、5、8、26、28. 堵塞 6. 蓄压器调压阀 7. 低档调压阀 9、13. 定位销 10. 降档柱塞 11、17. 球阀(钢) 14. 节气门阀套筒 16. 中间调压阀 18. 调整垫圈 19. 定位器 20. 弹簧 21. 销 22. 凸轮 23. 垫圈 24. 弹簧垫片 25. 车速反馈阀 30. 锁止阀 31. 控制阀 32. 锁止阀套筒

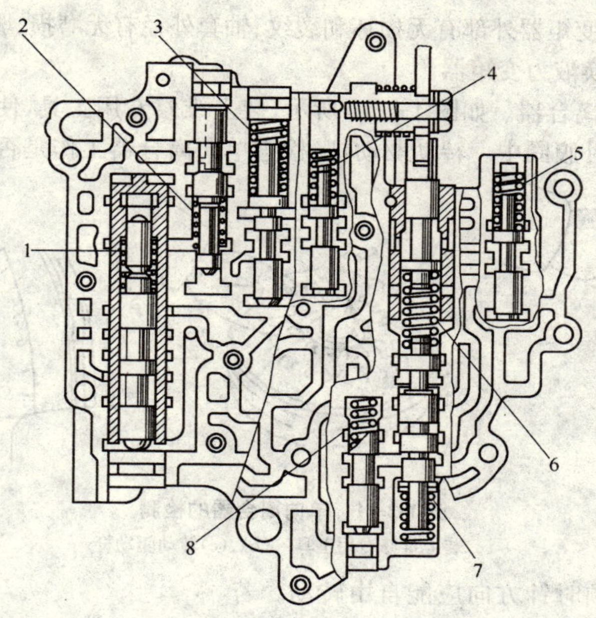

图 1-2-9　A140E 型自动变速器上阀体各控制阀及弹簧装配位置图

1. 锁止阀及其弹簧　2. 节气门阀调压阀及其弹簧　3. 蓄压器调压阀及其弹簧　4. 低档调压阀及其弹簧　5. 中间调压阀及其弹簧　6. 降档柱塞及其弹簧　7. 节气门阀及其弹簧　8. 车速反馈阀及其弹簧

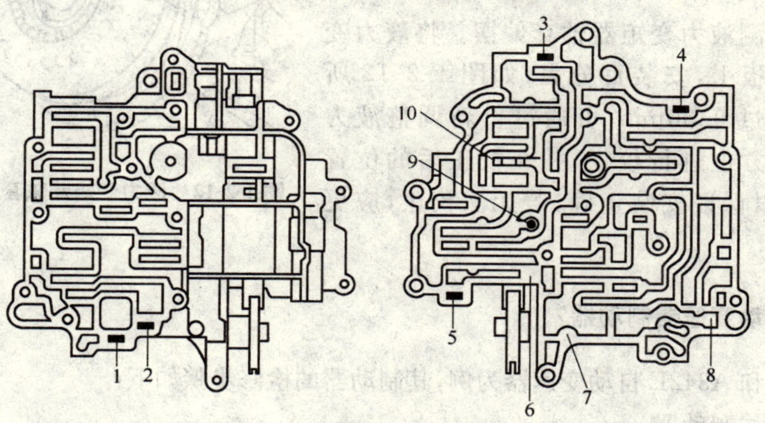

图 1-2-10　A140E 型自动变速器上阀体球阀、定位块、定位销位置图

1、2、3、4、5. 定位块　6、7. 定位销　8、9. 钢质球阀　10. 定位器

九、如何检修液力变矩器?

液力变矩器外壳都是采用焊接式的整体结构,不可分解。液力变矩器内部除了导轮的单向离合器和锁止离合器压盘之外,没有互相接触的零件,因此,在使用中基本上不会出现故障,液力变矩器的维修工作主要是清洗和检查。

步骤 1:检查液力变矩器外部有无损坏和裂纹、轴套外径有无磨损、驱动油泵的轴套口有无损伤,若有异常,应更换液力变矩器。

步骤 2:检测单向离合器。如图 1-2-11 所示,装上维修专用工具,使其贴合在液力变矩器毂缺口和单向离合器外腹圈中。转动驱动杆,检查单向离合器工作是否正常。在逆时针方向转动时应锁住,而在顺时针方向应能自由转动。若有异常,说明单向离合器损坏,应更换液力变矩器。

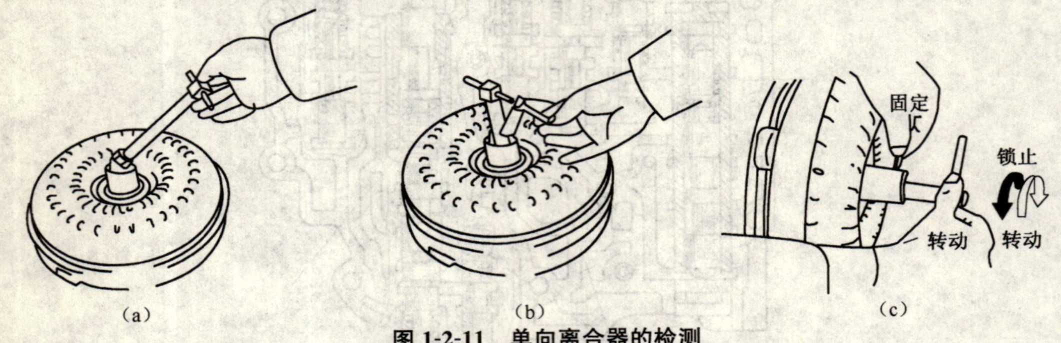

图 1-2-11 单向离合器的检测
(a)装上维修专用工具 (b)、(c)转动驱动杆

步骤 3:检测传动板与齿圈。用百分表测量传动板偏摆,最大偏摆量应不超过 0.20mm;检查齿圈有无变形和断齿。

步骤 4:检测液力变矩器轴套偏摆。将液力变矩器装在传动板上,安装百分表,如图 1-2-12 所示。若偏摆超过 0.30mm,可通过重新调整液力变矩器的安装方位进行校正,并在校正后的位置上做一标记,以保证安装正确,若无法校正,应更换液力变矩器。

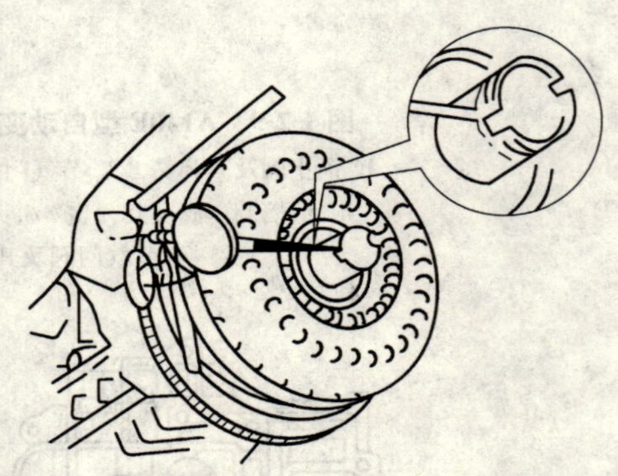
图 1-2-12 液力变矩器轴套偏摆量的检查

十、如何检修自动变速器制动器?

以 A341E 和 A342E 自动变速器为例,其制动器的检修步骤如下:

(1)检验片式制动器

①摩擦片的检查。检查制动器摩擦片有无烧焦,表面粉末冶金层有无脱落或翘曲变形,若有,应换用新片;自动变速器摩擦片表面上的符号已被磨去,说明摩擦片已磨损至极限,应换用新片;测量摩擦片的厚度,若小于极限厚度,应换用新片。

②检查钢片。若有磨损或翘曲变形,应更换钢片。

(2)检查带式制动器

①检查制动带内表面有无烧焦,表面粉末冶金层有无脱落或表面符号有无磨去,若有,应更换制动器带。

②检查制动器伺服机构部件有无磨损或划痕。

③检查制动器的活塞，其表面应无损伤或拉毛，液压缸内表面应无损伤或拉毛，若有异常，则应换用新件。

(3)检查挡圈、活塞回位弹簧等部件

①检查挡圈的摩擦面有无磨损，若有，则换用新件。

②测量活塞回位弹簧的自由长度，应符合技术标准，见表 1-2-9。若过小或有变形，则应换用新弹簧，并换新所有制动器液压缸活塞上的 O 形密封圈及轴颈上的密封环。

表 1-2-9　A341E 型和 A342E 型自动变速器制动器的检修标准　(mm)

制动器的名称	代　号	弹簧自由长度标准	自由间隙
超速制动器	B0	17.23	1.75～2.05
1 档制动器	B1	—	2.0～3.0
2 档制动器	B2	19.34	0.63～1.98
低、倒档制动器	B3	12.9	0.70～1.22

十一、怎样对发动机进行磨合试验？

发动机的磨合试验，应在 120min 内完成。通过训练，应掌握发动机冷磨热试方法和磨合规范；掌握发动机磨合后的检验内容和技术标准。具体步骤如下：

步骤 1：准备工作。待磨合的发动机应装好曲柄连杆机构、配气机构和气缸盖，但不装火花塞、冷却系统、燃料系统等部分附件；在油底壳中加入 2 号或 3 号锭子油，或用 20W 机油，如用汽油发动机机油，应根据季节不同分别掺入 15%～20%的煤油或柴油；将待磨发动机吊装在磨合设备上，接好连接装置，如图 1-2-13 所示。

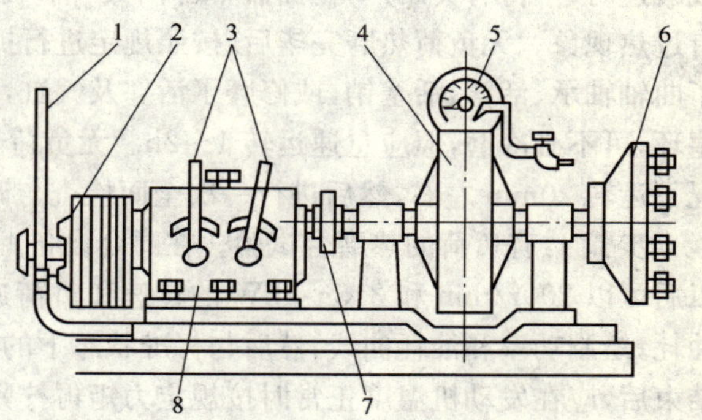

图 1-2-13　发动机磨合、试验、测功联合装置

1. 离合器手把　2. 摩擦离合器　3. 变速手把　4. 水力测功器　5. 测力机构　6. 凸缘盘　7. 联轴器　8. 变速器

步骤 2：冷磨合。起动磨合装置进行磨合。起始转速为 400～500r/min（0.2～0.25ne，ne 为发动机的额定转速），终止转速为 1200～1400r/min(0.4～0.55ne)。磨合转速通常分为 4 级，见表 1-2-10，各级转速的磨合时间约为 30min，共冷磨 2h。冷磨后，应放出全部润滑油，更换机油滤清器滤芯。拆检、清洗发动机各零件及油道，检查活塞、活塞环与气缸壁的接触情况，曲轴轴承与轴颈的磨合情况等。在拆检过程中，如发现故障，应予排除。按规定装合发动机总成，加注润滑油至规定油面。

在冷磨过程中，要注意观察机油压力是否正常，各机件工作是否良好，如发现异常应立即停止，检查排除异常后再冷磨。

表 1-2-10 发动机冷磨合规范

发动机额定转速（r/min）	磨合转速（r/min）	时间（min）	总时间（h）
>3200	400 600～800 800～1000 1000～1200	15	1
>3200	500 900 1200 1400	15	1

步骤 3：无负荷热磨。将经过冷磨合并装合好的发动机总成重新安装在磨合设备上，添加冷却液至规定液面，使发动机怠速或低速运转 1h，冷却液温度应保持在 75℃～90℃，逐渐提高转速至 1200～1400r/min，允许短时间内达 2000～2400r/min。通常无负荷热磨转速共分 4 级，每级转速应保持规定的时间（通常为 30min 左右）；检查发动机是否有漏油、漏水、漏气及漏电现象；检查电压表、机油压力表和水温表的读数是否正常；查听发动机是否有异响或运转不正常现象；检查各部螺栓有无松动等；进行气缸压力和进气压力的测量，对点火正时、气门间隙和传动带松紧度加以调整；发动机在各种转速下运转稳定，改变转速时，应过渡圆滑；突然加速或减速时，不得有突爆声，化油器不得回火，消声器不得有爆燃声；发动机在正常工况下，不得有过热现象。无负荷热磨完毕后，按照规定进行拆检清洗，如发现缺陷应予修复。若重新更换了曲轴轴承、活塞、活塞销，或修磨了活塞及气缸，应再次进行冷磨。若只更换了连杆轴承或活塞环，可不必冷磨，但应怠速运转 1～2h。无负荷热磨后重新装合的发动机，需在低速或怠速工况下运转 20min 左右，然后进行一次全面检查与调整，为有负荷的热磨合试验做好准备。

步骤 4：有负荷的热磨合试验。在磨合设备上施加初始负荷（为额定负荷的 10%～15%），以后可以 200r/min 和 3.5～4kW 的转速和负荷递增，连续测试 5 个点，测定发动机的功率和油耗；绘制功率和油耗曲线，然后与标准状态下的曲线进行对比，确定发动机的性能指标；热试结束后，应在发动机温度正常时按规定力矩再拧紧一次气缸盖螺栓，更换机油及滤清器。

十二、如何检验桑塔纳 2000 型在用喷油器的质量？

检验桑塔纳 2000 型在用喷油器的质量，应在 40min 内完成。通过训练，要能正确泄放燃油供给系统的压力；正确拆装喷油器；正确检测喷油器的电阻；正确使用喷油器检测清洗测试仪检测喷油器的性能。具体检验步骤如下：

步骤 1：车上检测。起动发动机并怠速运转，用加长的旋具检查喷油器的喷油脉动声音，若无声音说明该喷油臂不工作，用万用表检查喷油器的电阻值应符合技术标准：17～24Ω。

步骤 2：泄压。拆下燃油泵继电器，待发动机直至自然熄火，之后连续两次起动发动机直至自然熄火。

步骤 3：拆卸喷油器。关闭点火开关，拆下蓄电池负极。用汽油清除喷油器附近的油污和尘土，并用压缩空气吹净。拆下两个固定燃油分配管的螺栓并在燃油分配管下方放一块棉纱，然后将喷油器从燃油分配管上取下。为防止油污和尘土进入喷油器的进油口，应用棉纱堵住喷油器的安装孔。

步骤 4：清洗喷油器外表。用清洗剂清洗喷油器的外表，随后用棉纱擦净。

步骤 5：检测。用万用表的电阻挡检测喷油器电磁线圈的电阻值，应符合技术标准：13～18Ω（常温），否则更换喷油器。将喷油器装在喷油器检测清洗机的支架上之后，接通喷油器检测清洗机的主电源，打开汽油泵启动开关，并调整燃油压力在 300kPa 压力下，观察喷油器在 1min 内的泄漏情况，应不超过两个油滴。调整喷油器的喷油持续时间，测量各喷油器连续喷射 30s 的喷油量，应为 78～85ml，各缸喷油量之差应小于 5ml，同时观察喷油器的喷雾情况及喷射锥角均应良好，否则，应清洗或更换喷油器。轴针式喷油器的喷雾形状是角度较大的白色锥体，但较脏或有故障的喷油器其喷雾形状是一根或几根白线。

步骤 6：超声波清洗。将喷油器放入超声波清洗槽中，接好电线，设定超声波清洗的时间为 10min，然后开机清洗。

步骤 7：再检测。按步骤 5 检测喷油器的密封性、流量、喷雾状况和喷射锥角应符合技术标准。若仍不符合标准应更换喷油器。

步骤 8：喷油器装复。按与拆卸相反的步骤装复喷油器。

步骤 9：验收。起动发动机并以多种转速运转 5min，观察喷油器有无漏油和漏气现象，否则，重新安装。

十三、如何检修电控燃油喷射发动机传感器？

下面以冷却液温度传感器为例，说明热敏电阻式温度传感器的检修过程。该检修过程应在 20min 内完成。通过训练，学会正确检测冷却液温度传感器的电阻；掌握冷却液温度传感器的电阻与温度的关系；学会正确判断冷却液温度传感器的好坏。具体步骤如下：

步骤 1：准备工作。将北京切诺基 2.5L 电喷车停放在平坦路面，换档手柄置于空档（自动变速器置于 P/N 位），拉紧驻车制动并在发动机下方放置一个接水盘。

准备好工具、器具：呆扳手、梅花扳手各 1 套；数字万用表 1 个、烧杯 1 个、酒精灯 1 盏、温度计 1 支、大头针等。

步骤 2：拆卸。将点火开关置于 OFF 位置，拔下冷却液温度传感器的导线连接器，用合适的扳手拆下冷却液温度传感器。在拆卸过程中，要防止烫伤。

步骤 3：电阻检测。将冷却液温度传感器置于烧杯内的水中，用酒精灯加热烧杯，同时用万用表的电阻挡测量在不同水温下（用温度计监测）冷却液温度传感器两接线端子间的电阻值，如图 1-2-14 所示。电阻与温度的对应关系应符合表 1-2-11 的要求。

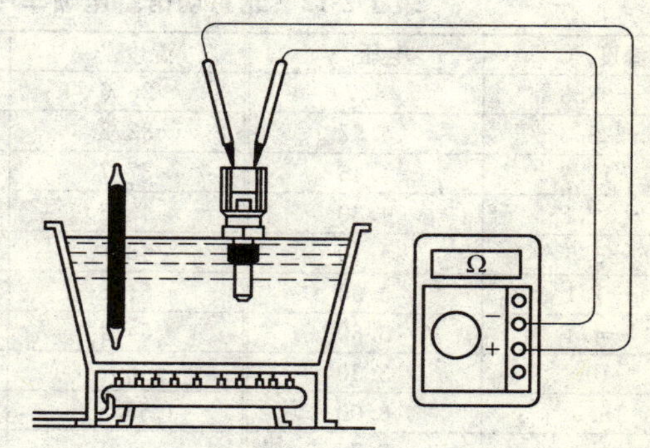

图 1-2-14 冷却液温度传感器的电阻检测

表 1-2-11　北京切诺基电喷车冷却液温度传感器的电阻检测标准

温度/℃	电阻/kΩ		温度/℃	电阻/kΩ	
	最大	最小		最大	最小
−40	291.49	381.71	50	3.33	3.88
−20	85.85	103.37	60	2.31	2.67
−10	49.25	61.43	70	1.63	1.87
0	29.33	35.99	80	1.17	1.34
10	17.99	21.81	90	0.86	0.97
20	11.37	13.61	100	0.64	0.72
25	9.12	10.88	110	0.48	0.54
30	7.37	8.75	120	0.37	0.41
40	4.90	5.75	—	—	—

步骤 4：装复。按与拆卸相反的顺序装复冷却液温度传感器，在膨胀水箱内加注冷却液到规定液面高度。

步骤 5：电压检测。冷却液温度传感器电路如图 1-2-15 所示。

在冷却液温度传感器插头后部的两接线端子上各插入一个大头针，用数字万用表测量传感器两接线端子间“A”和“B”的电压。不同温度下测得的电压应符合表1-2-12 的标准。

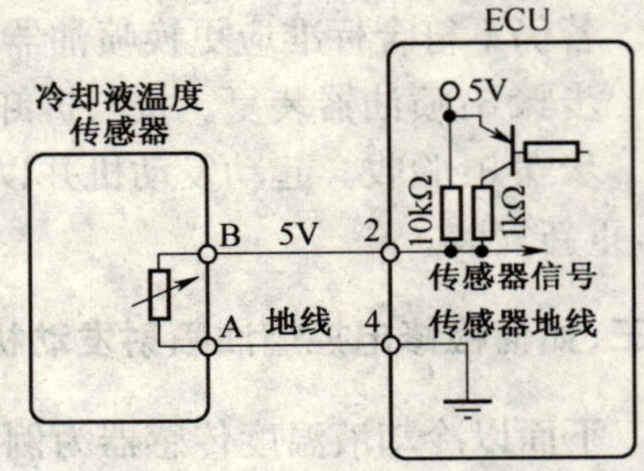

图 1-2-15　冷却液温度传感器电路

步骤 6：诊断。冷却液温度传感器的电阻与温度的对应关系应符合表 1-2-11 中的标准，如果不符合标准，应更换传感器。测量冷却液温度传感器输出电压时，若温度与电压的对应关系不符合表 1-2-12 中的标准，在确认冷却液温度传感器良好的前提下，应检查传感器到发动机电脑之间的电路是否正常（可测电阻或电压）。若电路也正常，应更换发动机电脑。

但要注意的是冷却液温度传感器的供电电压是 5V，因此在拔下传感器线束插头，打开点火开关，用万用表测量线束侧传感器连接器的端子“B”与接地之间的电压，应为 5V 左右，否则应检查连接线路和电脑供应电源。

表 1-2-12　北京切诺基电喷车冷却液温度传感器的电压检测标准

温度/℃	电压/V	温度/℃	电压/V	温度/℃	电压/V
−28.8	4.7	26.6	2.44	76.6	3.02
−23.3	4.57	32.2	2.15	82.2	2.80
−17.7	4.45	37.7	1.88	87.7	2.60
−12.2	4.30	43.3	1.57	93.3	2.40
−6.6	4.10	48.8	1.25	98.8	2.20
−1.1	3.90	51.6	4.00	104.4	2.00
−4.4	3.60	54.4	3.77	110	1.80
10	3.30	60	3.60	115.5	1.62
15.5	3.00	65.5	3.40	121.1	1.45
21.1	2.75	71.1	3.20		

十四、如何用示波器检验与分析波形？

下面以氧化锆式传感器为例说明氧传感器的检修过程。通过20min训练，学会正确使用示波器，正确判断氧传感器的波形是否正常，掌握波形检测的参数和波形分析方法。具体步骤如下：

步骤1：设置示波器。按[CH1]键，选择通道1后，再按住[CH1]按键，操作[↑]、[↓]以设置电压为0.5V·15(看屏幕下边缘的数字操作，一般示波器可转动[CH1]的VOLTS/DIV旋钮设置电压)；设置时间时，可按住[CH1]按钮，然后操作[→]、[←]两个按键进行(一般示波器可转动[CH1]的TIME/DIV旋钮设置时间)；设置测量基准线(零线)。设置从下边缘算起第4格；设置探头。测量信号电压波形一定要使用探头，通常探头有1X和10X两个挡位，此项测量设置1X挡。1X挡表示采样信号电压以1∶1显示在屏幕上，10X挡则表示以0.1∶1显示在屏幕上，即采样信号的十分之一，读取画面电压值后应乘以10。

步骤2：安装探头。在氧传感器连线中间的那个端子的导线上插上回形针，将探头与之相连，探头的接地线直接接在氧传感器加热器的接地线上，或接在发动机上(不要接在车身上)。示波器屏幕上就会出现氧传感器电压波形。

但要注意的是，对于电喷发动机，电压的设置通常是每格1V(点火一次信号)/5V/10V/0.5V/0.2V(爆燃传感器)，时间设置通常是每格1ms/2ms/5ms/10ms/20ms。一般可先设置为5V·10ms，这样一定能采样到信号电压波形，波形不便于观察时再进行调整。

步骤3：电压采样。起动发动机，在发动机充分暖机后，保持2000r/ min。信号电压波形完全展示在画面上后停住画面，所得到的氧化锆式氧传感器信号电压波形如图1-2-16所示。

步骤4：波形分析。日产氧化锆式氧传感器信号电压标准波形如图1-2-17所示。

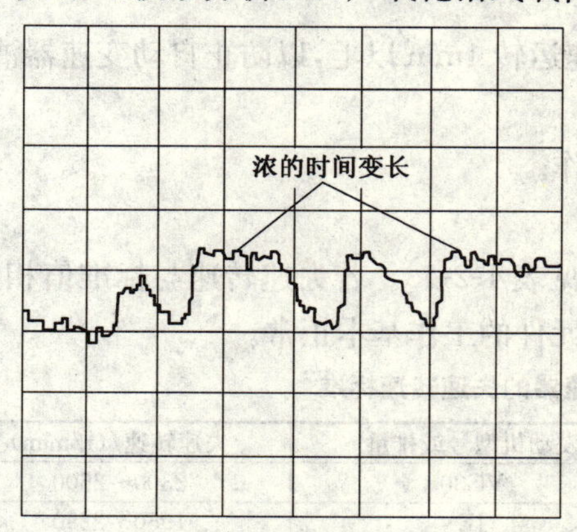

图1-2-16　氧化锆式氧传感器信号电压波形

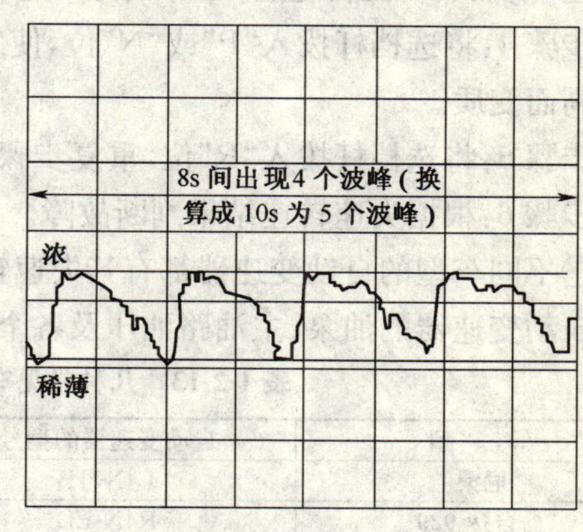

图1-2-17　日产氧化锆式氧传感器信号电压标准波形

技术标准：发动机水温正常，转速为2500r/min时，氧传感器的波形在10s内应有5个以上的波峰出现(亦即变化10次以上)，怠速时不少于2个以上的波峰出现(亦即变化4次以上)，且氧传感器的波形幅值为0.1～0.9V，以0.45V为基准。

将实测的氧传感器信号电压波形与标准波形进行比较可以看出：波形明显向上漂移，且变化频率变慢，输出电压的平均值升高，表明可燃混合气过浓。

氧化锆式氧传感器是以大气中的氧气浓度与排气中氧气的浓度差产生电压的，所以氧化锆式氧传感器的锆管内腔必须与大气连通，日产乘用车通常在氧传感器的外壳上开有小孔，小孔的直径约为0.5mm。如果氧化锆式氧传感器外壳上的通气孔被堵塞，而且堵塞得不严，氧传感器就会产生如图1-2-16所示的信号电压波形。这样的信号反馈给ECU，ECU就会减少燃油量，造成可燃混合气过稀即反馈失实。若氧传感器外壳的通气孔堵塞严重，发动机有时会熄火，应引起充分注意。对电喷车的氧传感器而言，要记住信号电压波形代表的意义，即幅值、频率、脉宽和形状。要将实测波形与标准波形进行对比，可以找出波形的差异，进而分析查找故障所在。采样点通常选择在氧传感器线束侧或ECU端子侧。当在氧传感器线束侧采样良好时，为进一步确认，最好在ECU端子侧再次采样，因为导线断线时可能出现氧传感器端子上有波形，而ECU上无波形的现象。

十五、自动变速器失速试验的方法步骤是怎样的？

使被测车辆的发动机和自动变速器均达到正常工作温度；行车制动和驻车制动性能良好；自动变速器的油面高度正常时进行自动变速器的失速试验。具体操作步骤如下：

步骤1：将汽车停放在宽阔的水平地面上，前、后车轮用三角木块塞住。安装好发动机转速表。

步骤2：拉紧驻车制动，左脚用力踩住制动踏板。起动发动机，将选档杆拨入“D”位。

步骤3：在左脚踩紧制动踏板的同时，用右脚将加速踏板踩到底；迅速读取此时发动机的最高转速，读取发动机转速后，立即松开加速踏板。

步骤4：将选档杆拨入“P”或“N”位，使发动机怠速运转1min以上，以防止自动变速器油温因过高而变质。

步骤5：将选档杆拨入“R”位，重复步骤3、4的操作。

步骤6：根据失速转速结果判断故障。

①不同车型的自动变速器都有其失速转速标准，见表1-2-13。若失速转速与标准值相符，说明自动变速器的油泵、主油路油压及各个换档执行元件的工作基本正常。

表1-2-13 几种常见车型自动变速器的失速转速标准

车 型	自动变速器的型号	发动机型号或排量	失速转速/(r/mim)
尼桑	L4N71B	VG30	2300～2600
马自达929	R4N-EL	JE	1950～2250
克莱斯勒	A415	1.6L	2250～2450
凌志400	A341E	IUZ-FE	2050～2350

②若失速转速高于标准值，说明主油路油压过低或换档执行元件打滑。

③若失速转速低于标准值，则可能是发动机动力不足或液力变矩器有故障。

步骤7：注意事项。

①失速试验时，时间不得超过5s。

②进行完一个档位的试验后，不得立即进行下一个档位的试验，待油温下降后才能进行。

③试验结束后不要立即熄火，应将选档杆拨入空档或停车档，使发动机怠速运转几分钟，以使自动变速器油温正常。

④如果在试验中发现驱动轮因制动力不足而转动，应立即松开加速踏板，停止试验。

十六、自动变速器时滞试验的方法步骤是怎样的？

具体操作方法，如图 1-2-18 所示。

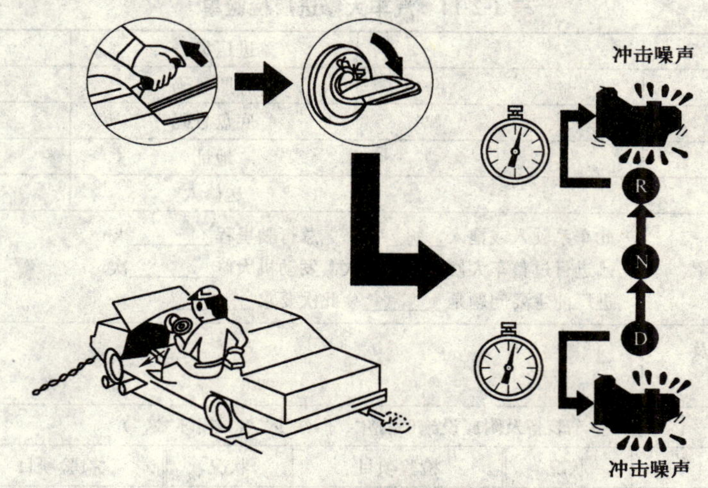

图 1-2-18 自动变速器时滞试验

步骤 1：行驶汽车，使发动机和自动变速器达到正常工作温度（50℃～80℃）。

步骤 2：将汽车停放在水平路面上，拉紧驻车制动。

步骤 3：将选档杆分别置于“N”位和“D”位，检查其怠速，“D”位怠速略低于“N”位怠速（约低 50r/min），若不正常，应按规定予以调整。

步骤 4：将自动变速器选档杆从“N”位拨至“D”位，检查其怠速；“D”位，用秒表测量从拨动选挡杆开始到感觉汽车振动为止所需的时间，该时间称为 N-D 迟滞时间。

步骤 5：将近选档杆拨至 N 位，使发动机怠速运转 1min 后，重复步骤 4 的操作。

步骤 6：共做三次试验，取均值作为 N-D 迟滞时间。

步骤 7：按上述方法，将选档杆由“N”位拨至“R”位，测量 N-R 迟滞时间。

步骤 8：根据结果判断故障。

①大部分自动变速器 N-D 迟滞时间小于 1.2s，N-R 迟滞时间小于 1.5s。

②N-D 迟滞时间过长，则说明主油路油压过低，前进离合器磨损过甚，或超速档单向离合器工作不良。

③若 N-R 迟滞时间过长，则说明倒档油路油压过低，倒档离合器或倒档制动器磨损过甚，超速排单向离合器工作不良。

注意事项：

①时滞试验时，使发动机和自动变速器达到正常工作温度。

②进行完一个档位的试验后，使发动机怠速运转 1min 后再做试验。

③共做三次试验，取其平均值。

十七、如何填写大修进厂检验交接单？

在对待大修车辆进行正确的外部检验和行驶检验后，将检验结果分别逐项填入汽车大修进厂检验单（表 1-2-14）和发动机大修进厂检验交接单（表 1-2-15），由承修方和托修方代表确认并签字后生效。

表 1-2-14 汽车大修进厂检验单

进厂日期		进厂编号	
厂牌车型		牌照号码	
发动机号码		底盘号码	
送修单位		地址	
联系电话		送修人	
用户报修及车况介绍	此车系驶入或拖入______ 总行驶里程______km 已进行过整车大修______次 发动机大修______次 进厂前主要问题是______ 此次要求______		
检查发现主要问题及重点修理部位			

整车装备及附属设施（完整"√"，缺少"△"，损坏"×"）

	检验项目	状况	检验项目	状况	检验项目	状况
车内附属设施	收音（录）机		点烟器		电风扇	
	CD 机		座套		转向盘套	
	天线		坐（靠）垫		遮阳板	
	电视、音响		脚垫		防盗锁	
	车载电话		前后标		仪表盘	
	钥匙		饰物		随车工具	
底盘部分	离合器		转向机		前、后桥	
	手动变速器		转向操纵机构		横拉杆	
	自动变速器		转向传动机构		减振器	
	传动轴		车架及车身		制动系统	
	驱动桥		内外蒙皮		手制动系统	
	分动器		悬架			
电气	灯光		暖风马达			
	仪表		防盗系统			
	电器线路		低压报警器			
其他	驾驶室		内外装饰			
	客车车厢		油漆涂层			
	门窗玻璃		备胎			

备注：

进厂检验签字：

表 1-2-15　发动机大修进厂检验交接单

进厂日期		进厂编号	
厂牌车型		牌照号码	
发动机型号		发动机号码	
送修单位		单位地址	
联系电话		送修人	
用户报修项目及发动机现状	此车系驶入或拖入____　总行驶里程____km 已进行过发动机大修次数____　进厂前主要问题是____ 此次要求____		
发动机主要问题及重点修理部位			
发动机外观及装备(完整“√”,缺少“△”,损坏“×”)			
检验项目	检验结果	检验项目	检验结果
空气滤清器		正时齿轮	
燃油滤清器		机油散热器及管道	
机油滤清器		加机油口盖	
化油器		水箱及水箱盖	
机油泵		水泵	
燃油泵		风扇电动机	
气缸体、气缸盖		风扇传动带	
进、排气支管		风扇叶	
起动机		排气管、消声器	
发动机		三元催化转化器	
火花塞		喷油泵	
分电器		喷油嘴	
高压线		增压器	
电控系统		油管、真空管	
点火线圈		机油尺	
传感器			
备注:			
进厂检验签字:			

注:汽车大修进厂检验交接单“发动机”部分与《汽车发动机大修竣工出厂技术条件》标准中“发动机大修进厂检验单”要求相同。

十八、如何利用第五轮仪检测汽车的制动性能?

在 30min 内,利用第五轮仪检测桑塔纳 LX 乘用车的制动性能,目的在于能够正确使用第五轮仪;掌握路试制动性能的测试方法;熟悉制动性能的检测标准。具体检测步骤如下:

步骤 1:检测场地准备。要求路面平坦(坡度应不超过 1%)、干燥、清洁和坚实(轮胎与路面之间的附着系数不小于 0.7);在总宽度不小于 5m 的试验路面中央画出宽 2.5m、长 100m 的试车道的边线。

步骤 2:被测车辆准备。被测车辆空载;预热被测车辆的发动机、变速器、主减速器等至正常工作温度;制动踏板的自由行程符合标准(30~45mm),车轮制动器调整良好,无拖滞和过热现象;驻车制动手柄的自由行程符合标准(2 牙)。

步骤 3:仪器准备。将第五轮仪的自备电池充至规定电压;将传感器部分固定在汽车侧面或尾部的车身上,以不影响第五轮左右摆动为准;检查第五轮的气压,并充至规定值;将记录仪放置在驾驶室内,使其正面朝上,水平放置,其前端对准汽车前进方向并固定牢靠;将第五轮仪上的传感器与记录仪用信号线连接起来,脚踏开关一端通过导线插接在记录仪上,另一端套在制动踏板上;打开记录仪的电源开关,按规定时间预热并自校;按要求键入修正系数并键入 50km/h 的试验车速。

步骤 4:行车制动距离检测。被测车辆沿着试验车道的中线行驶至高于规定的初速度后,置变速器于空档,驾驶员根据记录仪上指示的瞬时车速或音响提示至选定的 50km/h 车速时,用力踩下制动踏板,直至车辆停住;读取并打印检测结果,包括制动初速度、制动距离、制动减速度、制动全过程时间和制动反应时间等;检查车身外缘是否超出宽度限制线,若超出 2.5m 试验车道,说明制动稳定性不合要求;按记录仪上的"重试"或"复位"键,使仪器复原;按以上步骤在试验路段的相反方向再次测量制动距离,并打印出检测结果。所测制动距离和其他参数取两次测量的平均值。制动距离要求:初速度为 50km/h 时,空载制动距离应≤19m,满载制动距离应≤20m。

步骤 5:驻车制动性能检验。测量车辆在空载、坡度为 15%、轮胎与路面间的附着系数≥0.7 的坡道上,驻车制动装置在正、反两个方向上保持车辆固定不动的时间,均应≥5min,否则为驻车制动性能不合格。

十九、如何利用第五轮仪对汽车滑行性能进行检测?

在 40min 内,利用第五轮仪对桑塔纳 LX 型乘用车的滑行性能进行检测,目的在于掌握路试滑行性能的测试方法;熟悉滑行性能的检测标准。具体检测步骤如下:

步骤 1:检测场地准备。要求在平坦(坡度应不超过 1%)、干燥和清洁的硬路面(沥青或水泥)上检测;在长约 1000m 的试验路段两端立上标杆作为滑行区段;风速不大于 3m/s。

步骤 2:被测车辆准备。被测车辆空载;被测车辆的发动机、变速器、主减速器应预热至正常工作温度;制动踏板的自由行程符合标准(30~45mm),车轮制动器调整良好,无拖滞和过热现象;驻车制动手柄的自由行程符合标准(2 牙)。

步骤 3:仪器准备。将第五轮仪的自备电池充至规定电压;将传感器部分固定在汽车侧面或尾部的车身上,以不影响第五轮左右摆动为准;检查第五轮的气压,并充至规定值;将记录仪放置在驾驶室内,使其正面朝上,水平放置,其前端对准汽车前进方向,并固定牢靠;用信号线将第五轮仪上的传感器与记录仪连接起来。脚踏开关一端通过导线插接在记录仪上,另一端套在制动踏板上；打开记录仪的电源开关，按规定时间预热并自校；按要求键入修正系数并键入 50km/h 的试验车速。

步骤 4：滑行距离检测。被测车辆在进入滑行区段前车速应稍大于 50km/h，驾驶员将变速杆置于空档并松开离合器，汽车开始滑行时，滑行初速度应为 50km/h±0.3km/h。（降至 50km/h 车速时，汽车应进入滑行区段），直至车辆停住；读取并打印检测结果：包括滑行初速度、滑行距离、滑行时间等；按记录仪上的“重试”或“复位”键，使仪器复原；按以上步骤在试验路段的相反方向再次测量滑行距离，并打印出检测结果；所测的滑行距离和其他参数取两次测量的平均值。50km/h 车速时空档滑行距离应≥160m为符合要求。

二十、如何利用 QCG-2GJ 型汽车无负荷测功仪检测发动机动力性？

在 30min 内，正确使用无负荷测功仪对东风 EQ1090E 型货车进行动力性检测。检测步骤如下：

步骤 1：仪器准备。接好发动机无负荷测功仪，将仪表天线完全拉出；使仪表功能选择键弹起，此时仪表为测量转速的状态；按下电源按键，此时绿色信号灯亮，表示仪表已接通电源；按下复位键，使指示装置清零；调整天线顶端与分电器的距离（天线顶端距 3 缸、4 缸火花 0.5m 即可），直到红色信号灯亮度稳定；读取发动机转速。读数时，将仪表指示值×1000（例如：指针指在 1.5 的刻度线上，转速则为1.5×1000r/min）。

步骤 2：发动机准备。起动发动机，使水温达到 80℃左右；调整点火正时，使其符合原厂规定；调整怠速为 450～550r/ min。

步骤 3：测功。发动机怠速运转，操作者按下仪表功能转换键，此时仪表由转速工作状态转换到测功状态；待指针指在“M”位置后松开，若仪器指针指不到“M”，应更换电池。与此同时猛踩加速踏板，使发动机转速迅速上升到最大。此时仪表指针即会停在功率指数刻度的某一刻度上；测功结束后，如需进行第二次测功，必须关闭电源，并按下测功按钮 2s 左右使其完全放电后再进行；按下复零键使指示装置清零。重复上述操作 3 次，取检测结果的平均值。

步骤 4：查对功率。将测得的加速时间的平均值与仪器制造厂所提供的功率-时间对照表对照，即可查出实际功率值。在仪表的背面有 P-S 对照表，其横坐标为功率指数 S，纵坐标为相对应的功率 P。因为被测汽车为东风 EQ1090 型，当仪表指针停在功率指数 0.7 刻度线上时，从 P-S 对照表上即可查得该车发动机功率为 91.1kW。也可直接观察指针所在的区域，如停在蓝色区域为功率良好的汽车，停在黄色区域为功率中等以上的汽车，停于红色区域为功率较差的汽车。表针所指的功率指数值越小，表明功率越大。

二十一、如何使用 ZHZ14 型汽车综合参数测试仪检测发动机经济性？

在 60min 内，使用 ZHZ14 型汽车综合参数测试仪检测桑塔纳 2000GLS 型汽车的发动机的经济性，目的在于掌握 ZHZ14 型汽车综合参数测试仪的使用方法和汽车油耗的测量方法。具体步骤如下：

步骤 1：车辆准备。被测车辆必须清洁，关闭车窗和驾驶室通风口，只允许开动为驱动车辆所必需的设备;使车辆达到正常的工作温度;车辆装载为规定载荷的一半(取整数)。

步骤2:仪器准备。将油耗计传感器串接在汽油滤清器与燃油分配管之间,传感器进出油管最好使用透明塑料管,以便观察燃油中有无空气;将计量显示仪安装在驾驶室内便于操纵与观察的位置;将连接线一端插入传感器的插座上,另一端插入计量显示仪的输入插座上;接通电源,按下"自校"键,仪器自动进入自检状态,当屏幕上出现"OK"字样后即可使用;起动发动机,排净管路中的空气,测量中发现传感器出油管有气泡,应重新测量。

步骤3:油耗检测。汽车以直接档行驶,车速稳定在60km/h,按下"起动"键,通过500m的测量路段时,仪器自动停止测量。按下"打印"键,打印出测量结果;按下"复位"键,使仪器清零。按上述条件以相反的行驶方向在同一行驶路段上再测量一次油耗量;分别以90km/h和120km/h的预选车速,每种车速各进行两次试验往返,两次试验时间间隔(包括达到预定车速所需的助跑时间)应尽量缩短,以保持稳定的热状态。测量结束后,从汽车上拆下油耗计,将油耗计内部的油液排净,并注入无水润滑油;将计算所得的各预选车速下的等速百公里耗油量与标准比较,判断是否超标。标准为:60km/h等速油耗<6.1L/100km;120km/h等速油耗<7.4L/100km;120km/h等速油耗<9.4L/100km。

二十二、车身大修竣工检验的内容和步骤是什么?

下面以桑塔纳LX型乘用车为例,介绍车身大修竣工检验的内容和方法步骤。

步骤1:车身内外部检视。车身内外部不应有任何使人致伤的尖锐凸出物;车身蒙皮应形状正确、平整、曲面圆顺、无松弛和裂损;车辆护板应平整、曲面圆顺、无凸凹变形和裂损;车辆蒙皮及护板压条应密合牢固,且应平直,不应有扭曲变形;漆表面应无流痕、起泡、裂纹、皱皮、脱层、缺漆;面漆异色边界应分明、整齐;内外装饰件外观应平顺贴合、无凹陷、凸起或弯曲,拐角圆顺,表面无划痕、锤击印;紧固件排列整齐、安装牢固;外装饰带分段接口处应平齐,接口间隙不大于0.50mm并与窗下沿平行,其平行度误差在全长内应不大于5mm;电镀装饰件应光亮、无锈斑、脱层、划痕;车门应启闭轻便、锁止可靠。门缝匀称,密封条齐全、有效;门窗玻璃应采用安全玻璃,前风窗玻璃应采用夹层玻璃或部分区域钢化玻璃,其他门窗可采用钢化玻璃,并应齐全、完好、透明,前风窗玻璃应不炫目;摇窗机灵活有效;发动机罩应无裂损、凸凹变形,盖合严密,边缝匀称,边盖板平整,附件齐全有效,开启灵活、锁止可靠;行李箱盖无裂损、变形,开启灵活、盖合严密、边缝匀称、锁止可靠、支起牢固;坐椅架应无裂损、变形、锈蚀,安装牢固,坐椅调节机构灵活、有效、锁止可靠,坐椅间距应符合原厂设计规定;仪表盘无裂损、凹凸变形,安装可靠,仪表齐全、完好、准确;遮阳板无翘曲、裂损,支架松紧适宜、作用良好;后视镜成像清晰、调节灵活,支架无裂损及锈蚀,装置牢固;刮水器工作可靠,有效刮面达到原设计要求;客车防雨密封性限值应符合GB 12481—90中的规定,货车的防雨密封装置应完好有效;客车防尘密封性限值应符合GB 12479—90中的规定,货车的防尘密封装置应完好有效,不应有明显进尘现象。

步骤2:仪器检测。用钢卷尺按GB/T 12673规定测量客车的外形尺寸应符合原设计规定;用漆膜光泽测量仪测定车身蒙皮漆膜光泽度应不低于90%;用漆表面硬度测量仪检测漆表面硬度应符合 JB/Z 111 的规定;用轮重仪检测汽车整备质量及轴荷分配,要求车身修理竣工后汽车整备质量及轴荷分配不得超过原设计的 3%;用声级计按 GB 1495—2002 中的有关规定测量汽车加速行驶,车外最大允许噪声应符合 GB 1495—2002 的规定。

第二节　故障诊断应会

二十三、如何诊断与排除汽油发动机油耗超标的故障?

以桑塔纳 2000GSi 型乘用车为例,利用油耗计、废气分析仪等检测设备诊断与排除汽油发动机油耗超标的故障,其具体步骤如下:

步骤 1:确认故障现象。根据车主反映的信息或通过测试确定实际油耗,并与标准油耗对比,以确认油耗超标故障存在。

步骤 2:故障诊断与排除。

①检查车轮阻滞力,如阻滞力过大,应检查制动系统,使之恢复正常。

②检测发动机气缸压力,应符合标准,否则应检查气缸密封性并予以恢复。

③用真空表检查发动机怠速时的进气管负压,应不低于 60kPa,否则应检查进气系统的密封性、点火性能、空燃比及各缸工作情况。

④用废气分析仪检测废气中 CO 的含量,若超标,则可初步判断可燃混合气过浓。

⑤用解码器检测发动机电控系统工作状况,包括点火提前角、空燃比、喷油脉宽、水温传感器信号、氧传感器信号等。如发现异常,应予以排除。

⑥检查燃油压力、喷油器、油压调节器是否正常,如发现异常应予以排除。

步骤 3:验收排除故障后,用油耗计检测油耗应符合原厂技术标准。

二十四、如何诊断与排除汽油发动机排放超标的故障?

以桑塔纳 2000GSi 型乘用车为例,利用废气分析仪、万用表、气缸压力表、燃油压力表、真空表、解码器等仪器诊断排除汽油发动机排放超标的故障。具体操作步骤如下:

步骤 1:确认故障现象。通过测量发动机的尾气排放,确认尾气超标的故障现象存在。

步骤 2:故障诊断与排除。

①用真空表检查发动机怠速时的进气管负压,应不低于 60kPa,否则应检查发动机的密封性、点火性能、空燃比及各缸工作情况。

②用解码器检测发动机电控系统工作状况,包括怠速转速、点火提前角、空燃比、喷油脉宽、水温传感器信号、氧传感器信号等。如发现异常应予以排除。

③检查燃油压力、喷油器、油压调节器是否正常,如发现异常应予以排除。

④检查点火系统各部分的工作情况。如发现异常应予以排除。

⑤检测气缸压力,如压力过低,则需检查气缸密封性,如气缸磨损严重,需进行发动机大修。

步骤 3:验收。排除故障后,发动机的尾气排放应符合国家标准。

二十五、如何诊断与排除柴油发动机“游车”的故障？

以五十铃 NHR 型货车为例，利用喷油嘴校验仪和常用工器具诊断与排除柴油发动机“游车”的故障。具体操作步骤如下：

步骤 1：确认故障现象。发动机在怠速运转时转速不平稳，忽高忽低。

步骤 2：故障诊断与排除。

①检查发动机怠速，如果怠速太低则把怠速调到规定值 750～790r/min。检查快怠速装置是否有效，若无效，应排除故障。

②检查加速杆固定是否牢固，若松动应进行紧固。

③检查油水分离器的水量，若水量太多应予排出。

④检查喷油正时、气门间隙是否正确。如不正确应进行调整，怠速时发动机的喷油提前角为 12°～16°。

⑤检查喷油嘴的工作情况，如有异常应予调整或更换。

步骤 3：验收。排除故障后，发动机怠速运转平稳，怠速值符合规定 750～790r/min。

二十六、如何利用真空表对发动机综合故障进行诊断？

以桑塔纳 2000GSi 型乘用车为例，利用真空表、点火正时灯对发动机综合故障进行诊断，具体步骤如下：

步骤 1：确认故障现象。发动机工作不良，发动机怠速运转时，用真空表测量进气管负压，其值不在 64～71kPa 范围内。

步骤 2：故障诊断与排除。

①怠速时，指针稳定但指数较低，急加速时指针回到零位，则为活塞环、进气支管漏气。

②怠速时，指针由稳定位置经常跌落至 20kPa 左右，则为某气门烧毁。

③怠速时，指针跌落至 10kPa 左右，则为气门漏气。

④怠速时，指针在 48～74kPa 之间迅速摆动，则为气门杆与导管间漏气。

⑤怠速时，指针在 33～74kPa 之间缓慢摆动，加速时摆动加快，则为气门弹簧弹力不足。

⑥怠速时，指针在 50kPa 左右且稳定，则为点火时间过迟。

⑦怠速时，指针在 70～80kPa 左右迅速摆动，则为点火时间过早。

⑧怠速时，指针在 17～64kPa 之间大幅摆动，则为相邻气缸间的气缸垫漏气。

⑨指针最初指示较高，然后跌落到零，接着又回到 53kPa，则为消声器堵塞。

⑩根据以上检测结果，排除相应的故障。

步骤 3：验收。排除故障后，发动机工作正常，进气管负压符合技术标准：怠速运转时，进气管负压稳定指示为64～71kPa；快速开关节气门时，负压应为 67～84.6kPa。

二十七、如何诊断与排除发动机冷却液温度过高的故障？

以普通桑塔纳乘用车为例，利用点火正时灯、万用表、温度计等仪器诊断排除发动机冷却液温度过高的故障，具体操作步骤如下：

步骤1：确认故障现象。发动机工作时，运转不平稳，发动机冷却液温度超过正常温度。

步骤2：故障诊断与排除。

①检查膨胀水箱和散热器内冷却液数量是否充足，如不足应补充冷却液。

②检查膨胀水箱和散热器之间的橡胶管是否通畅，如不通畅应予排除故障。

③检查水箱盖的蒸气阀和空气阀的开启压力是否正常，如不正常应更换水箱盖。

④检查散热器内外是否有过多脏物，如果有应进行清理。

⑤检查节温器开启温度及开启行程是否正常：节温器开启温度为87℃±2℃；在102℃±3℃时，升程≥7mm，如不正常则更换节温器。

⑥检查冷却风扇温控开关接通和关闭温度是否符合标准：风扇温控开关1档接通温度为93℃～98℃，关闭温度为88℃～93℃；风扇温控开关2挡接通温度为105℃，关闭温度为93℃～98℃，如不符应予更换。

⑦检查冷却风扇工作是否正常，如不正常应进行修理或更换。

⑧检查水泵工作是否正常，如不正常应予更换。

⑨检查点火提前角是否过迟，否则应进行调整。

步骤3：验收。排除故障后，发动机工作正常，水温显示正常。

二十八、如何诊断与排除电喷发动机怠速不良的故障？

电喷发动机怠速不良主要表现为怠速熄火、怠速不稳、怠速高、冷或热车怠速不良、怠速上下波动和空调怠速不良。

其故障原因主要有：怠速控制阀、火花塞、燃油压力、喷油器、空气流量计和传感器存在故障。故障排除方法如下：

步骤1：检查怠速不稳、易熄火故障。

①检查进气系统有无堵漏(包括EGR阀工作情况)。

②检查怠速控制阀，调整发动机的初始怠速。

③检查火花塞。

④检查燃油压力。

⑤拆洗喷油器。

⑥检查空气流量计。

⑦检查气缸压力。

步骤2：检查无怠速故障。

①检查怠速控制阀。

②检查拆洗喷油器。

③检查燃油压力。

④检查气缸压力。

步骤3：检查冷车怠速不稳故障。

①热车怠速良好,说明此故障与冷车快怠速元件有关。

②检查快怠速阀。

③检查怠速阀。

④检查冷却液温度传感器。

步骤 4:检查热车怠速不稳故障。

①冷车快怠速正常,热车后怠速不正常,说明冷车快怠速阀无问题。

②调整发动机的初始怠速。

③检测冷却液温度传感器。

④检查怠速控制阀。

⑤拆检火花塞和喷油器。

⑥检查空气流量计。

步骤 5:检查热车怠速高故障。

①发动机冷车时能快怠速运转,但热车后转速仍高,检查节气门能否关严。

②检查快怠速阀的工作情况。

③检查冷却液温度传感器。

④检查怠速阀及其控制电路。

步骤 6:检查怠速上下波动故障。

①检查怠速控制阀。

②检查冷却液温度传感器和空气流量计。

③检查节气门位置传感器和氧传感器。

④拆洗喷油器。

步骤 7:检查使用空调器和转向时怠速不稳和熄火故障。

①关闭空调器和直行时怠速运转正常,打开空调和转向时怠速不稳。原因可能是初始怠速调整过低,负荷加大后无提速信号,应检查空调开关或转向液压开关有无到 ECU 的信号。

②用红盒子故障检测仪检测发动机的数据流,根据发动机的运转状况对发动机进行修竣验收。

二十九、如何诊断与排除电喷发动机加速不良的故障?

电喷发动机加速时不能迅速提高转速,其故障原因是点火时间、火花塞、空气滤清器、空气流量计或进气压力传感器、喷油器及其他传感器存在故障或漏气、漏油。故障排除方法如下:

(1)检查点火系统

步骤 1:检查点火时间。

①通过踩加速踏板听发动机运转的声音,可知其点火的早迟。也可以通过点火提前角测试仪来进行测试,其怠速时有一个标准角度,加速时点火提前角加大。

②点火提前角过大或过小都会引起发动机加速不良。

步骤 2:检查点火能量。

①凡是点火系统机件性能不良都会造成点火能量不够。

②检查缸线和分火头的电阻值、火花塞的间隙和状况、分电器的工作情况和导通情况。

③检查点火线圈是否发热,检查点火器是否发热。

④必要时可用示波器观察点火初级电压和次级电压波形,可看出是哪里的故障。

(2)检查机械部分

步骤 1:检查空气滤清器是否堵塞。

步骤 2:采用单缸断火或断油的方法判断是否有个别缸不工作。

步骤 3:如果有个别缸不工作,需找出其不工作的原因和部位,进一步确定。

步骤 4:用缸压表检查气缸压力。

步骤 5:若缸压不在 800～1300kPa 范围或压差超出标准,则要检查火花塞是否拧紧,配气正时、气缸垫、正时带位置、活塞环密封性、气门密封性等情况。

(3)检查油气配比

步骤 1:检查燃油压力。

①用油压表检测燃油系统的油压,将滤清器到燃油分配管之间的油路断开,接上油压表,拧紧管接头。

②起动发动机可测出油压的高低。

③若油压不正常,则是油路问题,需检查油泵、滤网、滤清器、蓄压器、油压调节器、喷油器。

④检查油压调节器可加大节气门开度或拔下油压调节器的真空管路,看油压是否增加 50kPa。

步骤 2:检查空气流量计或进气压力传感器工作是否正常。通过自诊断、仪器诊断或人工诊断,判断出是传感器故障后,找出故障原因并排除故障。

步骤 3:检查冷却液温度传感器工作是否正常。通过自诊断、仪器诊断或人工诊断,判断出是传感器故障后,找出故障原因并排除故障。

步骤 4:检查喷油器工作是否正常(堵、漏)。可根据发动机的工作状况判断,必要时拆检喷油器。

步骤 5:检查节气门位置传感器工作是否正常。通过自诊断、仪器诊断或人工诊断,判断出是传感器故障后,找出故障原因并排除故障。

步骤 6:检查进气系统是否漏气或堵塞。彻底检查进气系统。

步骤 7:检查废气再循环系统或汽油蒸气排放系统是否有故障。

步骤 8:检查氧传感器。通过自诊断、仪器诊断或人工诊断,判断出是传感器故障后,找出故障原因并排除故障。

步骤 9:检查爆燃传感器。通过自诊断、仪器诊断或人工诊断,判断出是传感器故障后,找出故障原因并排除故障。

步骤 10:检查进气温度传感器。通过自诊断、仪器诊断或人工诊断,判断出是传感器故障后,找出故障原因并排除故障。

步骤 11:用红盒子故障检测仪检测发动机的数据流,根据发动机的运转状况对发动机进行修竣验收。

三十、如何诊断与排除电喷发动机减速时熄火的故障?

车辆在怠速时运转正常,但在行驶中突然松开加速踏板减速时发动机经常熄火。其故障原因是怠速调整过低、怠速自动控制失常、断油控制失常、控制系统或点火系统线路接触不良。故障排除方法如下:

步骤 1:检查怠速是否稳定。

步骤 2:检查发动机初始怠速。如果初始怠速过低,应按规定程序和标准进行调整。

步骤 3:检查节气门位置传感器。

①在节气门全闭时,节气门位置传感器内的怠速开关应闭合。

②如果不能闭合,应按标准进行调整。

③如果调整无效,应更换节气门位置传感器。

步骤 4:检查怠速控制阀。

①发动机熄火后拔下怠速控制阀线束插头,待发动机起动后再插上插头。

②如果发动机转速无变化,说明怠速控制阀不工作,应检查在发动机怠速运转时怠速控制阀线束插头内有无脉冲电压信号输出。

③如果无信号,则应检查控制线路。

④如果有信号,则说明怠速控制阀已损坏,应更换。

步骤 5:检查减速断油功能是否正常。

①拔下节气门位置传感器线束插头,用一根导线将插头内怠速开关的两接线插孔短接。

②起动发动机,踩下加速踏板加速,观察发动机转速能否在断油转速和回油转速之间返回变化,并记下回油转速的数值。

③如果回油转速过低(一般不低于 1200r/min),则说明 ECU 内断油控制功能失常,应更换 ECU。

步骤 6:全面检查 ECU 控制线路及点火线路各插头处有无接触不良。

三十一、如何诊断与排除电控自动变速器故障灯报警故障?

以本田雅阁(ACCORD)乘用车电控自动变速器为例,利用解码器、万用表等进行诊断,具体步骤如下:

步骤 1:检查并读取变速器的故障码。用导线将诊断插座的两插孔短接,接通点火开关,通过仪表板上的“S”灯的闪烁次数读取故障码。

步骤 2:消码。将 BACK UP 熔丝拔下,等待 10s 以上,即可清除故障码。

步骤 3:诊断与修理。试车后重复步骤 1,并记录故障码,根据本车型故障码的说明,查明故障部位并进行排除。本田雅阁(ACCORD)乘用车故障码的含义及故障的可能原因见表1-2-16。

表 1-2-16　本田雅阁(ACCORD)乘用车故障码的含义及故障的可能原因

故障码	故障含义	故障原因
1	锁止电磁阀 A 工作不正常	锁止电磁阀 A 损坏或其线路短路、断路
2	锁止电磁阀 B 工作不正常	锁止电磁阀 B 损坏或其线路短路、断路
3	节气门位置传感器信号不正常	节气门位置传感器损坏或其线路短路、断路
4	车速传感器信号不良	车速传感器损坏或其线路短路、断路
5	档位开关信号不正常	档位开关损坏或其线路短路
6	换档电磁阀 A 工作不正常	换档电磁阀 A 损坏或其线路断路、短路
7	换档电磁阀 B 工作不正常	换档电磁阀 B 损坏或其线路断路、短路
8	副轴转速传感器无信号	副轴转速传感器损坏或其线路断路、短路
9	水温传感器信号不良	水温传感器损坏或其线路断路、短路
10	无发动机转速信号	点火线圈至 ECU 的线路有断路
11	无发动机 ECU 信号	自动变速器 ECU 至发动机 ECU 之间的线路不良
12	无发动机 ECU 信号	自动变速器 ECU 至发动机 ECU 之间的线路断路
13	输入轴转速传感器无信号	输入轴转速传感器损坏或其线路断路、短路
14	脉冲式线性电磁阀工作不正常	脉冲式线性电磁阀损坏或其线路断路、短路
15	强制降档开关信号不良	强制降档开关损坏或其线路断路、短路

步骤 4:验收。变速器装车后,发动机运转 15min,在行驶过程中升降档正常,失速试验和时滞试验正常,故障灯不闪烁。

三十二、如何诊断与排除自动变速器打滑的故障?

当车辆起步时踩下加速踏板,发动机转速很快升高但车速升高很慢;行驶中踩下加速踏板加速时,发动机转速升高但车速没有很快提高;平路行驶基本正常,但上坡无力,且发动机转速很高,则说明自动变速器有打滑故障。其故障原因有:

①液压油油面太低。

②液压油油面太高,运转中被行星排搅动后产生大量气泡。

③离合器或制动器摩擦片、制动带磨损过甚或烧焦。

④油泵磨损过甚或主油路泄漏,造成主油路油压过低。

⑤单向超越离合器打滑。

⑥离合器或制动器活塞密封圈损坏,导致漏油。

⑦减振器活塞密封圈损坏,导致漏油。

故障排除步骤如下:

步骤 1:检查液压油的油面高度。

①若油面过高或过低,应先调整至正常后再做检查。

②若油面调整正常后自动变速器不再打滑,可不必拆修自动变速器。

步骤 2:检查液压油的品质。若液压油呈棕黑色或有烧焦味,说明离合器或制动器的摩擦片或制动带已烧焦,应拆修自动变速器。

步骤 3:路试检查。目的是检查出现打滑的档位和确定打滑的程度。

①将操纵手柄拨入不同的位置，让汽车行驶。

②若自动变速器升至某一档位时发动机转速突然升高，但车速没有相应地提高，即说明该档位有打滑。

③打滑时发动机的转速越容易升高，说明打滑越严重。

④根据出现打滑的规律，判断产生打滑的是哪一个换档执行元件：若自动变速器在所有前进档都打滑，则为前进离合器打滑；若自动变速器在操纵手柄位于D位时的1档打滑，而在操纵手柄位于L位或1位时的1档不打滑，则为前进单向超越离合器打滑。若不论操纵手柄位于D位、L位或1位时，1档都打滑，则为低档及倒档制动器打滑；若自动变速器只在操纵手柄位于D位时的2档打滑，而在操纵手柄位于S位或2位时的2档不打滑，则为2档单向超越离合器打滑。若不论操纵手柄位于D位、S位或2位时，2档都打滑，则为2档制动器打滑；若自动变速器只在3档打滑，则为倒档及高档离合器打滑；若自动变速器只在超速档打滑，则为超速制动器打滑；若自动变速器在高档和倒档时都打滑，则为倒档及高档离合器打滑；若自动变速器在1档和倒档时都打滑，则为倒档及低档制动器打滑。

步骤4：检查主油路油压。对于有打滑故障的自动变速器，在拆卸分解之前，应先检查自动变速器的主油路油压，以找出造成自动变速器打滑的原因。

①自动变速器无论前进档或倒档均打滑，其原因往往是主油路油压过低。

②若主油路油压正常，则只要更换磨损或烧焦的摩擦元件即可。

③若主油路油压不正常，则在拆修自动变速器的过程中，应根据主油路油压，相应地对油泵或阀板进行检修，并更换自动变速器的所有密封圈和密封环。

三十三、如何诊断与排除电控自动变速器自动脱档的故障？

以丰田花冠车（A340E型电控自动变速器）为例，利用万用表、解码器等仪器进行诊断，步骤如下：

步骤1：检查与故障分析。检查汽车在行驶过程中，是否出现突然降档。原因有：节气门位置传感器不良或其线路连接不良；车速传感器不良或其线路连接不良；换档电磁阀或其线路故障；自动变速器ECU有故障。

步骤2：调整与修理。进行故障自诊断操作，若有故障码输出，则根据显示结果，按故障码表检修故障；如果无故障码输出或故障码所显示的故障排除后故障仍未消除，则进行下一步检查：检查发动机与ECU电脑STP—E1之间的电压是否正常（踩下制动时为8～14V，不踩下制动时为0V），若不正常，则制动信号不良；检查节气门位置传感器及其与ECU连线是否正常，若有异常，予以修理或更换；检查车速传感器及其与ECU连线是否正常，若有异常，予以修理或更换；检查自动变速器ECU供电电源的工作电压，若电压低或无工作电压，应检查有关线路，若无线路不良，则需要更换ECU。

三十四、如何诊断与排除自动变速器没有前进档、没有倒档及无发动机制动的故障？

（1）自动变速器没有前进档故障的排除

当汽车倒档行驶正常，在前进档时不能行驶或操纵手柄在D位时不能起步，在S位、L位

(或2位、1位)时可以起步,则表明汽车自动变速器产生了无前进档的故障,其故障原因有:

①前进离合器严重打滑。

②前进单向超越离合器打滑或装反。

③前进离合器油路严重泄漏。

④操纵手柄调整不当。

故障排除步骤如下:

步骤1:检查操纵手柄的调整情况。若有异常,应按规定程序重新调整。

步骤2:测量前进档主油路油压。若油压过低,说明主油路严重泄漏,应拆检自动变速器,更换前进档油路上各处的密封圈和密封环。

步骤3:拆检前进离合器。若前进档主油路油压正常,应拆检前进离合器。若摩擦片表面粉末冶金有烧焦或磨损过甚,应更换摩擦片。

步骤4:拆检前进单向超越离合器。若主油路油压和前进离合器均正常,则应拆检前进单向超越离合器,检查前进单向离合器的安装方向是否正常以及有无打滑。若装反,应重新安装;若打滑,应更换新件。

(2)自动变速器没有倒档故障的排除

当汽车在前进档能正常行驶,但在倒档时不能行驶,则称汽车自动变速器产生了无倒档的故障,其故障原因有:

①操纵手柄调整不当。

②倒档油路泄漏。

③倒档及高档离合器或低档及倒档制动器打滑。

故障排除步骤如下:

步骤1:检查操纵手柄的位置。若有异常,应按规定程序重新调整。

步骤2:检查倒档油路油压。若油压过低,则说明倒档油路泄漏。对此,应拆检自动变速器,予以修复。

步骤3:拆检自动变速器。若倒档油路油压正常,应拆检自动变速器,更换损坏的离合器片或制动器片(制动带)。

(3)自动变速器无发动机制动故障的排除

汽车在行驶中,当操纵手柄位于前进低档(S、L或2、1)位置时,松开加速踏板,发动机转速降至怠速,但汽车没有明显减速;汽车在下坡时,操纵手柄位于前进低档,但不能产生发动机制动作用,则表明自动变速器产生了无发动机制动的故障。其故障原因有:档位开关调整不当;操纵手柄调整不当;2档强制制动器打滑或低档及倒档制动器打滑;控制发动机制动的电磁阀有故障;阀板有故障;自动变速器打滑;ECU有故障。

故障排除步骤如下:

步骤1:进行故障自诊断。按所显示的故障码查找故障原因。

步骤2:道路试验。检查加速时自动变速器有无打滑现象。若打滑,应拆修自动变速器。

步骤3:检查操纵手柄情况。如果操纵手柄位于S位时没有发动机制动作用,但操纵手柄位于L位时有发动机制动作用,则说明2档强制制动器打滑,应拆修自动变速器。

如果操纵手柄位于 L 位时没有发动机制动作用，但操纵手柄位于 S 位时有发动机制动作用，则说明低档及倒档制动器打滑，应拆修自动变速器。

步骤 4：检查电磁阀线路。检查控制发动机制动作用的电磁阀线路有无短路或断路；电磁阀线圈电阻是否正常；通电后有无工作声音。若有异常，应修复或更换。

步骤 5：拆检阀板总成。拆卸阀板总成，清洗所有控制阀。阀心若有卡滞可抛光后装复，若抛光后仍有卡滞，应更换阀板。

步骤 6：检测 ECU 各接脚电压。要特别注意与节气门位置传感器、档位开关连接的各接脚的电压。若有异常，应做进一步检查。

步骤 7：换用新的 ECU，如果故障消失，说明原 ECU 损坏，应更换。

三十五、如何诊断与排除日产 ABS 系统的故障？

日产车系 ABS 故障码的显示有以下两种方式：

(1)由 ABS ECU 上的警告灯闪烁显示故障码

诊断与排除步骤如下：

步骤 1：行驶中，当 ABS ECU 检测到故障信息时，即将仪表盘上的 ANTI-LOCK 黄灯点亮，向驾驶员发出 ABS 系统出现故障的警告。

步骤 2：此时不可将点火开关关闭，而应将后厢门打开，找到 ABS ECU。

步骤 3：ECU 上有一显示灯，此时会自行连续闪烁故障码。

(2)由仪表盘上的 ANTI-LOCK 警告灯直接闪烁故障码

诊断与排除步骤如下：

步骤 1：行驶中当 ABS ECU 检测到故障信息时，即将故障码存入存储器中，并直接控制仪表盘上的 ANTI-LOCK 警告灯闪烁故障码。

步骤 2：ABS 故障码每次只显示一组，将该故障排除后，若还有其他故障则会继续闪烁下一组故障码，直到所有故障排除，系统正常工作时，ANTI-LOCK 警告灯不再点亮。

步骤 3：日产车系 ABS 有四轮速传感器四通道、四轮速传感器三通道和三轮速传感器三通道几种控制方式。下面分别将四轮速传感器系统和三轮速传感器系统故障码内容说明如下：四轮速传感器系统故障码内容见表 1-2-17；三轮速传感器系统故障码内容见表 1-2-18。

表 1-2-17 四轮速传感器系统故障码内容

<table>
<tr><th>故障码</th><th>故 障 内 容</th><th>故障原因、检测部位</th></tr>
<tr><td>1</td><td>调节器左前轮电磁阀电路故障</td><td rowspan="4">①电磁阀线圈故障
②ECU 与电磁阀连线故障
③检查 ECU“2”、“35”、“18”、“19”端子电压：点火开关接通，发动机不发动为 0V，发动后为 12V</td></tr>
<tr><td>2</td><td>调节器右前轮电磁阀电路故障</td></tr>
<tr><td>3</td><td>调节器右后轮电磁阀电路故障</td></tr>
<tr><td>4</td><td>调节器左后轮电磁阀电路故障</td></tr>
<tr><td>5</td><td>左前轮速传感器电路故障</td><td rowspan="4">①轮速传感器故障
②传感器至 ECU 连线故障
③检查 ECU“4-5”、“11-12”、“24-26”、“7-9”端子的电阻值及电压信号</td></tr>
<tr><td>6</td><td>右前轮速传感器电路故障</td></tr>
<tr><td>7</td><td>右后轮速传感器电路故障</td></tr>
<tr><td>8</td><td>左后轮速传感器电路故障</td></tr>
</table>

续表 1-2-17

故障码	故障内容	故障原因、检测部位
9	油泵控制电路故障	①油泵故障 ②油泵继电器故障 ③油泵继电器至 ECU 连线故障 ④检查"14"端子电压
10	电磁阀继电器控制电路故障	①继电器故障 ②电磁阀继电器至 ECU 连线故障 ③检查 ECU"27"、"32"端子电压
16 以上	ABS ECU 故障	
仪表盘上 ANTI-LOCK 灯亮不闪	ABS ECU 电源电路故障	①ECU 电源输入电路故障，检查"1"、"15"端子电压：在点火开关接通时应为 12V ②ECU 搭铁不良，检查"10"、"20"、"34"端子是否搭铁

表 1-2-18　三轮速传感器系统故障码内容

故障码	故障内容	故障原因、检测部位
1	调节器左前轮电磁阀电路故障	①电磁阀线圈故障 ②ECU 与电磁阀连线故障 ③检查 ECU"2"、"35"、"18"端子工作电压
2	调节器右前轮电磁阀电路故障	
3、4	调节器后轮电磁阀电路故障	
5	左前轮速传感器电路故障	①轮速传感器故障 ②传感器至 ECU 连线故障 ③检查"4-6"、"11-12"、"7-9"端子电压及电阻值
6	右前轮速传感器电路故障	
7、8	后轮速传感器电路故障	
9	油泵控制电路故障	①油泵故障 ②油泵继电器故障 ③油泵继电器至 ECU 连线故障 ④检查"14"端子电压
10	电磁阀继电器控制电路故障	①继电器故障 ②继电器至 ECU 连线故障 ③检查 ECU"27"、"32"端子电压
16 以上	ABS ECU 故障	
ANTI-LOCK 灯亮不闪	ABS ECU 电源电路故障	①ECU 电源输入电路故障：检查"1"、"15"端子电压，在点火开关接通时应为 12V ②ECU 搭铁不良：检查"10"、"20"、"34"端子是否搭铁

三十六、如何诊断与排除马自达 ABS 系统的故障？

马自达车系 ABS 系统如果具有自诊断功能，则在故障诊断座中设置 TBS 与 FBS 端子，故障码的调取方法如下：

步骤1:在诊断座的FBS与+B端子间跨接检测显示灯。

步骤2:将TBS端子搭铁。

步骤3:接通点火开关,检测显示灯开始闪烁故障码。故障码内容说明见表1-2-19。

表1-2-19 故障码内容

故障码	故障内容	故障原因、检查部位
11	左前轮速传感器故障	①车速传感器故障 ②传感器至ECU连线故障 ③传感器安装位置不正确或松动 ④检查2N-2M、20-2P、2Q-2R、2S-2T端子间的信号
12	右前轮速传感器故障	
13	右后轮速传感器故障	
14	左后轮速传感器故障	
15	车速传感器故障	
22	调节器总成控制电路故障	①调节器总成内部故障 ②继电器至ECU连线故障
51	电磁阀继电器电路故障	①电磁阀继电器故障 ②继电器至ECU连线故障
53	油泵继电器电路故障	①油泵继电器故障 ②继电器至ECU连线故障
61	ABS ECU故障	更换ECU

三十七、如何诊断与排除驱动桥异响的故障?

驱动桥异响故障的诊断排除步骤如下：

步骤1:检查。检查油位是否过低,齿轮油等级是否正确;检查驱动桥响声来源。也可将发动机熄火后,将变速器置于空档,用手转动传动轴,感觉驱动桥齿轮啮合情况。如感到旷动量很大,说明齿轮啮合间隙过大;路试检查驱动桥响声。反复改变车速,如车速越高响声越大,在滑行时的响声消失或减小,则主要是轴承磨损、松旷或齿轮啮合失常和齿轮工作面有严重斑点所致;改变行驶方向检查后驱动桥响声。如汽车直线行驶发响则为齿牙损坏。转弯时发响,多为差速器行星齿轮损坏或行星齿轮轴润滑不良。

步骤2:调整。

①修理或更换损坏的齿轮及其他零件。

②调整主、从动锥齿轮轴承的预紧度。

③调整主、从动锥齿轮的啮合间隙和印痕。

步骤3:验收。驱动桥在汽车正常行驶状况下,无明显噪声和异响。

三十八、如何诊断与排除前轮异常磨损的故障?

前轮异常磨损故障诊断与排除的具体步骤如下：

步骤 1:观察故障现象。轮胎磨损速度加快,胎面形状出现异常。

步骤 2:分析故障原因。

①轮胎气压不符合要求,轮胎长期未换位,轮胎螺栓松动,轮胎质量不佳。

②前轮定位不正确,尤其是前束与外倾角配合不正确,造成轮胎外侧或内侧出现偏损。

③纵横拉杆、转向器、轮毂轴承松旷或转向节与主销松旷。

④钢板弹簧 U 形螺栓松动或钢板弹簧衬套与主销松旷。

⑤车轮动不平衡,车轮径向圆跳动误差和端面圆跳动误差太大,造成前轮摆振。

⑥前轴与车架纵向中心线不垂直或两侧轴距不等。

⑦前桥刚度不足,转向横拉杆或横拉杆臂刚度不足,发生弯、扭变形。

⑧经常超载、偏载、起步过急、高速转弯或制动过猛。

⑨转向梯形改变,出现过多转向或不足转向。

步骤 3:诊断并排除故障。

①查看胎面磨损是否有规律。若无规律,磨损是由零部件松旷、变形以及轮胎质量不佳或车辆使用不当造成的;若有规律,查看胎面中部磨损严重还是两侧胎肩磨损严重。

②胎面中部磨损严重系轮胎气压过高所致;两侧胎肩磨损严重系轮胎气压过低所致。

③胎面外侧胎肩磨损严重是前轮外倾角过大所致。

④胎面内侧胎肩磨损严重是前轮负外倾、轮胎长期不换位或前桥在垂直平面内中部向下弯曲所致。

⑤查看胎面磨损是外重内轻且磨痕从外向内,系前束过大或前桥在水平平面内两端向前弯曲所致。

⑥若胎面磨损是内重外轻且磨痕是从内向外,系前束过小或负前束以及前桥在水平平面内两端向后弯曲所致。

⑦若胎面呈羽毛状磨损,系前束过大或负前束所致。

⑧若胎面呈锯齿状磨损,系长期超载行驶,又未按期换位所致。

⑨若胎面呈碟片状或波浪状磨损,是由车轮不平衡,车轮径向跳动和端面圆跳动太大,或轮毂轴承、转向节、横拉杆悬挂等处松旷所致。

根据所确定的故障原因对故障部位进行调整和修理,然后试车以判断故障是否排除,若未排除应继续修理。

三十九、如何诊断与排除汽车高速行驶车轮摆振的故障?

皇冠 3.0 型乘用车转向盘抖振故障的诊断排除步骤如下:

步骤 1:观察故障现象。在正常行驶状态下,转向盘无抖振现象,行驶平稳。汽车在高速行驶时,两前轮左、右摆振严重,握转向盘的手有麻木感,甚至整个车头晃动。

步骤 2:分析故障原因。

①前轮旋转质量不平衡、动不平衡。

②前轮径向圆跳动误差或端面圆跳动误差太大。

③前轮定位(或四轮定位)失准。

④前梁或车身弯、扭变形。

⑤转向系统与前悬挂的运动发生干涉。

⑥转向系统横、纵拉杆球头松旷,轮毂、轴承松旷。

⑦前轮减振器失效。

⑧转向系统刚度太低或左右悬挂高度或刚度不一致。

步骤 3:诊断并排除故障。

①检查前轮、转向系统、前悬挂各处是否松旷。若松旷,故障系前轮、转向系统、前悬挂所致。

②检查左右两个前悬挂的高度或刚度是否一致。若不一致故障系前悬挂的高度或刚度不一致所致,应进行调整。

③检查前悬挂的减振器是否效能一致。

④支起前轮,检查前轮的径向圆跳动公差、端面圆跳动公差和车轮平衡。若不符合要求,故障系车轮不平衡所致。

⑤检查前轮定位是否符合要求。若不符合要求,故障系前轮外倾角太小、前束太大、主销为负后倾或主销后倾、主销左右轮不一致所致。

⑥检查前梁、车架弯扭变形。

⑦检查转向系统与前悬挂运动是否干涉。

根据所确定的故障原因对故障部位进行调整和修理,然后试车以判断故障是否排除,若未排除应继续修理。

四十、如何诊断与排除日产车系安全气囊系统的故障?

日产车系安全气囊系统的故障自诊断系统有三种模式:使用者模式、目前故障码模式和记忆故障码模式。具体诊断步骤如下:

(1)故障码的调取

步骤 1:打开驾驶员侧车门,在 7s 内将车门灯开关连续开关 5 次以上,然后再将点火开关打开(ON),系统即进入“目前故障码模式”诊断状态,由仪表盘上的安全气囊指示灯读取故障码。

步骤 2:将车门灯开关再“开关”一次,并保持点火开关在 ON 状态 7s 以上,系统即进入“记忆故障码读取模式”,读取记忆的故障码。

步骤 3:点火开关再“开关”一次,即回到“目前故障码模式”。

步骤 4:将点火开关再“关开”一次,即回到“使用者模式”。

(2)故障码的清除

只要将蓄电池搭铁线拆下 10s 后再装回,故障码即被清除。故障码内容见表 1-2-20。

表 1-2-20　故障码内容

故障码	故 障 内 容	检 查 部 位
0	安全气囊指示灯不闪,系统正常	
1	触发传感器故障	检查触发传感器及线路
2	安全气囊故障	检查安全气囊及线路
3	触发传感器故障	检查触发传感器及线路
4	左碰撞传感器故障	检查左碰撞传感器及线路
5	右碰撞传感器故障	检查右碰撞传感器及线路
6	中央碰撞传感器故障	检查中央碰撞传感器及线路
7	安全气囊 ECU 故障	检查或更换安全气囊 ECU
8	同时有两个以上故障码	进一步检查有关部位

四十一、如何诊断与排除马自达车系安全气囊系统的故障?

诊断与排除马自达车系安全囊系统故障的操作方法如下：

在马自达车系仪表盘上有一个 AIR-BAG 指示灯,即安全气囊系统指示灯,如图 1-2-19 所示。当系统正常时打开点火开关,AIR-BAG 指示灯会闪烁 4～8s 后熄灭。系统若有故障,则会一直亮着或闪烁故障码。故障码内容见表 1-2-21。

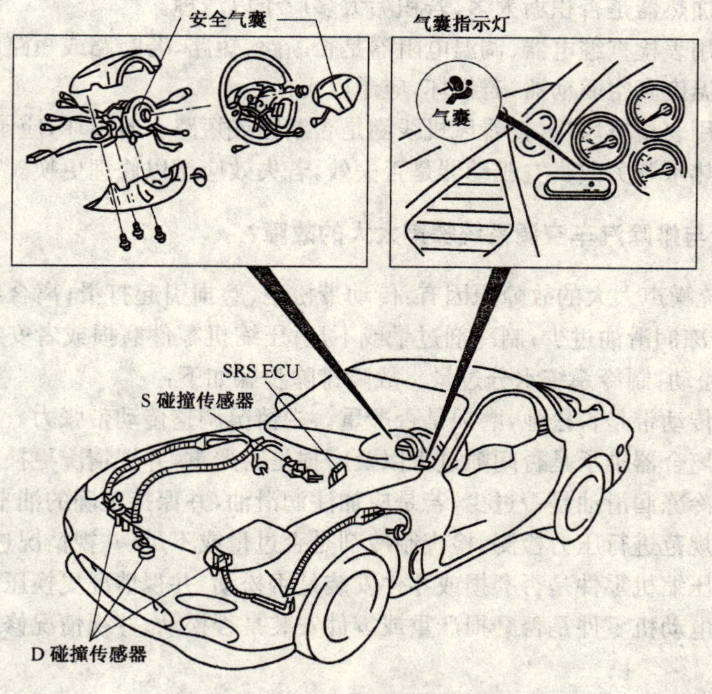

图 1-2-19　安全气囊指示灯

表 1-2-21　故障码内容

故障码	故障内容	检查部位
灯一直亮	安全气囊 ECU 故障或线路故障	检查安全气囊 ECU 及线路
3	安全气囊电源或线路接触不良	检查安全气囊电源及线路
4	触发传感器故障	检查触发传感器及线路
5	碰撞传感器故障	检查前碰撞传感器及线路
6	安全气囊线路故障	检查安全气囊及其线路
9	安全气囊 ECU 与前碰撞传感器间线路故障	检查安全气囊 ECU 与前碰撞传感器间线路
1 或 10	安全气囊 ECU 故障或备用熔丝断路	检查安全气囊 ECU 及备用熔丝
灯不亮	AIR-BAG 指示灯灯泡损坏或线路接触不良	检查 AIR-BAG 指示灯灯泡及线路

四十二、如何诊断与排除汽车空调不供暖或暖气不足的故障?

在打开汽车空调时,空调不供暖或供应的暖气不足,其故障原因有:空调器风机损坏;风机继电器、调温电阻器损坏;温度真空驱动器损坏;热风管道堵塞或漏风;冷却液管堵塞;加热器积垢堵塞;热水开关或真空驱动器失效。故障排除步骤如下:

步骤 1:查看热风管道是否堵塞或者管道是否破裂漏风,若堵塞或破裂应予以修理。

步骤 2:查看冷却液管是否堵塞,若堵塞应予以排除。

步骤 3:检查加热器是否积垢太多,若积垢太多应予以清理。

步骤 4:用万用表检查继电器、调温电阻器是否断路、短路,若断路或短路应予以排除。

步骤 5:检查温度真空驱动器,若损坏,应予以更换。

步骤 6:用万用表检查风机,查看风机线圈是否断路或短路。若损坏,应予以修理。

步骤 7:检查热水开关或真空驱动器是否失效,若失效应予以修理更换。

四十三、如何诊断与排除汽车空调系统噪声太大的故障?

汽车空调系统噪声太大的故障原因有:传动带松弛、磨损引起打滑;离合器轴承磨损、间隙过大引起打滑;冷冻润滑油过少;制冷剂过量或不足;压缩机零件磨损或者安装松动;送风电动机磨损或者安装松动;制冷系统水分过量。故障排除步骤如下:

步骤 1:检查传动带是否松弛,磨损是否严重。视情况调整传动带张力。

步骤 2:检查离合器轴承是否间隙过大以及磨损是否严重,并视情况更换离合器。

步骤 3:检查冷冻润滑油是否过少,若是应加注润滑油,并保持正确的油平面。

步骤 4:按照规范进行压力检测,检查制冷剂是否过量或不足,并视情况进行调整。

步骤 5:检查压缩机零件是否磨损或零件安装是否松动,并视情况更换压缩机。

步骤 6:检查电动机零件是否磨损严重或零件安装是否松动,并视情况修理、调整或更换系统零件。

步骤 7:检查制冷系统是否水分过量。若水分过量,应更换干燥器,系统抽真空,充注制冷剂。

四十四、如何诊断与排除汽车空调系统输出冷气时有时无的故障？

汽车空调系统输出冷气时有时无的故障原因有：系统电路接触不良；离合器打滑或磨损严重；主继电器、风扇继电器有故障；系统内含水过多；风扇调速器有故障；电动机有故障；恒温器或放大器有故障；膨胀阀失灵；蒸发器压力控制器产生故障。故障排除步骤如下：

步骤1：检查系统电路，排除故障。

步骤2：检查离合器是否打滑或磨损严重，若有上述情况应清洗油渍，更换磨损零件。

步骤3：检查主继电器、风扇继电器是否发生故障，若有故障应更换继电器。

步骤4：检查系统内含水是否过多，若过多应排空、抽真空、充注制冷剂。

步骤5：检查风扇调速器是否有故障，若有故障应检修或更换调速器。

步骤6：检查电动机是否产生故障，若有故障应修理、更换电动机。

步骤7：检查恒温器或放大器是否有故障，若有故障应更换恒温器或放大器。

步骤8：检查膨胀阀是否失灵，若失灵，应更换膨胀阀。

步骤9：检查蒸发器压力控制器是否有故障，若有，应调整或者更换压力控制器。

步骤10：验收。

①发动机运转15min。

②检查或路试自动变速器是否有打滑现象。

③进行失速试验和时滞试验：变速器装车后，行驶过程中升、降档正常，失速试验和时滞试验正常。

四十五、如何诊断与排除液压制动系统制动力不足的故障？

制动力不足的桑塔纳乘用车，其诊断步骤如下：

步骤1：观察故障现象。汽车行驶中，踩制动时，制动距离过长或者在制动检验台上检测出的制动力不足，达不到国家有关标准的要求（制动力检测的标准：制动力大小应满足在空载时整车的制动力之和不小于该车在测量状态下总质量的60%。），甚至无制动力。

步骤2：分析故障原因。

①轮胎气压不足或者轮胎磨损严重。

②制动器制动间隙过大。

③制动器制动摩擦片磨损严重。

④制动器的制动分泵漏油或者制动分泵活塞犯卡、锈死。

⑤液压制动系统制动液严重缺少。

⑥真空助力泵漏气或不起作用。

⑦液压制动总泵故障。

步骤3：诊断并排除故障。

①检查轮胎气压是否符合规定。若不符合规定，应调整气压。

②支起车轮，检查制动器制动间隙是否过大，过大应进行调整，调整到规定的范围内。

③拆下车轮，检查制动片是否磨损严重、制动分泵是否漏油或卡滞。若制动片磨损严重应

更换,制动分泵漏油或卡滞应更换制动分泵总成。

④检查制动液是否缺少,缺少应添加。

⑤检查真空助力器是否有效。若失效,应更换。

⑥检查制动总泵是否有故障。若有故障,应修理或更换。

四十六、如何诊断与排除汽车转向沉重的故障?

转向沉重的奥迪乘用车,诊断与排除步骤如下:

步骤 1:观察故障现象。汽车行驶中,驾驶员向左、右转动转向盘时,感到沉重费力,无回正感。当汽车低速转弯时,转向盘异常沉重,甚至转不动。

步骤 2:分析故障原因。

①轮胎气压不足。

②前轴或车架变形造成前轮定位失准。

③转向节主销后倾角过大、内倾角过大。

④转向器的轴承或衬套太紧。

⑤转向器缺油或无油。

⑥转向器主、从动部分的啮合间隙调整过小。

⑦转向纵、横拉杆球头,连接处调整过紧或缺油。

⑧转向主销与转向节衬套配合过紧或缺油。

步骤 3:诊断并排除故障。

①检查轮胎气压是否符合规定。若不符合规定,调整气压。

②向转向节衬套、止推轴承和纵横拉杆各球头处加注黄油。

③检查转动转向盘是否有碰撞现象,转动是否灵活。若不灵活,故障系转向器主、从动部分轴承和衬套太紧,啮合间隙太小或缺油所致。

④检查各球头是否配合太紧。

⑤检查前轮定位。主销后倾角过大,主销内倾角过大会造成转向沉重,若前轮定位失准,应进行调整。

⑥检查转向节与主销配合是否太紧,止推轴承是否损坏。若有故障,应调整或更换。

四十七、如何诊断与排除汽车行驶跑偏的故障?

行驶跑偏的奥迪乘用车,其故障诊断与排除步骤如下:

步骤 1:观察故障现象。汽车行驶时,必须紧握转向盘才能保持直线行驶,若稍有放松便自动跑向一边。

步骤 2:分析故障原因。

①两侧轮胎气压不相等,直径不一或车厢装载不均。

②左右两个前钢板弹簧挠度不等,弹力不一或单边松动、断裂。

③车架两边的轴距不等。

④两侧的轮胎磨损程度、花纹不一致。

⑤两前轮外倾角、主销后倾角或内倾角不等。

⑥两前轮轮毂轴承或轮毂油封的松紧度不一致。

⑦前、后桥两端的车轮有单边制动或拖滞现象。

步骤 3:诊断并排除故障。

①检查车厢装载是否均匀,若不均匀,故障系装载不均匀所致。

②检查两前轮的磨损程度和气压、花纹是否一致。若不一致,故障系两前轮磨损程度或气压、花纹不一致造成的。

③汽车跑热后检查所有车轮的制动鼓和轮毂温度是否相等。若不相等或有的车轮过热,说明故障是由单边制动、拖滞或两边轮毂轴承、油封松紧不一致造成的。

④检查两侧的轴距是否相等,若不相等,汽车又向轴距小的一侧跑偏,说明故障是由轴距不相等造成的。

⑤检查两边的悬架高度是否相等,若不相等,汽车通常会向悬架高度低的一侧跑偏。

⑥检查前轮前束是否太小或为负前束,否则会产生随机性跑偏。

⑦检查两前轮外倾角、主销后倾角或主销内倾角是否一致,一般情况下,汽车向外倾角大、主销后倾角小和主销内倾角小的一边跑偏。

汽车修理技师(高级)

第一章　修理技师(高级)应知

第一节　汽车修理应知

一、申报技师和高级技师考证,应具备什么条件?

根据中华人民共和国劳动和社会保障部制定的“汽车修理工”国家职业标准的规定,申报技师职业资格者,须具备以下条件之一:

①取得本职业高级职业资格证书后,连续从事本职业工作5年以上,经本职业技师正规培训达规定标准学时数,并取得毕(结)业证书。

②取得本职业高级职业资格证书后,连续从事本职业工作8年以上。

③高级技工学校本职业(专业)毕业生,连续从事本职业工作满2年。

申报高级技师职业资格者,需具备以下条件之一:

①取得本职业技师职业资格证书后,连续从事本职业工作3年以上,经本职业高级技师正规培训达规定标准学时数,并取得毕(结)业证书。

②取得本职业技师职业资格证书后,连续从事本职业工作5年以上。

二、对技师和高级技师的工作要求有哪些?

1. 对技师的工作要求

(1)掌握相关知识

①发动机理论与汽车理论。

②工程力学、机械设计、环保的相关知识。

③脉冲与数字电路以及各种控制方式,如开环、闭环、模糊、逻辑等的基本知识及在汽车上的应用。

④汽车维修常用英语词汇。

⑤故障分析报告、技术总结和技术论文的内容和写作方法,技术资料检索的知识。

⑥成本核算和定额管理。

⑦车辆技术管理知识。

(2)具有相应技能

①能组织、指导维修人员解决本职业维修过程中发动机、底盘、电器等设备出现的关键或疑难技术问题。

②能运用发动机与汽车理论分析维修质量对汽车性能的影响。

③具有运用公差配合知识的能力;能看懂较复杂的汽车装配图。

④能运用各种仪器、仪表检测电控喷射汽油发动机、自动变速器的各种参数。

⑤会查阅各种车型的相关资料,能写出故障分析报告,能进行技术总结、技术论文的撰写。

⑥具有一定的语言表达能力,能编写相关的讲义,能运用和制作相关教具对初、中、高级修理工进行培训。

⑦能进行成本核算和定额管理。

2. 对高级技师的工作要求

(1)掌握相关知识

①编写汽车维修工艺规程的知识。

②多气门发动机的工作过程、自动变速器构造原理与控制理论、电控差速器的工作原理。

③计算机基础知识以及计算机在汽车上应用的相关知识。

④发动机综合性能检测仪的结构、原理及使用方法。

⑤ISO9000 质量管理基础知识。

⑥汽车修理企业设计相关知识。

(2)具有相应技能

①能测绘较复杂的汽车零件草图及工具、量具、夹具图纸。

②能解决维修过程中发动机、底盘、电器等部件出现的复杂技术难题。

③能够排除汽车复杂疑难故障,包括能诊断多气门发动机工作不稳定的原因;能使用发动机综合检测仪进行发动机性能的测试和检查;能诊断废气涡轮增压发动机不稳定的原因;能诊断自动变速器在使用过程中出现复杂故障的原因;能诊断电控差速器在使用过程中出现故障的原因;能诊断电子控制动力转向(EPS)在使用过程中出现故障的原因。

④能够有效地进行生产管理,包括能依据技术文件,按 ISO9000 要求指导维修;能按具体部门的生产能力及技术能力确定维修作业的组织形式;能够撰写技术论文和技术总结。

⑤能对设备、工艺提出改进意见,能参与引进、推广并使用新设备、新技术、新工艺,能借助字典等相关工具书阅读有关汽车修理的外文资料。

⑥能对高级修理工和技师进行培训,能进行新知识、新技术、新工艺的专题讲座。

三、零件图的内容包括哪些?

汽车零件图是指导汽车零件制造的图样。因此,图样中必须包括制造和检验该零件时所需要的全部资料,其具体内容如下:

(1)图形

用一组视图(其中包括视图、剖视图、剖面图、局部放大图和简化画法等),正确、完整、清晰和简便地表达出零件的结构形状。

(2)尺寸

用一组尺寸,正确、完整、清晰和合理地标注出零件的结构形状及其相互之间的位置关系。

(3)技术要求

用一些规定的符号、数字、字母和文字注解,简明、准确地给出零件在使用、制造和检验时应达到的一些技术要求,其中包括表面粗糙度、尺寸公差、形状和位置公差、表面处理和材料处理的要求等。

(4)标题栏

用符合标准要求的标题栏,明确地填写出零件的名称、数量,图样的编号、比例,制图人与校核人的姓名和日期等。

四、如何选择零件的表达方案?

不同的零件有不同的结构形状,用一组图形来表达该零件,在完整、清晰地表达各部分结构形状的前提下,还要满足画图简便和看图方便的要求。这就要根据零件的结构特点,选择适当的表达方案。选择一个较好的表达方案,具体内容应包括:主视图的选择、视图数量的选择和表达方法的选择。

(1)主视图的选择

主视图是一组图形的核心,画图和看图时,都要先从主视图开始。所以主视图选得合理与否,直接关系到看图和画图是否方便。选择主视图时,应该考虑如下两个问题:

①主视图的投影方向。主视图的投影方向应能反映出零件的形状特征,即指在该零件的主视图上,能够清楚和较多地表达出该零件的结构形状,以及各结构形状相互之间的位置关系。

②零件主视图的位置。零件在主视图上的位置,应考虑以下两种情况:一是零件的工作位置,即零件在机器(或汽车)上的工作位置。在选择主视图时,应尽量与零件的工作位置一致。二是零件的加工位置。零件在加工制造过程中,其固定、夹紧进行加工的位置,应尽量与主视图的位置一致。这样画主视图,在加工时,看图方便,可减少差错。当然,有一些运动零件,它们的工作位置并不固定,有些零件处于倾斜位置,还有些零件如叉架和厢体等,它们要经过多道工序才能加工出来,各工序的加工位置又各不相同,无法使一张图同时符合各种加工位置。因此,在确定了主视图的投影方向后,选择主视图应根据零件特点尽量符合零件的工作位置和加工位置。此外,还要考虑其他视图的合理布置,充分利用图幅。

(2)视图数量的选择

在主视图确定后,还需进一步选择视图的数量。在实际选择时,往往和表达方法的选择同时考虑。

①选择一个视图。一般锥体、柱体、球体、环体等回转体,以及它们的同轴组合或两条轴线的同方向不同轴组合,它们的形体和位置关系简单,只要注上尺寸,一个视图就可表达得完整、清晰。

②选择两个视图。一个视图表达不清楚时，要选择两个视图。经常用于表示由几个回转的基本形体(特别是不完整的)，具有同方向但不同轴的组合。

③选择三个视图。两个视图表达不清楚的形体或组合体，一般用三个视图表达；较复杂的零件常用三个以上的视图表达，如箱体类零件。

(3)表达方式的选择

为了将一个零件的内部结构和外部结构形状及它们间的位置关系表达清楚完整，要注意选择视图的表达方式。

图 2-1-1 所示为零件的表达方法及视图数量。

①确定主视图的投影方向，如图 2-1-1 中箭头 A 所示的方向。

②确定视图的数量。该零件分为 7 个形体，如图 2-1-1a 所示，每个形体需要的视图数量和视图名称见表 2-1-1。从表 2-1-1 中可以看出，这个零件至少需 5 个视图(主、俯、左、仰和剖面)，如图 2-1-1b 所示。

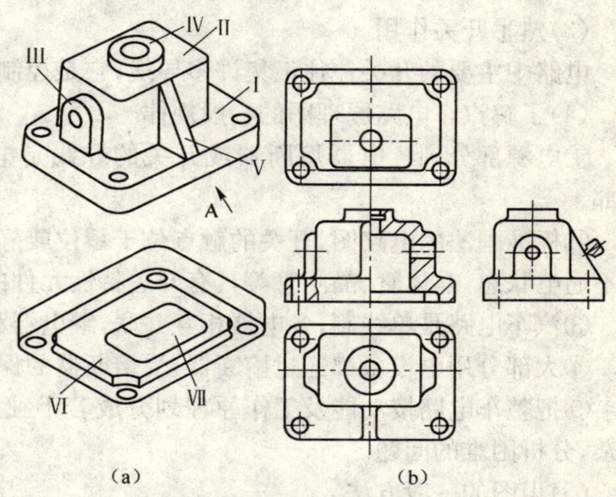

图 2-1-1　零件的表达方法

(a)立体图　(b)视图

③选择表达方法。这个零件既有外部结构形状，又有内部结构形状。在主视图中，它具有对称平面，所以适用半剖视。为了表达底板上的小孔是通的，做了一个局部剖视。仰视、俯视和左视都选用了视图；做了一个移出剖面(重合剖面也可)。在同一视图中，几个部分按同一投影方向均未被挡住，一个视图就表达清楚了。如果某一视图中，有的部分同一投影方向被挡住，那就应该再增加一个视图，才能表达清楚。

表 2-1-1　视图数量和视图名称

形体号	视图数量	视图名称							说　明
		主	俯	左	右	仰	后	其他	
Ⅰ	2	√	√						不同轴的组合
Ⅱ	2	√	√						有附加形体的四棱柱
Ⅲ	2	√		√					不同轴的组合
Ⅳ	1	√						剖面（斜视）	同轴组合
Ⅴ	2	√		√					棱柱
Ⅵ	2	√				√			有附加形体的四棱柱
Ⅶ	2	√				√			不同轴的组合
整体		主	俯	左		仰	后	剖面	

五、如何识读汽车电路原理图？

为了详细表示实际设备电路的全部基本组成和连接关系，便于详细理解作用原理，需要绘制电路原理图。汽车电路原理图是用电器图形符号,按工作顺序或功能布局绘制的,详细表示汽车电路的全部组成和连接关系,不考虑实际位置的简图。

识读汽车电路原理图的方法如下:

(1)认真阅读图注

明确图形符号的含义,建立元器件和图形符号间一一对应的关系。

(2)掌握回路的原则

任何一个完整的电路都由电源、用电器、开关、导线等组成。对于直流电路而言,电流从电源的正极出发,通过导线,经熔断器、开关到用电器,再经过导线(或搭铁)回到同一电源的负极而构成回路。

(3)熟悉开关作用

电路中主要的开关往往汇集许多导线,它是控制电路通断的关键。

(4)了解汽车电路原理图的一般规律

①电源部分到各电器熔断器或开关的导线是电器设备的公共火线,一般画在电路图的上部。

②标准画法的电路图,开关的触点位于零位或静态,即开关处于断开状态或继电器线圈处于不通电状态,晶体管、晶闸管等具有开关特性元件的导通与截止视具体情况而定。

③汽车电路是单线制,各电器相互并联,继电器和开关串联在电路中。

④大部分用电设备都经过熔断器,受熔断器的保护。

⑤把整车电路按功能及工作原理划分成若干独立的电路系统,这样可解决整车电路庞大复杂,分析困难的问题。

(5)识图的一般方法

①先看全图,把单独的系统逐个框出来。任何一个系统都是一个完整的电路,都应遵循回路原则,但要明确的是各电器系统的电源和电源总开关是公共的。

②分析各系统的工作过程、相互间的联系。在分析某个电器系统之前,要清楚该电器系统所包含的各部件的功能、作用和技术参数等。在分析过程中应特别注意开关、继电器触点的工作状态。大多数电器系统都是通过开关、继电器不同的工作状态来改变回路,实现不同功能的。

③通过对典型电路的分析,达到触类旁通。在许多车型汽车电路原理图中,很多原理部分都是类似或相近的,通过一个具体的例子,举一反三,对照比较,触类旁通,可以掌握汽车的一些共同的规律。

六、汽车电气线路图的识读步骤如何?

汽车电气线路图的作用:由于汽车电气线路图是汽车检修中重要的技术图样之一,通过它可以提高汽车故障检修的速度。在检修中,通过故障现象和对电气原理图的分析,在电气原理图上建立逻辑的检查步骤,再通过电气线路图的指示,在电气线路图上具体实施。

读识电气线路图的步骤如下:

(1)先读懂电气原理图

汽车电气原理图是汽车电气线路图、线束图的基础。对于具有电气原理图的线路图,先看懂电气原理图,有助于快速读懂电气线路图,对于读识复杂的电气线路图尤为有用。

(2)找出主要元器件的位置

在汽车电气线路图上,其主要元器件标注都十分明显,一般容易找到。找到了所需要检查的单元电路的主要元器件后,再将其与汽车上的实物对上号,就可根据电气线路图上各导线的颜色和去向,找到所要找的导线或其他元器件。

(3)了解电气线路图提供的信息

各种电气线路图上提供的信息主要包括以下几方面:

①电线的颜色、直径及去向。对于某些未给出导线去向的电气线路图,如要查找两元器件间连线,在有电气原理图时,可先通过电气原理图看两元器件间的连接情况,看有几个分支线路,这样查找速度较快。

②元器件及其大概部位。汽车电气线路图上元器件多以其外形轮廓表示,然后直接用文字或数字代号给出该元器件的名称。对于文字给出的名称直观明了,不用说明。对于用数字代号给出的名称,一般都另外给出解释。但要注意不要与代表导线的颜色和直径的代号相混。用作元器件名称的数字代号一般用细线指示,且从元器件上引出来,然后画一横线,在横线上标注出该元器件的数字代号。用作导线颜色与直径的代号一般夹在导线走线中间。汽车电气线路图上的元器件名称如用数字(也有用字母和数字组合使用的,例如奔驰系列汽车等)代号表示时,该数字代号(或字母和数字组合代号)一般与电气原理图、电气线束图、汽车电气安装位置图、单元电路图上的数字代号(或字母和数字组合代号)的含义是一致的。

七、什么是汽车电路图,主要内容包含什么?

汽车电路图是利用图形符号和文字符号,表示汽车电路构成、连接关系和工作原理,而不考虑其实际安装位置的一种简图。

汽车电路图的主要内容如下:

(1)图形符号

图形符号是用于电气图或其他文件中的表示项目或概念的一种图形、标记或字符,是电气技术领域中最基本的工程语言。图形符号分为基本符号、一般符号和明细符号三种。

①基本符号。基本符号不能单独使用,不表示独立的电器元件,只说明电路的某些特征。如:“—”表示直流,“～”表示交流;“—”表示电源的负极,“+”表示电源的正极,“N”表示中性。

②一般符号。一般符号用以表示一类产品和此类产品特征的一种简单符号。一般符号广义上代表各类元器件,如:电阻器、电容器等。

③明细符号。明细符号表示某一种具体的电器元件,它是由基本符号、一般符号、物理量符号、文字符号等组合派生出来的。如“□”表示仪表的一般符号,当要表示电流、电压的种类和特点时,将“□”处换成“A”、“V”,就成为明细符号,分别表示电流表、电压表。

(2)文字符号

文字符号由电气设备、装置和元器件的种类(名称)字母代码和功能(状态、特征)字母代码组成。文字符号分为基本文字符号和辅助文字符号两大类。

①基本文字符号。基本文字符号又分为单字母符号和双字母符号。单字母符号是按拉丁字母将各种电气设备、装置和元器件划分为23大类，每大类用一个专用单字母符号表示，如“C”表示电容器类，“R”表示电阻器类等。双字母符号由一个表示种类的单字器母符号与另一字母组成，其组合形式应以单字母符号在前而另一字母在后的次序列出，如“R”表示电阻器，“RP”即表示电位器。

②辅助文字符号。辅助文字符号表示电气设备、装置和元器件以及线路的功能、状态和特征。如“L”表示低，“RD”表示红色等。

八、如何画出二级维护工艺过程图?

根据我国交通部JT/T 201—1995行业标准的规定，汽车维护分为日常维护、一级维护、二级维护和三级维护，其中二级维护是由维修企业维修人员负责完成的最高一级车辆维护作业。

二级维护主要是对运输车辆进行检测和必要的维护作业。检测分为维护前检测、维护过程检测、维护竣工检测三个过程。二级维护工艺如图2-1-2所示。

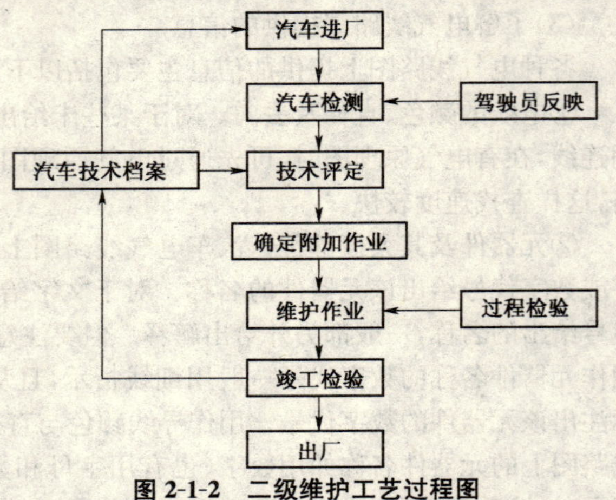

图2-1-2 二级维护工艺过程图

九、如何画出汽车修理作业方法的工艺过程图?

汽车修理作业的基本方法可分为就车修理法、总成互换修理法和混装修理法。

①就车修理法是指进行修理作业时，要求被修复的主要零件和总成装回原车的修理方法，也称为原车原件修理法。就车修理法工艺过程的组织，如图2-1-3所示。

②总成互换修理法是指用储备完好的总成替换汽车上的不可用总成的修理方法。在修理过程中，除载货汽车车架及客车车身应就车修理不予互换外，其余需修总成都可以换用周转总成库中预先修好的总成(或新品)，而替换下来的总成，则另行安排修理入库备用。总或互换修理工艺过程的组织如图2-1-4所示。

③混装修理法是指在进行修理作业时，不要求被修复汽车零件及汽车总成装回原车的修理方法。实际上是把就车修理法和总成互换修理法结合起来的综合方法。混装修理工艺过程的组织如图2-1-5所示。

十、什么是汽车的驱动力-行驶阻力平衡图和功率平衡图?

(1)驱动力-行驶阻力平衡图

用驱动力与车速的函数关系曲线F_t-U_a来全面表示汽车的驱动力，称为汽车的驱动力图。在汽车驱动力图上再画上汽车行驶时经常遇到的滚动阻力和空气阻力曲线，此图即为驱动力-行驶阻力平衡图，如图2-1-6所示。

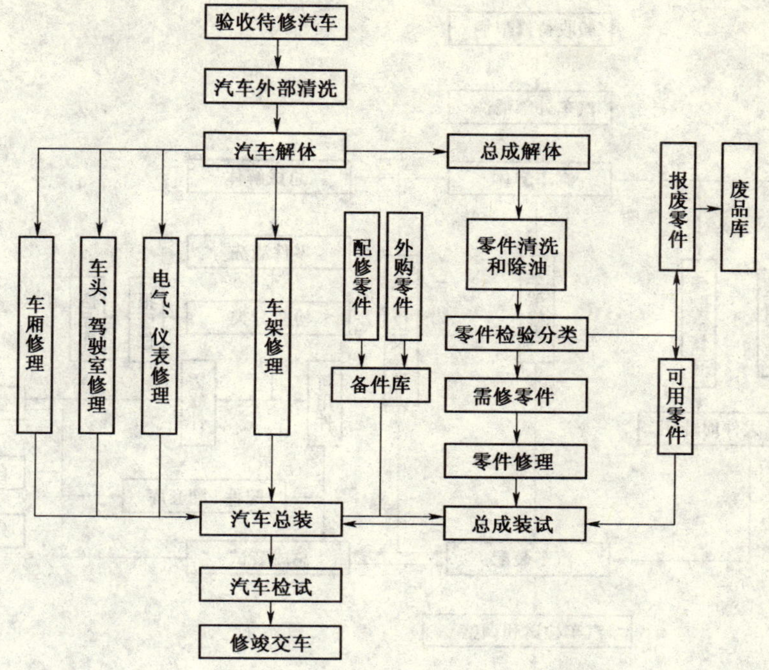

图 2-1-3　就车修理法工艺过程示意图

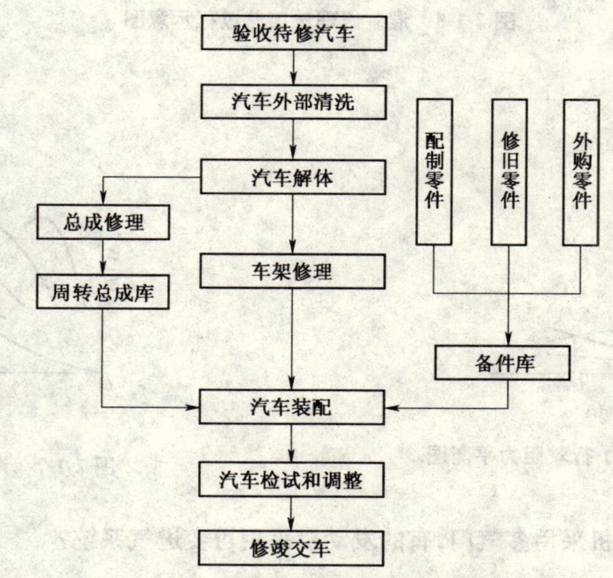

图 2-1-4　总成互换修理法工艺过程示意图

(2)汽车的功率平衡图

若以纵坐标表示功率，横坐标表示车速，将发动机功率 P_e 和汽车行驶阻力功率$(P_f+P_w)/\eta_t$ 对车速 U_a 的关系曲线绘制在坐标图上，便得到汽车功率平衡图，如图 2-1-7 所示。

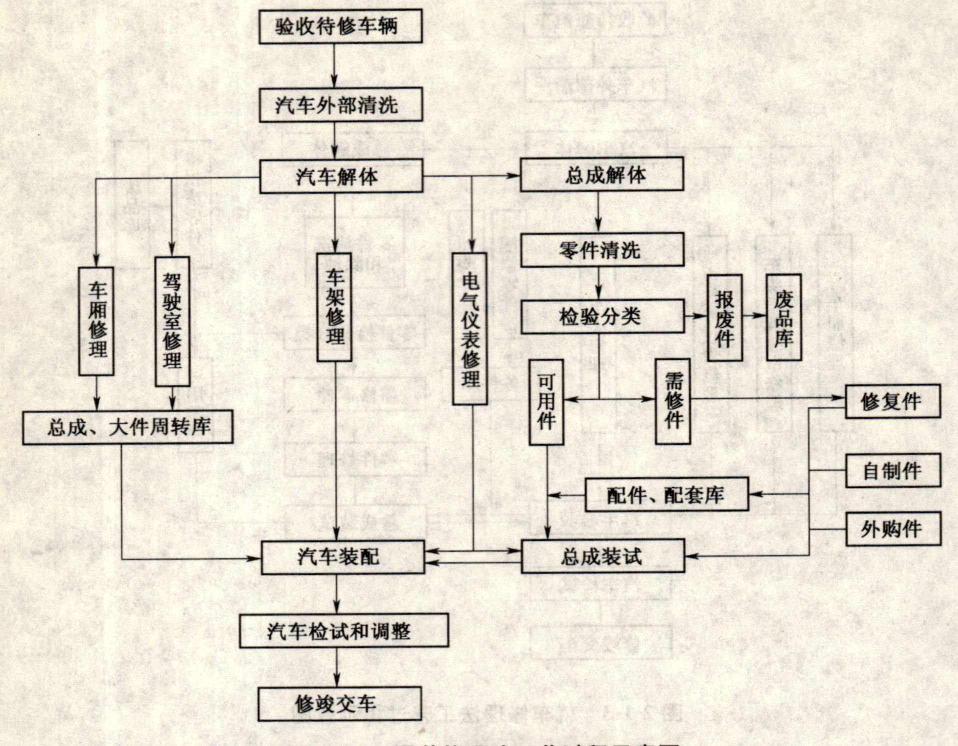

图 2-1-5 混装修理法工艺过程示意图

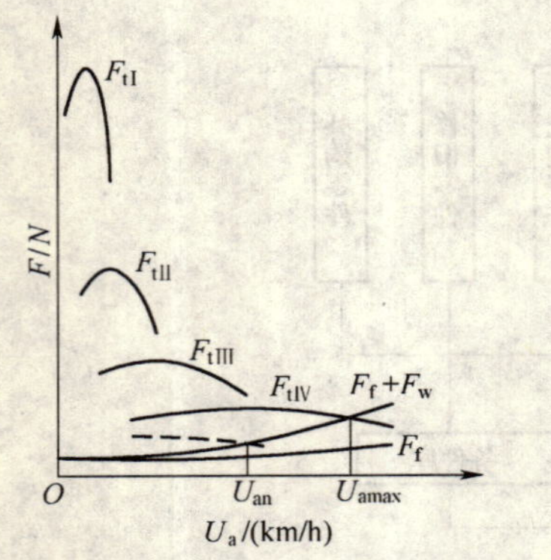

图 2-1-6 汽车的驱动力-行驶阻力平衡图

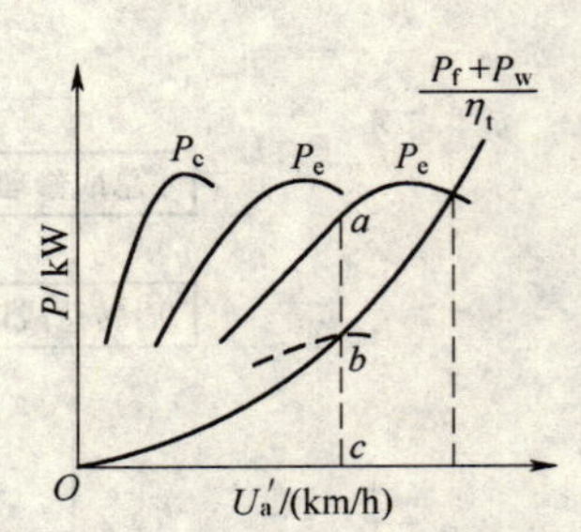

图 2-1-7 汽车功率平衡图

十一、为什么有的发动机采用多气门,有的发动机采用可变进气系统?

很多新型发动机上多采用每缸四气门、五气门结构,即每缸 2～3 个进气门和 2 个排气门。其目的主要是为了增大进气面积,提高充气效率,另外排气门的直径可适当缩小,降低了它的工作温度并提高了工作的可靠性。而且,采用四气门后,还可适当减小气门升程,同时改善汽油发动机的排放性能。

可变进气系统是利用发动机工作时进气管道的进气动态效应来提高充气效率,以达到在发动机转速范围内增大发动机功率和转矩的目的。进气动态效应是惯性效应和波动效应共同作用的结果。惯性效应是指利用在进气行程时,进气管内高速流动气体惯性作用来提高充气效率的。波动效应是指利用进气门关闭后,进气管的气体还在继续来回波动的作用来提高充气效率的。各种车型装用的可变进气系统是不完全一样的。

十二、什么是电控巡航控制系统 CCS,由哪些部分组成?

电控巡航控制系统 CCS 又称恒速行驶系统或巡航控制系统。它利用电子技术对汽车的行驶速度进行自动控制,进而实现以事先设定的速度行驶的一种电子控制装置。汽车在高速公路上行驶时,打开该系统的自动操纵开关,该系统即可根据汽车的行驶阻力自动增减节气门开度,使汽车以恒定速度行驶。电控巡航控制系统不仅可以大大减轻驾驶员的劳动强度,而且避免了不必要的对节气门的人为变动,因此可以改善汽车的燃料经济性和汽车废气的排出。

电控巡航控制系统主要由操作开关、传感器、电控单元和执行器等组成。

十三、为什么有的高级轿车采用电控悬架,如何分类? 电控主动悬架的组成如何?

为了使汽车在不平路面行驶时,保证乘客乘坐舒适,要求悬架系统能根据实际需要随时调节悬架的刚度和阻尼力,以达到最佳的行驶平顺性和操纵稳定性。因此,目前有的高级轿车上采用了电控悬架系统。

电控悬架分为半主动悬架和全主动悬架(简称主动悬架)两大类。主动悬架可根据汽车的负载、行驶状态及路面情况等主动调节悬架刚度、减振器阻尼力、车身高度等参数。这类悬架多采用空气弹簧或者油气弹簧作为弹性元件,通过改变弹簧的空气压力或油压压力的方式来调节弹簧的刚度,使汽车的相关性能始终处于最佳状态。

电控主动悬架主要由悬架车身高度传感器、转向盘转角传感器、前后悬架控制执行器、节气门位置传感器、悬架控制开关和制动开关等组成,如图 2-1-8 所示。

十四、最常见的逻辑门电路有哪几种?

逻辑门电路简称门电路,是由计算机电路中组合在一起的上千个场效应晶体管组成的。场效应晶体管利用输入电压的形式来决定本门输出脉冲的形式。因为它们的作用像门一样,依靠输入信号的不同组合而输出电压信号,所以这些电路称为逻辑门电路。

最常见、最基本的逻辑门有非门、与门、或门、与非门及或非门等。这些逻辑门分别规定了在什么输入条件下会产生什么样的输出。复杂的逻辑门就是把若干个基本逻辑门组合在一起来实现处理信息的功能。计算机则利用复杂的逻辑门来进行分析、判断和作出决定。

这些基本逻辑门的电路符号如图 2-1-9～图 2-1-12 所示。

非门就是将二进制的“1”换为“0”,将“0”换为“1”,其输入和输出端的关系相反。

与门至少有两个输入、一个输出。只有输入端“A”和“B”都是“1”时,输出端才同样是“1”,

即只有当开关“A”和“B”都闭合时,图中的灯才会亮。

或门作用如同两个开关并联后接一个灯相似。开关“A”或“B”闭合,灯就会亮。

与非门和或非门是将非门连接在与门和或门之后,使输出信号反向。

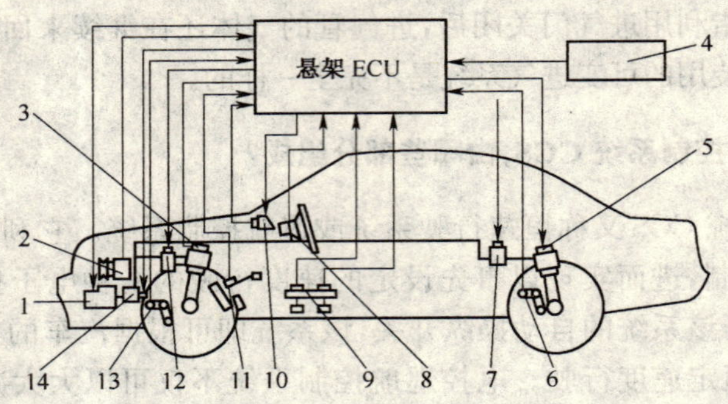

图 2-1-8 电控主动悬架系统组成示意图

1. 空压机 2. 发动机 IC 调节器 3. 前悬架控制执行器 4. 节气门位置传感器 5. 后悬架控制执行器 6. 后悬架车身高度传感器 7. 后高度控制阀 8. 转向盘转角传感器 9. 悬架控制开关 10. 车高指示灯、LRC 指示灯、1 号车速传感器 11. 制动开关 12. 前高度控制阀 13. 前悬架车身高度传感器 14. 干燥器与排气阀

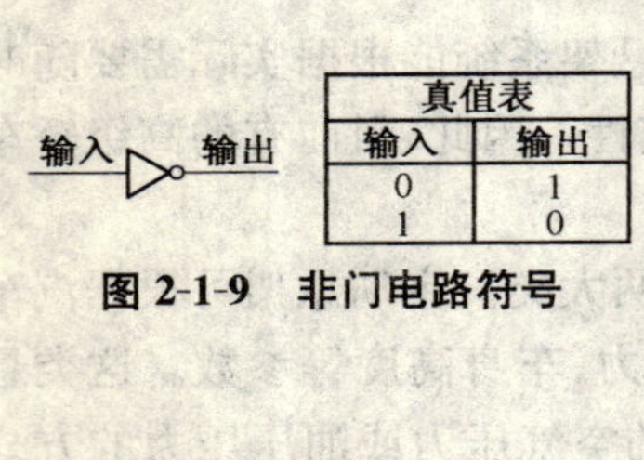

真值表	
输入	输出
0	1
1	0

图 2-1-9 非门电路符号

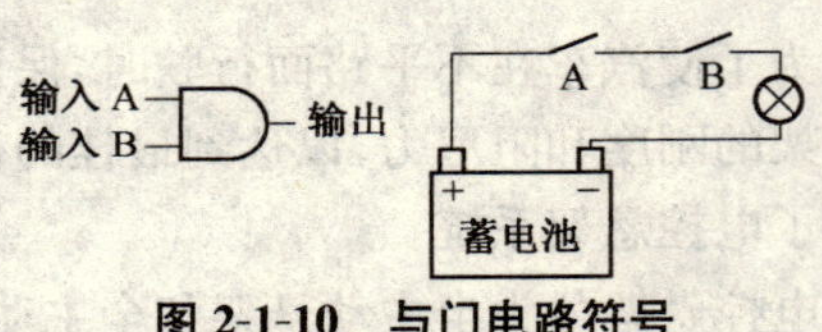

图 2-1-10 与门电路符号

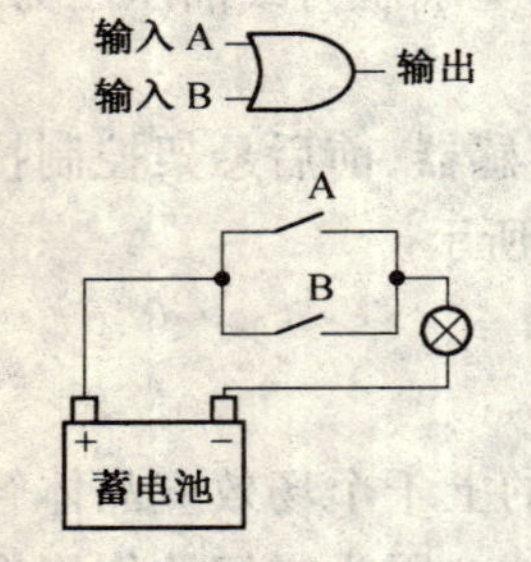

图 2-1-11 或门电路符号

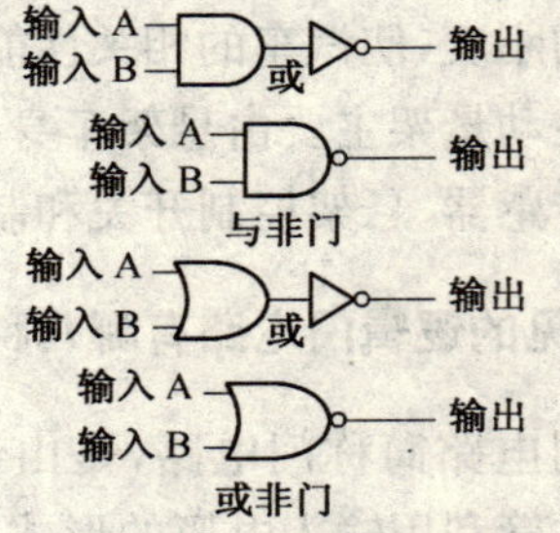

图 2-1-12 与非门及或非门电路符号

十五、什么叫集成电路?集成电路装在汽车电控系统中有什么作用?

集成电路就是把许多二极管、晶体管及其他电子元件,如电阻器、电容器等汇集在一片半导体上构成的集成电路芯片。这些电路通常称为集成电路(IC)或芯片,它们非常小,其上的微缩电子元件甚至需要在显微镜下才能看见。集成电路装在汽车电控系统中,可进行逻辑判断并对点火系统、燃油喷射系统、传动系统、制动系统及悬架系统等发出命令。

十六、发动机转速表、车速/里程表和燃油表各自的作用是什么?

发动机转速表用于指示发动机的运转速度;车速/里程表用来指示汽车行驶速度和累计行驶里程,即利用车速传感器的测量信号,计算并显示汽车时速的大小并储存汽车阶段行驶过的里程;燃油表可以随时测量并显示汽车油箱内燃油量,一般采用柱状或其他图形方式来提醒驾驶员油箱内可用的剩余燃油量。

十七、汽车排放控制系统包括哪几个系统?

汽车排放控制系统用于减少废气中有害气体排入大气。它包括曲轴箱强制通风(PCV)系统、蒸发(EVAP)排放控制系统、三元催化转化器(TWC)和废气再循环(EGR)系统。

①曲轴箱强制通风系统主要由曲轴箱强制通风(PCV)阀、通气软管等组成,如图 2-1-13 所示。其作用是防止曲轴箱内的窜气(窜气中 CO 和 HC 浓度很高)逸入大气。

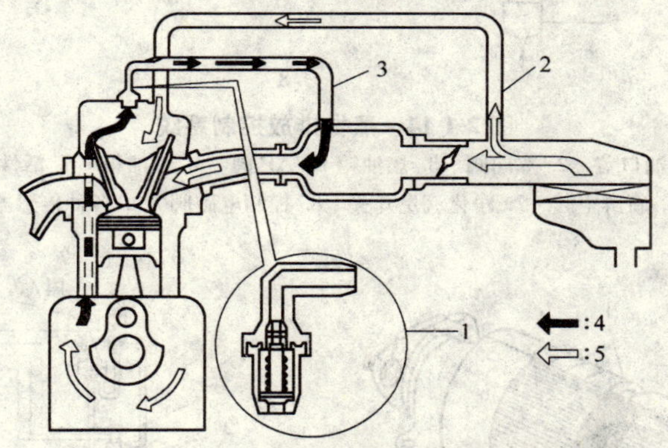

图 2-1-13 曲轴箱强制通风系统

1. 曲轴箱强制通风(PCV)阀 2. 通气软管 3. 曲轴箱强制通风软管
4. 窜气 5. 新鲜空气

②蒸发排放控制系统用于收集油箱和燃油系统中逸出的燃油蒸气,并导入进气支管,引入燃烧室,从而防止燃油蒸气对大气的污染,其基本构成如图 2-1-14 所示。

③三元催化转化器的作用是在催化剂铂、铑、钯的作用下,排气中的有害成分 HC 和 CO 氧化成无害的 CO_2 和水蒸气,而 NO_X 则还原成无害的 N_2 和 O_2,能最有效地减少废气中有害物质的含量。三元催化转化器结构如图 2-1-15 所示。

④废气再循环(EGR)系统由 EGR 阀、真空控制阀、控制电磁阀和各种传感器组成,如图 2-1-16所示。EGR 系统使从气缸盖的排气口排出的部分废气再循环回到进气支管,与可燃混合气一起进入燃烧室,以降低燃气温度,从而减少 NO_X 的生成量。

十八、汽车用的电控单元由哪几部分组成?

汽车用的电控单元一般由中央处理器 CPU、只读存储器 ROM、可编程只读存储器 PROM、运行数据存储器 RAM 和输入/输出接口等组成,如图2-1-17所示。它们之间一般用总

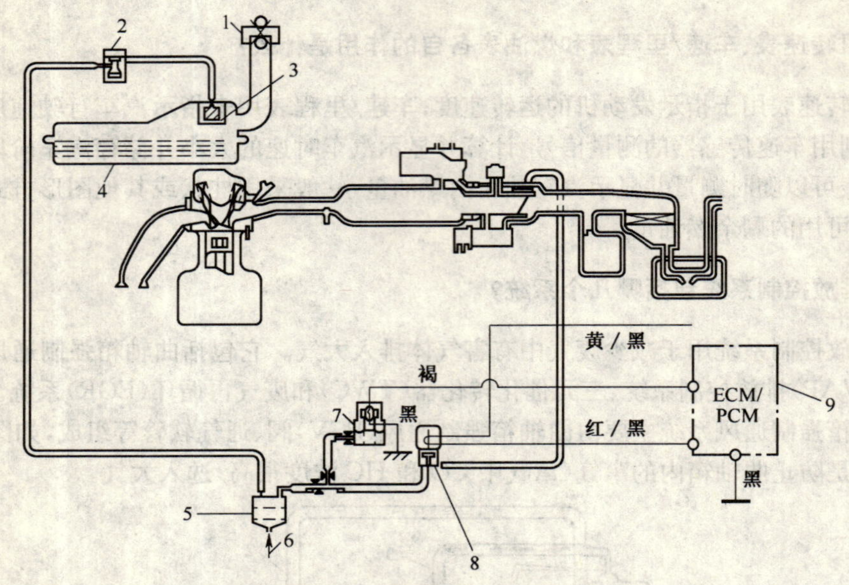

图 2-1-14 蒸发排放控制系统

1. 加油口盖 2. 双向阀 3. 燃油箱 EVAP 阀 4. 燃油箱 5. 活性碳罐 6. 新鲜空气 7. 净化流量开关 8. 控制电磁阀 9. 各种传感器

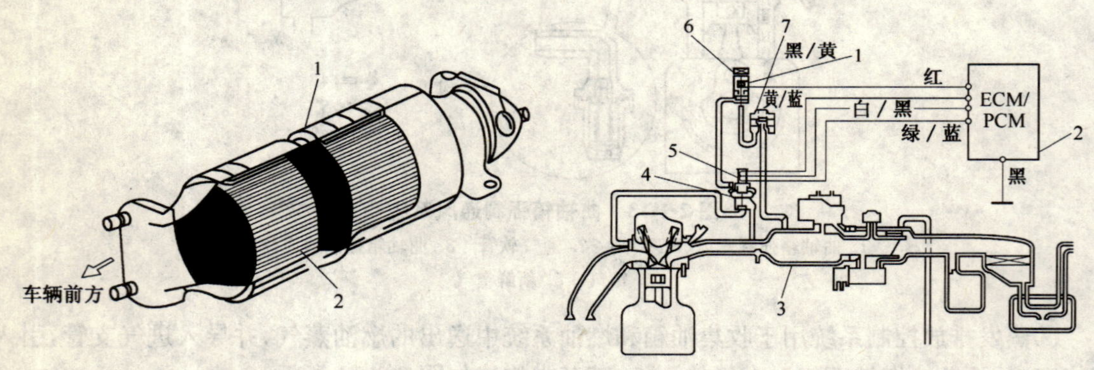

图 2-1-15 三元催化转化器

1. 罩壳 2. 三元催化转化器

图 2-1-16 废气再循环系统

1. 4 号熔丝(7.5A) 2. 各种传感器 3. 进气支管 4. EGR 阀 5. 提升传感器 6. 控制电磁阀 7. 真空控制阀

线连接,如图2-1-18所示。

中央处理器 CPU 是微机中运算器与控制器的总称,其特性基本反映了微机的性能。它是整个控制系统的核心,通过接口向系统的各个受控制部分发出指令,同时又可对系统所需的各个参数进行检测、数据处理、控制运算和逻辑判断。

只读存储器 ROM 用来存储固定数据信息,即存放各种永久性程序和数据。电控单元工作时,新的数据不能存入,只能在需要时读出其原始资料。断电时存入 ROM 的信息不会丢失,通电时可立即使用。

可编程的只读存储器 PROM 是在只读存储器的基础上增加编程和改写功能而已。它们之间的最大差别在于制造方法及其生产成本不同。

运行数据存储器RAM又称读写存储器和随机存取存储器。它的主要功能是暂时存储各传感器输入的信息并在这些信息使用后随时得到清除,以供新的信息输入。

输入/输出接口(I/O)是指根据CPU命令在输入装置、传感器、输出装置(执行器)间进行信息交流的控制电路。

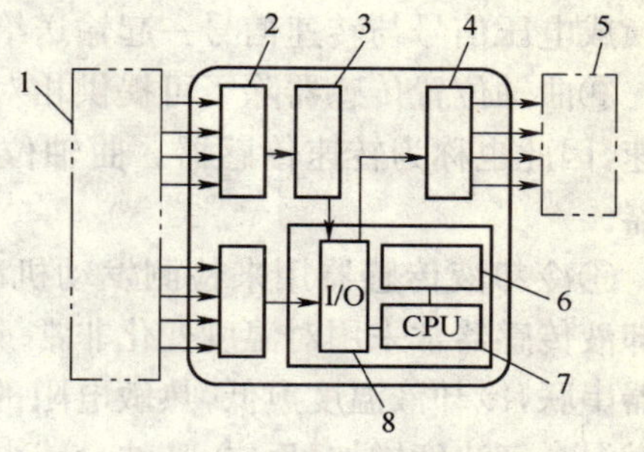

图2-1-17　电控单元基本组成

1. 传感器　2. 输入回路　3. 模/数(A/D)转换器　4. 输出回路　5. 执行元件　6. ROM-RAM存储器　7. 中央处理器CPU　8. 输入/输出(I/O)接口

总线用来连接中央处理器CPU、存储器和输入/输出接口(I/O)。按传达信息的类别不同,总线可分为数据总线、地址总线和控制总线三种。数据总线主要用于传递数据和指令,它由几根导线组成,导线的数目与数据的位数一一对应。通过数据总线,一方面CPU的数据可以传送到存储器或输入/输出(I/O)接口,另一方面CPU也可以从存储器或输入/输出(I/O)接口接收数据;地址总线用于传递地址码。微机总线上各器件之间的通信,主要是靠地址总线准确地进行联系。地址总线的导线数不仅与地址码的位数有关,还与地址码的传送方式有关。地址总线是单向信号线,由CPU输出传送至存储器或输入/输出(I/O)接口。CPU可以通过控制总线随时掌握各器件的状态,并根据需要随时向有关器件发出控制指令。

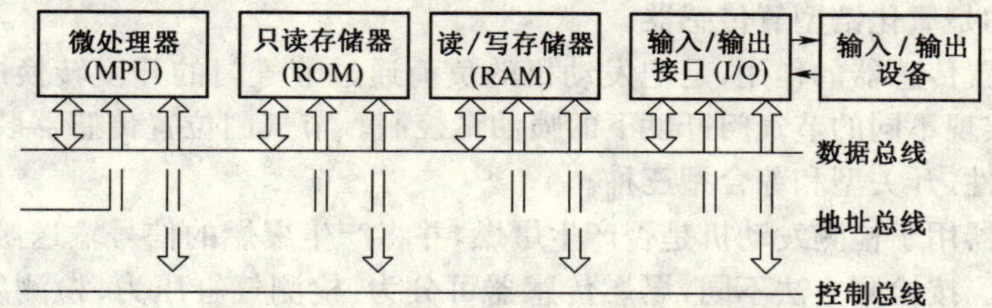

图2-1-18　电控单元的连接

输入回路接收从传感器传来的信号并对信号进行预处理,去掉杂波后把输入的正弦波变为矩形波后再转换成输入电压。输出回路是微机与执行器之间建立联系的装置,它将微机作出的决策指令转变为控制指令,如驱动喷油器进行工作,它有控制信号的生成与放大等功能。

十九、汽油发动机电控燃油喷射系统使用哪些传感器?

汽油发动机电控燃油喷射系统主要使用了空气流量计(或称空气流量传感器)、进气支管绝对压力传感器、曲轴位置传感器、冷却液传感器、进气温度传感器、氧传感器、节气门位置传感器和爆燃传感器等传感器。

①空气流量计是精确测量空气流量的传感器,它将吸入发动机的空气流量转换成电信号并传给电控单元。空气流量计按结构形式可分为以下三种:叶片式空气流量计、热线式空气流量计和热膜式空气流量计。

②进气支管绝对压力传感器可根据燃油的负荷状态测出进气支管内绝对压力的变化,并

转换成电压信号与转速信号一起输送给电控单元，作为喷油器基本喷油量的依据。

③曲轴位置传感器除了可提供相对于活塞的曲轴转角信号外，还能精确地测出发动机的转速，因此也称为转速传感器。曲轴位置传感器有电磁感应式、光电式和霍尔效应式三种传感器。

④冷却液传感器用来检测发动机冷却液的温度，该值作为喷油量和点火正时的修正量。冷却液传感器常采用对温度变化非常敏感的热敏电阻制成。电控单元中的电阻器与冷却液传感器串联，冷却液温度愈低，热敏电阻的电阻值愈大，电控单元根据这一信号，增加喷油量，使可燃混合气浓度增加；反之，喷油量减少。

⑤进气温度传感器与体积空气流量计相配合，测量空气温度的变化，以确定空气密度的变化，进而获得较精确的空气质量流量及空燃比。

⑥氧传感器装置在排气管中，检测实际可燃混合气的空燃比与理论空燃比相偏离的程度，并把信息输入电控单元，电控单元控制喷油脉冲长短，实现反馈，组成闭式循环，满足最佳排气净化要求。目前使用的氧传感器有氧化锆（ZrO_2）型氧传感器和氧化钛（TiO_2）型氧传感器两种，而应用最多的是氧化锆型氧传感器。

⑦节气门位置传感器的作用，是把发动机的负荷通过节气门的开度转换成电压的信号输送给电控单元，实现不同的节气门开度下的喷油量控制。节气门位置传感器装在节气门体上，其类型主要有线性、开关型和综合型三种。

⑧爆燃传感器用于检测发动机是否产生爆燃，并将产生爆燃的信号输送给电控单元，实现点火时刻的控制。按检测方法不同，爆燃传感器可分为：检测气缸压力、检测发动机机体振动和检测燃烧噪声的三种传感器。比较常用的是通过检测发动机机体振动来判别爆燃的产生和强度的爆燃传感器，这种传感器分为共振型和非共振型，共振型爆燃传感器是由与爆燃几乎相同的共振频率的振子和能够检测振子振动压力，且将其转化成电信号的压电组件组成；非共振型爆燃传感器则是用压电组件通过滤波器来直接检测爆燃信息。

二十、计算机控制点火系统主要由哪些部件组成？

计算机控制点火系统主要由传感器、执行机构、电控单元、点火线圈、分电器和火花塞等组成，如图2-1-19所示。

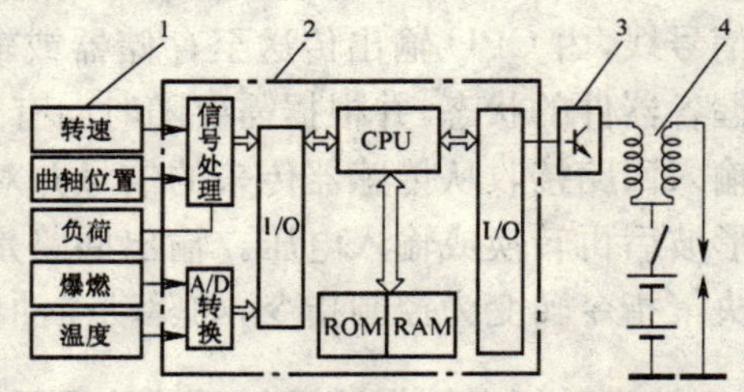

图 2-1-19 计算机控制点火系统组成框图

1. 传感器 2. 电控单元 3. 执行机构（点火控制器） 4. 点火线圈

在计算机控制点火系统中，发动机工作时，传感器不断收集发动机各工况的信息并将其输送给电控单元，作为控制系统进行运算和实现控制的依据。

电控单元是计算机控制点火系统的中枢。执行机构在计算机控制点火系统中的作用是按电控单元发出的控制信号，完成规定的动作，控制发动机工作。执行机构主要有如下几种：

①点火控制器。点火控制器是按电控单元发出的控制信号控制点火线圈的接通与断开。

②怠速稳定控制阀。怠速转定控制阀安装在节气门旁通空气道上，如图 2-1-20 所示。当

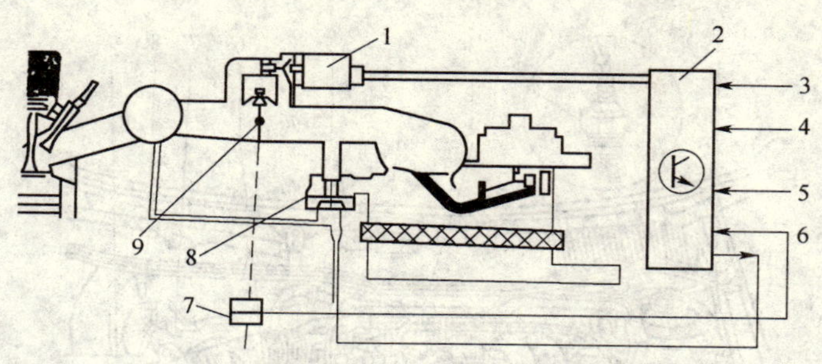

图 2-1-20　怠速稳定控制阀和超速燃油阻断阀

1. 怠速稳定控制阀　2. 电控单元　3. 发动机转速信号　4. 冷却液传感器信号　5. 空调接通信号　6. 怠速节气门开关信号　7. 节气门开关　8. 超速燃油阻断阀　9. 节气门

节气门关闭、发动机怠速运转时，电控单元根据怠速节气门开关信号、发动机转速信号和冷却液传感器信号，调节怠速稳定控制阀的电流强度，调节节气门旁通空气道的开度，从而调节怠速运行的空气流量，稳定发动机怠速转速。

③超速燃油阻断阀。超速燃油阻断阀安装在节气门前方空气流量计的旁通空气道上。当发动机减速时，它切断到喷油器的燃油，以减少燃油的消耗和排气污染。

二十一、汽油发动机电控燃油喷射系统的控制原理是什么？系统有哪些基本组成？

尽管汽油发动机电控燃油喷射系统的类型很多，但它们的控制原理相同：都是以电控单元(微机)为控制核心，以空气流量和发动机转速为控制基础，以喷油器、点火系统和怠速空气调节为控制对象，以获得与发动机各种工况相匹配的最佳浓度的可燃混合气和点火时刻为主要目标。因此，它们的组成基本相同，即由燃油供给系统、空气供给系统、电子控制系统及各种传感器等组成，如图 2-1-21 所示。

①燃油供给系统的功用是向气缸内供给燃烧时所需的一定量的燃油。多点燃油喷射系统主要由燃油箱、燃油泵、燃油滤清器、燃油压力调节器及喷油器等组成。

②空气供给系统的功用是为发动机可燃混合气的形成提供必要的空气，并测量和控制空气量。空气供给系统主要由空气滤清器、空气流量计、进气总管及进气支管等组成。

③电子控制系统主要由电控单元、各种传感器和执行器组成。电控单元是电子控制系统的核心，它的主要功用是控制和检测。电控单元一方面接受来自各个传感器传来的信号，另一方面又完成对这些信息的处理，并发出相应的指令控制执行器的动作。传感器负责把各种反映发动机工况和汽车运行状况的参数(非电量参数)转变成电信号(电压或电流)提供给电控单元，使电控单元正确地控制发动机运转或汽车运行。执行器接受电控单元发出的各种指令，进行必要的动作。执行器主要由喷油器、电动燃油泵和怠速控制装置组成。

二十二、柴油发动机电控技术中高压共轨系统中的燃油供给系统组成如何？

高压共轨式电控喷射系统改变了传统的柱塞泵脉动供油的原理，通过油锤响应、液力增压、共轨蓄压或者高压共轨等形式形成高压。采用压力时间式燃油计量原理，用电磁阀控制喷射过程，可以实现对喷油量和喷油正时的灵活控制。燃油供给系统分为低压油路和高压油路。

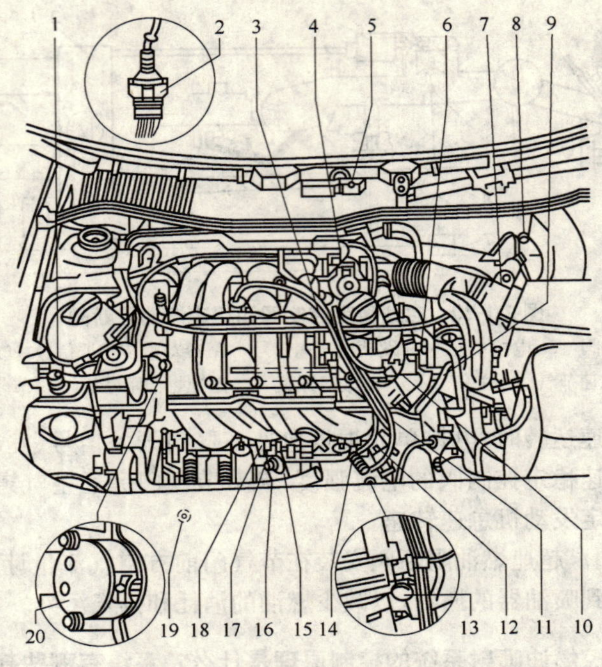

图 2-1-21 电子控制汽油喷射系统组成示意图

1. 怠速稳定控制阀 2. 电控单元 3. 发动机转速信号 4. 冷却液传感器信号 5. 空调接通信号 6. 怠速节气门 开关信号 7. 节气门开关 8. 超速燃油阻断阀 9. 节气门 10. 燃油压力调节器 11. 喷油器 12. 点火线圈 13. 发动机转速传感器 14、16. 爆燃传感器 15、18. 爆燃传感器插头 17. 发动机转速传感器插头 19. 转向助力压力开关 20. 霍尔传感器

低压油路由低压管路、电动输油泵、柴油滤清器、柴油回油管、温控一起动电磁阀和温控一起动预热塞组成。高压油路由高压喷油泵、高压燃油管路、高压油轨和喷油器等组成，如图 2-1-22 所示。

系统中有一个公共高压油轨，用电动输油泵向公共油轨中泵油，用限压阀对油轨中的压力进行调节。高压的柴油由公共油轨分别通向各缸喷油器，由装在喷油器内的电磁阀控制喷油量、喷油正时和喷油压力。共轨式电控喷油系统可以同时控制喷油量、喷油正时、喷油压力和喷油速率，且能实现高压喷射，满足排放要求。

二十三、汽车采用电子网络结构的目的是什么？

随着汽车电控单元以及汽车电子装置的不断增多，采用串行总线实现多路传输，组成汽车电子网络，是一种既可靠又经济的做法。同时现代汽车基于安全性和可靠性的要求，正越来越多地考虑使用电控系统代替原有的机械和液压系统。汽车电子网络结构在汽车内部采用基于总线的网络结构，可以达到信息共享、减少布线、降低成本以及提高总体可靠性的目的。通常的汽车网络结构采用多条不同速率的总线分别连接不同类型的节点，并使用网关服务器来实现整车的信息共享和网络管理。

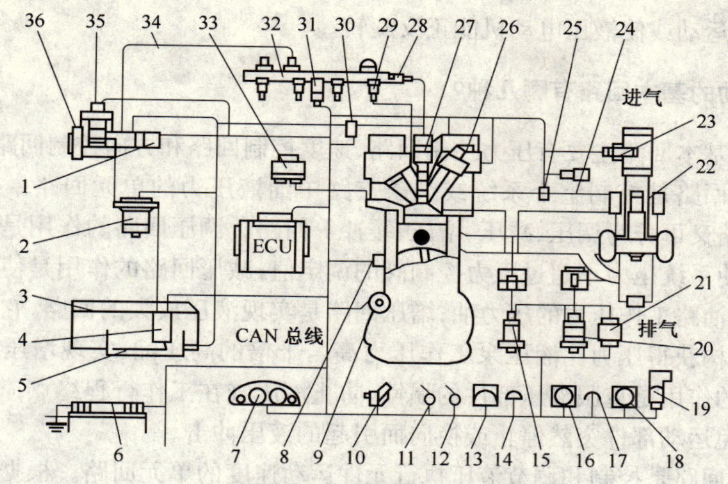

图 2-1-22　高压共轨电控柴油喷射系统

1. 调压阀　2. 柴油细滤器　3. 油箱　4. 电动输油泵　5. 柴油粗滤器　6. 蓄电池　7. 仪表板　8. 冷却液传感器　9. 曲轴转速传感器　10. 加速踏板传感器　11. 制动触点　12. 离合器开关　13. 行驶速度传感器　14. 行驶速度操纵杆　15. 废气再循环执行器　16. 空调机　17. 空调操纵杆　18. 诊断显示器　19. 自诊断接头　20. 增压执行器　21. 真空泵　22. 增压器　23. 空气流量计　24. 增压传感器　25. 进气温度传感器　26. 凸轮轴　转速传感器　27. 喷油器　28. 限压阀　29. 流量限制器　30. 柴油温度传感器　31. 共轨压力传感器　32. 高压油轨(共轨管)　33. 预热时间控制器　34. 高压油管　35. 柱塞单向阀　36. 高压喷油泵

二十四、液压传动系统由哪几部分组成？液压控制阀按用途分为哪几类？

液压传动是以油液作为工作介质，利用液体压力来传递运动和进行控制的一种传动方式。液压传动系统是为了完成某种工作任务而由各具特定功能的液压元件组成的整体，通常由动力元件、执行元件、控制元件和辅助元件四部分组成。

控制液压系统液流的压力、流量和流动方向的元件总称为液压控制阀，它位于系统的动力元件和执行元件之间，以便改变执行元件的运动方向、输出的力或力矩和运动速度来满足不同的工作要求。液压控制阀的种类较多，但都是由阀体、阀芯(杆)和控制机构组成。液压控制阀在系统中只对执行元件起控制作用。根据液压控制阀在系统中的用途，可分为压力控制阀、流量控制阀和方向控制阀三类。

①压力控制阀。压力控制阀简称为压力阀，是用来控制和调节液压系统中液流压力或利用压力作为信号来控制其他元件动作的阀类。它包括溢流阀、减压阀、顺序阀、平衡阀等，用得最多的是溢流阀和减压阀。

②流量控制阀。流量控制阀是用来控制和调节液压系统中液体流量的阀类，常用的有节流阀、调速阀和分流阀。

③方向控制阀。方向控制阀简称方向阀，是用来控制和改变液压系统中液流方向的阀类，分为单向阀和换向阀两种。单向阀只允许液流向一个方向通过，对另一个方向液流则截止。换向阀的主要作用是控制液流的流动方向。它靠阀芯在阀体内的位移接通不同的油路，从而

使液压缸做往复运动或使液压电动机能正反旋转。

二十五、液压传动的基本回路有哪几种?

液压传动的基本回路主要有压力控制回路、速度控制回路和方向控制回路。

①压力控制回路是控制整个系统或某条支路中油液压力的单元回路。按照使用目的不同,压力控制回路又可分为调压、减压、增压、缓冲等回路。调压回路的作用是控制液压系统的最高工作压力,使系统压力不超过压力控制阀的调定值;减压回路的作用是使液压系统的某一支路获得低于主油路工作压力的压力油;增压回路是实现液压放大的回路,它使系统的局部油路或某个执行机构获得压力比液压泵工作压力高若干倍的高压油,实现增压的主要元件是增压缸;缓冲回路的作用是克服液压部件的惯性,防止液压缸在工作行程终点撞击液压缸盖和定位元件等,并避免运动部件突然停止或换向而引起的液压冲击。

②速度控制回路是控制和调节液压执行元件运动速度的单元回路。根据被控制执行元件的运动方式、状态以及调节方法,速度控制回路可分为调速、制动、限速和同步回路等。

③方向控制回路用来控制液压系统各条油路中油流的接通、切断或改变流向,从而使各执行元件按需要相应进行起动、停止或换向等一系列动作。

二十六、自动变速器主要由哪几部分组成?

自动变速器主要由离合器和制动器、液压操纵系统及电子控制系统组成。离合器和制动器是为了使行星齿轮变速器中的各组件能按各种方式连接或制动,形成降速、升速、倒转、空转等不同档位的动力传递。具体而言,离合器的作用是将行星齿轮机构中某一组件与主动件相连,使该组件成为主动部件,实现转矩传递;将行星齿轮机构中的某两个组件连成一体,使第三个组件具有相同的转速,行星齿轮机构连成一个刚性的整体,实现直接传动。制动器的作用是制动和约束,它将行星齿轮机构中某一组件与变速器壳连成一体,使该组件被约束或制动,成为固定件,改变变速器中组件的组合,形成不同的传动路线。

液压操纵系统是自动变速器的重要组成部分,它在电控单元的控制下,操纵离合器的接合与分离,操纵制动器的制动与释放,以改变动力传递路线,实现自动换档。此外它还向液力变矩器的润滑油路供油,并根据车辆的运行情况对作用于液力变矩器的油压进行调节。

在电控自动变速器中,电控系统根据各传感器输入信号和发动机的运行情况,精确计算换档点和换档时刻,并发出控制信号控制各电磁阀的动作,通过对各离合器、制动器的接合与分离的操作,实现档位的自动变换。电控系统还具有故障自诊断和故障保险系统,使系统发生故障时能自动报警、记录故障,使车辆能维持运行。

二十七、自动变速器所用传感器有哪几种?

自动变速器所用传感器主要有节气门位置传感器、车速传感器、变速器油温传感器、发动机冷却液传感器及空档开关、制动灯开关、模式选择开关、超速档开关及强制降档开关等。

自动变速器采用线性节气门位置传感器,用于检测节气门的开度。车速传感器的作用是检测汽车行驶速度,主要有电磁感应式、舌簧开关式和光电式等。冷却液传感器用来检测发动机冷却液温度。电控单元感知冷却液温度较低时，发出指令防止液力变矩器锁止离合器，同时延长升档时间；当冷却液温度较高时，电控单元发出指令提前锁止液力变矩器。空档开关保证只有换档手柄在“N”或“P”位置时，发动机才能起动。制动灯开关是在踩下制动踏板时，接通制动灯电路，同时使液力变矩器锁止让离合器处于分离状态。模式选择开关亦称为程序开关，用来选择变速器的换档规律。通过模式选择开关可选择手动模式、普通模式、动力模式及经济模式。模式选择开关通常安装在换档手柄杆旁。手动模式可满足不同使用者的要求。普通模式的换档规律介于动力模式和经济模式之间，兼顾汽车行驶的动力性和经济性。动力模式是以获得汽车最高动力性为控制目标的，选择此模式可使汽车行驶时发动机总是处在最大功率区工作。经济模式是以获得汽车最佳燃油经济性为控制目标的，选择此模式可使汽车行驶时发动机经常在最经济的转速范围内运转。超速档(O/D)开关是根据道路条件来选择，用来切断和接合超速档，选用超速档可使汽车在高速行驶时降低传动系统传动比，提高汽车行驶的经济性能。强制降档开关用来检测加速踏板的位置变化。当电控单元收到节气门开度超过全开位置信号时，按照已设定的程序，将变速器自动换入低速档，提高发动机的输出转矩，改善汽车的动力性。

二十八、LPG汽车有何特点，工作原理如何？

(1)LPG汽车的特点

LPG汽车，即液化石油气汽车，按燃料供给系统的不同可分三种：单燃料(LPG)汽车、两用燃料(LPG和汽油)汽车、双燃料(LPG和柴油)汽车。

①单燃料(LPG)汽车。单燃料(LPG)汽车的发动机燃料供给系统专为液化石油气(LPG)燃料而设计，不能两用，这样可以保证气体燃料能有效利用。

②两用燃料(LPG和汽油)汽车。两用燃料(LPG和汽油)汽车可在液化石油气和汽油两种燃料中进行转换使用，设有两套燃料供给系统，无论使用哪种燃料，发动机都能正常工作。利用选择开关实现发动机从一种燃料到另一种燃料的转换，两种燃料不允许同时混合使用。

③双燃料(LPG和柴油)汽车。双燃料(LPG和柴油汽车在)汽车发动机工作于双燃料状态时，用压燃的少量柴油引燃LPG与空气的混合气而实现燃烧，对外做功，该种发动机也可用纯柴油工作。因此，该系统有同时供给汽车两种燃料的装备，配备两个燃料储存系统。依据发动机的运行工况、燃料品质和发动机参数，按一定比率同时向发动机供给LPG和柴油。低负荷及怠速时，自动转换到纯柴油工作方式。

LPG与汽油、柴油相比，燃烧完全，积炭少，减少了冲击载荷及发动机磨损，提高了发动机的使用寿命，噪声低，环境污染小；加之油气差价较大，降低了运输成本。另外LPG与LNG(液化天然气)和CNG(压缩天然气)相比，LPG单位体积的热值高，发动机动力性好；LPG携带使用方便，行驶里程长，且LPG车辆改造费用低，投资少，因此，社会效益及经济效益都很好。

(2)LPG汽车的工作原理

虽然各种液化石油气汽车燃料供给系统的结构不尽相同，但工作原理和整体布置大致相同,LPG汽车的燃料管路布置如图2-1-23所示。液态的液化石油气,靠其自身的蒸气压力被压出容器,通过高压管路,在流经滤清器时将杂质滤掉,然后经电磁阀流入调节器,在调节器内被降压、汽化、调压,从而变成气态,最后通过混合器与空气混合,进入发动机。LPG汽车的燃料供给系统如图2-1-24所示。在汽车用汽油发动机或柴油发动机基础上,安装一套LPG装置,包括储气、供气、油气转换、电控及操作系统,与原车燃料系统协调连接在一起,形成燃油和LPG两个独立系统。该系统能自如地实现燃料工作方式的转换,即两用燃料发动机和双燃料发动机。

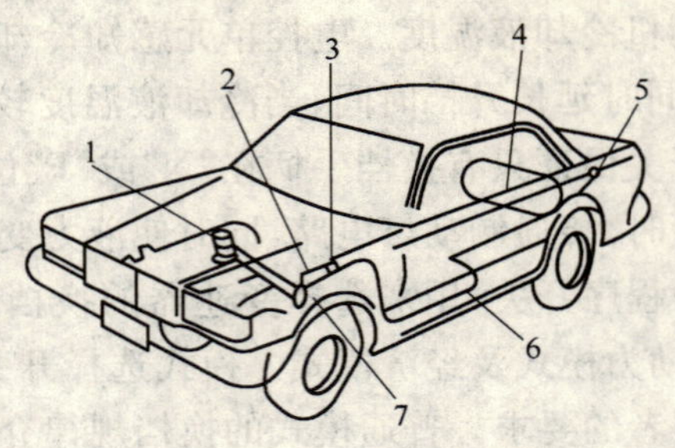

图 2-1-23 LPG轿车燃料管路布置图

1. 混合器 2. 电磁阀 3. 滤清器 4. 液化石油气气瓶 5. 液化石油气充入口 6. 高压管路 7. 蒸发调压器

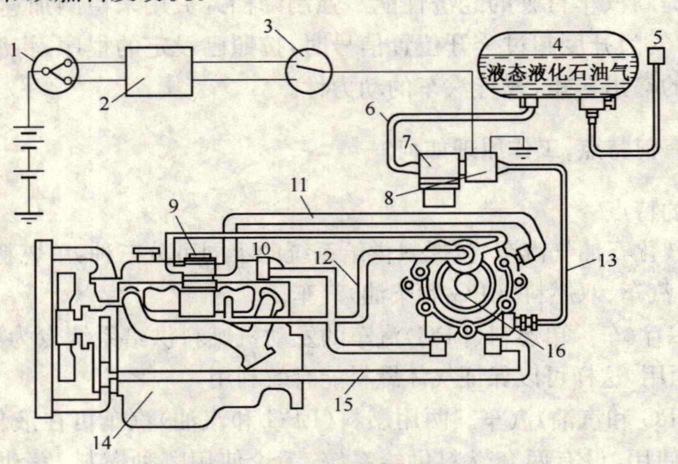

图 2-1-24 LPG汽车的燃料供给系统

1. 点火开关 2. 电磁阀继电器 3. LPG开关 4. LPG气瓶 5. LPG充入口 6. 高压管路 7. 滤清器 8. 电磁阀 9. 混合器 10. 低速通道 11. 主通道 12. 负压通道 13. 高压管路 14. 发动机 15. 冷却液管 16. 调节器

二十九、电控燃油喷射系统喷油器的检修内容包括哪些?

电控燃油喷射系统的喷油器的检修内容如下:

①喷油器有无渗漏的检修。将点火开关关闭并拔下喷油器全部插头。在油路上接上油压表,并起动起动机,建立起系统油压。然后给各喷油器逐个脉冲式供电,同时检查喷油器是否有“嗒、嗒、嗒”的声音。如果系统油压下降,表示正常;否则,表明喷油器堵塞。如果喷油器不喷油,且油压下降,说明喷油器漏油。

②喷油器电阻值的检查。将点火开关关闭,并拔下喷油器插头,用欧姆表测量喷油器电阻值,正常值为13～17Ω,否则应更换喷油器。

③喷油器电压供给的检查(参见图2-1-25)。从被测喷油器上拆下线束插头,将二极管试灯接在端子“2”和发动机搭铁之间,并接通起动机,此时二极管试灯应亮。若测试灯不亮,应检查下列各处:2号熔断器工作是否正常;燃油泵继电器工作是否正常;端子2与2号熔断器间的

线路有无断路之处。若以上检查正常而测试灯不亮,应检查喷油器的控制信号,查看其是否有故障。

④喷油器控制信号的检查。把二极管测试灯接在蓄电池正极或起动辅助装置正极与喷油器端子1之间,接通起动机几秒钟后,二极管测试灯应亮。否则,检查端子1与电控单元线束接头之间的线路有无断路之处。

⑤喷油器喷油量的检查。拔下喷油器上的线束插头;从燃油压力调节器上拔下真空管,把准备检查的喷油器放入大量筒中;将17和19号熔断器从熔断器盒上拔下,把带有15A熔丝的导线接到19号插孔"1"(正极)和17号插孔"2"之间,此时,燃油泵应转动,喷油器每分钟只可滴漏1~2滴汽油,否则应更换喷油器及其密封圈,如图2-1-26所示。把准备检查的喷油器接入正极和搭铁之间,把开关按钮按下30,每个喷油器喷油量应为85~100ml,若不在此范围内,应清洗或更换喷油器。

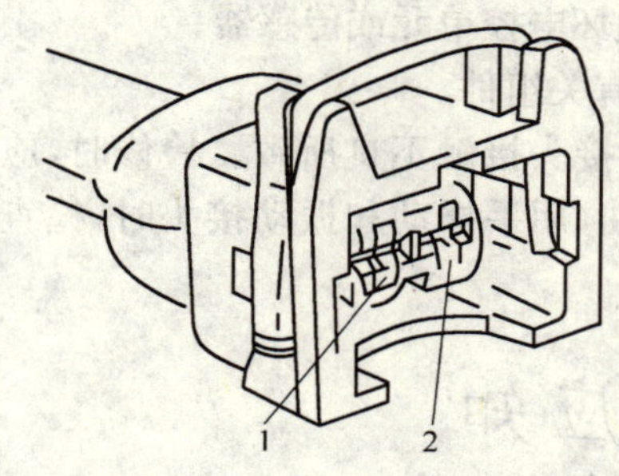

图 2-1-25　喷油器线束插头

1. 端子1　2. 端子2

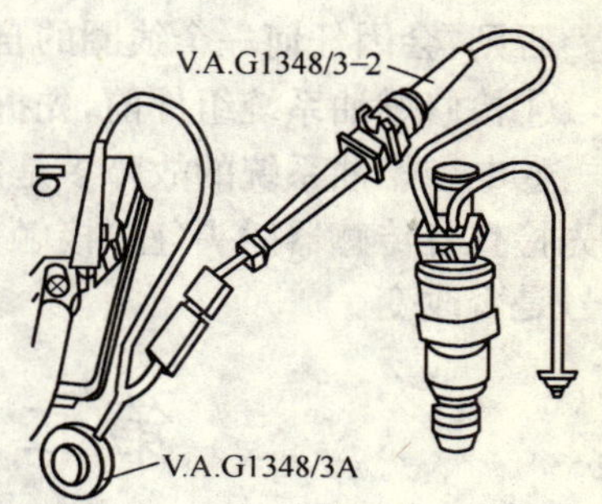

图 2-1-26　将喷油器接在正、负极之间

三十、以奥迪V6发动机为例,说明电控燃油喷射系统的检查项目有哪些?

电控燃油喷射系统的检查内容如下:

(1)怠速的检查

起动发动机,使其怠速运转。标准怠速一般为680~820r/min。检查时的注意事项如下:

①调整怠速时,应使用解码器调整,如奥迪V6发动机要用V·A·G1551解码器调整怠速。

②在检查怠速时,冷却系统风扇不应转动。

③注意查找怠速不良的原因。若怠速过高,最有可能的是进气系统漏气或怠速控制阀发生故障而引起的;若怠速不稳,一般是因怠速控制阀工作不正常或喷油器过脏。

(2)燃油喷射系统压力和保持压力的检查

①标准压力及其保持压力的检查。检查的条件是:17号熔丝工作正常,燃油滤清器工作正常,蓄电池工作电压不低于12V。燃油喷射系统的标准压力为380~420kPa。10min后的保持压力:发动机在冷态时,不小于220kPa;发动机在热态时,不小于300kPa。

②动态系统压力的检查。插上17号熔丝,使发动机在怠速工况运转一段时间,再关闭用电设备,检查装上和未装上真空管路时的油压。装上真空管路时,油压应下降50kPa左右。若油压不变,应检查真空管路是否漏气,进气管路上的接头有无堵塞。若无故障,则应检查压力调节器是否出现故障。

(3)燃油喷射系统保持压力的检查

将发动机熄火后,若燃油喷射压力低于 220kPa(冷机)或 300kPa(热机),应检查以下各零件处是否有渗漏现象:燃油压力表连接处;燃油管及其连接处;燃油泵单向阀和喷油器处。以上各处如果均无渗漏,而且燃油泵单向阀工作也正常,应更换燃油压力调节器,再重新试验。

三十一、电控燃油喷射系统检修注意事项有哪些?

电控燃油喷射系统检修注意事项如下:

①检修电控燃油喷射系统故障时,应首先确定是发动机的故障还是电控燃油喷射系统的故障。

②检查电气组件的电阻、电压或电流时,所用万用表的阻抗必须大于 10MΩ。

③检修电气组件故障时,无论发动机是否运转,只要点火开关接通,决不允许断开任何电器。否则,会因任何一个线圈的自感作用产生的瞬时电压而损坏电控单元或传感器。

④检修燃油系统组件前,先拆下蓄电池接地线,以免损坏有关组件。

⑤电控燃油系统的故障多是由于连接导线接头与传感器接头接触不良所致。检修时,应首先检查各传感器插头(座)接触是否良好,导线接头有无弯曲,用手摇动和振动接头时,检查信号是否改变。

第二节 故障诊断应知

三十二、什么是故障树分析法?故障树常用的符号有哪几种?

1. 故障树分析法

故障树分析法(以下简称 FTA)就是在系统设计过程中,通过对可能造成系统故障的各种因素,包括硬件、软件、环境、人为因素等进行分析,画出逻辑框图即故障树,从而确定系统故障原因的各种可能组合及其发生概率,以计算系统故障概率,采取相应的纠正措施,提高系统可靠性的一种设计分析方法。

2. 故障树符号

故障树中使用的符号通常分为事件符号及逻辑门符号两类。

(1)事件符号(图 2-1-27)

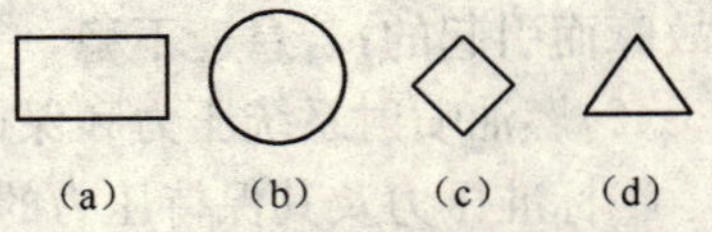

①矩形符号。矩形符号表示故障事件,在矩形内注明故障事件的定义。矩形符号下面与逻辑门连接,表明该故障事件是此逻辑门的一个输出,它适用于故障树中除底事件之外的所有中间事件及顶事件。

(a) (b) (c) (d)

图 2-1-27 常用事件符号

(a)矩形符号 (b)圆形符号 (c)菱形符号 (d)三角形符号

②圆形符号。圆形符号表示基本事件,是元器件、零部件在设计的运行条件下所发生的故障事件。一般说它的故障分布是已知的,只能作为逻辑门的输入而不能作为输出。为进一步区分故障性质,又分为实线和虚线,实线圆表示部件本身故障;虚线圆表示由人为错误引起的故障。

③菱形符号。菱形符号表示省略事件。一般用以表示那些可能发生但概率值较小,或者对此系统而言不需要再进一步分析的故障事件。这些故障事件在定性、定量分析中一般都可以忽略不计。

④三角形符号。三角形符号表示故障事件的转移。在故障树中经常出现条件完全相同或者同一个故障事件在不同位置出现,为了减少重复工作量并简化树,用转移符号,加上相应标志的标号分别表示从某处转入和转到某处,也用于树的移页。

(2)逻辑门符号

①逻辑"与门"。设 $B_i(i=1,2,\cdots,n)$ 为门的输入事件,A 为门的输出事件。B_i 同时发生时,A 必然发生,这种逻辑关系称为事件交,逻辑代数表达式为

$$A=B_1\cap B_2\cap B_3\cap\cdots\cap B_n$$

②逻辑"或门"。当输入事件 B_i 中至少有一个发生时,则输出事件 A 发生,这种关系称为事件并,逻辑代数表达式为

$$A=B_1\cup B_2\cup B_3\cup\cdots\cup B_n$$

三十三、故障自诊断系统的功能有哪些?

一般装有电控单元(ECU)的汽车,都具有故障自诊断系统。当汽车出现故障时,装在仪表板上的故障指示灯就会闪亮,按一下按钮,故障代码(一般用二位或三位数字代表不同的故障)就会在仪表板上显示出来。同时此故障信号将被存入存储器,即使点火开关断开、故障指示灯熄灭,故障信号仍将保留在存储器中以供维修人员判断汽车的故障所在。故障排除后,断开ECU 的电源 30s,故障码将会被清除,不同型号的汽车,故障码的清除方法不尽相同。

故障自诊断系统主要有以下功能:

①发现故障。输入到微处理器的电平信号,在正常状态下有一定的范围,如果此范围以外的信号被输入时,ECU 就会诊断出该信号系统处于异常状态下。例如,发动机冷却液温度信号系统规定在正常状态时,传感器的电压为 0.08～4.8V(−50℃～+139℃),超出这一范围即被诊断为异常。如果微机本身发生故障则由设有紧急监控定时器(WDT)的时限电路加以监控;如果出现程序异常,则定期进行的时限电路的再设置停止工作,以便采用微机再设置的故障检测方法。

②故障分类。当微机工作正常时,通过诊断用程序检测输入信号的异常情况,再根据检测结果分为不导致功能障碍的轻度故障、引起功能下降的故障以及重大故障等,并且将故障按重要性分类,预先编辑在程序中,当微机本身发生故障时,则通过 WDT 进行重大故障分类。

③故障报警。一般通过设置在仪表板上报警灯的闪亮来向车主报警。在装有显示器的汽车上,也有直接用文字来显示报警内容的。

④故障存储。当检测到故障时,在存储器中存储故障部位的代码,一般情况下,即使点火开关处于断开位置,微机和存储部分的电源也保持接通状态而不致使存储的内容丢失。只有在断开蓄电池电源或拔掉熔丝时,由于切断了微机的电源,存储器内的故障代码才会被自动消除。

⑤故障处理。在汽车运行过程中如果发生故障,为了不妨碍正常行驶,由微机进行调控,利用预编程序中的代用值(标准值)进行计算以保持基本的行驶性能,待停车后再由车主或维

修人员进行相应的检修。

三十四、故障分析报告的内容有哪些?

故障分析报告是运用已有的知识或经验对故障进行全面的分析,从中发现故障规律及故障诊断与排除的最佳思路。一般来说,遇到不易排除或比较典型的故障,在故障排除完毕后,要对故障进行分析,并写出故障分析报告,其内容如下:

①写作要求。写作的重点应放在故障分析、经验总结上,并尽可能查找不足,从而提供新的思路;术语要准确;语言要言简意赅。

②写作内容。故障分析报告的写作内容见表 2-1-2。

表 2-1-2 故障分析报告

<table>
<tr><td rowspan="4">客户姓名</td><td rowspan="4"></td><td>登记号</td><td></td></tr>
<tr><td>登记日期</td><td></td></tr>
<tr><td>车型</td><td></td></tr>
<tr><td>发动机型号</td><td></td></tr>
<tr><td>接车日期</td><td></td><td>里程表读数</td><td></td></tr>
<tr><td colspan="2">故障发生日期</td><td colspan="2"></td></tr>
<tr><td colspan="2">故障发生频率</td><td colspan="2"></td></tr>
<tr><td rowspan="5">故障发生条件</td><td>天气</td><td colspan="2"></td></tr>
<tr><td>气温</td><td colspan="2"></td></tr>
<tr><td>地点</td><td colspan="2"></td></tr>
<tr><td>发动机冷却液温度</td><td colspan="2"></td></tr>
<tr><td>发动机工况</td><td colspan="2"></td></tr>
<tr><td>故障现象</td><td colspan="3"></td></tr>
<tr><td>诊断步骤</td><td colspan="3"></td></tr>
<tr><td>故障诊断中存在的问题</td><td colspan="3"></td></tr>
<tr><td>改进措施</td><td colspan="3"></td></tr>
<tr><td>备注</td><td colspan="3"></td></tr>
</table>

故障分析人________ ______年______月______日

三十五、车辆识别代号编码的用途有哪些?

目前,世界各国汽车公司生产的汽车大部分都使用了车辆识别代号编码 VIN,它是英文 Vehicle Identification Number 的缩写。VIN 由一组字母和阿拉伯数字组成,共 17 位,它是识别一辆汽车不可缺少的工具,它主要具有以下用途:

① VIN 的每位代码代表着汽车某方面信息参数,它是汽车的身份证。按照识别代码编码顺序,从 VIN 中可以识别出该车的生产国家、制造公司或生产厂家、车的类型、品牌名称、车型系列、车身型式、发动机型号、年款车型(属哪年生产的年款型车)、安全防护装置型号、检验数字、装配工厂名称和出厂顺序号码等。17 位代号编码经过排列组合产生的号码可以使车型生产在 30 年之内不会发生重号现象,产生重号错认。

②便于各国机动车辆管理部门管理使用。各国机动车辆管理部门在办理汽车牌照时可以将其输入计算机存储,以备需要时调用,如:处理交通事故、保险索赔、查获被盗车辆、报案等。有的国家规定没有 17 位识别代号编码的汽车不准进口,有的国家客户在买车时没有 17 位识别代号编码就不能购买。

③便于汽车维修和配件经营管理。由于汽车修理逐步实行计算机管理和故障分析诊断,在各种测试仪表和维修设备中都存储有 17 位识别代号编码 VIN 的数据,以作为修理的依据。17 位识别代号编码在汽车配件经营管理上也起着重要作用,在查找零件目录中汽车零件号之前,首先要确认 17 位识别代号编码的年款车型,避免产生误购、错装等现象。

④有利于识别汽车的真假身份。VIN 识别代号编码一般以标牌的形式,装贴在汽车的不同部位。利用 VIN 数据规定可以鉴别出拼装车、走私车,因为拼装的进口汽车一般是不按 VIN 规定进行组装的。随着年款车型的不同和汽车发往国家的不同,VIN 规定会有所不同。有的按公司各车分部进行规定(如美国 GM),有的直接按系列车型或车名进行规定(如日本凌志汽车)。在实用中,一般要由两种 VIN 规定才可验证出一辆车的型号和车型参数。

三十六、我国 VIN 代码内容含义规范是怎样的?

VIN 代码内容含义规范见表 2-1-3。

表 2-1-3　VIN 代码内容含义规范及其编制规则

L	F	P	H	5	A	B	A	2	W	8	0	0	4	3	2	1
(1)	(2)	(3)	(4)	(5)	(6)	(7)	(8)	(9)	(10)	(11)	(12)	(13)	(14)	(15)	(16)	(17)

第(1)~(3)位代码:生产国别、制造厂商和车型类型。

LFW—载货汽车,LFN—非完整车辆,LFT—挂车,LFP—轿车。

LFM—多用途乘用车,LFD—备用车,LFS—特种车。

LFV—轿车(一汽大众公司生产),LFB—客车。

注:a. 载货汽车包括载货越野、自卸车、半挂牵引车及客货厢式车。

b. 吉普车(包括越野、非越野式)属轿车类。

c. 用客车改装的客货两用车属客车类。

d. 汽车型号中车辆类别代号为 5 的车辆属特种车,但客货厢式车及轿车车身的车辆除外,客货厢式车属载货汽车,轿车车身的车辆属轿车。

e. L—中国;F—First;P—Passenger;W—Works;B—Bus;N—Non-completevehicle;M—M.P.V;S—Special;T—Trailer;V—V.W—一汽大众轿车。

第(4)位代码:车辆品牌。

J—解放牌 H—红旗牌 A—环都 B—罗福 C—长白 D—德力 E—凤凰 F—先锋 G—星光 K—远达 L—吉林 M—红塔 N—蓝箭 P—蓬翔 R—西南五十铃 S—四环 T—太湖 U—凌河 X—雄风 Y—远征 Z—中海。

第(5)位代码:发动机排量。

1—小于等于 IL 2—1.1～1.3L 3—1.4～1.6L 4—1.7～2.0L 5—2.1～2.5L 6—2.6～3.0L 7—3.1～3.5L 8—3.6～4.0L A—4.1～4.5L B—4.6～5.0L C—大于 5.0L。

第(6)位代码:发动机类型及驱动形式。

A—汽油发动机,前置,前轮驱动 B—汽油发动机,前置,后轮驱动 C—汽油发动机,前置,全轮驱动 D—汽油发动机,后置,前轮驱动 E—汽油发动机,后置,后轮驱动 F—汽油发动机,后置,全轮驱动。

1—柴油发动机,前置,前轮驱动 2—柴油发动机,前置,后轮驱动 3—柴油发动机,前置,全轮驱动 4—柴油发动机,后置,前轮驱动 5—柴油发动机,后置,后轮驱动 6—柴油发动机,后置,全轮驱动。

第(7)位代码:车身形式。

A—二门折背式 J—六门舱背式 B—四门折背式 K—二门短背式 C—六门折背式 L—四门短背式 D—二门直背式 M—六门短背式 E—四门直背式 N—二门敞篷车 F—六门直背式 P—四门敞篷车 G—二门舱背式 R—六门敞篷车 H—四门仓背式 S—检阅车。

第(8)位代码:安全保护装置。

A—手动安全带 B—手动安全带,驾驶员气囊 C—手动安全带,驾驶员气囊及乘员气囊

1—自动安全带 2—自动安全带,驾驶员气囊 3—自动安全带,驾驶员气囊及乘员气囊

第(9)位代码:工厂检验数字,用数字 0～9 或 X 表示

第(10)位代码:生产车款份(生产年份)。

W—1998 X—1999 Y—2000 1—2001 2—2002 3—2003 4—2004 5—2005 6—2006 7—2007 8—2008 9—2009 A—2010 B—2011。

第(11)位代码:生产装配工厂。

1—总装配厂 2—变型车厂 3—专用车厂 4—客车底盘厂 5—汽研中试厂 6—汽研中实改装车厂 7—汽研联合改装车厂 8—第一轿车厂 9—第二轿车厂 O—重型车厂 A—青岛汽车厂 B—顺德汽车厂 C—长春轻型车厂 D—大连客车厂 E—成都汽车厂 F—延边汽车厂 G—一汽三友汽车制造有限公司 H—哈尔滨轻型车厂 J—吉林轻型车厂

L—柳州特种车厂　M—芜湖—汽扬子汽车厂　N—一汽北京汽车制造有限责任公司　P—四平专用车厂　R—山东汽车改装厂　S—一汽四环股份公司机动车厂　T—红塔云南汽车制造有限公司　W—无锡汽车厂　X—无锡柴油发动机厂　Z—四川专用车厂。

第(12)～(17)位代码:工厂生产顺序号。

三十七、光束水准式车轮定位仪组成如何？转向轮定位包括哪些内容？其工作原理是怎样的？

便携式光束水准车轮定位仪用于对转向轮定位参数进行测量。它主要由一套水准仪、两套聚光器、两套支架(图 2-1-28)、两套转盘(2-1-29)、两套杆尺、两套标杆和一个制动踏板抵压器组成,适用于检测大、中、小型汽车。

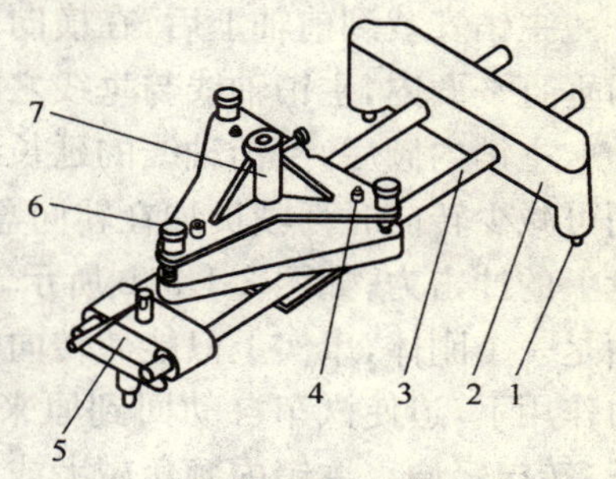

图 2-1-28　支架

1. 支架固定脚　2. 固定支架　3. 导轨　4. 定位螺栓、螺母　5. 活动支架　6. 调节螺钉　7. 调整支座

为了保持汽车直线行驶的稳定性、转向的轻便性和减小轮胎与机件间的磨损,转向轮、转向节和前轴三者之间与车架必须保持一定的相对位置,这种具有一定相对位置的安装称为转向轮定位(也称前轮定位)。转向轮定位包括:主销后倾、主销内倾、前轮外倾及前轮前束。

(1)主销后倾

主销安装于前轴上后,在纵向平面内,其上端略向后倾斜,这种现象称为主销后倾。在纵向垂直平面内,主销轴线与垂线之间的夹角 γ 称为主销后倾角,如图 2-1-30 所示。

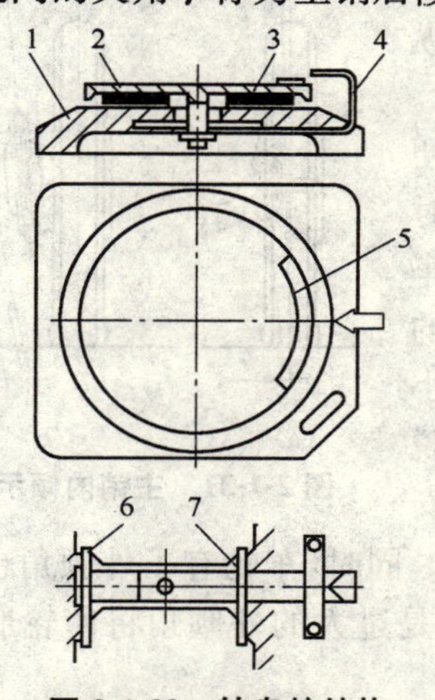

图 2-1-29　转盘的结构

1. 底盘　2. 上转盘　3. 钢球　4. 指针　5. 刻度尺　6. 横向导轨　7. 纵向导轨

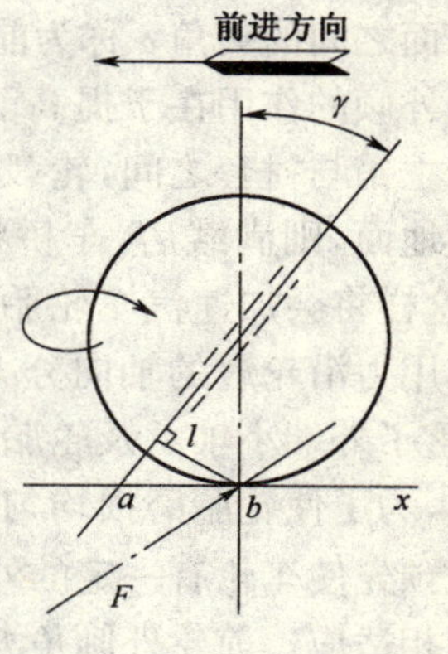

图 2-1-30　主销后倾示意图

主销后倾后,它的轴线与路面的交点 a 位于车轮与路面接触前进方向点 b 之前,这样 b 点到 a 点之间就有一段垂直距离 l。若汽车转弯时(图中所示向右转弯),则汽车产生的离心力将引起路面对车轮的侧向反作用力 F,F 通过 b 点作用于轮胎上,形成了绕主销的稳定力矩 $M=$

Fl,其作用方向正好与车轮偏转方向相反,使车轮具有恢复到原来中间位置的趋势。由此可见,主销后倾的作用是保持汽车直线行驶的稳定性,并力图使转弯后的前轮自动回正。即使在汽车直线行驶偶尔遇到阻力使车轮偏转时,也有此种作用。后倾角越大,车速越高,前轮的稳定性越强,但后倾角过大会造成转向盘沉重,一般 $\gamma<3°$。有些轿车和客车的轮胎气压较低,弹性较大,行驶时由于轮胎与地面的接触面中心向后移动,引起稳定力矩增加,故后倾角可以减小到接近于零,甚至为负值(即主销前倾)。

(2)主销内倾

主销安装到前轴上后,在横向平面内,其上端略向内倾斜,这种现象称为主销内倾。在横向垂直平面内,主销轴线与垂线之间的夹角 β 叫主销内倾角,如图 2-1-31 所示。

主销内倾后,主销轴线的延长线与地面交点到车轮中心平面与地面交线的距离 c 减小,从而可减少转向时驾驶员加在转向盘上的力,使转向操纵轻便,同时也可减小由转向轮传到转向盘上的冲击力;如图 2-1-31b 所示。当车轮转向或偏转时,车轮有向下陷入地下的倾向,由于地面是一个刚体,事实上只能使转向轮连同整个汽车前部向上抬起一个相应高度,同时在汽车重力作用下,迫使汽车自动回到原来中间位置。由此可见,主销内倾角的作用是使前轮自动回正,转向轻便。主销内倾角越大或前轮转向角越大,则汽车前部抬起就越高,前轮的自动回正作用就越明显,但转向时转动转向盘费力,转向轮的轮胎磨损增加,一般主销内倾角控制在 5°～8°之间。

(3)前轮外倾

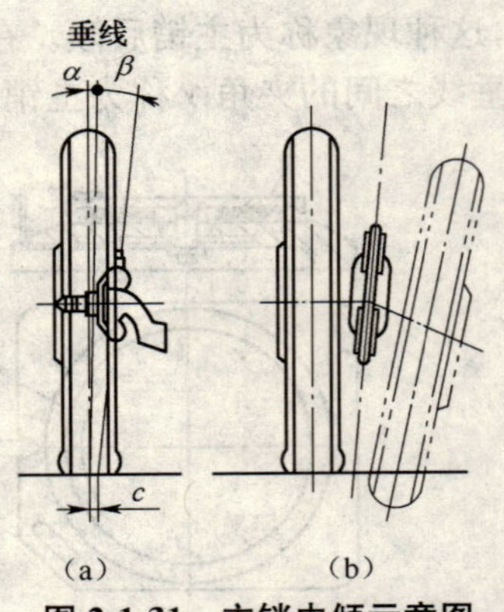

图 2-1-31 主销内倾示意图

前轮安装在车轮轮毂上,其旋转平面上方相对于纵向平面略向外倾斜,这种现象称为前轮外倾。前轮旋转平面与纵向垂直平面之间的夹角 α 称为前轮外倾角,如图 2-1-31a 所示。

前轮外倾的作用在于提高前轮工作的安全性和操纵轻便性。由于主销与衬套之间,轮毂与轴承处存在间隙,若空车时车轮垂直地面,则满载后,车桥将因承载而变形,可能出现车轮内倾,这样将会加速汽车轮胎的磨损。另外,路面对车轮的垂直反作用力沿轮毂的轴向分力将使轮毂压向轮毂外端的小轴承,加重了外端小轴承及轮胎螺母的负荷,严重时使车轮脱出。因此,为了使轮胎磨损均匀和减轻轮毂外轴承的负荷,安装车轮时预先使车轮有一定的外倾角,以防止车轮出现内倾。同时,车轮有了外倾角也可以与拱形路面相适应。前轮外倾角大虽然对安全和操纵有利,但是过大的外倾角将使轮胎横向偏磨增加,油耗增多,一般前轮外倾角为 1°左右。

(4)前轮前束

汽车两个前轮安装后,在通过车轮轴线与地面平行的平面内,两车轮前端略向内束,这种现象称为前轮前束。左右两车轮间后方距离 A 与前方距离 B 之差($A-B$)称为前轮前束值,如图 2-1-32 所示。

前轮前束的作用是消除汽车行驶过程中因前轮外倾而使两前轮前端向外张开的不利影响。由于前轮外倾,当车轮在地面纯滚动时,车轮将向外侧方向运动,实际上装在汽车上的两只前轮只能向正前方滚动，当两车轮具有前束时，两车轮在向前滚动会产生向内侧的滑动。这样，由车轮外倾和前轮前束使两前轮产生的滑动方向相反，可以互相抵消。从而使两前轮基本上是纯滚动而无滑动地向前运动。此外，前轮前束还可以抵消滚动阻力造成的使两前轮前部向外张开的作用，使两前轮基本上是平行地向前滚动。

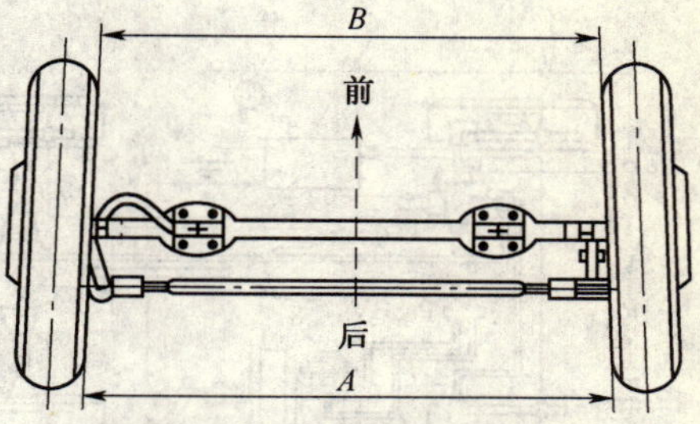

图 2-1-32　前轮前束(俯视图)

前轮前束可通过改变横拉杆的长度来调整。调整时，可根据各厂家规定的测量位置，使两轮前后距离差 $A-B$ 符合规定的前束值。测量位置除图示的位置外，还可取两车轮钢圈内侧面处的前后差值，也可以取两轮胎中心平面处的前后差值。一般前束值为 0～12mm。

三十八、电动式 EPS(电子控制动力转向系统)是怎样组成的？工作原理是怎样的？

随着微机在汽车上的广泛应用，出现了电子控制转向系统(Electronic Control Power Steering，简称电动式 EPS)。电动式 EPS，由转矩传感器、车速传感器、电控单元、电动机和电磁离合器等组成(图 2-1-33)。

电子控制动力转向系统(EPS)利用电动机作为动力源，根据车速和转向等参数，由电控单元完成动力控制。

其工作原理简述如下：

当操纵转向盘时，装在转向盘轴上的转矩传感器不断地测出转向轴上的转矩信号，该信号与车速信号同时输送到电控单元。电控单元根据这些输入信号，确定转向助力的大小和方向，即选定电动机的电流和转向，调整转向助力的大小。电动机的转矩由电磁离合器通过减速机构降速增扭后，加在转向器的输出轴上，使转向器得到一个和汽车运行工况相适应的输出力矩。

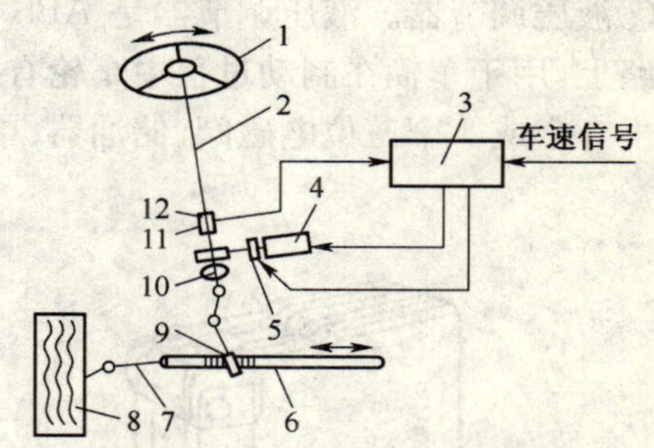

图 2-1-33　电动式 EPS 的组成

1. 转向盘　2. 转向轴　3. 电控单元　4. 电动机　5. 电磁离合器　6. 转向齿条　7. 转向横拉杆　8. 转向轮　9. 输出轴　10. 扭力杆　11. 转矩传感器　12. 转向齿轮

三十九、防抱死制动系统由哪些部分组成？

防抱死制动系统主要由装在车轮上的车轮转速传感器、液压调节器和电控单元等组成，如图2-1-34所示。

①车轮转速传感器。车轮转速传感器用于检测车轮转速，每个车轮安装 1 个。车轮转速传感器一般采用磁脉冲式或霍尔效应式。磁脉冲式车轮转速传感器由带凸齿的转子和绕在铁心上的电磁线圈组成，如图 2-1-35 所示。

汽车运行时，转子随车轮一起旋转，其凸齿在永久磁铁和电磁线圈旁边扫过，使电磁线圈中产生交变的电压信号。车轮转速传感器的转子一般装在轮毂或后桥上。在有些车辆上还装

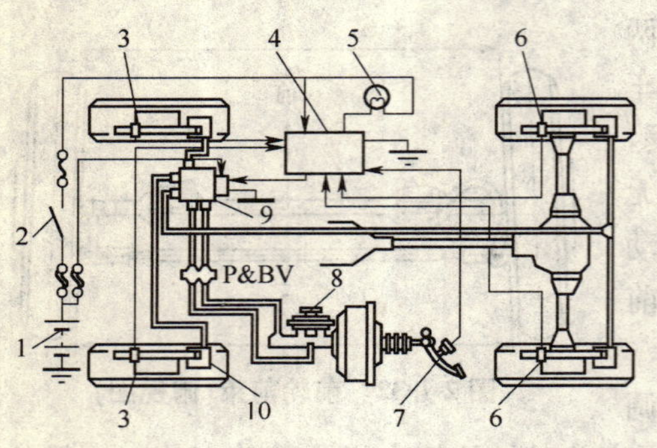

图 2-1-34 防抱死制动系统

1. 蓄电池 2. 点火开关 3. 前轮转速传感器 4. 电控单元 5. 警告灯 6. 后轮转速传感器 7. 停车灯开关 8. 制动主缸 9. 执行机构 10. 制动轮缸

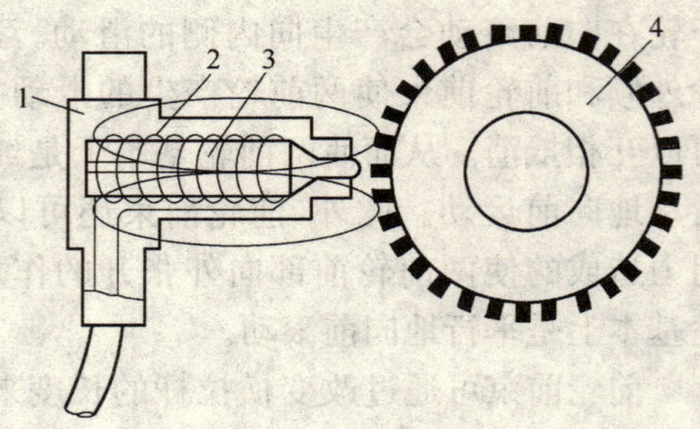

图 2-1-35 车轮转速传感器

1. 传感器壳 2. 电磁线圈 3. 铁心 4. 转子

有负加速度传感器，检测汽车紧急制动时的汽车减速度。

②液压调节器。液压调节器是 ABS 的执行机构。它安装在制动主缸与车轮制动器之间的管路上，用于车辆在制动过程中车轮有抱死趋势时，调节车轮制动器的制动力。液压调节器一般由 3 个或 4 个三位电磁阀、储油器、单向阀和回油泵等组成，如图 2-1-36 所示。

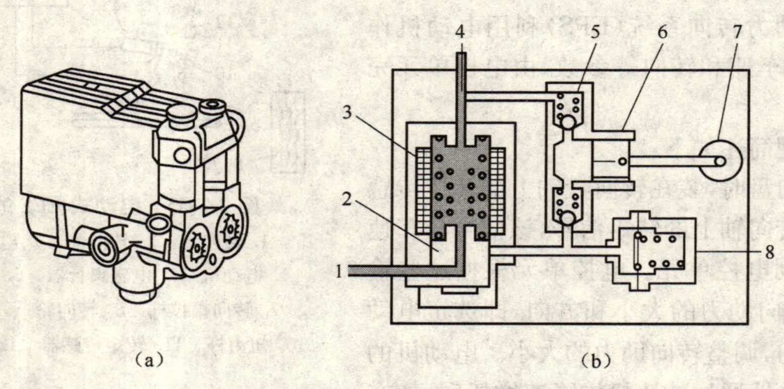

图 2-1-36 液压调节器

1. 至车轮制动器 2. 电磁阀 3. 电磁线圈 4. 来自制动总泵 5. 单向阀 6. 回油泵 7. 回油泵电动机 8. 储油器

③电控单元。电控单元用于检测汽车在制动过程中各车轮车速传感器输入的信号，并按特定的程序和计算方法对哪一个车轮有抱死趋势作出判断，再转变为控制信号，通过调节液压调节器中电磁阀的电流强度，改变滑阀的位置和制动液流动方向，调节将要抱死的车轮制动器的制动力，以防止车轮抱死。

四十、防抱死制动系统的工作过程是怎样的?

防抱死制动控制有三通道和四通道两种形式。在三通道防抱死制动系统中，两个前轮各由一个电磁阀单独控制，两个后轮由一个电磁阀同时控制。三通道和四通道防抱死制动系统，如图 2-1-37 所示。

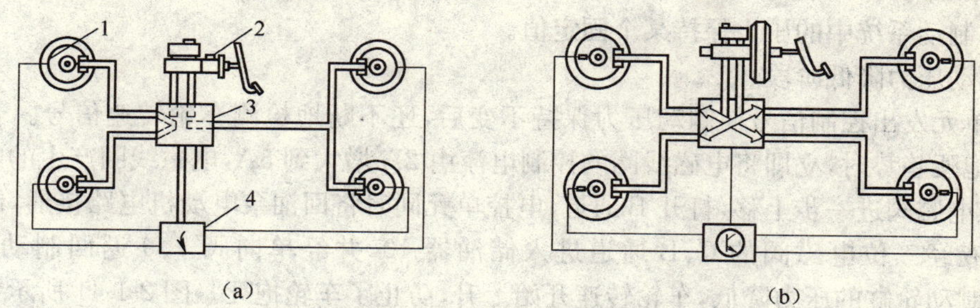

图 2-1-37　防抱死制动系统示意图

(a)三通道防抱死制动系统　(b)四通道防抱死制动系统

1. 车轮转速传感器　2. 制动主缸　3. 液压调节器　4. 电控单元

汽车运行时,防抱死制动系统电控单元收到制动车轮传感器信号后,判断车轮是否抱死。若发现某一个车轮抱死,立即发出指令,调节液压调节器电磁线圈的电流强度,以调节车轮制动器的制动力,防止该车轮抱死。其工作过程主要有以下几个阶段:

(1)制动力增长阶段

制动时液压调节器工作示意图如图 2-1-38。

在正常制动时,防抱死制动系统不起作用。电磁线圈不通电,在弹簧作用下,三位电磁阀移向下方,打开进油通道 A,关闭回油通道 B。当踩下制动踏板时,制动液从制动主缸经通道 A,进入通道 C 至制动轮缸,使制动轮缸压力增加,车轮转速降低。

图 2-1-39 是制动轮缸压力增长示意图。

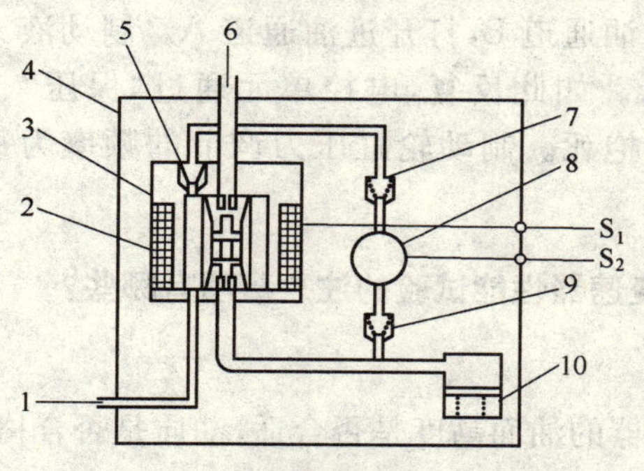

图 2-1-38　液压调节器工作示意图

1. 至制动轮缸　2. 电磁线圈　3. 三位电磁阀

4. 液压调节器　5、7、9. 单向阀　6. 来自制动主缸

8. 回油泵　10. 储油器　S_1/S_2. 电控单元控制信号

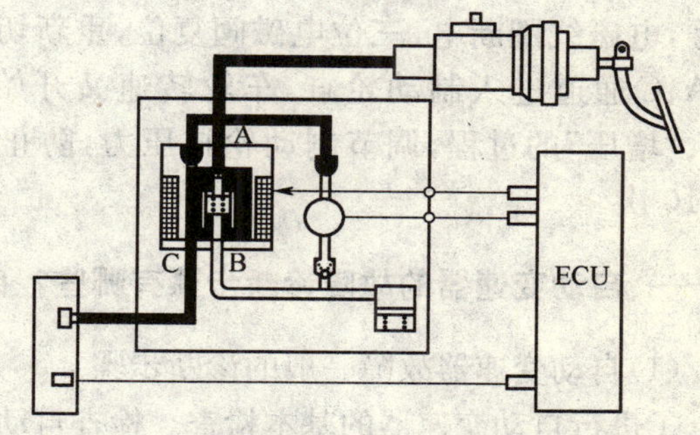

图 2-1-39　制动轮缸压力增长阶段

紧急制动时,踩下制动踏板,制动灯开关接通信号输入电控单元,防抱死制动系统开始检测车轮转速传感器的信号,并根据道路情况判断出哪一车轮有抱死的趋势。

(2)动力保持阶段

电控单元判断某个车轮有抱死趋势时,立即向液压调节器发出控制信号,并以 2A 的电流接通电磁线圈,电磁线圈产生电磁力使三位电磁阀上移,且处于中间位置,将进油通道 A 关闭。

由于进油通道关闭,回油通道B还没有打开,致使制动轮缸中的压力保持不变,如图2-1-40所示。此时,制动系统中的压力保持某个固定值。

(3)制动压力降低阶段

电控单元发出控制信号使制动压力保持不变后,还不断地检测车轮转速信号。若判断出车轮仍有抱死趋势时,立即将电磁线圈的控制电流由2A增大到5A,电磁线圈产生的电磁力增大,使三位电磁阀进一步上移,打开B通道;电控单元同时将回油泵电动机电路接通,制动轮缸中的制动液经三位电磁阀的C、B通道进入储油器10,并经单向阀7、9返回制动主缸(图2-1-38)。制动轮缸的压力降低,车轮转速开始上升,防止了车轮抱死。图2-1-41所示为制动轮缸压力降低阶段示意图。

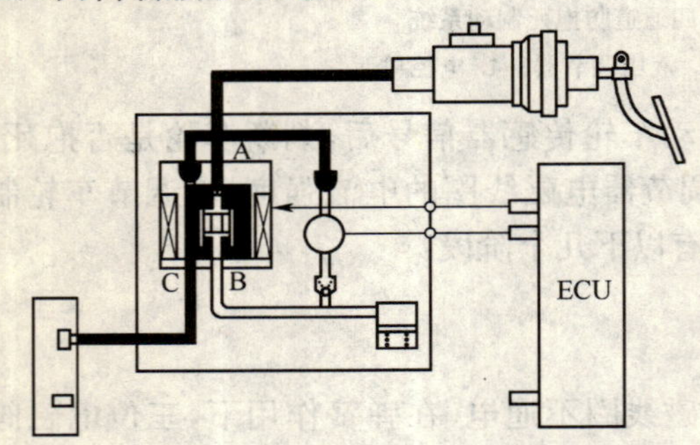

图2-1-40 制动轮缸压力保持阶段

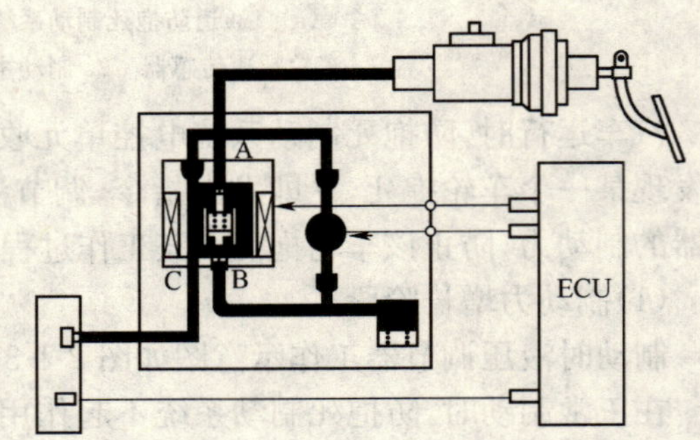

图2-1-41 制动轮缸压力降低阶段

由于制动压力降低,车轮转速升高,当车轮转速过高时,电控单元切断电磁线圈的制动信号,电磁线圈断电,三位电磁阀复位,重新切断回油通道B,打开进油通道A。制动液又经过A、C通道进入制动轮缸,车轮转速又开始降低。如此反复,电控单元通过"保压"、"降压"、"增压"的过程,调节制动轮缸压力,防止车轮抱死。制动轮缸压力调节的频率为每秒4~10次。

四十一、自动变速器的故障诊断步骤有哪些?自动变速器性能试验的注意事项有哪些?

(1)自动变速器故障一般的诊断步骤

①进行自动变速器的基本检查。检查自动变速器的油面高度是否合适,油质是否合格,自动变速器是否漏油,变速器联动机构及发动机工作状况是否正常等。排除以上引起自动变速器故障的因素后,再进行下一步的诊断。

②运用技术手段,确定故障系统:通过手动换档实验来判断故障是因电子控制系统引起的,还是机械和液压系统引起的;通过机械试验来区分故障的原因,是机械系统还是液压系统造成的。

③采用不同的诊断方法,确定不同系统的具体故障部位。

(2)自动变速器性能试验的注意事项

自动变速器的性能试验包括道路试验、失速试验、油压试验、延时试验等。在进行性能试验时应注意的事项如下:

①自动变速器出现故障时，首先应利用各种检测工具和手段，按照合理的程序和步骤，查出故障原因，以便有针对性地进行维修。

②在进行自动变速器性能试验之前，应检查发动机的怠速，检查自动变速器齿轮油的品质和油面高度，检查变速器变速杆手柄的位置和节气门拉索的连接情况。

③在进行道路试验之前和进行油压试验时，应让发动机和自动变速器都达到正常工作温度。

四十二、汽车综合性能检测站的检测项目和设备要求是什么？

汽车综合性能检测站是汽车的医院，它主要从事各类汽车动力性、安全性、经济性、可靠性等性能以及噪声与污染排放状况的检测。检测站主要分为A、B两级站。A级站是能够承担汽车技术状况检测、车辆技术等级评定检测、维修质量检测和接受有关部门委托对汽车及相关项目进行检测的汽车综合性能检测站；B级站是能够承担汽车技术状况检测和维修质量检测的汽车综合性能检测站。

检测站检测项目和设备要求如下：

①A级站、B级站所承担的检测项目及设备配备见表2-1-4。

②设备的检测功能应满足检测项目的要求，其精度要求应符合有关规定。

③采用计算机系统的汽车综合性能检测站，应满足下列要求：

a. 采用计算机系统后，应不影响原检测设备所具有的功能。

表2-1-4　A级站、B级站的检测项目及设备配备

序　号	检测项目	检测设备	备　注	
			A级站	B级站
1　动力性	发动机功率	发动机综合性能检测仪	√	√
	底盘输出功率	汽车底盘测功机	√	*
	加速时间		√	√
2　经济性	等速百公里油耗	汽车底盘测功机(或第五轮仪)、油耗仪	√	√
3　制动和滑行性能	轴载质量	轴(轮)重仪	√	√
	制动力	制动检测仪	√	√
	制动力平衡			
	车轮阻滞力			
	驻车制动力			
	制动系统协调时间			
	制动踏板力	制动踏板力计	√	√
	驻车制动装置操纵力	操纵力计	√	√
	ABS性能	ABS检测仪	*	*
	滑行距离或滑行时间	汽车底盘测功机	√	*
4　转向操纵性	侧滑量	侧滑检测仪	√	√
	车轮定位	车轮定位检测仪	√	
	转向角	转向角检测仪	√	
5　悬架特性	振幅或频率	悬架性能检测仪	*	*
	吸收率			
	左右轮吸收率差			
6　废气排放	汽油车废气排放	汽车排放气体检测仪	√	√
	柴油车废气排放	烟度计	√	√

续表 2-1-4

序　号	检测项目	检测设备	备注 A级站	备注 B级站
7　前照灯	前照灯发光强度	前照灯检测仪	√	√
	前照灯光轴偏移量			
8　车速表	车速表、里程表示值	车速表检测仪(或汽车底盘测功机)	√	√
9　汽车噪声	客车车内噪声	声级计	√	√
	驾驶员身旁噪声			
	车外噪声			
10	车身防雨密封性	喷淋装置	*	
11	汽车侧倾角	汽车侧倾角检测仪	*	
12	整体外观	轮胎气压表 钢卷尺 漆膜光泽测量仪 金属直尺 轮胎花纹深度尺	√	√
13	发动机诊断	汽车发动机检测仪 发动机示波器 曲轴箱窜气量检测仪 气缸压力表		
14	底盘诊断	车轮动平衡机 汽车底盘间隙检测仪 传动系统游动角检测仪 不解体探伤仪 测温表 秒表		

注:①√表示必须执行项;*表示选择执行项。

②购置新设备时,应选购其中最先进、功能更全的。

b. 采用计算机系统后,系统的示值误差应不低于原检测设备的精度要求。

c. 当计算机及其附属设备接口等出现故障时,原检测设备应能正常工作。

④人员条件应满足下列要求:

a. 各级站应配备站长、技术负责人、质量负责人和专职检测员。

b. 技术负责人、质量负责人应具有相应专业中级以上(含中级)技术职称。

c. 全体检测人员必须经专门培训、考核,取得岗位合格证书。

⑤厂房、场地条件应满足下列要求:

a. 各级站应设置汽车检测间、停车场、试车路段设施。

b. 各级站汽车检测间的长度、宽度、高度应满足工作需要并符合建筑标准的要求。

c. 检测间通道地面的纵向、横向坡度应小于1%,在汽车制动检验台前后相应距离内,地面附着系数应不低于0.70。

d. 检测间应具有醒目的工位标志、指示信号、引车线等,各工位应有相应的检测面积,工艺流程应布置合理,工作时各工位应互不干扰。

e. 检测间内采光和照明应符合 GB 50033—2001 和 GB 50034—2004 的有关规定。

f. 检测间内空气质量应符合 TJ36 的有关规定；各级站的卫生设施应符合工业设计卫生标准的有关规定；各级站的供电设施应符合 GB 50055—1993 的有关规定；检测间的防雷设施应符合 GB 50057—1994 的有关规定。

g. 各级站内应设置压缩气源。

h. 各级站的设计和使用应符合 GB/T 17993—2005《汽车综合性能检测站能力的通用要求》的有关规定，必须有消防通道、消防设施等，并严格执行有关消防条例和法规。

i. 停车场的面积应与检测能力相适应。

j. 试车路段应满足 GB 7258—2004《机动车运行安全技术条件》中有关要求；各级站的进出口应畅通，站内应设有引车道和必要的交通标志。

⑥管理制度要健全。

a. 各级站应按计量认证规定制定《质量管理手册》。

b. 各级站应制定《工作人员守则》。

四十三、汽车二级维护前的具体检测项目有哪些？

汽车二级维护前的检测主要是以车辆的技术档案、驾驶员反映的情况、检验人员的初步观测为依据，应用仪器设备对车辆进行不解体的诊断检测，为判断故障、技术评定和确定附加作业项目提供依据。以桑塔纳 LX 型轿车为例具体检测项目如下：

①路试检查车辆操纵稳定性，方向不跑偏，不发抖，转向灵活。

②路试检查离合器，不打滑，不发抖，分离彻底，无异响。

③路试检查变速器换挡轻便，无异响、乱档、跳档，无漏油等现象。

④路试检查制动主缸、真空助力器密封良好，工作正常。制动性能应符号 GB 7258—2004 的有关要求。

⑤检视传动轴防尘罩完好，传动轴无损伤。

⑥检视前悬架所有球形节、衬套、轴承不松动，减振器不漏油。

⑦检视前横梁无裂纹、变形，连接紧固。

⑧检查驻车制动器生效齿数为两齿。

⑨检视后悬架：后梁不变形；减振器不漏油；后轮轴承不松旷、无异响。

⑩检视轮胎无异常磨损，花纹深度应大于 1.6mm；轮胎气压应符合规定：前轮 180kPa，后轮 190kPa；车轮动不平衡量为零。

⑪检查点火提前角：采用 90＃汽油，怠速时的点火提前角为 6°±1°。

⑫检查点火高压：点火高压应不小于 30kV，各缸差值不大于 2kV，点火波形正常。

⑬检查闭合角：桑塔纳轿车无触点电子点火系统怠速时闭合角应为 19°±3°，3500r/min 时闭合角应为 62°±3°。

⑭测定发动机功率应不小于额定值的 80％。

⑮1200r/min 时单缸转速降应不小于 90r/min，各缸转速降相差值不应超过 25％。

⑯气缸压力标准值应为 1000～1300kPa，各缸之间最大压力差应为 300kPa。

⑰检查机油压力：发动机运转时，油压报警灯不亮，则低压传感器处的油压应不小于

30kPa,高压传感器油压应不小于180kPa。

⑱发动机曲柄连杆机构和配气机构无异响。

⑲用内窥镜检视气缸表面拉痕、活塞顶部状况,气缸无拉伤,活塞顶无烧蚀及积炭。

⑳检查冷却水泵及风扇工作状况:水泵无漏水、异响,水泵轴不松旷;风扇工作正常,控制温度如下:第一档(1600r/min)时接通温度应为93℃~98℃,关闭温度应为88℃~93℃。第二档(2400r/min)时接通温度应为99℃~105℃,关闭温度应为93℃~98℃。

㉑起动时,蓄电池电压不得低于9.6V。

㉒当转速为(800±50)r/min时,进气支管真空度应为57~70kPa。

㉓检测汽车尾气排放:怠速转速800~900r/min时,CO含量应不大于5%,HC含量应不大于2000PPm。

㉔检测车轮定位,应符合要求。前轮:左主销后倾角30′,右外倾角-30′±20′,总前束-20′±10′(-10mm~-3mm)

后轮:左外倾角-1°40′±20′,右外倾角-1°40′±20′,总前束25′±15′。

四十四、汽车零件的失效模式有哪些?

汽车零件的失效模式有:零件的磨损、零件的疲劳断裂、零件的变形和零件的腐蚀。

①汽车零件的磨损。汽车零件由于摩擦,使零件表面物质不断损失的现象称为磨损。按磨损原因不同,可分为磨料磨损、粘着磨损、疲劳磨损、腐蚀磨损和微动磨损。

②汽车零件的疲劳断裂。零件在交变应力的作用下,经过较长时间工作而发生断裂的现象,称为疲劳断裂。疲劳断裂实质上是一个累积损伤的过程,大体上可分为滑移、裂纹形成、微观扩展、宏观扩展、最后断裂几个过程。断裂是个动态变化过程,断口是断裂的静态反映。从断口的形状特征可以分析研究断裂过程、断裂方式、断裂性质和断裂原因等。要预防零件的疲劳断裂,主要是提高疲劳抗力,延缓疲劳裂纹发生的时间,降低疲劳裂纹的扩展速率等。

③汽车零件的变形。汽车零件在内部或外部应力的作用下,其尺寸和形状发生改变的现象称为零件的变形,如气缸体、曲轴、连杆、离合器摩擦片的变形等。汽车零件的变形可分为弹性变形、塑性变形和蠕变失效三类。零件变形失效,除了金属材料、设计刚度、制造工艺等因素外,主要与内应力的影响、外载荷的影响和工作温度的影响有关。

④汽车零件的腐蚀。零件受周围介质的作用而引起的损坏,称为零件的腐蚀失效。按腐蚀的机理,可把腐蚀分为化学腐蚀、电化学腐蚀、穴蚀等。

金属零件与介质直接发生化学反应而引起零件的失效,称为化学腐蚀。金属与介质发生电化学反应而引起零件的失效,称为电化学腐蚀。防止腐蚀,主要是改善零件的工作条件(如防水、干燥、通风等)、零件表面形成保护覆盖层(镀铬、镀锡、涂漆、塑膜、氧化等)。穴蚀也称气蚀,多发生在湿式气缸套与冷却液接触的外表面,滑动轴承、滚动轴承与润滑油接触的表面等。液体与零件接触处的局部压力比其蒸气压力低的情况下,将产生气泡,当气泡游到高压区时,压力超过气泡压力时使其破灭,破灭瞬间产生极大的冲击力和高温。气泡的形成和破灭的反复作用,使零件表面的材料产生疲劳而逐渐脱落,呈麻点状,随后扩展呈泡沫海绵状。穴蚀是一种比较复杂的失效现象,它往往不单纯是机械力所造成的破坏,液体的化学及电化学作用,液体中含有磨料等均可加剧这一破坏过程。

第三节　生产管理应知

四十五、按 GB/T 16739—2004 的规定,汽车维修企业如何分类?

根据我国国家标准 GB/T 16739—2004 的规定,汽车维修企业分为三类,其作业范围如下:

①一类汽车维修企业。一类汽车维修企业通常是指规模比较大的汽车修理厂即从事汽车整车和总成大修的生产企业。此类企业包括二类和三类汽车维修企业的作业。

②二类汽车维修企业。二类汽车维修企业通常是指有能力从事汽车整车各级维护、小修和换件修理的规模比较小的汽车维修企业。

③三类汽车维修业户:通常是指专门从事汽车专项修理(或维护)生产的企业和个体户。专项维修的主要项目为汽车发动机、车身、电气系统、自动变速器、车身清洁维护、涂漆、轮胎动平衡及修补、四轮定位检测调整、供油系统维护及油品更换、喷油泵和喷油器维修、曲轴修磨、气缸镗磨等共 16 项。车身清洁维护通常是指:进行汽车车身清洗、除尘、除垢、打蜡、抛光等作业的专项维护。

四十六、汽车修理的作业方式有哪些?汽车修理的组织形式有哪些?

(1)汽车修理的作业方式

汽车修理的作业方式一般分为两种:定位作业法和流水作业法。

①定位作业法是指汽车在固定工位上进行修理作业的方法。通常,汽车拆装、主要总成的拆装、车架和驾驶室修理等作业,多在固定工位上进行;而拆卸后的修理工作,则在专业组进行。定位作业法占地面积小,不受时间限制,所需设备简单,一般适用于生产规模不大或承修车型比较复杂的修理厂。

②流水作业法是指汽车在生产线的各工位上,按确定的工艺顺序和节拍进行修理的方法。流水作业法可根据流动情况的不同,分为连续流水和间歇流水两种。所谓连续流水是指作业始终是在流动着的流水线上进行的;而间歇流水,则是作业每流至一个工位便停留一定时间,在完成所需工作后再流至下一工位。汽车修理的拆装作业、其他总成的修理作业可考虑采用间歇流水作业法;不能组成流水作业的工种,仍可分散在各专业组进行。该种作业方式,专业化程度高、运距短、工效高,便于组织大规模生产。缺点是设备投资多、占地面积大,需有足够的配件和周转总成,一般适用于生产规模大、车型单一的修理厂。

(2)汽车修理的组织形式

汽车修理的组织形式可分为综合作业法和专业分工法两种。

①综合作业法是指全部汽车的修理作业由一个班组完成的组织形式。辅助工种:如机加工、钳工、锻、焊、木、漆、胎、缝、钣金、电工等由其他车间配合完成。这种组织形式要求工人的技术全面,技术水平不易提高,而且作业周期长、修理质量不稳定、工效低,不适合大规模生产。优点是责任明确,便于管理。

②专业分工法是指汽车修理作业的各个单元由不同的人员去完成的组织形式。单元可按工种、部位、总成、组合件或工序进行划分。作业单元分得越细,专业化程度也就越高。这种形式易于提高工人的技术水平、能保证修理质量,修理周期短、工效高、成本低,适合修理车型单一、规模较大的修理厂采用。但要注意修车进度的相互平衡,搞好生产计划调度及材料供应,保证生产有节奏地进行。

四十七、什么是汽车整车维修企业,按规模大小分为几类?汽车整车维修企业开业条件有哪些?

汽车整车维修企业是指有能力对所维修车型的整车各个总成及主要零部件进行各级维护、修理及更换,使汽车的技术状况和动力性能完全(或接近完全)恢复到原车的技术要求,并符合相应国家标准和行业标准规定的汽车维修企业。按规模大小分为一类汽车维修企业和二类汽车维修企业。

汽车整车维修企业开业条件,包括人员条件、组织管理条件、安全生产条件、环境保护条件以及设施设备条件,具体规定如下:

(1)人员条件

①企业管理负责人、技术负责人及检验、业务、价格核算、维修(机修、电气、钣金、油漆)等关键岗位至少应配备1人,并应经过有关培训,取得行业主管部门颁发的从业资格证书,持证上岗。

②企业管理负责人应熟悉汽车维修业务,具备企业经营、管理能力,并了解汽车维修及相关行业的法规及标准。

③技术负责人应具有汽车维修或相关专业的大专以上文化程度或具有汽车维修或相关专业的中级以上专业技术职称。应熟悉汽车维修业务,并掌握汽车维修及相关行业的法规及标准。

④检验人员数量应与其经营规模相适应,其中至少有一名总检验员和一名进厂检验员。

⑤业务人员应熟悉各类汽车维修检测作业,从事汽车维修工作3年以上,具备丰富的汽车技术状况诊断经验,熟练掌握汽车维修服务收费标准及相关政策法规。

⑥企业工种设置应覆盖维修业务中涉及的各专业。维修人员的专业知识和业务技能应达到行业主管部门规定的要求。

(2)组织管理条件

①经营管理方面。

a. 应具有与汽车维修有关的法规等文件资料。

b. 应具有规范的工作流程,说明业务受理程序、服务承诺、用户抱怨受理制度等。

c. 应具有健全的经营管理体系,设置技术负责、业务受理、质量检验、文件资料管理、材料管理、仪器设备管理、价格结算等岗位并落实责任人。

d. 应实行计算机管理。

②质量管理方面。

a. 应具有汽车维修的国家标准和行业标准以及相关技术标准。

b. 应具有所维修车型的维修技术资料及工艺文件,确保完整有效并及时更新。

c. 应具有汽车维修质量承诺、进出厂登记、检验、竣工出厂合格证管理、技术档案管理、标准和计量管理、设备管理及维修、人员技术培训等制度。

d. 应建立汽车维修档案和进出厂登记台账。汽车维修档案应包括维修合同、进厂检修过程记录、竣工检验记录,出厂合格证副页,结算凭证和工时、材料清单等。

(3)安全生产条件

①企业应具有与其维修作业内容相适应的安全管理制度和安全保护措施,建立并实施安全生产责任制。安全保护设施、消防设施等应符合有关规定。

②企业应有各工种、各类机电设备的安全操作规程,并将安全操作规程明示在相应的工位或设备处。

③使用和存储有毒、易燃、易爆物品及腐蚀剂、压力容器时,均应有相应的安全防护措施和设施。

④生产厂房和停车场应符合安全、环保和消防等各项要求。

(4)环境保护条件

①企业应具有废油、废液、废气、废蓄电池、废轮胎及垃圾等有害物质集中收集、有效处理和保持环境整洁的环境保护管理制度。有害物质存储区域应界定清楚,必要时应有隔离、控制措施。

②作业环境以及按生产工艺配置的处理“三废”(废油、废液、废气)、通风、吸尘、净化、消声等设施,均应符合有关规定。

③涂漆车间应设有专用的废水排放处理设施。采用干打磨工艺的,应有粉尘收集装置和除尘设备,并设有通风设备。

④调试车间或调试工位应设置汽车尾气收集净化装置。

(5)设施条件

①接待室(含客户休息室)。

a. 企业应设有接待室,一类企业的面积不少于 $40m^2$,二类企业的面积不少于 $20m^2$。

b. 接待室应整洁明亮,明示各类证、照、主修车型、作业项目、工时定额及单价等,并设有客户休息的设施。

②停车场。

a. 企业应有与承修车型、经营规模相适应的合法停车场地。一类企业的面积不少于 $200m^2$,二类企业的面积不少于 $150m^2$。

b. 企业租赁的停车场地,应具有合法的书面合同书。

c. 停车场地面平整坚实,区域界定标志明显。

③生产厂房。

a. 生产厂房地面应平整坚实,面积应能满足表 2-1-5 至表 2-1-7 所列设备的工位布置、生产工艺和正常作业,一类企业的面积不少于 $800m^2$,二类企业的面积不少于 $200m^2$。

b. 租赁的生产厂房应具有合法的书面合同书。

(6)设备条件

①企业应配备与其承修车型相适应的量具、机工具及手工具。量具应定期进行检定。

②企业应配备表2-1-5～表2-1-7所列的通用设备、专用设备及检测设备,其规格和数量应与其生产纲领和生产工艺相适应。

③各种设备应符合相应的产品技术条件等国家标准和行业标准的要求。

④各种设备应能满足加工、检测精度的要求和使用要求。表2-1-7所列检测设备应通过相关认定,并按规定经有资质的计量检定机构检定合格。

⑤允许外协的设备,应具有合法的书面合同书,并能证明其技术状况符合③、④的要求。

表2-1-5 通用设备

序号	设备名称	序号	设备名称
1	钻床	4	压力机
2	电焊及气体保护焊设备	5	空气压缩机
3	气焊设备		

表2-1-6 专用设备

序号	设 备 名 称	大中型客车	大型货车	小型车	其他要求
1	换油设备		√		
2	轮胎轮辋拆装设备		√		
3	轮胎螺母拆装机	√	√	—	
4	车轮动平衡机		√		
5	四轮定位仪	—	—	√	
6	转向轮定位仪	√	√	—	

表2-1-7 主要检测设备

序号	设 备 名 称	其 他 要 求
1	声级计	
2	排气分析仪或烟度计	
3	汽车前照灯检测设备	二类允许外协
4	侧滑试验台	二类允许外协
5	制动检验台	修理大型货车及二类允许外协
6	车速表检验台	二类允许外协
7	底盘测功机	允许外协

四十八、汽车专项维修业户开业条件有哪些?

根据汽车维修业开业条件GB/T 16739.1～2—2004的规定,汽车专项维修业户是指从事汽车发动机、车身、电气系统、自动变速器、车身清洁维护、涂漆、轮胎动平衡及修补、四轮定位检测调整、供油系统维护及油品更换、喷油泵和喷油器维修、曲轴修磨、气缸镗磨、散热器(水箱)维修、空调维修、汽车装潢(篷布、坐垫及内装饰)和风窗玻璃安装等专项维修作业的业户(三类)。

1. 通用条件

①从事专项维修关键岗位的人员数量应能满足生产的需要,并取得行业主管部门颁发的

从业资格证书，持证上岗。

②应具有相关的法规、标准、规章等文件以及相关的维修技术资料和工艺文件等，并确保完整有效、及时更新。

③应具有规范的业务工作流程，并明示业务受理程序、服务承诺、用户投诉受理制度等。

④生产厂房的面积、结构及设施应满足专项维修作业设备的工位布置、生产工艺和正常作业要求。停车场地界定标志明显，不得占用道路和公共场所进行作业和停车，地面应平整坚实。租赁的生产厂房、停车场地应具有合法的书面合同书。应符合安全生产、环保和消防等各项要求。

⑤配备的设备应与其生产作业规模及生产工艺相适应，其技术状况应完好，符合相应的产品技术条件等国家标准或行业标准的要求，并能满足加工、检测精度的要求和使用要求。检测设备及量具应按规定经有资质的计量检定机构检定合格。

⑥使用和存储有毒、易燃、易爆物品及粉尘、腐蚀剂、污染物和压力容器等，均应有安全防护措施和设施。作业环境以及按生产工艺安装和配置的处理"三废"(废油、废液、废气)、通风、吸尘、净化和消声等设施，均应符合国家有关法规、标准的规定。

2. 专项维修经营范围、人员、设施、设备条件

(1)发动机修理

①人员条件。

a. 企业管理负责人、技术负责人及检验人员等均应经过有关培训，并取得行业主管部门颁发的从业资格证书，持证上岗。

b. 企业管理负责人应熟悉汽车维修业务，具备企业经营、管理能力，并了解发动机维修及相关行业的法规及标准。

c. 技术负责人应具有汽车维修或相关专业的大专以上的文化程度，或具有汽车维修或相关专业的中级以上专业技术职称。应熟悉汽车维修业务，并掌握汽车维修相关行业的法规及标准。

d. 检验人员应不少于2名。

e. 发动机主修人员应不少于2名。

②组织管理。

a. 应具有健全的经营管理体系，设置技术负责、业务受理、质量检验、文件资料管理、材料管理、仪器设备管理、价格结算等岗位并落实责任人。

b. 应具有维修质量承诺、进出厂登记、检验记录及技术档案管理、标准和计量管理、设备管理及维护、人员技术培训等制度并严格实施。

③设施条件。

a. 应设有接待室，其面积应不少于20m^2。接待室应整洁明亮，明示各类证件、照片、作业项目及计费工时定额等，并应有客户休息的设施。

b. 停车场面积应不少于30m^2。

c. 生产厂房面积应不少于200m^2。

④主要设备。主要设备包括压力机、空气压缩机、发动机解体清洗设备、发动机等总成吊

装设备、发动机试验设备、废油收集器、数字式万用电表、气缸压力表、量缸表、正时仪、汽油喷油器清洗及流量测量仪、燃油压力表、喷油泵试验设备、喷油器试验设备、连杆校正器、排气分析仪、烟度计、无损探伤设备、立式精镗床、立式珩磨机、曲轴磨床、曲轴校正设备、凸轮轴磨床、激光淬火设备及曲轴、飞轮与离合器总成动平衡机。

(2)车身维修

①人员条件。

a. 企业管理负责人、技术负责人及检验人员应符合发动机修理人员条件①～③的要求。

b. 检验人员应不少于1名。

c. 车身主修及维修涂漆人员均不少于2名。

②组织管理条件。企业的组织管理条件应符合发动机修理组织管理要求。

③设施条件。

a. 应设有接待室，其面积应不少于20m²。接待室应整洁明亮，明示各类证、照、作业项目及计费工时定额等，并应有客户休息的设施。

b. 停车场面积应不少于30m²。

c. 生产厂房面积应不少于120m²。

④主要设备。主要设备包括电焊及气体保护焊设备、气焊设备、压力机、空气压缩机、汽车外部清洗设备、打磨抛光设备、除尘除垢设备、型材切割机、车身整形设备、车身矫正设备、车架矫正设备、车身尺寸测量设备、喷烤漆房和设备及调漆设备(允许外协)。

(3)电气系统维修

①人员条件。

a. 企业管理负责人、技术负责人及检验人员应符合发动机修理人员条件①～③的要求。

b. 检验人员应不少于1名。

c. 电子电器主修人员应不少于2名。

②组织管理条件。企业的组织管理条件应符合发动机修理组织管理的要求。

③设施条件。

a. 应设有接待室，其面积应不少于20m²。接待室应整洁明亮，明示各类证、照、作业项目及计费工时定额等，并应有客户休息的设施。

b. 停车场面积应不少于30m²。

c. 生产厂房面积应不少于120m²。

④主要设备。主要设备包括空气压缩机、故障诊断设备、数字式万用电表、充电机、电解液比重计、高频放电叉、汽车前照灯检测设备(允许外协)和电路检测设备。

(4)自动变速器修理

①人员条件。

a. 企业管理负责人、技术负责人及检验人员应符合发动机修理人员条件①～③的要求。

b. 检验人员应不少于1名。

c. 自动变速器专业主修人员应不少于2名。

②组织管理条件。企业的组织管理条件应符合发动机修理组织管理的要求。

③设施条件。

a. 应设有接待室，其面积应不少于 $20m^2$，接待室整洁明亮，明示各类证、照、作业项目及计费工时定额等，并应有客户休息的设施。

b. 停车场面积应不少于 $30m^2$。

c. 生产厂房面积应不少于 $200m^2$。

④主要设备。主要设备包括自动变速器翻转设备、自动变速器拆装设备、变速器维修设备、变矩器切割设备、变矩器焊接设备、变矩器检测(检漏)设备、零件高压清洗设备、电控变速器测试仪、油路总成测试机、液压油压力表、自动变速器总成测试机和自动变速器专用测量器具。

(5)车身清洁维护

①人员条件。至少有2名经过专业培训的车身清洁人员。

②设施条件。生产厂房面积不少于 $40m^2$，停车场面积不少于 $30m^2$。

③主要设备。主要设备包括举升设备或地沟、汽车外部清洗设备污水处理设备、吸尘设备、除尘和除垢设备、打蜡设备和抛光设备。

④节水条件。取得节水管理部门的批准，符合当地节水及环保要求。

(6)涂漆

①人员条件。至少有1名经过专业培训的汽车维修涂漆人员。

②设施条件。生产厂房面积不少于 $120m^2$。停车场面积不少于 $40m^2$。

③主要设备。主要设备包括举升设备、除锈设备、砂轮机、空气压缩机、喷烤漆房；吸尘和通风设备；从事轿车喷漆必备喷漆设备。调漆设备允许外协。

(7)轮胎动平衡及修补

①人员条件。至少有1名经过专业培训的轮胎维修人员。

②设施条件。生产厂房面积不少于 $30m^2$。停车场面积不少于 $30m^2$。

③主要设备。主要设备包括空气压缩机、漏气试验设备、轮胎气压表、千斤顶、轮胎螺母拆装机或专用拆装设备、轮胎轮辋拆装设备、除锈设备或专用工具、轮胎修补设备和车轮动平衡机。

(8)四轮定位检测调整

①人员条件。至少有1名经过专业培训的汽车维修人员。

②设施条件。生产厂房面积不少于 $40m^2$。停车场面积不少于 $30m^2$。

③主要设备。主要设备包括举升设备、四轮定位仪、空气压缩机和轮胎气压表。

(9)供油系统维护及油品更换

①人员条件。至少有1名经过专业培训的汽车维修人员。

②设施条件。生产厂房面积不少于 $40m^2$。停车场面积不少于 $30m^2$。

③主要设备。主要设备包括不解体油路清洗设备、换油设备、废油收集设备、举升设备或地沟，以及空气压缩机。

(10)喷油泵和喷油器维修

①人员条件。至少有1名经过培训的汽车高压油泵维修人员。

②设施条件。生产厂房面积不少于 $30m^2$。停车场面积不少于 $30m^2$。

③主要设备。主要设备包括喷油泵、喷油器清洗和试验设备;喷油泵、喷油器密封性试验设备(从事喷油泵、喷油器维修业户);弹簧试验仪、千分尺和塞尺。

(11)曲轴磨修

①人员条件。至少有1名经过专业培训的曲轴磨修人员。

②设施条件。生产厂房面积不少于60m^2。停车场面积不少于30m^2。

③主要设备。包括曲轴磨床、曲轴校正设备、曲轴动平衡设备、平板、V形块、百分表及磁力表座、外径千分尺、无损探伤设备和吊装设备。

(12)气缸镗磨

①人员条件。至少有1名经过专业培训的气缸镗磨人员。

②设施条件。生产厂房面积不少于60m^2。停车场面积不少于30m^2。

③主要设备。主要设备包括立式精镗床、立式珩磨机、压力机、吊装起重设备、气缸体水压试验设备、量缸表、外径千分尺、塞尺、激光淬火设备(从事激光淬火必备)和平板。

(13)散热器维修

①人员条件。至少有1名经过专业培训的专业维修人员。

②设施条件。生产厂房面积不少于30m^2。停车场面积不少于30m^2。

③主要设备。主要设备包括清洗及管道疏通设备、气焊设备、钎焊设备、空气压缩机、喷漆设备和散热器密封试验设备。

(14)空调维修

①人员条件。至少有1名经过专业培训的汽车空调维修人员。

②设施条件。生产厂房面积不少于40m^2。停车场面积不少于30m^2。

③主要设备。主要设备包括汽车空调冷媒加注回收设备、气焊设备、空调电器检测设备、空调专用检测设备和数字式万用表。

(15)汽车装潢(篷布、坐垫及内装饰)

①人员条件。至少有1名经过专业培训的汽车维修人员。

②设施条件。生产厂房面积不少于30m^2。停车场面积不少于30m^2。

③主要设备。主要设备包括缝纫机、锁边机、工作台或工作案、台钻或手电钻、电熨斗、裁剪工具和烘干设备。

(16)汽车玻璃安装

①人员条件。至少有1名经过专业培训的维修人员。

②设施条件。生产厂房面积不少于30m^2。停车场面积不少于30m^2。

③主要设备。主要设备包括工作台、玻璃切割工具、注胶工具、玻璃固定工具、直尺、弯尺、玻璃拆装工具和吸尘器。

四十九、什么叫产品成本?产品成本由哪些费用构成?

(1)产品成本

为生产(和销售)一定数量和质量的产品,所消耗的劳动资料、劳动对象和劳动报酬的价值形式为产品成本。

产品的生产和销售伴随着劳动的消耗,产品成本就是这种劳动消耗的货币表现。生产中发生的费用称为生产成本,或称为工厂成本;销售中发生的费用称为销售成本。产品成本是指二者费用之和。

按各种费用与产品产量的关系,成本又可划分为固定成本与变动成本两部分。固定成本是指在一定生产规模内不随产品产量变动而变动的费用;变动成本是指产品成本中随产品变动而变动的费用。固定成本和变动成本的计算是进行项目盈亏平衡分析的重要内容。

(2)产品成本的构成

根据产品成本中所包含的各种费用的经济用途和核算层次,产品成本由以下 8 个项目的费用组成:

①原材料。原材料指构成产品实体的原料、主要材料、外购半成品、零部件及辅助材料。

②燃料和动力。直接用于产品生产的外购和自制的燃料和动力。

③工资。工资指直接参加生产的工人工资。

④预提费用。预提费用指提取的职工福利基金等。

⑤废品损失。废品换失指生产过程中产生废品所导致的损失。

⑥车间经费。车间经费指基本生产车间和辅助生产车间为管理和组织生产所发生的费用,如车间管理人员的工资、办公费、车间消耗性材料支出、维修费、劳动保护费以及车间厂房和设备的折旧费等。

⑦企业管理费。企业管理费指企业为管理和组织工厂生产所发生的费用,如企业管理人员的工资、行政管理费、工会经费、运输费、试验设计费、折旧费及利息支出等。

⑧销售费用。销售费用指产品销售过程中发生的费用,如推销费、广告费、售后财务费等。

五十、产品成本的计算方法有哪些?

产品成本的计算方法主要有简单法、分步法、订单法、分类法和定额法等。

(1)简单法

简单法就是整个企业只要设置一张或几张成本计算单,按成本项目统计生产费用,就可计算出产品的成本。该法适用于大量大批单件产品或简单生产的企业进行成本核算,如采掘、电力等部门、大企业的辅助生产车间(如供水、供电、供气车间);还适用于某些生产规模小而且管理上又不要求按照生产阶段计算成本的生产企业,如水泥厂和造纸厂等。

(2)分步法

分步法的产品成本计算对象是各种产品的成本及其所经过的各生产步骤的成本。产品成本计算单是依据生产步骤和产品的品种来设置。各生产步骤发生的费用包括两方面:能直接计算某种成本核算对象的,则直接计入即可;不能计入成本核算对象的,则应按生产步骤统计,月末再按一定标准在各种产品之间分配。分步法主要适用于大量大批连续式复杂生产的企业,如纺织厂、线缆厂等。

(3)订单法

订单法是由企业生产计划部门下达的“生产任务单”来组织的,即以每一订单或每一批产品作为成本的计算对象。生产费用中能按订单或批别划分的直接费用,要在费用原始凭证上注明产品的订单或批别号码,以利于直接计入各产品的成本计算单中;对于不能按订单或批别划分的间接费用,要在费用原始凭证上注明费用发生的地点,以利于按费用发生地点进行归集,再按生产工时或其他标准分配各产品成本计算单。订单法适用于按照购买单位订单进行单件小批量生产的企业,如造船厂;还适用于新产品试制或试验性生产、专用基金工程以及设备修理作业等。

(4)分类法

分类法就是将产品分为若干类,先算出各类产品的总成本,然后按照一定比例在各种产品之间进行分配,计算每种产品成本的一种方法。在实际工作中,常将分配比例折合为系数,以系数为标准分配计算同类产品中各产品的实际成本,所以分类法也称系数法。分类法适用于产品种类或规格繁多,但每类中各种产品的结构、生产所用的原材料和工艺过程基本相同的而且是大量大批生产的企业,如针织和电子元件等企业。另外,在用相同原材料在同一加工过程中生产出两种以上产品的企业和自制"通用件"、"标准件"种类较多的企业,也可采用分类法计算产品成本。

(5)定额法

定额法是以产品的定额成本为基础,当生产费用发生时,就要在原始凭证上及时计算实际生产费用脱离定额的各种差异,然后在定额成本的基础上,加减各种定额差异,计算出产品实际成本的一种方法。定额法的最大优点是把成本的计划、管理、核算、分析有机地结合起来,能够在生产费用发生的当时,就反映出各项费用脱离定额的差异,有利于加强成本分析,防止生产费用超支,挖掘降低成本的潜力。这种方法适用于大量大批的装配式的复杂生产企业。凡是产品种类较少,生产稳定,定额管理制度健全,各项消耗定额比较齐全、准确,成本核算基础工作较好,都可以根据本企业生产的特点,结合基本成本核算方法,采用定额法计算产品成本。

五十一、成本核算时应注意哪些事项?

成本是对生产耗费水平的衡量,是价值补偿的尺度。为了准确地计算成本,必须注意以下事项:

①企业必须按实际的生产数量、实际消耗和实际价格核算成本。企业除销售费用外,必须根据计算期内完工产品的统计数量、实际消耗和实际价格来核算成本。企业不得以计划成本、结算成本、定额成本代替实际成本。计算过程中对产成品、自制半成品和劳务按计划成本或定额成本进行核算的,要按月及时调整为实际成本。企业内部对原材料按计划价格进行核算,与实际价格的差异,要按月进行调整分配。对材料价格的差异和分配,可以按品种或类别进行。

②严格划清各种成本界限,不得乱计乱算成本。国家规定,工业企业一律以月为成本计算期,同一个计算期内核算的产量、收入和消耗、起讫日期必须一致。就是说,产出与消耗必须是同一个月内的,不允许前后移动。为此,成本核算必须严格区分下列界限,不允许相互混淆,以免影响成本的准确性。

a. 本期成本与下期成本。

b. 在产品成本与产成品成本。

c. 可比产品成本与不可比产品成本。

③产品成本的核算程序与方法,必须严格按规定执行。企业必须按规定提取和摊销“预提费用”和“待摊费用”,按规定计算和摊销价格差异;必须定期认真进行盘点,不得虚结“在产品成本”。要加强各项基础工作,以保证成本核算的准确性。

④严格依法加强成本管理工作,进行必要的监督和制裁。

a. 企业主管部门负责对本系统的企业成本管理情况进行监督检查,保证本系统认真执行国家的相关规定。

b. 审计机关和财务、税务机关按照各自的职责权限范围,负责对辖区内企业的成本管理情况进行监督和检查。

c. 企业有义务接受有监督检查权的机关的监督和检查,必须如实反映情况,提供资料,不得弄虚作假或刁难、阻挠。

d. 企业违反下述规定之一者,要给予处理:擅自提高开支标准,扩大开支范围的;随意摊提成本费用,挤占国家收入的;弄虚作假,成本严重不实的;经营管理不善,造成大量废品或其他严重损失浪费,以致成本升高的。情节严重构成犯罪的,由审计、财政机关移交司法机关依法追究其刑事责任。对揭发、检举人员,国家予以保护,并给予表扬或奖励。

e. 因为企业主管机关计划不周、指挥失误,给企业造成重大经济损失的,应区别不同情况,给直接责任人员以行政处分。

f. 企业或个人对审计机关或财政机关给予的行政处罚有异议时,可以在接到处罚通知之日起 15 日内,申请上一级审计或财政机关复议。

五十二、什么叫定额?汽车修理工时定额的种类有哪些?

所谓定额,从广义上讲,就是对某一事物的发展过程所规定的额度,也就是人们根据各种不同的需要,对某一事物所规定的数量标准。在汽车修理中,定额就是在一定的作业条件下,利用科学的方法制定出来的完成质量合格的单位作业量,所消耗的人力、物力、机械设备或资金的数量标准。而汽车修理工时定额,是指在一定的生产条件下,进行修理作业所消耗的劳动时间标准。汽车修理工时定额是汽车维修行业进行经济核算的重要依据,是企业内部搞好生产自治、充分调动职工工作积极性的主要因素,是管理部门考核企业经营水平的重要标志。

汽车修理工时定额主要包括汽车大修工时定额、总成大修工时定额、汽车小修工时定额、零件修理工时定额和汽车维护工时定额五类。

(1)汽车大修工时定额

汽车大修工时定额是指对汽车整车完成大修作业时所规定的工时限额。汽车大修工时定额分别按车辆类别、车辆型号并参考标准车型进行制定。通常设解放 CA1091 或东风 EQ1090 型汽车的换算系数为 1。几种汽车的换算系数 K_1 见表 2-1-8。

表 2-1-8　不同车型换算系数 K_1

车辆型号	北京 BJ2020	解放 CA1091 东风 EQ1090	黄河 JN1171/127	上海 桑塔纳	奥迪 100	北京 BK670
换算系数	0.90	1.00	1.20	2.00	2.50	3.40

(2)总成大修工时定额

总成大修工时定额是指对汽车某一总成完成大修时所需的工时限额。通常是把汽车总成折合成同型号汽车整车后再把汽车整车换算成标准车型。计算总成大修工时定额时,其不同总成的折合系数 K_2 见表 2-1-9。

表 2-1-9 汽车主要总成折合系数 K_2

汽车类别 汽车总成	载货汽车		轿车	大型客车	
	汽油发动机	柴油发动机		车架式	承载式
发动机附离合器	0.21	0.29	0.14	0.11	0.05
变速器	0.05	0.05	0.02	0.02	0.01
后桥(或驱动前桥)	0.08	0.10	0.06	0.04	0.02
前桥(或前悬架)	0.06	0.06	0.04	0.03	0.01
转向器	0.07	0.02	0.01	0.005	0.002
传动轴	0.02	0.04	0.05	0.003	0.001
车身	—	—	0.65	0.62	0.65

(3)汽车小修工时定额

汽车小修工时定额是指汽车进行各项小修作业时所需的工时限额。汽车小修工时定额应分别按车辆类别、车辆型号、每项具体作业制定,见表 2-1-10。

表 2-1-10 汽车维护和小修作业工时定额

作业 汽车类别	日常维护/h	一级维护/h	二级维护/h	小修/h
载货汽车	0.2～0.5	0.7～1.5	2.0～6.0	2.0
公共汽车	0.5～0.7	1.0～1.5	2.0～6.0	2.0
轿车	0.3～0.5	0.8～1.5	2.0～6.0	1.6
挂车	0.1～0.4	0.4～1.0		1.0～2.0

(4)零件修理工时定额

零件修理工时定额是指汽车进行检验分类时,"需修件"修理时所需的工时限额。其工时定额和其生产纲领有关,常把 1000 辆生产纲领设为 1,不同生产纲领需乘以修正系数 K_3,其值可用插入法求得,见表2-1-11。

表 2-1-11 批量系数 K_3

生产纲领(辆)	100	250	500	750	1000	2000	4000
批量系数 K_3	2.40	1.54	1.18	1.08	1.00	0.91	0.80

(5)汽车维护工时定额

汽车维修工时定额是指对汽车各级维护作业所规定的工时限额,其定额的确定与工艺技术的组织有着很复杂的关系,主要取决于汽车的型号、维护作业的内容及工艺与设备。我国汽车运输企业内部对各种车辆进行维护和小修作业采用的延续时间定额见表2-1-10;小修作业的时间定额按车辆行驶1000km内,小修作业的平均停车场日进行计算。

五十三、为什么要进行汽车零件修理?汽车零件修理技术经济分析常用哪些方法?

(1)进行汽车零件修理的必要性

汽车零件修理是指恢复汽车零件性能和寿命的作业。零件的修理是整车大修和总成大修的技术经济基础,它直接关系到汽车技术性能的恢复程度、汽车使用寿命、汽车的行驶安全、汽车的运输成本和企业的经济效益,因此,进行汽车零件修理具有重要的意义。

①汽车零件修理是现代汽车设计的需要。现代汽车是采用各种零部件不等强度的方法进行设计的。这样做不但解决了设计、材料上的困难,同时也减少了物化劳动,降低了生产成本。由于各零部件的寿命不同,损坏、失效的时间也不一样,为了确保运行车辆在寿命周期内具有完好的技术状况,就得对先到使用寿命的零件进行修理或更换。

②汽车零件修理是汽车运输的需要。汽车在运输生产过程中,由于一些零部件的失效,导致了汽车的动力性、经济性、安全性下降,使运输生产不能正常进行;同时增加了运输成本,影响企业的经济效益。只有对失效的零件及时进行修理,才能恢复汽车的使用性能,解决上述矛盾。

③汽车零件修理可解决配件供应不足的问题。改革开放以来,国民经济得到高速发展,运力增长速度较大;尤其是国外进口汽车逐年增加,社会上出现了配件供应紧张、价格昂贵的现象。对汽车易损重要零部件进行修复,不但可解决汽车修理中的停工待料问题,还可以缩短汽车修理周期,减少停厂车日,使车辆尽快投入到运输生产,创造生产价值,保证交通运输业的快速发展。

④汽车零件修理可以节约大量资源。汽车零件修理不但节省大量贵重金属,是减少物化劳动的有效手段;同时可节约大量的能源。汽车修理较之汽车制造节省了大量资源,主要是因为重复利用了零件。据统计,制造汽车时零件费用占总成本的20%～25%,而修复零件时不超过10%。

⑤零件修理可以降低空气污染、减少噪声及解决废物处理等公害难题。

(2)汽车零件修理的技术经济方法

不可用零件分为需修零件和报废零件。在现代高科技用于各领域的情况下,不存在绝对不能修复而报废的零件;那么,如何确定可修与报废的界限,即失效的零件是否有修复的价值,通常要对其作技术经济分析后才能确定。在实践中常用下面几种方法进行分析和决策:

①成本比较法。成本比较法是在修理工作中常用的一种方法。确定是否需要修理,只要对零件制造和修理的成本进行比较,在零件的修理成本小于零件的制造成本时,零件修理才是合理的:即

$$C_p < C_H$$。

式中 C_p——零件修理的成本;

C_H——零件制造的成本。

②经验公式法。俄罗斯专家莫·阿·马希诺在实践中通过统计分析,总结出一个经验公式,用以确定零件在修理时是否合理。在下面公式的左端值小于右端值时,允许对汽车零件进行修理。

$$M_p \leqslant 0.8M_H - KW_H$$

式中 M_p——零件修理的材料费占零件修理成本的百分比;

M_H——零件制造的材料费占零件制造成本的百分比;

W_H——零件制造的支付工资占零件制造成本的百分比;

K——与杂费开支百分比等相关的系数,计算时常取 $K=3.5$。

成本比较法和经验公式法的共同缺点是:对零件修理只从经济提出要求,没有从技术上提出要求,即没有考虑零件的使用寿命和可靠性;在使用中很可能出现零件价格便宜、质量低劣的现象。

③耐用系数法。耐用系数法要求对零件修理进行技术经济综合分析,零件修复后不但要满足成本的要求,同时要保证修理质量即经济上合理,质量上可靠。

$$C_p \leqslant K_i \cdot C_H$$

式中 C_p、C_H——意义同前;

K_i——修复零件的耐用系数。

耐用系数的物理意义是修理零件的使用时间或里程与制造零件使用时间或里程的比值($K_i=L_p/L_H$);其值可按耐磨性、屈服强度、疲劳强度、结合强度等进行考查。在一定条件下,上述 K_i 只有一种起主导作用,对零件的寿命有主要影响。计算时通常取有主要影响的 K_i 值;当有多个 K_i 值时,取数值最小的 K_i 值进行计算。

④系统工程法。用耐用系数法计算零件修理的合理性是符合技术经济要求的;但用系统工程的观点来分析,耐用系数法也存在着很大的缺陷。那就是该法只考虑了和企业、经营者有关的直接费用,而忽略了与国家、用户有关的间接费用。例如,进行零件修复可节省大量的原材料、能源和减少污染,造福于国家和人民;零件修理时间长,给用户运输造成经济损失等,这些间接费用在"耐用系数法"中没有反映出来。对该法进行改进后,用下式计算更为合理。

$$C_p \leqslant KC_H + C_0$$

式中 C_p、C_H、K——意义同前;

C_0——与国家和用户有关的间接费用(材料、能源、污染、停车时间等因素引起的费用)。

五十四、制定汽车修理工时定额的原则和方法是什么?

(1)制定汽车修理工时定额的原则

汽车修理工时定额的制定,是汽车维修行业管理和企业生产经营管理的基础工作。它不仅仅在于规定一个劳动时间定额,更重要的体现在工艺设计和操作方法上,能够做到耗时少、工效高、质量好。因此,在制定汽车修理工时定额时,要遵循以下基本原则:

①现实性。要从我国的国情、地区发展的情况、行业管理和企业生产管理水平、工人的技术水平,以及设备、材料、配件等条件出发,经过综合评估,把定额制定在行业平均先进水平上。有的企业通过努力,可以在2～3年内达到这个水平。

②合理性。要求不同类别、不同型号汽车,不同工种之间的定额水平保持平衡,避免相差悬殊,宽严不一。应具有一定的比例换算关系,便于企业管理,合理地评价其工作成果。

③发展性。要考虑到现代高科技在汽车工业中的应用,考虑到维修行业新技术、新工艺、新设备的应用,工时定额能够及时进行修订,保证其先进性。

④群众性。制定工时定额时,要走群众路线,应该广泛征求管理人员、技术人员和生产工人的意见和建议,对其可行性进行充分论证和评估,实行专家、管理人员、生产工人三结合的政策。

(2)制定汽车修理工时定额的方法

依据以上四条基本原则并根据本区域行业发展情况,企业的生产特点,企业的设备、设施、人员、资金等条件,可选择采用如下几种方法来制定汽车修理工时定额。

①经验估计法。经验估计法是由定额管理人员、老工人、技术人员,根据自己多年生产实践,通过对修理作业、生产条件、工艺规程等多方面的分析,结合过去的经验和资料,用估计的方法来确定汽车修理各作业的工时定额。

该种方法简单易行,便于掌握,工作量小,有利于工时定额的制定和修改;适用于作业量小、工序较多或临时性作业中。但这种方法缺乏详细的分析和计算,技术依据不足,人为因素影响较大。因此,要选择那些经验丰富、技术水平高、事业心强的人来做估工人员,以提高工时定额的准确性。

②统计分析法。统计分析法是用数理统计方法,对过去同类修理作业实际工时的统计资料,进行认真的分析和整理,并采用微机计算手段,找出概率分布类型,从而确定工时定额。

这种方法比经验估计法准确,它完全建立在统计资料的基础上。因此,为了保证定额具有较高的准确性,一方面要健全原始记录,加强统计工作,建立健全业务核算,尽可能积累比较全面和真实的工时消耗统计资料,另一方面还要考虑过去与现在的施工生产技术组织条件的变化。

③技术测定法。技术测定法是根据对生产技术条件和组织条件的分析研究,通过技术测定和计算来确定合理的工艺程序、操作方法和工时消耗,然后在充分挖掘生产潜力的基础上,制定相应的技术组织措施,从而制定出修理工时定额。

该种方法要分析修理各工序的结构、工人操作是否合理、劳动组织安排是否妥当、设备的性能是否充分发挥、工位的布置是否符合作业流程的要求等,通过分析找出主要影响因素。技术测定法的优点是,分析内容比较全面系统,有充分的技术数据,准确性比较高,是一种比较科学而细致的制定工时定额的方法;缺点是费时、费力,需要系统的资料积累,投入精力比较多,及时性差。技术测定法又可分为分析研究法和分析计算法两种。分析研究法采用工作日写实和测时的方法来确定时间定额各个组成部分的时间;分析计算法是通过测时、写实和其他调查统计方法长期积累的资料,进行计算确定。

④类推比较法。类推比较法是把现有标准车型的修理工时定额作为依据,经过对比分析,把不同车型的各项修理作业的工时定额,通过折算系数计算确定下来。我国常以解放CA1091、东风EQ1090型载货汽车1000辆生产纲领时的工时定额为标准工时,确定其他车型的工时定额时,只需乘以整车折合系数和批量系数即可。

该种方法简便易行,能保证定额的合理水平;但计算系数的确定,需要大量的调研和统计工作,否则将直接影响工时定额的准确性。

⑤幅度控制法。幅度控制法是由行业主管部门或维修企业参照国内外典型的先进企业的同类车型、同类作业的修理工时定额,结合自己本区域本企业的发展情况,充分估计现有的潜力和提高生产率的可能性,把修理工时定额控制在一个幅度之内的制定工时定额的方法。一般维修企业可通过加强管理、不断努力,制定出逐渐接近或稍低于先进企业的工时定额。

五十五、总成大修送修时有哪些规定?发动机总成大修标志是什么?

(1)汽车各总成大修规定

①总成送修时,承修单位与送修单位应签订合同,商定送修要求、修理日期和质量保证等,合同签订后必须严格执行。

②总成送修时,应在装合状态,附件、零件均不得拆换和短缺。

③总成送修时,应将总成的有关技术档案一并送承修单位。

④总成修理应贯彻视情修理的原则,既要防止拖延修理造成工作状况恶化,又要防止提前修理造成浪费。

(2)发动机总成大修标志

①气缸磨损,圆柱度误差已达到0.175~0.25mm或圆度误差已达到0.050~0.063mm(以其中磨损量最大的一个气缸为准)。

②最大功率或气缸压力较标准降低25%以上。

③燃料和润滑油消耗量显著增加。

五十六、GB/T 15746—1995中的“三单一证”指什么?汽车整车的检验与验收内容是什么?

“三单”指的是大修进厂检验单、大修工艺过程检验单、大修竣工检验单;“一证”是指大修合格证。

汽车整车进行检验和验收时,应按国家标准GB/T15746.1—1995附录A的要求进行。

(1)汽车整车大修进厂检验单

①填写内容。进厂编号、牌照号、厂牌、车型、底盘号、发动机型号及号码、托修单位、送修车型状态、里程表记录、托修方报修项目(对送修车技术状况的陈述及要求)、车辆装备情况、车辆整车性能试验记录、检验日期、承修方处理意见、检验员签字及承、托修双方代表签章等。

②填写要求。检验单中字迹应清晰,项目应齐全、完整,填写真实、正确。

(2)汽车整车大修工艺过程检验单

①填写项目。

a. 发动机及离合器修理工艺过程检验单。

b. 前桥及转向系统修理工艺过程检验单。

c. 后桥修理工艺过程检验单。

d. 变速器及分动器修理工艺过程检验单。

e. 传动轴及万向节修理工艺过程检验单。

f. 车架悬架及车轮修理工艺过程检验单。

g. 车身修理工艺过程检验单。

h. 电器、仪表和线路修理工艺过程检验单。

i. 汽车制动系统修理工艺过程检验单。

②填写内容。进厂编号、厂牌、车型、各总成型号、号码、检验项目、检验结果记录、检验结论、处理意见、主修人及检验员签字及日期等。

③填写要求。检验单中字迹应清晰,项目齐全、完整,填写真实、正确。检验项目、名词术语和计量单位,应符合国家及行业有关标准及相关车辆修理技术文件的有关规定。

(3)汽车大修竣工检验单

①填写内容。进厂编号、托修单位、承修单位、牌照号、厂牌、车型、底盘号码、发动机型号及号码、车辆装配情况、车辆改装改造状况、汽车修理竣工后技术状况、检验记录、检验结论、检验员签字及日期等。

②填写要求。检验单中字迹应清晰,项目齐全、完整,填写真实、正确。检验项目、要求、方法、名词术语和计量单位,应符合国家行业有关标准及相关车辆修理技术文件的有关规定。

(4)汽车大修合格证

①填写内容。进厂编号、牌照号、厂牌、车型、底盘号码、发动机型号及号码、维修合同号、出厂日期、总检验员签字及日期、承修单位质量检验部门盖章、走合期规定、保证期规定。

②填写要求。合格证中字迹应清晰,项目齐全、完整,填写真实、正确。合格证中名词术语应符合国家及行业有关标准中的规定。

五十七、技术资料的类型及适用对象是什么?技术资料的内容和作用有哪些?

(1)技术资料类型及适用对象

汽车技术资料主要有光盘、设备自带说明书、有关书籍、杂志和网络资料等。

①光盘。查询方便,资料较全、可打印,需定期更新,适合于综合型修理厂。

②设备自带说明书。资料有限,查阅不便,更新不便。

③书籍。直观,单一年款,无法更新,易脏污或破损,需大量存储空间,携带或查询不便,适合小厂或个人使用。

④杂志。主要针对技术诀窍、经验交流、单一问题、技术发展趋势,适合个人学习和参考。

⑤网络资料。资料齐全、查询方便、实时更新,可打印、可交换,功能易扩展,前景广阔。

(2)技术资料内容

①维修技术资料。车辆识别代码(VIN)、结构与原理、保养数据、检修步骤、技术参数、故障码和数据流、诊断流程、元件位置、电路图和拆装图等。

②配件和工时资料编号及价格、工时和图形。

③技术服务公报(TSB),厂家发布的故障修复资料。

④车身修复资料,车身尺寸、四轮定位、车身拆装和估价系统等。

⑤培训资料。基础培训、设备操作、安全注意事项、职业道德、具体车型或专门技术方面的培训资料。

⑥管理信息系统,接待、CRM、财务、库房和供应商等。

(3)技术资料的作用

①修车的必备工具,提供科学的诊断方法,精确的检测数据。

②重要的学习工具,帮助维修人员掌握维修新技术,培养维修正确理念。

③节省工时,提高效率和企业利润,帮助维修人员快速诊断并排除故障,技术服务公报可直接提供故障解决办法。

④提高行业技术水平,包含最新技术介绍,提高整个行业的技术水平,从而提高社会满意度,给行业管理带来便利条件。

⑤配件和工时管理的需要,订购配件,方便管理。

⑥安全和环保的需要。技术资料包含如安全气囊、汽车空调、燃油系统等安全操作规范,排放物控制系统及真空管路图的作用。

五十八、技术总结(科技报告)常用的写作形式(写作种类)有哪些?

技术总结的种类很多,主要有考察报告、技术报告、实验报告、科技协作合同书和技术鉴定书等。

(1)考察报告

考察报告也称调查报告、科学考察记录,指为了某一目的,在某一地区进行了解、观察、研究、思考而写出来的报告。常见的有科技情况、科技会议、科学研究三类考察报告,前两者多用于出国考察,后者多用于国内技术人员汇报自己考察的研究成果。

①科技情况考察报告。该报告多用于对某一先进地区、某一国家的某一先进科学领域的考察,其体例一般分成前言、概述、考察细目三部分。前言就是简要介绍考察团的名称、组成、考察时间和访问地区、国别、城市、机构以及参观的具体单位等;概述也可和前言合在一起写,主要是交待考察的整体情况。概述要写得通俗、具体,把考察的内容和收获综合加以介绍,对国内外情况加以比较,说明考察的实际意义,供上级领导和主管人员参阅;考察细目是考察报告的主体,是同行和技术人员最关心的部分。它可以使用科学术语编写,逐节详细介绍考察所得的专业内容,语言尽量简明扼要,内容不论深浅,尽考察所得,全部写上。

②科技会议考察报告。该报告的内容一般分为概况和收获两部分。概况就是写明会议名称、会议主办机构、会议地点、时间、参加人员(国别、人数)、会议主要解决的问题、开会的方式(大会发言、分组讨论、参观等);收获主要是指科学理论上、实验技术和生产技术上的收获。具体要写明学科研究动向、未来发展趋势;会议上发表的主要论文简介;结合国内、本企业情况,找出差距,对如何引入先进经验提出合理建议。

③学科研究考察报告。这是一些技术人员或科技工作者,通过考察调研后,为了科学研究

的目的而写出的报告。一般由以下几部分组成:题目、作者及单位、摘要、引言、考察方法、结果和讨论、参考文献等,和学术论文的形式相似。

(2)技术报告

技术报告也称科技报告、学术报告,多为撰写人围绕某一专题从事研究、试制、应用、调查所编写的阶段报告、成果报告、总结报告。技术报告的内容详尽具体,比较系统,专业化程度高,不仅包括各种研究方案的比较和选择、成功和失败的体会,还附有大量的数据、图表和原始实验记录。由于技术报告能迅速反映最新科技成果,所以其使用价值很高。技术报告可以按如下方法进行分类:

①按发表时间分类,可分为初期报告、进展报告、中间报告、总结报告。

②按技术内容分类,可分为报告书、技术总结、通报、备忘录、札记和准备在会议或刊物上发表的论文。

③按文献作用分类,可分为研究成果报告、设备和材料说明报告、操作指示报告、生产报告、技术经济分析报告。

(3)实验报告

此处所指的实验,是指从事科学研究所设计的全新实验,或者是在前人实验的基础上,具有一定创造性的高精度实验。实验报告的基本格式如下:

①题目。实验的中心内容。

②作者及单位。要求和学术论文相同。

③摘要。整个实验的高度概括。

④引言。实验目的、意义、预期结果等。

⑤实验过程。实验原理、装置和实验方法。

⑥实验结果。包括数据处理、误差分析。

⑦讨论。亦可与试验结果合并写。

⑧参考文献。要求与论文相同。

(4)科技协作合同书

科技协作合同书,是由产生协作关系的法人之间(双方或多方)为完成某一科技任务,在相互承担一定经济技术责任的基础上,通过协商所订立的一种科技协议、契约。科技协作合同书中,提出为实现这一科研技术目标,双方应具有的权利、承担的责任和义务等有关问题。在双(多)方自愿的基础上,共同达成协议,并写成契约性的条文,以便在执行中有据可查。

科技协作合同书,包括科研、试制、成果推广、技术转让和技术咨询等内容。这类合同的特点是采取智力成果转让形式,和经济合同的内容有所不同,一般格式如下:

①标题。标题包括合同的性质(如科研合同、成果推广合同)和项目名称。

②签订单位名称。承接单位简称为“甲方”,委托单位可简称为“乙方”。

③正文。正文是合同的主要内容,一般包括:签订技术合同的目的和依据;合同的内容及主要性能和技术要求;各方应承担的任务和责任;实施办法及完成期限、计划进度;经费概算及支付办法,即成果处理和开支的办法;其他(如成果转让、违约责任等)。此外,在填写合同内容时,还应根据科技合同的性质有所侧重。

④结尾。结尾写明合同的份数与保存者,签订单位的名称和代表姓名;加盖公章,写明签订日期。合同一经签订,就有法律的约束性、严肃性,任何一方不得违约。

(5)技术鉴定书

①申请鉴定条件:已经达到计划任务书中的规定;项目在技术上可靠,经济上合理;实践证明该项目有应用价值;符合国家环境保护的要求。

②鉴定书的格式:封面包括编号、项目名称、研制单位、协作单位、组织鉴定单位、签订日期及地点;正文应包括如下内容:

a. 简要说明及技术规格。这部分应介绍技术项目提出的原因及概况、成果的特征和水平,然后写主要的技术规格。如果是新设备,应包括主机外形尺寸、适用范围、质量、使用环境和已达到的精度等内容;如果是新材料,则应包括材料的组成、主要性能、用途和使用条件等。

b. 鉴定意见。鉴定意见是技术鉴定书的核心部分,应以鉴定委员会的名义撰写,以审查项目的技术资料、现场抽测、操作演示等鉴定内容为依据,客观写明该项成果所具有的水平、特点、测试结果、与国内外同类项目比较的情况、经济价值、推广应用价值、实际意义及尚未解决的问题和推广意义。这部分是鉴定书结论性、权威性的内容,要求用词准确,行文严谨,评价全面。

c. 组织鉴定单位审查结论。

d. 主要技术资料及提供单位。

e. 上级主管审查意见,并列出鉴定委员会成员的名单(包括工作单位、职务或职称)。

附录,其内容一般包括注意事项、参考数据、显示标准等。它是正文中某些内容需要进一步加以叙述或具有参考价值的文件,一般用文字叙述、图表、框图、微机程序等表达。

五十九、科技论文有何特点?由哪几部分构成?写作注意事项有哪些?

科技论文,又称科学论文。一般分为学位论文和学术论文两大类。

(1)科技论文的五个基本特点

①学术性。学术性是科技论文最基本的条件。论文必须“抽象地反映”并上升为理论,具有学术价值。否则就不能称其为学术论文。

②科学性。科学性它要求个人不得主观臆造,必须从客观实际出发,从中引出符合实际的结论。论据必须经过周密的调查、试验、研究,形成最充分、最确实有力的论据作为立论的依据。论文力求表达准确、明了、全面。

③创造性。创造性是衡量科技论文价值的根本标准,就是要求作者不但有继承,而且要做到有创新、有自己的见解。发表新理论、新设想、新方法、新定理,而不是传授或传播知识,这是科学论文与科普读物的主要区别。

④平易性。平易性是指论文要写得深入浅出,尽量做到不仅专家明白,而且要做到具有一定专业知识的人也能看懂。

⑤朴素性。朴素性是指论文的文风要朴实无华。论文中避免使用俗语、土语、口语、行话等。论文中不需要使用一些华丽或带有感情的词句。对于凡是能够肯定的事实或结论,就不要用“可能”、“也许”、“假若”等类似的词句。在科技论文里应该限制用比喻,提倡用类比的推

理方法。在评论别人的研究工作时，要以理服人，不可用推测、挖苦、讽刺等苛刻词语。

(2)科技论文的组成

①论文题目。论文题目应能反映论文中最重要的内容，以最恰当、最简明的词句组合，使读者看到题目即可知道论文论述的主旨。因此对论文的命题要做到确切、恰当、鲜明、简短，既能概括全篇内容又能引人注目。为了避免过长的题目，可以采用副标题加以补充。副标题的作用可以引申主题、补充说明。

②作者及工作单位。凡是参加本论文研究工作的人，都应该署名，这不仅是作者辛勤劳动的体现和应获得的荣誉，而且是对工作、对论文负责的表现。个人研究的成果，个人署名；集体的研究工作，按贡献的大小排名。作者署名应列在标题下方，写明姓名、单位、单位所在省、自治区和邮政编码。不同单位的合作者，也应写全上述内容。第一作者，还应在注明中简介自己的情况(如年龄、职称、职务等)。

③摘要和关键词。摘要也称文摘，是论文重要的组成部分，其作用是让读者尽快地了解论文的主要内容和结果，以补充题目的不足。撰写文摘时要求简短、精练、内容完整、不加评论。字数各学术组织规定不同，约为全文字数的5%，但也有人提出最少100字，最多不超过500字，一般以200字左右为宜。关键词也称叙词，是论文中出现最多、最能体现论文中心内容的词。一般要求写出3～5个，列在摘要之后。需注意的是，词的组成尤其是新的复合词，要符合要求，必须是国家正式公布的，不能自己造词。有的论文还要求注明"分类号"、"文献标识码"和"文章编号"，以便查询。为了扩大对外学术交流，在一时无力发行外文版期刊的情况下，国家核心期刊大都要求作者把题目、摘要等译成英文，使不懂中文的外国人，可知论文的主要内容。其单词数在200～500个，位置列在正文之前，也有些期刊把其附在论文正文之后。

④前言。前言也称为绪言、概述、引言、导言、序言，或者这些小标题都没有。它是论文的开头，引子，必须认真写好。前言中可以写进本论文研究的理由、目的、背景、前人的工作和现在的空白，理论依据和实验基础，预期的结果及其在相关领域里的地位、作用和意义；应重点突出某些方面，不能面面俱到，人所共知的内容可省略不写。

⑤正文。正文是学术论文的主体，作者研究的成果主要在这部分表现出来，它反映了论文所建立的学术理论、采用的技术路线和研究方法所达到的水平。正文的水平决定了整个论文的水平。正文的内容，包括本课题研究的方法、观察的事实、研究的对象及其选择的原因、材料的收集方法及收集的理由、研究的结果等。从叙述内容来看，应包括：理论分析、试验装置和测试方法、实验结果的分析比较三部分。具体内容可分设小标题分段编写；标题序号、正文中的图号、表号及文字说明应符合编写要求。整篇论文字数常限制在5000～6000字。

⑥结论。结论是论文的总结，是经过推理、判断、归纳等过程所得到的总观点。写作时应注意如下几点：

a. 本文研究结果说明了什么问题，得出了什么规律，解决了哪些理论和实际问题。

b. 本文和相关研究有哪些不同，有哪些修改、补充和新观点。

c. 本文研究的不足之处，或遗留未解决的问题、今后的研究方向等。

⑦参考文献。论文中引用别人的文章、数据、图表、材料和论点等，应按文中出现的先后顺序标明数码，然后在论文最后依次列出参考文献的名字和出处。参考期刊论文要写明作者姓

名、论文名称、期刊名、发表时间、期刊号、页数等。图书类著录项目,应写明编著者、书名、出版社及其地址、出版时间等。其他规定可查阅《科学技术期刊编排规则》。

(3)写作注意事项

①用语要规范。撰写论文时要采用规范用语,不要采用俗语、行话等非规范用语,表2-1-12举例。

表 2-1-12 规范用语与非规范用语

规范用语	非规范用语	规范用语	非规范用语
载质量	载重量	变速器	变速箱、变箱
载货汽车	载重汽车、卡车	加速踏板	油门踏板、油门
轿车	小客车、小轿车	节气门	油门
轻型客车	面包车	制动踏板	刹车踏板
客车	大客车	驻车制动器	手制动器、手刹车
发动机	引擎	前照灯	前大灯
上、下止点	上、下死点	蓄电池	电瓶
油底壳	机油壳、机油盘	日常维护	例保、例行保养
转向盘	方向盘	一级维护	一级保养、一保
二级维护	二级保养、二保	弹性模量	弹性模数
驾驶员	司机	切应力	剪应力
噪声	噪音	表面粗糙度	表面光洁度
螺栓	螺丝	圆度	椭圆度
螺母	螺帽	圆柱度	锥度
旋具	改锥、起子	模样	模型
伸长率	延伸率	涂装	刷漆、喷漆

②文稿编写要求。在编写手写文稿时,要注意以下几点要求:

a. 文稿一律用蓝(或黑)墨水横写,字迹要工整,稿面要整洁。

b. 一律用 16 开稿纸书写,每字占一格,标点符号也占一格,破折号占两格,阿拉伯数字、外文字母各占半格,半字线不占格。

c. 文字要规范,一律以正式公布的简化汉字为准,不用繁体字、异体字和非正规简化字,避免错别字。

电子文稿可按杂志社的要求而定。

③标题层次的要求。论文标题层次不同于书稿,一般为三个层次。第一层次用阿拉伯数字 1、2、…表示,顶格书写;第二层次用 1.1、1.2、…表示,顶格书写;第三层次用(1)、(2)、…书写,正文开头空两格书写。

④文中图表的要求。文中图表较少时,应统一编号,如图 1、图 2、…;表 1、表 2、…。图号、图名均写在图的下方,图注写在图名的下面;表号写在表名的前面(或后面),中间至少空一格,二者均写在表格的上方。

⑤计量单位的要求。我国法定的计量单位包括如下几方面:国际单位制的基本单位;国际单位制的辅助单位;国际单位制中具有专门名称的导出单位;国家选出的非国际单位制单位;由以上单位构成的组合形式的单位。

六十、如何理解质量管理中的“质量”，它包括哪些方面?

质量一般是指产品满足用户需要的程度。根据中国质量管理协会的定义，质量是指“产品满足使用要求所具备的特性，即适用性”。

GB/T 6583—1994《质量管理和质量保证》把质量定义为：反映实体满足明确和隐含需要的能力的特性总和。实体可以是活动或过程、产品、组织、体系或人以及上述各项的任何组合。其中组织可定义为“具有其自身的职能和行政管理的公司、集团公司、商行、企事业单位或社团或其一部分，不论其是否股份制、国营或私营。”因此，质量包括产品质量、工作质量和服务质量三方面。从三者关系来看，后两者是实现前者的有力保证。

(1)产品质量

产品质量是指产品适合一定用途、满足国家建设和人民生活需要所具备的自然属性或特性。对于汽车产品来说，通常是指它的使用性能，如动力性、经济性、可靠性、安全性、通过性、平顺性、排放与噪声的优劣等。产品质量关系到产品的使用价值，即满足人们某种需要的属性。一般来说，产品的质量高，产品的使用价值也大。但质量太高，成本也高，反而会影响使用价值的实现。

(2)工作质量

工作质量是指企业为保证产品质量和提高产品的使用价值，所采取的技术组织管理工作的水平和完善程度。在生产过程中，有六大因素决定和影响产品质量，即人、设备、材料、加工、检测和环境因素。这些因素涉及企业的各个部门、各个环节及每个职工的工作，统称为工作质量。

(3)服务质量

服务质量是指企业满足用户或顾客精神需求方面的特性。常用顾客对服务环境、服务设施、服务项目、服务时间、服务态度等方面的满意度来衡量。服务质量不仅反映了企业精神文明建设的情况，也反映了职工是否有良好的职业道德和敬业精神，是企业各方面工作的综合体现。服务质量直接关系到企业经济效益的好坏。

六十一、何谓全面质量管理，它的内涵是什么?

质量管理是指“确定质量方针、目标和职责，并在质量体系中通过诸如质量优化、质量控制、质量保证和质量改进，使其实施的全部管理职能的所有活动”。维修质量管理，是指在维修生产活动中，为确保维修质量所进行的各项管理活动的总称。

全面质量管理是企业发动全体职工，运用各种管理技术、专业技术以及各种计算手段与方法，通过对生产全过程、全因素的控制，保证用最经济的方法生产出用户满意的优质产品的一套科学管理制度。其基本内涵是：“全员参加，全过程，全面运用一切有效方法，全面控制质量因素，力求全面经济效益的质量管理。”

①“全员参加”是指质量管理不应由少数人(检验人员、专家)去做，而是全体职工，上自厂长下至工人，都要参加质量管理，制定质量决策，确定质量目标，处理有关质量问题，分担质量责任。据统计，质量问题的50%左右是由于各级领导人员的质量管理失策；20%左右归因于现

场工作工人。因此,要想实现全员参加的质量管理并取得成效,必须搞好质量教育,强化全体职工的质量意识。

②“全过程”是针对过去质量检验与统计质量控制只限于某一环节而言的。全面质量管理的全过程,包括市场调查、开发设计、试制试验、供应、制造、检验、销售,一直到使用、维修等所有环节的质量管理。

③“全面运用一切有效方法”是指不能只用数理统计一种方法进行质量管理,而要用一切有效方法(包括计算机网络)达到质量管理优化的目的。

④“全面控制质量因素”是指对影响质量因素的人、机器设备、材料配件、工艺方法、检测手段、使用环境等,全部予以事前控制以确保产品的质量稳定。

⑤“全面的经济效益”是指质量与成本、企业与用户的经济效益关系。也就是说产品应该质量好,成本低,寿命周期总费用少,产生的社会经济效益最大。

六十二、质量保证体系由哪些系统构成?

质量保证体系就是全面质量管理体系。运用系统工程的原理和方法,从企业的总体出发,按照质量保证的要求,把各部门、各环节有效地组织起来,规定他们各自的职责、任务和权限,制定各类标准,建立统一的管理机构和信息反馈系统,形成一个质量管理的有机整体。建立质量保证体系,目的在于保证质量。即企业对客户提供优质服务的担保或保证,满足客户对质量的要求,取得客户的信任。质量保证体系的主要构成系统如下:

(1)质量目标系统

所谓质量目标,是指企业在一段时期内,根据客户的要求所制定的质量标准。汽车维修质量目标系统,包括不同的系统层次。从维修质量特性而言,维修质量的优劣,体现在不同的质量特性的好坏上,如汽车的可靠性、动力性、经济性、安全性、排放和污染等特性,构成了一个质量目标系统;从实现维修质量目标而言,它又涉及企业的各部门、各环节、各岗位承担的质量责任,形成了又一个层次的质量目标系统的体系。构成质量目标体系的每一个目标,都要有具体的标准,而标准靠一些典型的、可度量的、可评价的指标来体现。

(2)组织机构系统

汽车维修质量管理的各方面工作,都必须依靠各级组织机构所形成的机构系统来实施。只有组织机构正确运转,才能推动质量保证体系这一大系统的高效运转。质量管理的领导系统,由质量管理委员会和各级领导小组所组成。各个级别的组织机构,职能分工各不相同。高层组织机构,主要是全面分析企业出现的质量问题,制定质量保证的总目标,提出解决质量问题的各种措施,分解目标到基层,并组织实施完成目标。同时,还要全面管理企业的质量教育、质量评价、质量监察、制定有关规章制度等。下层质量管理组织的职能是实施质量目标,分析质量问题,及时寻求对策解决,向高层质量管理部门提供信息,提出建议和措施,接受监督和检查,进行质量攻关等。组织机构的设置要贯彻体系健全、层次分明、人员精干、职能清晰、运转高效的原则。

(3)质量目标实施系统

质量目标的实施,涉及企业生产的各方面及全过程,因而形成了相互影响、互相制约的质

量实施系统,其系统主要包括以下内容:

①管理过程的质量控制。

②生产过程的质量控制。

③辅助生产过程的质量控制。

每一个质量实施过程都可细化为各种实施环节。在实施中,要求各生产部门、各工作岗位、各实施环节,都要按作业规程、作业方法、作业标准进行操作,保证质量实施过程的正常、连续运转。

(4)质量责任系统

质量责任系统是质量机构在实施目标和质量管理活动中,对各级责任、职权和利益的约束和激励系统。有了责任,实施者才有压力;有了职权,实施者才能执行;有了利益,实施者才有动力。一般是依责任定职权、定利益,但必须遵循"责任明确、职权相应、利益适当"的原则。做到国家、集体、个人利益相统一,个人劳动所得与劳动的数量和质量、企业的经济效益相联系。

(5)质量监察系统

质量的监督和检查,是为了及时发现问题和解决问题,把质量隐患消灭于萌芽状态,更好地保证质量目标的实现。质量的监察系统主要包括如下几方面:

①监督和检查标准或规定,即监督检查的依据或衡量尺度。

②检查方法可采取通检与抽检相结合,经常和定期相结合,专检和自检相结合。检查手段主要是检查所用的设备、仪器和机工具等。

③建立监督检查网络。

(6)质量信息系统

信息是指表征客观事物的运动状态、相互联系的确定程度,为主体所认识和利用的消息。质量信息通常包括市场动态、质量情报、信息流、信息库等,通常用数据、图样、报表、指令、规章、标准等反映出来。

质量信息系统包括信息网络、信息获取手段、信息收集方法、信息分类、信息传输、信息储存、信息处理等;其周转过程,常用计算机进行,以实现数据资料的储存、检索、统计、汇编、分析与计算。

(7)质量教育系统

全面质量管理的特点就是要调动全体职工的积极性,发挥全员在质量管理中的作用。要想做到这一点,就必须抓好经常性的质量教育工作。因此,质量教育系统也成为质量保证体系的一个组成部分。质量教育系统包括以下要素,即教育内容、教育方式和教育对象等。从教育内容方面看,包括思想政治教育、质量意识教育、职业道德教育、工作制度教育和职业技能教育等。教育方式方法要灵活多样,讲求实效,针对性强。如理论教学与现场观察相结合,集中教育与指导自学相结合。教育对象为全体员工,但在实际教育中,要根据岗位、工作性质、学历等分别施教,力争取得最佳效果。

(8)质量评价系统

质量评价是指对质量保证工作的最终结果的总结、判断、评定,它可找出不足,巩固成绩,进一步改善质量。质量评价系统主要包括如下要素:评价小组、评价指标、评价方法、评价结论等。评价小组可由专家和用户代表组成,也可由专职机构和相关人员组成。评价者要求有专业知识,并且造诣较深,能坚持原则、办事公正。评价方法要能正确反映事物本质,并且要求简便易行。评价指标要全面、且能突出重点,要和国家标准相吻合,注意其稳定性和代表性。评价的结论要反映质量真实情况,具体细致、层次分明。

六十三、质量分析常用哪些方法?

在质量管理过程中,经常用数据对质量进行监控和分析。一般常用的质量分析方法有分类法、排列图法、因果分析图法、直方图法、控制图法和相关图法。

(1)分类法

分类法也称分层法,它是把性质不同的统计数据,以及错综复杂的因素,通过分类找出规律,从中发现问题并解决问题。例如某汽车队统计的半年汽车小修频率,按 7 个总成对小修次数进行统计分类见表 2-1-13。

表 2-1-13 汽车各总成小修次数分类表

小修作业总成	发动机	离合器	后桥制动	前桥制动	变速器	差速器	转向器
次数	882	435	410	326	192	109	101
累计次数	882	1317	1727	2053	2245	2354	2455
累计百分数(%)	35.8	53.6	70.3	83.6	91.4	95.8	100

从表 2-1-13 可以看出,发动机总成的小修次数较多,其次是离合器、后桥制动等总成。

分类法常用的分类如下:

①按时间分类。按日、旬、月、季分类;按白、夜班分类;按班内各工作小时分类等。

②按人员分类。按操作人员的等级、工种、文化水平、年龄和性别等分类。

③按设备分类。按不同类型设备、新旧设备和设备不同总成等分类。

④按材料分类。按材料的规格、成分、产地、进料的时间、批量和供应单位等分类。

⑤按操作分类。按操作工艺、操作条件和操作方法等进行分类。

(2)排列图法

排列图也称主次因素图,因意大利经济学家巴雷特最早采用,故也称巴雷特图。在质量管理中,经常会遇到很多质量问题,为了找出影响质量的主要因素和次要因素,就需要作排列图,排列图就是用来寻找质量差异的工具。

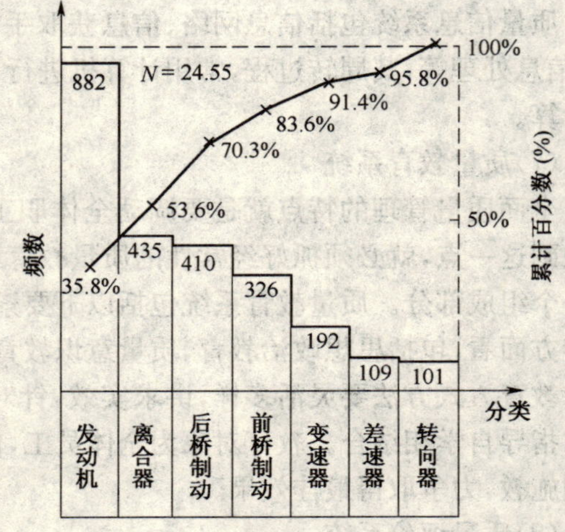

图 2-1-42 汽车小修排列图

表 2-1-13 的排列图如图 2-1-42 所示。排列图有一个横坐标,表示质量因素;两个纵坐标,分别表示频数和频数累计百分比。

画图时,先在坐标轴上定好比例,然后根据分类表,按质量因素的主次,自左向右顺序排列,直方图的高度表示该质量因素的影响大小,曲线表示各影响因素累计百分比,可看出各因素影响的程度。通常根据累计百分比将影响因素分为三类:A 类因素为 0～80%,也称主要因素;B 类因素为 80%～90%,称一般因素;C 类因素为 90%～100%,称次要因素。

(3)因果分析图法

因果分析图的形状像鱼刺或树枝,如图 2-1-43 所示。因此,有人把其形象的称为“鱼刺图”、“树枝图”。排列图能够找出质量差异的主要矛盾所在,而因果分析图则提供了寻找质量问题原因的简捷方法,它是全面质量管理中经常采用的工具。

因果分析图的具体画法如下:

①明确要寻找的质量问题——质量特性。

②明确大原因,可按六大质量因素归纳,也可根据实际情况确定。

③通过调查研究、周密分析、集体讨论,找出中原因、小原因,用箭线标在图上。小原因一定要具体到能直接操作为止。

④标出重点原因,以便重点解决。

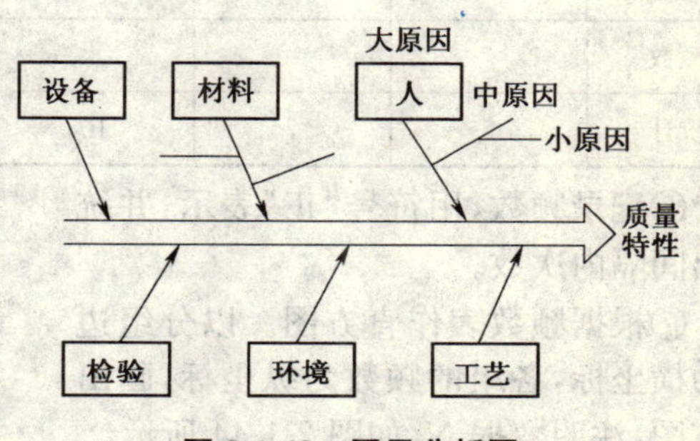

图 2-1-43　因果分析图

(4)直方图法

直方图是数据分布的一种表现形式。它根据抽样检验原理,从所研究的事物总体中,抽出一定数量的样本,经过统计或测量,取得数据,再将数据进行适当分组数据和计算,并绘出图形。

直方图的横坐标为分组数据,纵坐标为各组数据出现的频数。作图时先画出纵、横坐标,定好比例,然后从横坐标各组界点作横轴的垂线,并与相应的频数水平线相交,即得直方图。

下面以故障平均维修时间为例,说明直方图的作法与应用。

①收集 50 个以上的数据。可在汽车某一使用期内,随机抽取故障维修时间数据 50 个,见表2-1-14。

表 2-1-14　故障维修时间

数				据						每行最大值	每行最小值
40	58	43	45	63	83	75	66	93	92	93	40
71	52	55	64	37	62	72	97	76	75	97	37
75	64	48	39	69	71	46	59	68	64	75	39
67	41	54	30	53	48	83	33	50	63	83	30
86	74	51	72	87	37	57	59	65	63	87	37

②整理数据,找出数据中的最大值、最小值。可将 50 个数据按先后次序分成 5 行,每行 10 个数据,找出每行中的最大值、最小值,然后再找出全部数据的最大值、最小值。

③数据分组,一般 50～100 个数据可分成 6～10 组;100～200 个数据可分成 7～12 组。本例中的 50 个数据分成 7 组。

④计算组距，即每组的数据范围

$$组距=\frac{最大值-最小值}{组数}=\frac{97-30}{7}\approx 9.57$$

故本例中的组距可定为 10。

⑤确定组界，不要漏掉数据，一般将末位数取为测量单位的 1/2，本例为 0.5。分组间隔见表 2-1-15。

表 2-1-15　故障维修时间频数表

组号	1	2	3	4	5	6	7
分组间隔	29.5～39.5	39.5～49.5	49.5～59.5	59.5～69.5	69.5～79.5	79.5～89.5	89.5～99.5
频数							
统计	5	7	10	12	9	4	3

⑥记录频数，用符号“正”表示，并统计出间隔内次数。

⑦根据频数表作直方图。以分组边界为横坐标，各组的频数为纵坐标，画出直方图，注明数据 N，如图 2-1-44 所示。

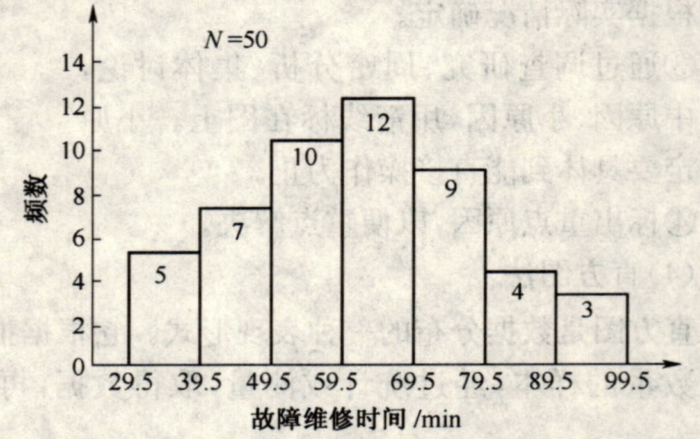

图 2-1-44　故障平均维修时间直方图

(5)控制图法

控制图法也称管理图，是分析判断生产过程中质量是否稳定的工具之一。在汽车维修质量管理过程中，它被用来反映汽车在使用维修过程中的动态，是对汽车维修状况进行分析、监控的一种重要手段。

下面举例介绍反映汽车维修质量的故障数据控制图的画法。

例：某汽车队发动机小修月统计频数见表 2-1-16，请绘出小修频数控制图。

表 2-1-16　发动机小修月统计频数

日期	1	2	3	4	5	6	7	8	9	10	11	12	13	14	15	16
小修次数	2	4	3	1	1	4	2	3	2	1	1	1	2	3	2	3
日期	17	18	19	20	21	22	23	24	25	26	27	28	29	30	31	总计
小修次数	1	2	1	4	4	4	0	2	5	0	1	0	3	2	3	67

①根据公式计算。

$$中心线值\quad \overline{C}=\frac{各组缺陷数之和}{组数}$$

$$上控制限\quad L_{C上}=\overline{C}+3\sqrt{\overline{C}}$$

$$下控制限\quad L_{C下}=\overline{C}+3\sqrt{\overline{C}}（当\ \overline{C}<9\ 时，可不考虑\ L_{C下}）$$

由表 4-1-16 中数据求出 $\overline{C}$、$L_{C上}$、$L_{C下}$。

$$\overline{C}=67/31=2.16$$

$$L_{C上}=2.16+3\sqrt{2.16}=6.57$$

$L_{C下}$可不考虑(因为 $2.16<9$)

②作图。

横轴表示日期,纵轴表示控制限值,如图 2-1-45 所示。

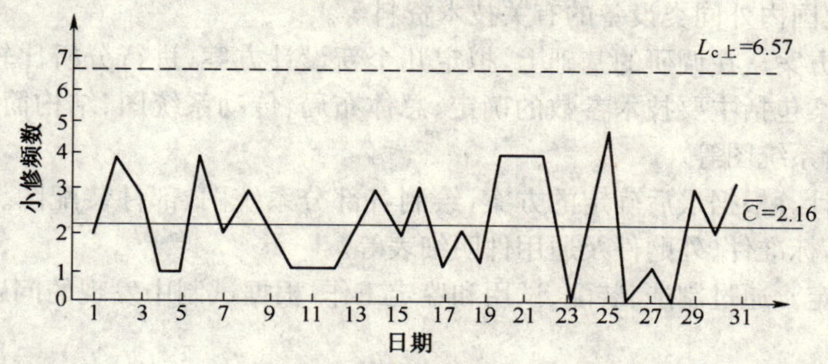

图 2-1-45　小修频数控制图

控制图的主要用途是判别工序是否处于稳定状态。判别的主要依据是控制图上点的分布状态。如果点不越出控制界限,且在中心线两侧呈不规则排列,说明质量处于稳定状态,反之,则质量处于不稳定状态。

(6)相关图法

在质量分析中,将共处于一个统一体中的具有相关关系的一些变量,按照近似于某函数关系而画出的图形,称为相关图。如钢的淬火温度与硬度的关系,近似于直线分布,可用直线方程近似表示,其相关图如图 2-1-46 所示。

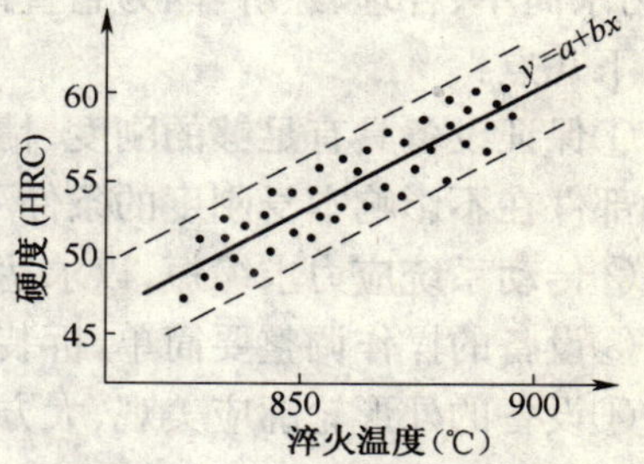

图 2-1-46　钢的淬火温度与硬度的相关图

六十四、发动机的装配顺序应注意哪些事项?

发动机的装配顺序应注意的事项如下:

①对于发动机装配的零部件、总成必须检验合格,以保证装配后的发动机质量。

②不可互换的零部件,必须按原安装位置、标记、方向装配,不得错乱。

③发动机上的重要螺栓、螺母,必须按规定的力矩顺序分次拧紧,最后一次的拧紧力矩应符合有关标准。

④各部螺栓、螺母所有锁止件如开口销、保险垫片、金属锁线以及各种垫圈等,应按规定装配齐全、完整、服帖、可靠,不得有遗漏和损伤,一般大修时应全部换新。

⑤在装配过程中,应尽量采用专用工具,以防损坏零件;装配过盈配合件时,应使用压力机或自制压具。

⑥滑动轴承与轴颈处以及有相对运动的摩擦表面,在装配中必须涂以洁净的机油,以便于装配和防止磨合初期零件的快速磨损。

六十五、汽车修理设备的设计程序有哪些?

汽车修理设备的设计程序如下:

①对工件进行工艺分析。设计前,首先应对设备工作的对象进行必要的分析,了解工作对象(工件)的形状、尺寸、材料和技术要求等,以便确定加工方法、定位基准和装卡形式等。

②调查研究。调查内容包括:了解操作者对设备提出的要求,现有设备及同类设备使用中存在的问题,收集国内外同类设备的有关技术资料等。

③制定设计方案。在调研的基础上,拟定几个新设计方案,进行分析比较后,确定一个最优方案。每一方案包括主要技术参数的确定、总体布局、传动系统图、结构简图及液压和电器原理图、冷却润滑系统图等。

④工作图设计。根据最后确定的方案,绘制各部分系统图、部件装配图、总装图、零件图;编写设备说明书,标准件、外购件及通用件明细表等。

⑤试制和鉴定。通过制造、装配、试用和鉴定工作,根据试制中发现的问题,进一步修改设计图样。

六十六、汽车修理设备总体布局时应注意什么?

总体设计与设备工作对象的特性有着密切的联系,设计时从其修理的工艺分析开始,确定出修理工艺过程,然后逐步拟定设备的总体布局、运动联系及主要技术参数等。进行总体布局时,力求简单、合理、经济,因为它直接关系到设备的使用性能、质量和整机的合理性,通常应注意以下几点:

①保证设备具有足够的刚度、精度、抗振性和稳定性。支承部件应力求具有足够的刚度,运动部件在不影响本身刚度的条件下,应力求达到体积小、质量轻。

②传动系统应力求缩短,以求达到简化结构、提高传动精度和效率的目的。

③设备的操作调整要简单,拆装维修要方便,防护装置要安全可靠。

④设备的外形轮廓应美观、大方和协调。

六十七、如何对汽车修理设备进行选型?

合理选择汽车修理设备,不仅要遵循一定的选配原则,还要根据具体的订购要求进行。

(1)选配原则

企业设备的数量主要和企业的生产规模、生产任务有关。数量确定后,要对设备进行选型,其主要原则如下:

①设备的适用性。考虑设备的性能、规格,购置该设备主要用途是什么,是否为企业必备的急需设备,利用率怎样(利用率低者可以考虑外协),是否可以一机多用。

②设备的可靠性。设备的可靠性是指设备在规定的条件下和规定的时间内,完成规定功能的能力。通常可用可靠度、故障率、首次故障时间、平均故障时间来衡量。规定功能是设备的设计功能,达不到的则称为故障。在考虑可靠性的同时,还要考虑设备的维修性,就是设备一旦出现故障,在规定的条件下和维修时间内,完成维修的能力。它常用维修度、平均维修时

间、有效度等来衡量。设备选型时,应该选择可靠性高、维修性好的设备,这样才能保证生产任务的顺利完成,满足加工、装配、检测等精度的要求。

③设备的先进性。设备的先进性是指现代科学技术在汽车维修设备中应用的程度,尤其是在机械加工和检测诊断设备中的应用。主要是电子技术、计算机技术、人工智能等的应用。这些技术的应用,提高了设备的自动化程度,降低了操作人员的疲劳程度和人为误差的产生,提高了加工精度和检测诊断的准确性,并且缩短了生产时间。因此,在选择设备时,尽可能选择体现现代科学技术水平和一些高新技术的现代化先进设备,不要选择已被淘汰或改型的陈旧设备。

④设备的经济性。设备的经济性包括设备的购置费,运输、安装、调试费以及使用后所创价值等。在选型订购时,要货比三家,做到“物美价廉”,选择价格合理的设备,使设备购置费在较为合理的范围内;设备附加费主要指购置设备时的运输费用、安装和调试等费用。运输距离短,产生的运输费用少。因此,在质量相同的情况下先考虑选购本市、本地区的设备,然后再考虑外地或进口设备;设备投入使用后,要考虑到其创造的生产价值多少,给企业带来的利润多少;同时,还要考虑设备维修所消耗的费用。

⑤设备的服务性。设备的服务性主要是指设备生产厂家的售后服务。售后服务的内容包括:送货上门、安装调试、设备维修、供应配件、更新改造等。

(2)订购设备要求

订购设备要求:一要制定设备明细表,根据设备产品目录和有关资料,制定订购设备的明细表,其内容包括:序号、设备名称、型号或规格、性能或用途、订购数量、参考价格、生产厂家等;二要进行费用概算,根据已选型设备及其订购数量和该设备出厂参考价,概算设备的购置费用。其中尚未定型的非标准设备的价格,则采用估算的价格。一般汽车修理企业的设备费与厂区建筑工程费之比大约为 3∶4。设备的安装费,一般按设备价格的 3%~4%计;设备运输杂费按设备价格的 4.5%~6%计。三要签订供货合同。所订设备及费用经主管部门批准后,即可由单位采购员采购,也可向社会招标采购。一般和厂家或其代理部门直接谈判,双方达成共识后,签订供货合同。合同中应注意甲、乙双方共同承担的责任,订货方尤其要注意供货日期和质量保证。新建的修理企业,在上报任务书时,和全厂费用概算一起估算设备费用。设备的型号和数量的确定,在技术设计中解决。

六十八、汽车的使用性能通常包括哪些指标?

我国目前采用的汽车使用性能指标主要有如下几种:

(1)容量

容量的量标和评价参数为:额定装载质量(t);单位装载质量(t/m^3);货厢单位有效容积(m^3/t);货厢单位面积(m^2/t);座位数和可站立人数。

(2)使用方便性

①乘客上下车和货物装卸方便性。其量标和评价参数为:车门和踏板尺寸及位置;货厢地板高度;货厢栏板可倾翻数;有无随车装卸机具。

②出车迅速性。其量标和评价参数为:汽车起动暖车时间。

③操纵方便性。其量标和评价参数为:100km 平均操纵作业次数;操作力(N);驾驶员坐椅可调程度;照明、灯光、视野、信号。

④速度性能。其量标和评价参数为:动力性;平均技术速度(km/h)。

⑤越野性、机动性。其量标和评价参数为:汽车最低离地间隙;接近角、离去角;纵向通过半径;前后轴荷分配;轮胎花纹及尺寸;轮胎对地面单位压力;前后轮辙重合度;低速档的动力性;驱动轴数;最小转弯半径。

⑥可靠性和耐久性。其量标和评价参数为:大修间隔里程(km);主要总成的更换里程(km);可靠度、故障率(次/10^3km);故障停车时间(h)。

⑦维修性。其量标和评价参数为:维护和修理工时(h);每公里维修费用(元/km);对维修设备的要求。

⑧防公害性。其量标和评价参数为:噪声级;CO、HC、NO_x 排放量;电波干扰。

⑨燃料经济性。其量标和评价参数为:最低燃料耗量(L/100t·km);平均最低燃料耗量(L/100km)。

(3)安全性

①稳定性。其量标和评价参数为:纵向倾翻条件;横向倾翻条件。

②制动性。其量标和评价参数为:制动效能;制动效能恒定性;制动时的方向稳定性。

(4)乘坐舒适性

①平顺性。其量标和评价参数为:振幅;振动频率;振动加速度及变化率。

②设备完备。其量标和评价参数为:车身类型;坐椅结构;空气调节指标;车内噪声指标(dB)。

六十九、汽车性能试验主要包括哪些内容?

汽车性能试验除汽车行驶性能试验外,还包括驾驶性能试验、操纵稳定性试验、平顺性试验和实车耐久性试验。

(1)驾驶性能试验

驾驶性能试验主要考核汽车在各种环境中是否适应驾驶。其评价方法有主观评价(凭驾驶员的感觉、驾驶性能变坏的程度、发生频度和重要性进行扣分)以及客观评价(测定前后加速度、扭矩变动、发动机转速等定量值)。具体的试验方法分为冷态行驶性能的评价、常温行驶性能的评价、热区行驶性能的评价和高原行驶性能的评价。

(2)操纵稳定性试验

操纵稳定性的主要内容是:从驾驶员的角度看汽车操纵的难易程度,在承受路面凹凸和侧风干扰的汽车自身稳定,以及受外部干扰后的转向盘的校正能力等。试验通常采用三种方法:一是室内台架试验,测定并评价有关操纵稳定性的汽车基本特性(重心位置和惯性矩);二是道路试验,计算测量汽车转弯和越线行驶时的运动状态;三是主观感觉评价,根据驾驶员的自我感觉进行评价。

(3)平顺性试验

汽车行驶的平顺性是指汽车在一般行驶速度范围内行驶时,能保证乘坐者不致因车身振动而引起不舒服和疲劳的感觉,以及保持所运货物完整无损的性能。由于行驶的平顺性是根据乘坐者的舒适程度来评价,所以有时又称为乘坐舒适性。其评价方法,通常是根据人体对振动的生理反应及对保持货物完整性的影响来制定的,并用表征振动的物理量如频率、振幅、加速度、加速度的变化率等作为行驶平顺性的指标。平顺性的试验分道路试验和室内试验。道路试验一般是在社区街道、高速公路、山路上进行的现场评价,包括振动测量和主观评价试验。有条件时,可在试车场内的沥青路、水泥路、石块路、接缝路和砂石路上做试验。室内试验是在道路模拟机上进行的。试验时,将整车或车辆的部分总成、构件置于试验机上,然后,通过激振机构进行加振。台架试验是一种比较理想的方法,主要在于这种装置能够再现实际路形,并配有直接分析输入信号的数据处理仪器。

(4)实车耐久性试验

实车耐久性试验的规范是在调查各种使用条件的基础上制定的。这些条件包括:道路条件、载质量、装载物种类、车速、操作负荷、操作频度以及气候条件等。试验应充分反映出这些条件。实车耐久性试验,按试验进度可分为实用耐久性试验和快速寿命试验两大类。实用耐久性试验是指在一般公路上进行的汽车使用试验;也可在试车场内进行各种使用条件的模拟、再现,进行一般公路上无法开展的试验。快速寿命试验包括坏路耐久性试验、传动系统耐久性试验以及其他特殊耐久性试验等。通常是在试车场内进行,与正常使用相比,加快速度约为10倍。快速寿命试验,常用于寻求导致故障的主要因素。

第二章　修理技师(高级)应会

第一节　检测检修应会

一、如何检测空气流量传感器?

空气流量传感器有翼片式、卡门涡流式、热线式和热膜式等几种,其一般检测步骤如下:

步骤1:如图2-2-1所示,将由汽车厂商提供的电压表接在空气流量传感器的信号线与接地线之间。

步骤2:起动发动机后,仔细观察电压表读数,该值应是厂家提供的标准值。

步骤3:轻敲空气流量传感器壳体,观察电压表读数。若电压表读数闪动或发动机熄火,应更换空气流量传感器。若空气流量传感器内部连接松动,可能会引起电压信号不稳定或发动机熄火、喘振。

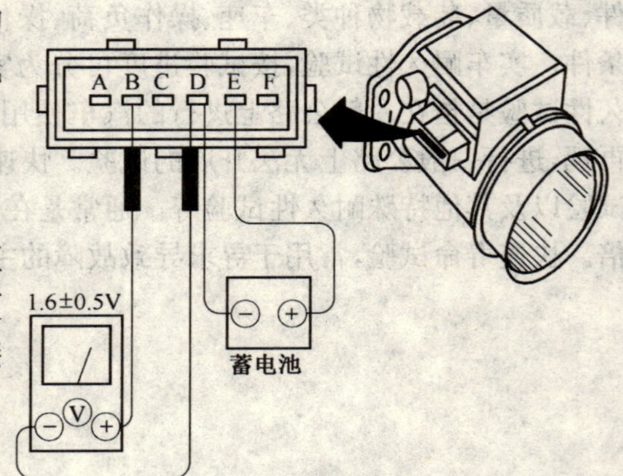

图 2-2-1　空气流量传感器检测线路图

二、如何就车检查油压调节器?

以桑塔纳2000GSi型轿车为例,说明油压调节器的就车检查内容及步骤。

步骤1:工作状况的检查。

①测量发动机运转时的燃油压力。怠速运转时的燃油压力应为250kPa。

②拔下油压调节器的真空软管,并检查燃油压力。此时的燃油压力应比怠速运转时的燃油压力高50kPa左右。若压力变化不符合要求,即说明油压调节器工作不良,应更换。

步骤2:保持压力的测量。当燃油系统保持压力不符合标准值147kPa时,应做此项检查,以便找出故障原因。

①将油压调节器接入燃油管路。

②用一根导线短接电动汽油泵的两个检测插孔。

③将点火开关旋至ON位置并保持10s,让电动汽油泵运转。

④关闭点火开关,拔去检测插孔上的短接导线。

⑤用钳子将油压调节器的回油管夹紧。

⑥5min后观察燃油压力,该压力称为油压调节器保持压力。如果该压力仍然低于燃油系统保持压力的标准,说明燃油系统保持压力过低的故障不在油压调节器;相反,若此时压力大

于保持压力,则说明油压调节器有泄漏,应更换。

三、如何检测温度传感器？如何检测爆燃传感器？

(1)温度传感器的检测

如图 2-2-2 所示,温度(进气温度或冷却液温度)传感器可用欧姆表检查其电阻值变化情况来判断性能好坏。

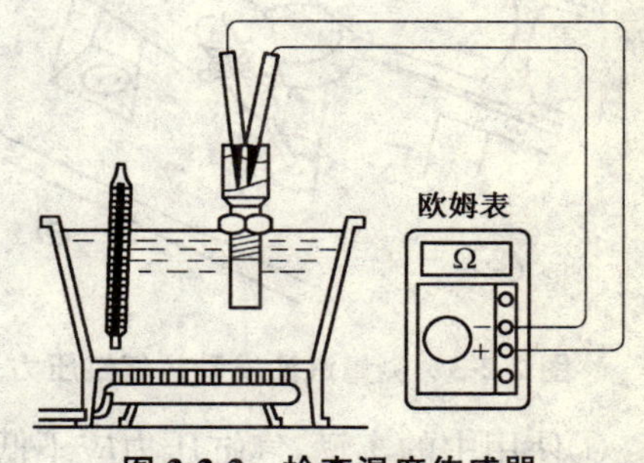

图 2-2-2　检查温度传感器

步骤 1:检查时,首先将拆下的传感器放在盛满水的容器内并接上欧姆表,同时再放一支温度计测量温度。

步骤 2:把水加热,对应不同的温度,传感器应有相应的电阻值。如果传感器电阻值不符合要求,应更换传感器。

(2)爆燃传感器的检测

爆燃传感器的诊断步骤如下:

步骤 1:首先拆下爆燃传感器接线器并接通点火开关。

步骤 2:将电压表接在爆燃传感器两导线之间。电压正常值应为 4～6V,否则,应修理爆燃传感器导线或更换电控单元。

步骤 3:在爆燃传感器与地线之间接上欧姆表,其电阻值应在 3300～4500Ω 之间,否则,应更换爆燃传感器。

四、如何检测发动机的气缸压力?

步骤 1:汽油发动机气缸压力的检查。

①发动机温度正常,一般不低于 75℃,拆下全部火花塞。

②将化油器阻风门、节气门处于全开位置。

③把气缸压力表的锥形橡胶圈压紧在火花塞座孔上,如图 2-2-3 所示。

④用起动机带动发动机旋转,转速在 150r/min 以上。对被测气缸压缩 2～3 次,表针不再上升为止。取下气缸压力表,记下读数。

⑤按下气缸压力表上的放气阀,使表针归零,依次测量其他气缸的压力值,每气缸至少测量两次。

步骤 2:柴油发动机气缸压力的检查。

①发动机温度在 80℃左右,用压缩空气吹净各喷油器周围的尘土。

②拆下喷油器,将喷油泵操纵杆置于停油位置,拧上气缸压力表,如图 2-2-4 所示。

③用起动机带动柴油发动机运转,速度在 500r/min 以上,每次 3～5s,直到气缸压力表的指针不再上升为止,记下读数。

④按上述步骤,测量其他各气缸的气缸压力,每气缸至少测量两次。

步骤 3:数据处理。所测数据应满足以下技术要求:

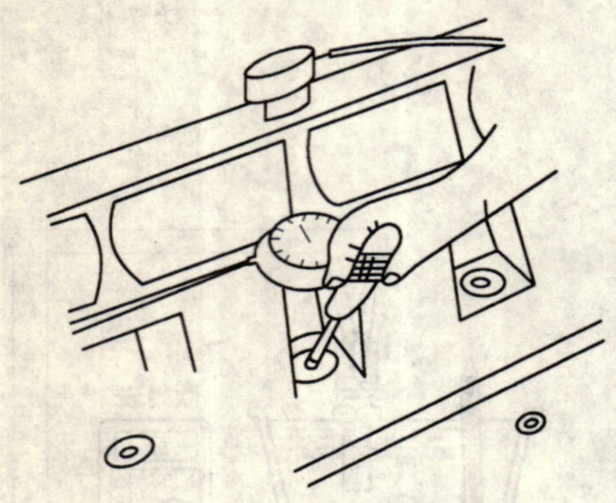
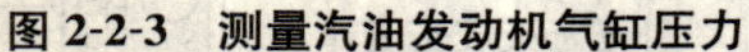

图 2-2-3 测量汽油发动机气缸压力

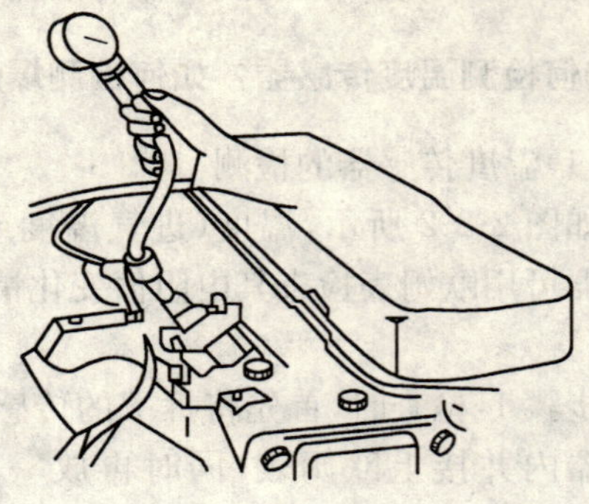

图 2-2-4 测量柴油发动机气缸压力

①使用中的车辆,气缸压力应不低于原厂规定的 80%。

②各气缸压力差值,汽油发动机不得大于各气缸压力平均值的 5%;柴油发动机不得大于各气缸压力平均值的 10%。

五、如何检测柴油发动机喷油泵的供油量?

柴油发动机喷油泵的供油量的检测步骤:

步骤 1:供油量的检测。在一定发动机转速下,检查供油拉杆在不同位置时,各柱塞每喷 100 或 200 次的供油量。一般在 200r/min 和 600r/min 时,检测供油拉杆在最大行程、1/2 行程和发动机在怠速工况三种情况下的供油量。

就车检查时,应先把各个喷油器从发动机上拆下,把喷口转向发动机外方,再紧固好高压油管,将供油拉杆放到最大供油量位置,然后转动曲轴。当各个喷油器喷出的油雾都夹杂气泡时,在每个喷油器喷口下面,放一个有刻度的玻璃容器,以 150～200r/min 的速度转动曲轴,到一定转速后,查看各量杯内的油量及其供油的不均匀度。

步骤 2:供油不均匀度的检测。多气缸柴油发动机各气缸的供油量应尽量一致。但由于各气缸分泵零件磨损程度不可能相同,故很难一致。各气缸压力不同,可导致运转不均、功率下降。因此各气缸供油不均匀度应控制在一个范围内。各气缸供油不均匀度可用下式计算:

$$各气缸供油不均匀度=\frac{最大供油量-最小供油量}{平均供油量}\times 100\%$$

$$平均供油量=\frac{1}{2}(最大供油量+最小供油量)$$

各气缸供油不均匀度控制在:高速最大供油时<3%;中速供油时<5%;低速供油时<7%;各分泵平均供油量差<5%。

六、如何检测柴油发动机喷油器的质量?

步骤 1:喷油器喷油压力的检测。拆下喷油器锁紧螺母后,把喷油器装到试验台上,压动试验台手柄,排出留在油管和喷油器中的空气和脏物。快速按压试验台手柄,以 60 次/min 的速度为宜。同时观察喷油器喷油过程中压力表上的读数。各气缸喷油压力应相同,并应符合原厂规定。如喷油压力不符合规定，可通过喷油器上的调压螺钉调整。拧入，喷油压力提高；反之，喷油压力降低。

步骤 2：喷雾质量的检查。以 120 次/min 的速度按压试验台手柄，喷油器喷出的油雾应细小均匀呈雾状，油束的锥角、喷射方向应符合要求。

七、如何利用水准车轮定位仪测量主销后倾角、主销内倾角、前轮外倾角及前轮前束？

步骤 1：主销后倾角 γ 的测量。主销后倾角 γ 不能直接测量，可通过转向轮绕主销转动一定角度时的几何关系间接测量，其测量步骤如下：

①将汽车转向轮置于转盘上，使车轮处于直线行驶方向，并使转向轮主销轴线的延长线通过转盘中心，拉紧驻车制动器，取下转盘销。

②如图 2-2-5 所示，把测“α、γ”插销插入支架座孔，使车轮外转 20°，松开锁紧螺钉，使水准仪在垂直于“α、γ”插销的方向上处于水平状态后拧紧。

③转动“α、γ”调节盘，使其指示红线与蓝、红、黄刻度盘零线重合。

④调整气泡管调节旋钮，使其中的气泡处于中间位置。

⑤使转向轮向内旋转 40°，调节“α、γ”调节盘，使水准仪气泡回到中间位置，指示红线所指蓝盘上读数，即为主销后倾角的测量结果。

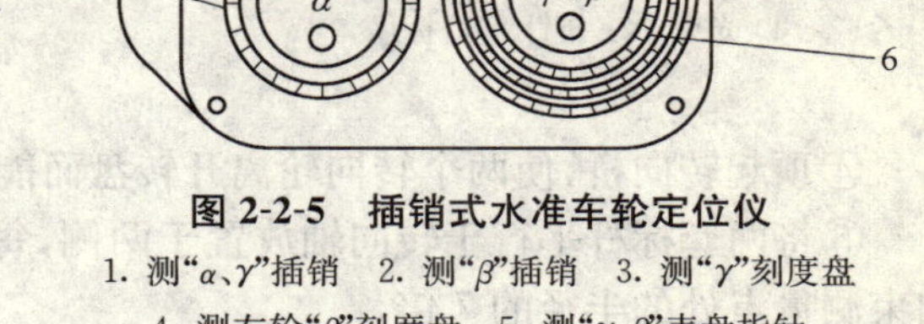

图 2-2-5　插销式水准车轮定位仪

1. 测“α、γ”插销　2. 测“β”插销　3. 测“γ”刻度盘　4. 测左轮“β”刻度盘　5. 测“γ、β”表盘指针　6. 测右轮“β”刻度盘　7. 测“α”刻度盘　8. 测“α”表盘指针

步骤 2：主销内倾角(β)的测量。主销内倾角是通过测量转向轮绕主销转动过程中转动平面的角位移而间接测量的。其测量步骤如下：

①将汽车转向轮置于转盘上，取下转盘销。

②用制动踏板低压器压下制动踏板。

③把水准仪的 β 销插入支架座孔中并紧固。

④将转向轮向外旋转 20°，松开锁紧螺钉，使水准仪在垂直于 β 插销的方向上处于水平状态后拧紧；然后，转动“γ”、“β”调节盘，使其指示红线与蓝、红、黄刻度盘上的零线重合。

⑤使转向轮向内旋转 40°，调节“γ”、“β”调节盘，使水准仪气泡回到中间位置，指示红线在红刻度盘(测右转向轮)或黄刻度盘(测左转向轮)上所指示的数值，即为主销内倾角 β 的测量值。

步骤 3：车轮外倾角 α 的测量。车轮外倾角 α 可直接测量。当转向轮处于直线行驶位置时，通过支架垂直与转向轮旋转平面安装的水准仪上的测外倾角气泡管，亦与该旋转平面垂直。此时，气泡管与水平面的夹角与外倾角相等，气泡管中的水泡偏移向车轮一侧。把气泡管置于水平位置，气泡位移量和角度调节量即反映了外倾角的大小，其测量过程如下：

①将水准仪上的测“α”、“γ”插销插入支架座孔,并使水准仪在垂直于该插销的方向上近似水平。

②拧紧锁紧螺钉,把水准仪固定于支架上。此时,水准仪气泡处于偏离中间的位置。

③调节“α”调节盘,直到水平仪气泡处于中间位置,其“α”调节盘上红线所示度值即为该转向轮的外倾角。

步骤4:前轮前束的检测。前轮前束的检测可用光束水准车轮定位仪来测量,其检测步骤如下:

①将汽车转向轮置于转盘上,取下转盘锁止销,拉紧驻车制动器。

②在转向轮上安装支架,把聚光器固定在车架上。

③确定直线行驶位置。将聚光器光束水平投向后轮轴线,与后轴垂直且相对于汽车总轴线对称放置的三脚架标尺。调节焦距,在标尺上显现出带缺口扇形图像,如图2-2-6所示,如果两侧缺口所指数值相等,则汽车处于直线行驶状态。否则,应转动转向盘调整,如图2-2-7所示。

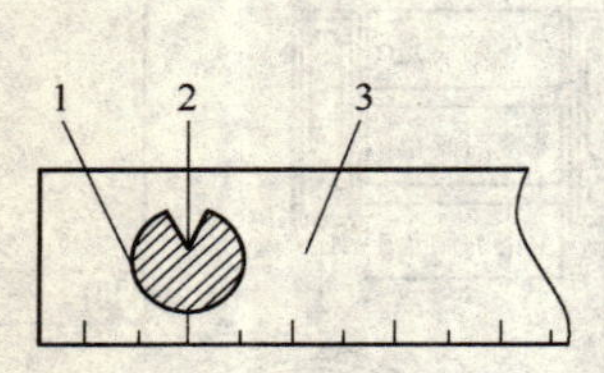

图2-2-6 光束在标尺上的投影

1. 光束 2. 指针 3. 标尺

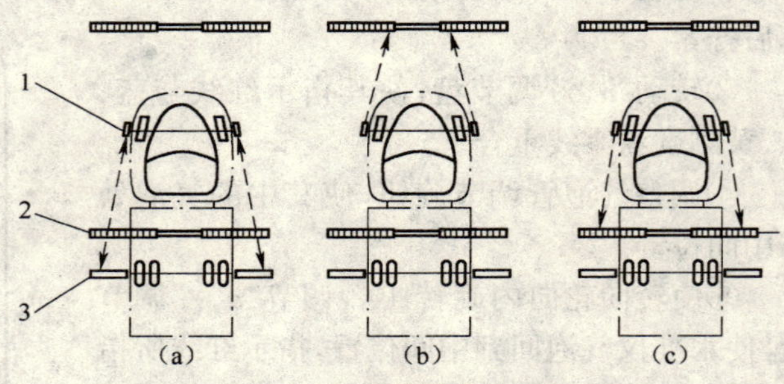

图2-2-7 前轮前束的测量

(a)确定直线行驶位置 (b)、(c)测量前束

1. 聚光器 2. 标杆 3. 标尺

④顶起转向桥,使两个转向轮离开转盘而能自由转动。

⑤将两套标杆平行于转向轴放置于两侧,每一标杆距转向轮中心的距离为转向轮上规定前束测量点处的半径的7倍。

⑥将一侧聚光器光束投向前标杆,并移动标杆使之指向一个整数。移动转向轮使光束投向后标杆,亦使之指向同一个整数。然后,使另一侧聚光器光束分别投向前、后标杆,并记录所指数字,后标杆数字与前标杆数字之差即为该车轮前束值。

八、用四轮定位仪如何检测后轮前束和后轴的推力角?

四轮定位仪的外形如图2-2-8所示。利用四轮定位仪,可检测前轮定位参数,还可通过安装在后车轮上的光敏晶体管式传感器,检测后轮的前束值和后轴的推力角。

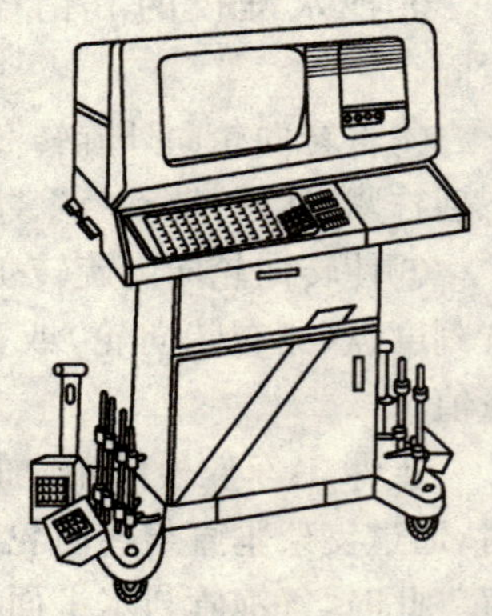

图2-2-8 四轮定位仪外形

步骤1:后轮前束值的测量。安装在后轮上的传感器(又称定位校正头)具有发射光线和接受光线的功能,利用光线发射和接收

形成图 2-2-9 所示的四边形。传感器的受光平面上等距离地排列着一排光敏晶体管。当不同位置上的光敏晶体管受到光线照射时,所发出的电信号即可代表后轮前束值和左、右轮轴距差。

后轮前束值的测量原理见图 2-2-10。当左、右后轮存在前束时,左后轮传感器上接收到的光束位置相对于原来的零点有一偏差值,该值表示右后轮的前束值;同理,右后轮传感器上接收到的光束位置相对于原来零点的偏差值,则表示左后轮的前束值。

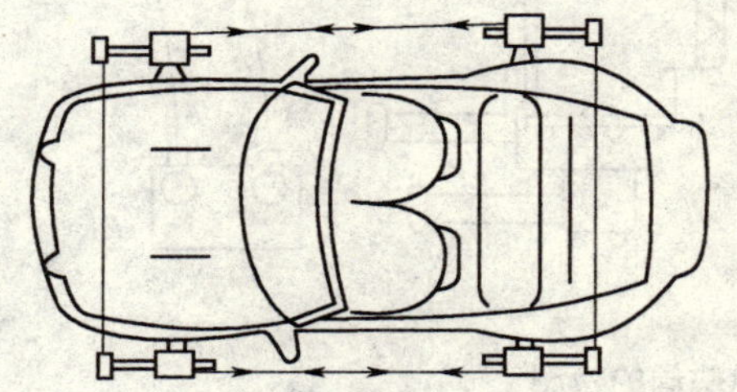

图 2-2-9　8 束光线形成的封闭四边形

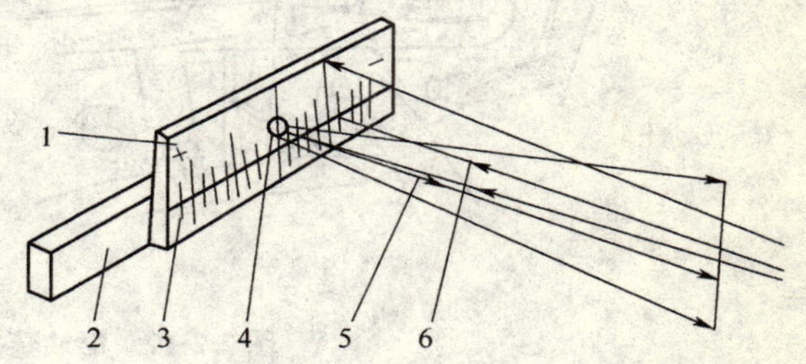

图 2-2-10　后轮前束值的测量原理

1. 刻度板　2. 投射器支臂　3. 光敏晶体管
4. 激光器　5. 投射激光束　6. 接收激光束

步骤 2:推力角的测量。后轴中心线与汽车纵向对称线的夹角称为推力角。推力角是一个故障状态参数,推力角过大将导致轮胎异常磨损,严重时会发生后轴侧滑和甩尾等危险情况。推力角的检测原理如图 2-2-11 所示。当两条光束出现夹角不重合时,说明推力角不为零;而前后轴同侧车轮上的传感器发射和接收的光束重合时,表明推力角为零。因此,可用安装在汽车前轮上的传感器接收到的后轮传感器所发射的光束相对于零点位置的偏差值检测汽车推力角的大小。

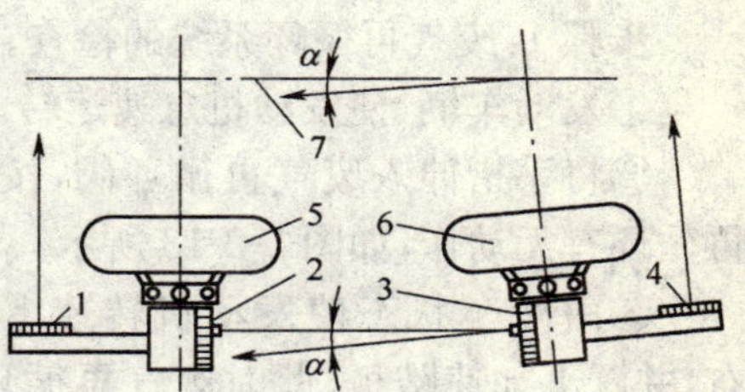

图 2-2-11　推力角检测原理

1～4. 光线接收器　5. 转向轮　6. 后轮
7. 汽车纵轴线　α. 推力角

九、如何检修燃油蒸发控制系统?

以桑塔纳 2000GSi 型轿车的燃油蒸发控制系统为例,介绍燃油蒸发控制系统的检修步骤。

步骤 1:发动车辆至正常工作温度后,使发动机怠速运转。

步骤 2:检查软管内有无真空吸力。在系统工作正常的情况下,发动机怠速运转时电磁阀应不通,蒸气回收罐上的真空软管应无真空吸力(图2-2-12a);如果软管内有吸力,应检查电磁阀线束插头内电源电压是否正常。若电压正常,说明 ECU 有故障;若电压异常,说明电磁阀有故障。

步骤 3:踩下加速踏板,提高发动机转速,使之大于 2000r/min,同时检查上述软管内有无真空吸力:若有吸力,说明系统工作正常;若无吸力,应检查电磁阀线束插头内电源电压是否正常。若电压正常,说明电磁阀有故障;若电压异常,说明 ECU 或控制线路有故障。

步骤 4:若要单独检查电磁阀,可拔下电磁阀线束插头,向电磁阀内吹气,电磁阀应不通气;

再将电源接在电磁阀两接线柱上,如图 2-2-12b 所示,同时向电磁阀内吹气,电磁阀应可以通气。若有异常,则说明电磁阀有故障,应更换。

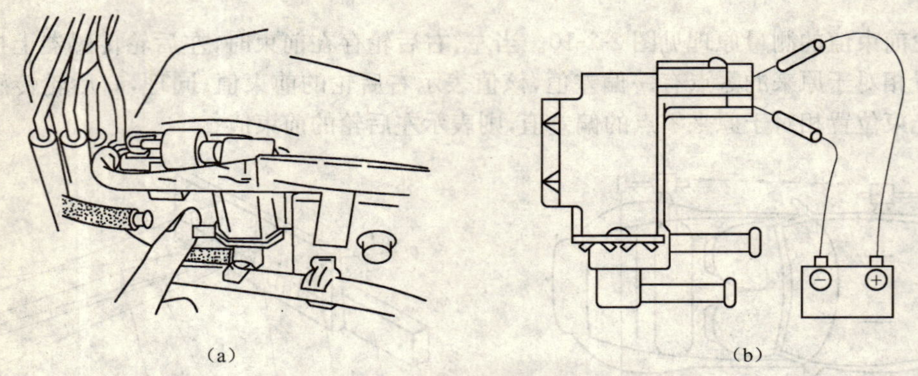

图 2-2-12 燃油蒸发控制电磁阀的检测

十、如何对废气再循环控制系统进行检修?

以丰田轿车为例,说明废气再循环控制系统检修内容和方法。

步骤 1:废气再循环系统的检查。

①发动车辆,使发动机怠速运转。

②将手指伸入废气再循环阀,按在膜片上检查废气再循环有无动作,如图 2-2-13 所示。

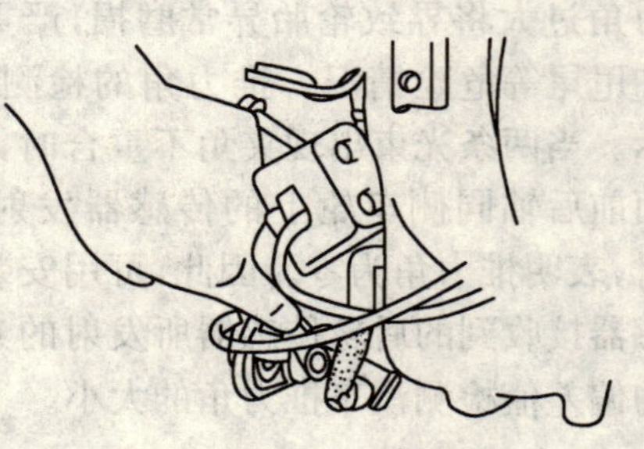
图 2-2-13 废气再循环系统工作的检查

③由冷车状态使发动机转速上升至 2000r/min 左右,并踩下加速踏板,此时废气再循环阀应不开启,手指上应感觉不到膜片的动作。

④在发动机热车后(冷却液温度高于 50℃),踩下加速踏板,使发动机转速上升至 2000r/min 左右,此时废气再循环阀应开启,手指应可感觉到膜片的动作。

若废气再循环阀不能按上述规律动作,则说明该系统工作不正常,应检查该系统各零部件。

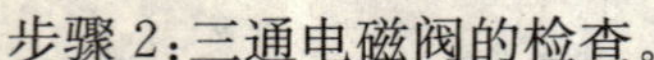
步骤 2:三通电磁阀的检查。

①将三通电磁阀的线束插头及真空软管拔下,并拆下三通电磁阀。

②当电磁阀线圈不接通电源时,如图 2-2-14a 所示,A-B、A-C 之间应不通气,B-C 之间应通气;否则说明三通电磁阀损坏,应更换。

③接上电源,如图 2-2-14b 所示,A-B 之间应通气,A-C、B-C 之间应不通气;否则说明三通电磁阀损坏,应更换。

步骤 3:废气再循环阀的检查。

①发动车辆,使发动机怠速运转。

②将连接废气再循环阀与废气调整阀的真空软管拔下。

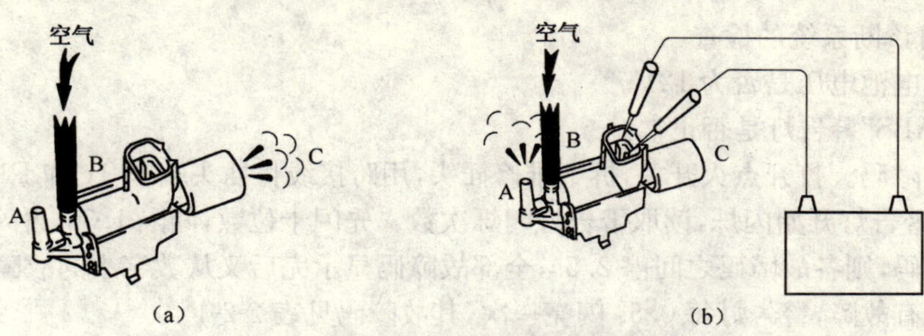

图 2-2-14　三通电磁阀的检查

③如图 2-2-15 所示,用手动抽真空器对废气再循环膜片室施加约 19.95kPa 的真空度。若此时发动机怠速运转性能变坏甚至熄火,说明废气再循环阀工作正常;若发动机运转性能无变化,说明废气再循环阀损坏,应更换。

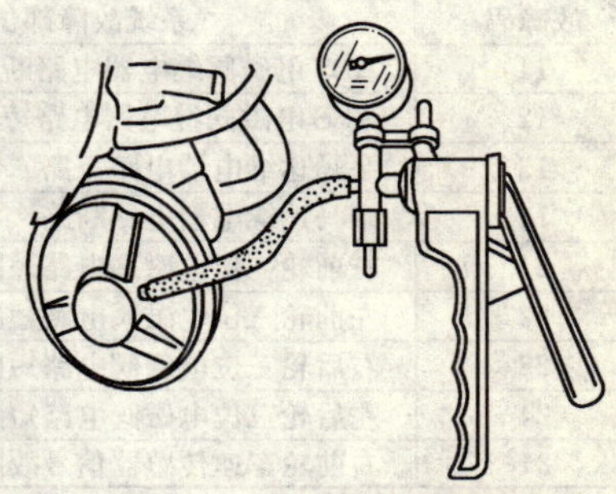

图 2-2-15　废气再循环阀的检查

步骤 4:废气调整阀的检查。

①起动发动机并预热至正常工作温度。

②如图 2-2-16a 所示,拔下连接废气调整阀与废气再循环阀的真空软管,用手指按住真空管接口。当发动机怠速运转时,接口内应无真空吸力;踩下加速踏板,使发动机转速上升至 2000r/min,此时接口内应有真空吸力;若不符合上述要求,说明废气调整阀不正常,应拆卸检查。

③如图 2-2-16b 所示,拆下废气调整阀,在连接节气门体真空管的接口处接上手动抽真空器,用手指堵住连接废气再循环阀的真空接口。

④向连接排气管的进气口内施加气压,同时扳动手动抽真空器,在连接废气再循环阀的接口处应能感到有真空吸力;停止抽真空后,真空吸力应能保持住;放掉排气管进气口的压力,真空吸力也应随之消失。若有异常,应更换废气调整阀。

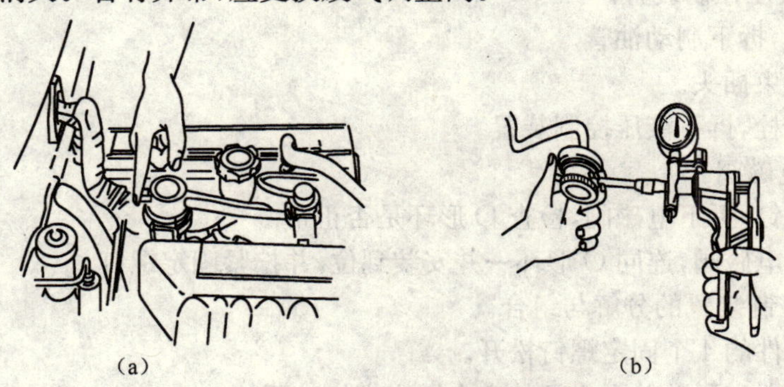

图 2-2-16　废气调整阀的检查

十一、如何检修 ABS 系统?

以丰田轿车为例,说明 ABS 系统检修的方法步骤。

步骤1:自诊断系统的检查。

①检查蓄电池电压是否为12V。

②检查“ABS”警告灯是否正常。

③读取故障码。打开点火开关,拆下维修插头,用跨接线将插头端子Tc和E1相接。如果有故障,4s后警告灯开始闪烁,读取警告灯闪烁次数。先闪十位数,间隔1.5s,再闪个位数。如果有多个故障码,则各故障码之间停2.5s,全部故障码显示完后又从数字小的故障码开始重复显示。如果没有故障,警告灯每0.5s闪亮一次,其故障码见表2-2-1。

表2-2-1 故障码表

故障码	系统故障部位	故障码	系统故障部位
11	ABS电磁阀继电器电路断路	32	左前轮车速传感器信号故障
12	ABS电磁阀继电器电路短路	33	右后轮车速传感器信号故障
13	泵马达继电器电路短路	34	左后轮车速传感器信号故障
14	泵马达继电器电路断路	35	左前轮或右后轮车速传感器电路断路
21	右前轮三位电磁阀电路短路或断路	36	右前轮或左后轮车速传感器电路断路
22	左前轮三位电磁阀电路短路或断路	41	蓄电池电压不正常
23	右后轮三位电磁阀电路短路或断路	43	TRC控制系统失灵
24	左后轮三位电磁阀电路短路或断路	51	泵马达卡死或电路断路
31	右前轮车速传感器信号故障	常亮	ECU失灵

步骤2:检查车轮速度传感器。

①拆开传感器电线连接后,测量传感器线圈的电阻值,应符合标准值(0.9～3kΩ)。

②将被测车轮悬空并用手转动车轮,同时用万用表检测传感器,读数应在70mV以上。

③如果不正常,应检查制动盘毂齿轮是否完好无损,传感器表面是否脏污,间隙是否合适(标准间隙为1.1～1.3mm)。

步骤3:ABS泄压。关闭点火开关,反复踩踏制动踏板20次以上,当感觉踩踏所需的力明显增加时,ABS泄压完成。

步骤4:拆卸液压控制装置。

①放出制动液,拆下制动油管。

②拆除所有线束插头。

③拆下固定螺栓,拆下液压控制装置。

步骤5:更换电磁阀。

①拆下固定螺钉,拆下电磁阀,检查O形环是否正常。

②选用完好的电磁阀,连同O形环一并安装到位,并拧紧固定螺钉。

步骤6:液压控制装置的分解与组合。

①将电动机组件的4个固定螺钉松开。

②将液压调节器和制动总泵之间的2个固定螺钉拧下。

③将液压调节器和制动总泵分开,更换它们之间的油管。

④将液压调节器和制动总泵组合并定位。

⑤将电动机组件重新安装在液压调节器上。

步骤7:ABS放气。不同的ABS,其放气过程均可分为两部分:液压管道的放气和液压调节器的放气。其中液压管道的放气过程与普通制动系统相同，对液压调节器中的空气一般要用专用仪器按照特殊的规程将空气放出。下面以达科(Delco)ABS系统为例，介绍其放气过程。

①用TECH-l或T-100专用扫描仪将液压调节器的电动机定位，以使单向阀顶在开通位置，让空气完全释放。

②将一根油管安装在液压调节器上的前轮放气螺钉上。

③慢慢拧松放气螺钉1/2～3/4圈使制动液流出，直到没有气泡时再拧紧放气螺钉。

④按步骤2、步骤3进行后轮的放气。

⑤最后按普通制动系统四轮放气程序进行放气。其顺序为右后、左后、右前、左前。

十二、如何检修悬架控制系统?

以凌志400型轿车为例，说明悬架控制系统检修的步骤。

步骤1：检测ECU输入信号。将点火开关置于“ON”位；短接诊断插接器Ts与E1；按表2-2-2所示进行相应操作，高度控制“NORM”指示灯会有相应显示。

表2-2-2　ECU输入信号检测

检查项目	操作1	发动机状态		操作2	发动机状态	
		停机	运转		停机	运转
转向传感器	车轮摆正	A	B	转角45°以上	B	A
停车开关	OFF位置	A	B	ON位置	B	A
门控灯开关	OFF位置	A	B	ON位置	B	A
节气门位置传感器	不踩加速踏板	A	B	加速踏板踩到底	B	A
1号车速传感器	车速低于20km/h	A	B	车速20km/h以上	B	A
高度控制开关	NORM位置	A	B	HIGH位置	B	A
LRC	NORM位置	A	B	SRORT位置	B	A
高度控制ON/OFF开关	ON位置	A	B	OFF位置	B	A

注：A表示指示灯每0.25s闪亮一次；B表示指示灯常亮。

步骤2：读取故障码。打开点火开关；短接诊断插接器Ts与E1；通过高度控制“NORM”灯读取故障码，见表2-2-3。

表2-2-3　故障码表

故障码	系统故障部位	故障码	系统故障部位
11	前右高度控制传感器电路	35	排气阀电路
12	前左高度控制传感器电路	41	1号高度控制继电器电路
13	后右高度控制传感器电路	42	压缩机电动机电路
14	后左高度控制传感器电路	51	向1号高度控制继电器的供电时间超限
21	前悬架控制执行器电路	52	向排气阀的供电时间超限
22	后悬架控制执行器电路	61	悬架控制信号(ECU故障)
31	1号高度控制电磁阀电路	71	悬架控制开关ON/OFF电路
33	2号高度控制电磁阀电路(右悬架)	72	悬架控制执行器供电电路
34	2号高度控制电磁阀电路(左悬架)		

步骤 3:清除故障码(两种方法)。

①方法一:关闭点火开关,拆下 ECU 的熔丝 10min 以上。

②方法二:关闭点火开关,短接高度控制器端子 8 与 9,同时短接诊断插接器 Ts 与 El 片保持 10min 以上。

步骤 4:检查高度控制传感器。检查高度控制传感器的电源电压,即接脚 1 与搭铁之间是否有蓄电池电压。如果不正常,则检查 2 号高度控制继电器。通过更换高度控制传感器,检测系统功能是否正常。

步骤 5:检查 1 号高度控制继电器。其线圈电阻值应为 50～100Ω,触点动作应正常。

步骤 6:检查压缩机工作是否正常。

步骤 7:如果以上都正常,而系统工作不正常,则更换系统 ECU。在进行系统检查前,应保证蓄电池电量充足,另外不要盲目对 ECU 进行检查或维修。

十三、如何检修自动变速器行星齿轮机构?

以 A341E 和 A342E 自动变速器为例,说明行星齿轮机构的检修步骤。

行星齿轮和行星架间的间隙应符合标准:0.2～0.6mm,应不超过 1.0mm。

步骤 1:行星排及单向离合器的分解。

①按图 2-2-17 所示的方法检查单向离合器的锁止方向。

②应使该单向离合器外圈(行星架)相对于内圈(离合器毂)在逆时针方向锁止,在顺时针方向可以自由转动。

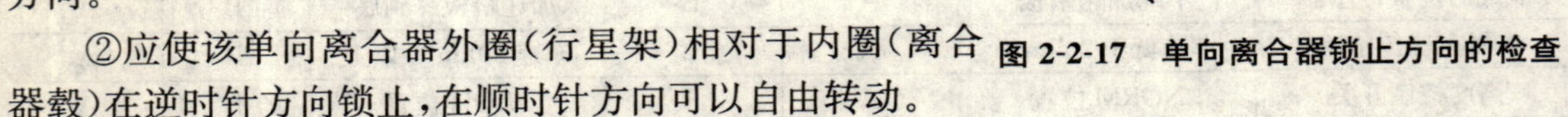

图 2-2-17 单向离合器锁止方向的检查

③按图 2-2-18 所示顺序分解行星排和单向离合器。

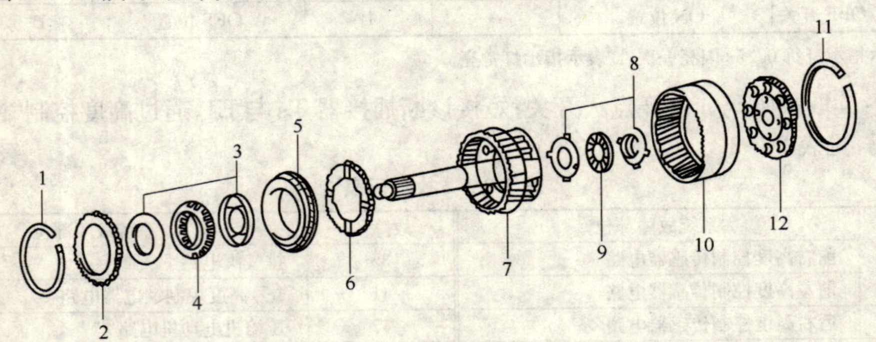

图 2-2-18 行星排和单向离合器的分解

1、11. 卡环 2. 挡圈 3. 挡环 4. 单向离合器 5. 单向离合器外圈 6. 止推垫片 7. 行星架和行星齿轮组件 8. 止推垫圈 9. 止推轴承 10. 齿圈 12. 齿圈凸缘盘

步骤 2:行星排、单向离合器的检验。

①检查太阳轮、行星齿轮、齿圈的齿面,若有磨损或疲劳剥落,则应更换整个行星排。

②检查行星齿轮与行星架之间的间隙,如图 2-2-19 所示,其标准间隙为 0.2～0.6mm,最

大不得超过 1.0mm,否则应更换止推垫片或行星架及行星齿轮组件。

③检查太阳轮、行星架、齿圈等零件的轴颈或滑动轴承处有无磨损,若有异常,则应换用新件。

④检查单向离合器、滚柱有无破损,滚柱保持架有无断裂或内外圈滚道是否磨损起槽,若有,则应换用新件;若在锁止方向上出现打滑或在自由转动方向上有卡滞现象,也应换用新件。

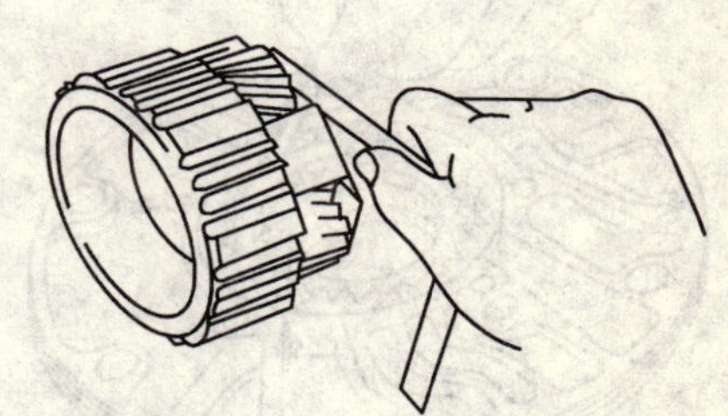
图 2-2-19　行星齿轮和行星架之间的间隙检查

步骤 3:行星排、单向离合器的装配。

①清洗干净行星排和单向离合器的所有零件,并涂少许液压油。

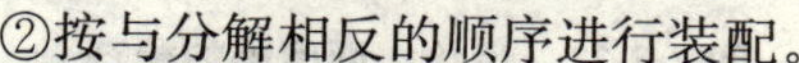
②按与分解相反的顺序进行装配。

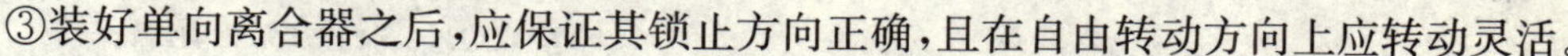
③装好单向离合器之后,应保证其锁止方向正确,且在自由转动方向上应转动灵活。

十四、如何检修自动变速器的油泵、直接档离合器和阀体?

自动变速器液压操纵系统主要组件,包括液压油泵、直接档离合器和有关阀体,其检修步骤如下:

步骤 1:油泵的检修。

①泵体与齿圈间隙的检查。如图 2-2-20 所示,把齿圈推向泵体的一侧,用塞尺测量其间隙。该间隙正常值为 0.07～0.15mm,若超过 0.30mm,应更换齿轮、齿圈或泵体。

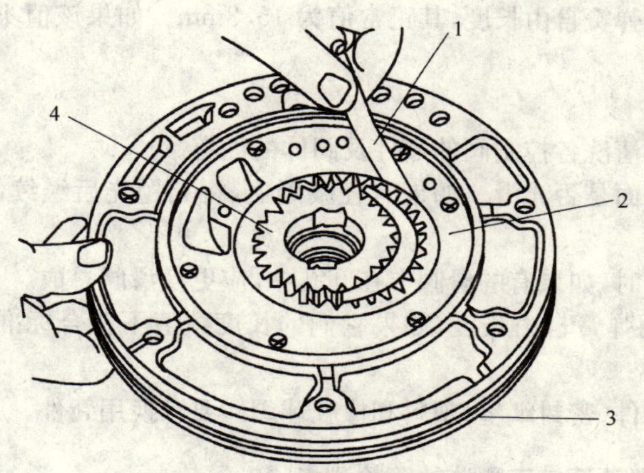

图 2-2-20　齿圈与泵体间隙的检查

1. 塞尺　2. 外齿轮　3. 泵壳体　4. 内齿轮

②齿轮、齿圈齿顶间隙的检查。如图 2-2-21 所示,用塞尺测量齿轮、齿圈和月牙板间的间隙,该间隙正常值为 0.11～0.14mm,若超过 0.30mm,应更换齿轮、齿圈或泵体。

③齿轮端面间隙的检查。检查的方法如图 2-2-22 所示,该间隙正常值为 0.02～0.05mm,若超过 0.10mm,应更换齿轮、齿圈或泵体。

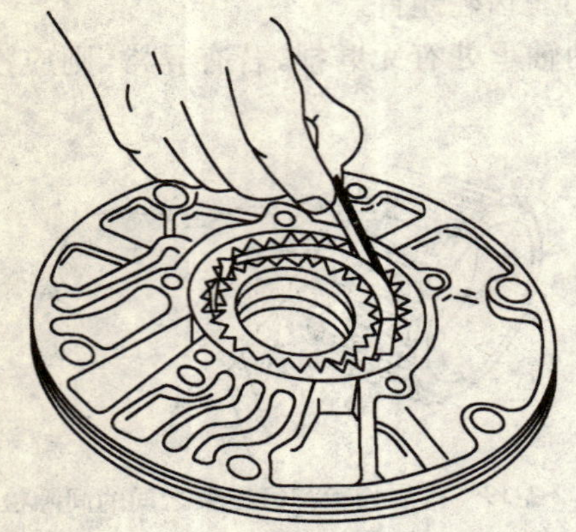

图 2-2-21 齿顶间隙的检查

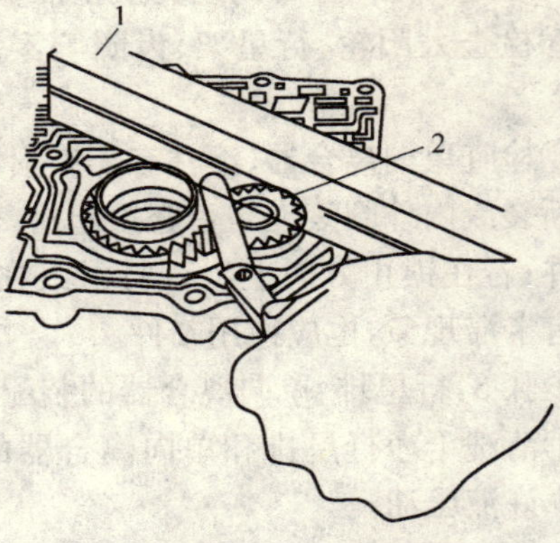

图 2-2-22 齿轮端面间隙的检查

1. 直边尺 2. 液压泵驱动齿轮

步骤 2:直接档离合器的检修。

①观察离合器摩擦片有无表面剥落、烧焦或变形,若有,应更换离合器摩擦片。

②检测离合器摩擦片的厚度,如果小于极限值,应更换。

③检测钢片是否磨损过度,有无翘曲变形,如有,应更换钢片。

④检查离合器活塞表面和液压缸内表面有无损伤,如有,更换活塞或液压缸。

⑤检查活塞单向阀的密封性。摇动活塞时,球阀应活动自如;从液压缸侧向单向阀吹压缩空气时,单向阀应密封不漏气;单向阀如果不密封,应更换单向阀。

⑥检查活塞回位弹簧自由长度,其正常值为 15.8mm。如果该值不符合标准,应更换活塞回位弹簧。

步骤 3:阀体的检修。

①用汽油或煤油清洗各控制阀的零件及阀体的油道。

②检查各阀体表面是否光滑。如果有轻微划痕,将其抛光后继续使用;如果划痕较严重,应换用新件。

③拆卸各控制阀时,如果有的滑阀卡在阀孔中,应更换滑阀总成。

④检查各控制阀弹簧自由长度,如果它们的长度数值不符合标准值,应换用新的控制阀弹簧。

⑤对于一次性零件(密封纸垫、塑料和橡胶球阀),要求换用新件。

十五、丰田轿车电控巡航系统有哪些故障检测步骤?

步骤 1:目测。

①检查真空管有无断裂,夹具及接头是否松动。

②检查所有线束是否紧固,连接点是否清洁,导线绝缘是否良好。

③检查熔断器是否损坏。

步骤 2:巡航系统的自诊断。

①第一类 A 型自诊断,具体检测方法如下:

a. 打开点火开关;控制开关置于并保持在 SET/COAST 或 RES/ACC 位置。

b. 按下主开关于“ON”,检查仪表台“CRUISE”指示灯。

c. 关闭 SET/COAST 开关或 RES/ACC 开关。

d. 主开关再次被压下时,故障码显示停止。在检测指示灯上读取故障码。故障码见表2-2-4。

表 2-2-4　故障码

测量条件	故障码	诊断结果
控制开关置于 SET/COAST 位置	2	SET/COAST 电路正常
控制开关置于 RES/ACC 位置	3	RES/ACC 电路正常
控制开关、空档起动开关、制动灯开关、驻车制动开关等打开	常灭	各开关正常
40km/h 或更低车速行驶	常亮	车速传感器电路正常
40km/h 或更高车速行驶	常闪	车速传感器(仪表内)电路正常

②第二类为 B 型自诊断,具体检测方法如下:

a. 如果以巡航方式行车时,由于执行器、车速传感器或车速控制开关电路故障引起系统被取消,则巡航指示灯“CRUISE”会闪烁 5 次。

b. 停车后,不要关闭点火开关,直接连接检测接头,从指示灯读取故障码。故障码见表2-2-5。

表 2-2-5　故障码

故障码	系统故障部位	故障码	系统故障部位
常闪	正常	21	车速信号 140ms 或更长时间内无信号传出
11	电动机驱动电流过大	23	巡航时车速比设定车速低 16km/h 或更多
12	电磁离合器驱动电路电流过大,电磁离合器驱动电路断路	32	控制开关电路短路
13	位置传感器电路故障,电动机断路	34	开关前,未切断控制开关
42	电脑板故障		

步骤 3:检查控制电路。

①检查熔体是否烧坏,若熔体完好,则从真空调节器上拆下导线连接器。

②将线束中的接合导线和真空调节器上的保持接线柱连接,使电流不经过下限速度开关。

③接通点火开关,发动机不起动,慢慢按压和松开车速控制开关,如听到真空阀的组合响声,且指示灯亮,说明真空管和有关电路良好。

步骤 4:检测真空泄放阀。真空泄放阀泄漏或滞留在开启状态,均会引起不工作或误动作故障。如果真空泄放阀自身不能释放真空,可用施加制动时的电气开关信号来解除巡航控制系统。

检测真空泄放阀时,分离开伺服机构到真空泄放阀的真空管,并在管路中连接一个真空泵,对真空泄放阀抽真空。如不能保持真空,则为真空管或真空泄放阀故障。如真空泄放阀能保持真空,踩下制动踏板,真空应被释放,否则调整或更换真空泄放阀。

步骤 5:调整制动分离开关和进气调节装置。

①调整制动分离开关:逐步踩下制动踏板,每次踩下 32mm,逐点用车速控制开关试验系统是否接合,直到系统已经接合为止。接合阶段的踏板行程应有 64mm。

②调整进气调节装置:如低于预定车速,可将空气调节管向外调整;反之,则将空气调节管向内调整。空气调节管每转动 1/3 圈,大约可影响车速 1.6km/h。

在检修时,由于电控巡航系统与其他系统共用几个传感器,应注意避免造成其他系统故障,另外由于控制开关位于转向盘上,检查时还应注意并避免引爆气囊。

十六、如何检修汽车的安全气囊系统?

以广州本田雅阁轿车为例,安全气囊系统控制电路如图 2-2-23 所示。

(1)检修步骤

步骤 1:安全气囊系统故障自诊断方法。接通点火开关,安全气囊系统指示灯亮,并在 6s 后熄灭,表示安全气囊系统正常;接通点火开关,安全气囊系统指示灯不亮,则说明安全气囊系统指示灯系统电路有故障,应对其进行检修;接通点火开关后,安全气囊系统指示灯亮起后不熄灭或在汽车行驶过程中亮起,则表示安全气囊系统出现了故障,应进行故障码读取操作,并根据故障码排除相应的故障。

①读取故障码。关闭点火开关后,等待 10s,将安全气囊系统自诊断系统的故障检查插座用短路插头短接;接通点火开关,安全气囊系统指示灯亮起,约 6s 后熄灭,安全气囊系统指示灯将闪烁故障码;若系统无故障码,则安全气囊系统指示灯将常亮。

②清除故障码。点火开关关闭 10s 后,用短路插头插入两芯的 MES(清除存储器记忆)插座。接通点火开关,安全气囊系统指示灯亮约 6s 后熄灭,安全气囊系统指示灯熄灭后 4s 内,将短路插头从 MES 上断开;安全气囊系统指示灯会再次亮起,在安全气囊系统指示灯亮起后 4s 内,再次将短路插头插入 MES 插座;安全气囊系统指示灯会熄灭,在安全气囊系统指示灯熄灭后 4s 内,再次从 MES 插座上断开短路插头;当安全气囊系统指示灯闪烁两次时,则说明故障码已被清除。

步骤 2:更换安全气囊。以驾驶席安全气囊的更换为例。

①拆卸。将蓄电池负极断开,并等待 3min 以上;拆下转向盘的检修板,然后断开转向盘两芯插头与驾驶席侧两芯插头之间的连接;拆下转向盘的护盖,用 Torx T30 钻头拆下 2 个 Torx 螺栓,然后拆下驾驶席侧安全气囊。

②安装。将新的安全气囊装入转向盘,然后用新的 Torx 螺栓固定;将转向盘的两芯插头与驾驶席侧安全气囊两芯插头相连,然后装上转向盘检修板;连接蓄电池负极电缆;检查系统是否正常。正常情况为:接通点火开关后,安全气囊系统指示灯亮起约 6s 后熄灭,按喇叭按钮时喇叭发声。

步骤 3:安全气囊系统控制装置的更换。

①拆卸。将蓄电池负极断开,并等待 3min 以上;断开安全气囊插头;拆下控制台总成;将安全气囊系统主线束 18 芯插头从安全气囊系统控制装置上断开;拆下安全气囊系统主线束控

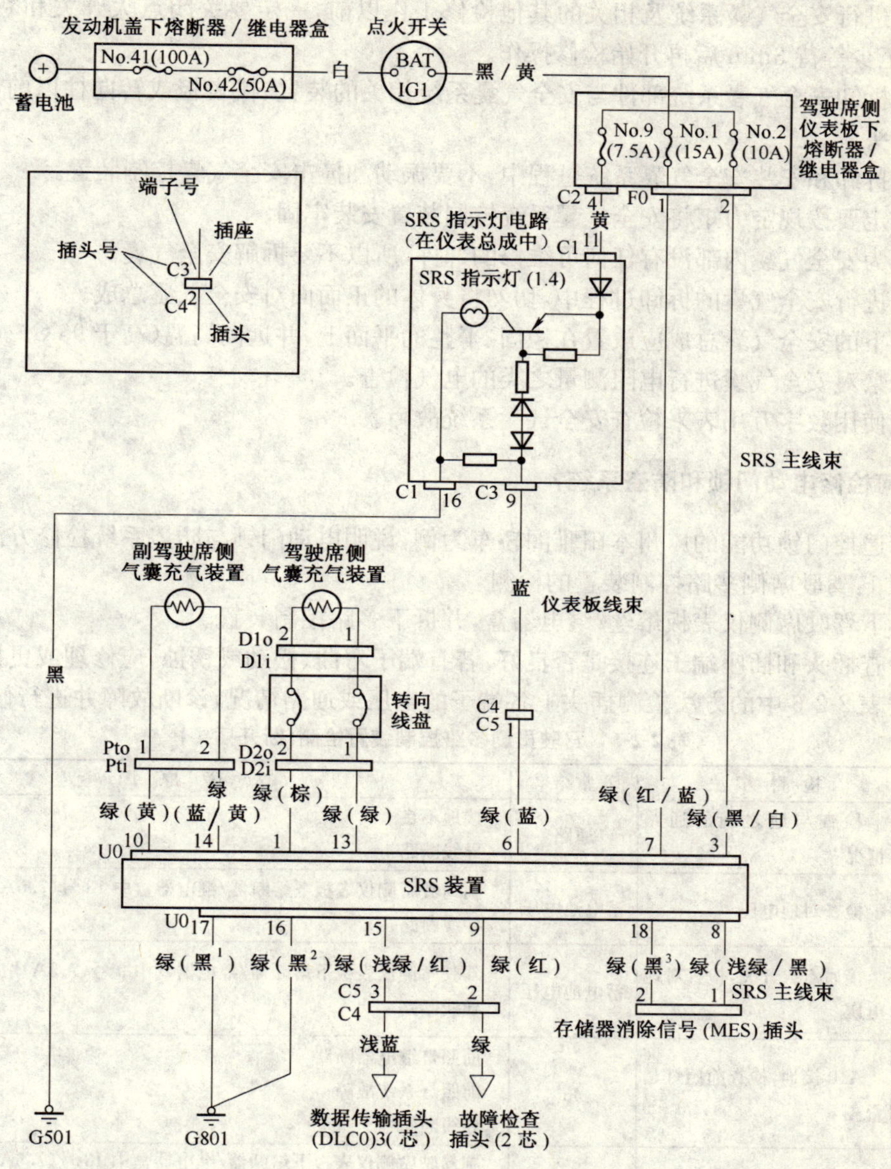

图 2-2-23　本田雅阁轿车安全气囊系统控制电路图

制装置上的 3 个 Torx 螺栓，然后将安全气囊系统控制装置从支架上拆下。

②安装。用新的 Torx 螺栓安装安全气囊系统控制装置，然后将安全气囊系统主线束 18 芯插头连接到安全气囊系统控制装置上，将安全气囊系统控制装置推回原位，直到锁定为止；安装控制台总成，连接安全气囊接头；重新连接蓄电池负极；检验系统是否正常。正常情况为：接通点火开关，安全气囊系统指示灯亮起 6s 后熄灭。

(2)检修注意事项

①在进行安全气囊系统及相关的其他检修工作以前,一定要关闭点火开关和断开蓄电池负极,并至少等待 3min 后再开始检修操作。

②在拆卸安全气囊系统部件与安全气囊系统相关的装置、仪表板或转向柱以前,先断开安全气囊插头。

③在拆卸和安装安全气囊系统过程中,不要振动和撞击安全气囊控制装置。

④一定要按规定力矩将安全气囊系统控制装置安装牢固。

⑤因为安全气囊内部没有任何可维修的部件,所以不要拆解安全气囊。

⑥在进行安全气囊的拆卸过程中,切勿将身体的正面面对安全气囊总成。

⑦拆下的安全气囊总成应放置在稳固、平整的平面上,并远离高温(高于 93℃)。

⑧严禁对安全气囊进行电阻测量之类的电气检查。

⑨应使用数字万用表来检查安全气囊系统故障。

十七、如何检修电动门锁和防盗系统?

以带遥控门锁功能的广州本田雅阁轿车为例,说明电动门锁与防盗系统检修方法和步骤。

步骤 1:驾驶席侧多路控制装置的检测。

①拆下驾驶席侧仪表板熔丝/继电器盒,并拆下多路控制装置。

②检查插头和插座端子连接是否良好,若有端子弯曲、松动或锈蚀,应修理或更换。

③按表 2-2-6 中的方法检测插头上各端子的电压或通路情况,诊断故障并进行修复。

表 2-2-6 驾驶员侧多路控制装置检测(断开插头)

端子号	检测方法	正常结果	故障原因
B11	检查与地之间的通路情况	通路	接地不良 导线断路
A12	检查对地电压	蓄电池电压	副驾驶席侧仪表板下熔断器/继电器盒中 13 号(7.5A)熔断器断路 导线断路
A24	接通点火开关,检查对地电压	蓄电池电压	驾驶席侧仪表板下熔断器/继电器盒中 9 号(7.5A)熔断器断路 导线断路
A10	A10 接地,检查前照灯是否亮	亮	前照灯继电器断路 前照灯系统故障 导线断路
A5	A5 接地,检查防盗安全指示灯亮否	亮	副驾驶席侧仪表板下熔断器/继电器盒中 13 号(7.5A)熔断器断路 防盗安全指示灯故障 导线断路
A6	A6 接蓄电池,检查尾灯是否亮	亮	尾灯系统故障 导线断路

④若检测结果均为正常,则进行下一步检查。

⑤插上控制装置插头,按表 2-2-7 所示方法进行检测,并进行修复。若检测结果均为正常,但系统故障依然存在,应更换驾驶员侧多路控制装置。

表 2-2-7 驾驶员侧多路控制装置检测(插上插头)

端子号	检测方法	正常结果	故障原因
A13	将点火钥匙拔出,检查对地电压	<1V	点火钥匙开关故障 接地不良 导线断路
	将点火钥匙插入,检查对地电压	≥5V	
A16	打开驾驶员侧车门,检查对地电压	<1V	驾驶员侧车门开关故障 导线断路
	关闭驾驶员侧车门,检查对地电压	≥5V	
A17	打开左后车门,检查对地电压	<1V	左后车门开关故障 导线断路
	关闭左后车门,检查对地电压	≥5V	
A22	接通组合灯开关,检查与地之间的通路情况	通路	组合灯开关故障 接地不良 导线断路
	断开组合灯开关,检查与地之间的通路情况	不通路	
B6	打开发动机盖,检查对地电压	<1V	发动机盖开关故障 接地不良 导线断路
	关上发动机盖,检查对地电压	≥5V	
B7	将行李箱钥匙芯开关置于锁定位置,检查对地电压	<1V	行李箱钥匙芯开关故障 接地不良 导线断路
	将行李箱钥匙芯开关置于开锁位置,检查对地电压	≥5V	
B8	打开行李箱盖,检查对地电压	<1V	行李箱钥匙栓开关故障 接地不良 导线断路
	关上行李箱盖,检查对地电压	≥5V	
B9	左后车门锁按钮锁定,测对地电压	<1V	左后车门锁作动器故障 接地不良 导线断路
	左后车门锁按钮开锁,测对地电压	≥5V	
B16	关闭组合灯开关,检查对地电压	<1V	尾灯开关故障 组合灯开关故障 导线断路
	接通组合灯开关,检查对地电压	≥5V	

⑥副驾驶员侧多路控制装置和车门处多路控制装置的检测方法同上。

步骤 2:检测遥控车门接收装置。

①拆下杂物箱,并从遥控车门接收装置上断开七芯插头。

②检查插头和插座的连接是否良好、可靠,若有弯曲、松动或锈蚀,应予以修理。

③用万用表检测插头上各端子的电压和通路情况。1 号端子与地之间应为通路;2 号、3 号、4 号、7 号端子对地电压应为蓄电池电压;接通点火开关,5 号端子对地电压应为蓄电池电压。

步骤 3:驾驶员侧车门锁作动器的检测。

①拆下驾驶员侧车门板,并将作动器的两芯插头断开。

②将蓄电池电源"+"接在 1 号端子,"−"接在 2 号端子,车门就锁定;反之,车门应开锁。否则,应更换门锁作动器。

③其他 3 个车门门锁作动器检测方法同上。

步骤 4:检测驾驶员侧车门锁按钮开关。

①拆下驾驶员侧车门板,并将车门锁作动器处的三芯插头断开。

②将按钮开关分别置于锁定和开锁位置,检查开关各端子间的通路情况。锁定位置时,1 号端子和 2 号端子之间通路;开锁位置时,2 号端子与 3 号端子之间通路。否则,应更换按钮开关。

③其他车门的按钮开关检测方法同上。

步骤 5:检测驾驶员侧车门钥匙芯开关。

①拆下驾驶员侧车门板,并将车门钥匙芯开关处的三芯插头断开。

②钥匙芯开关在锁定位置时,2 号端子和 3 号端子之间通路;钥匙芯开关在断开位置时,1 号端子和 2 号端子之间通路;否则,应更换车门钥匙芯开关。

③副驾驶员侧车门钥匙芯开关检测方法同上。

步骤 6:检测驾驶员侧车门锁开关。

①拆下驾驶员侧车门锁开关。

②开关在锁定位置时,1 号、2 号端子之间通路;开关在开锁位置时,2 号、3 号端子之间通路。否则,应更换驾驶员侧车门锁开关。

③副驾驶员侧车门锁开关检测方法同上。

步骤 7:检测防盗安全指示灯。

①拆下驾驶员侧车门板,并从防盗安全指示灯处断开两芯插头。

②将蓄电池电源“+”接 2 号端子,“-”接 1 号端子,防盗安全指示灯应能亮。否则,应更换该灯。

检测注意事项:插拔插头时,应先断开点火开关;正确使用万用表;在对端子通电或进行短接时,一定要保证接线正确。

十八、如何检查奥迪 6 缸发动机的点火线圈?

奥迪 6 缸发动机采用的是计算机控制点火系统。在检修点火系统时经常使用高阻抗万用表和二极管试灯。点火系统电控单元和熔丝均装在副驾驶员脚窝出风口处。接通点火开关,如果火花塞不跳火,表明点火系统有故障。如果点火线圈没有电压提供,则点火线圈有故障。其检查步骤如下:

步骤 1:点火线圈一次绕组的检查。断开点火开关且拔下导线,把欧姆表一端接黄色热敏熔丝,另一端接在电子放大器的三销孔和插头 1、2 和 3 上,3 个端子处的电阻值均为 0.5~1.2Ω。如果测值不在 0.5~1.2Ω 范围内,应更换点火线圈。

步骤 2:点火线圈二次绕组的检查。断开点火开关且拔下导线。两个接线孔间的电阻值为 9~14kΩ。

步骤 3:点火线圈电流的检查。断开三销白色插头,接通点火开关后,用二极管试灯轮流接在 3 个销与发动机气缸体之间,二极管测试灯应亮。否则,表明点火线圈无电压供给。

十九、如何对汽车空调系统压力进行检查?

通过检查汽车空调系统压力的训练,学会将压力表组正确安装并连接到制冷系统;能够正确检测制冷系统高、低压侧压力;能够根据检测的压力确定系统工作状况,分析系统可能存在的故障;熟悉鉴定技术标准。

当发动机预热后,在下列条件达到稳定时,可从压力表组读取压力值。

①将开关设定在内循环状态下,空气进口处温度为 30℃～35℃。

②发动机在 1250r/min 下运转。

③鼓风机速度控制开关位于高速 HI 位置。

④温度控制开关位于最冷 COOL 位置。

R134a 制冷系统功能正常,压力表读数为:低压侧 0.15～0.25MPa;高压侧1.37～1.57MPa。

具体操作方法如下:

步骤 1:拆掉系统高、低压管路上的检修阀护帽。

步骤 2:压力表组高、低压侧手动阀都关闭,蓝色的低压侧软管接低压检修阀,红色的高压侧软管接高压检修阀。

步骤 3:起动发动机,调整发动机转速至 1250r/min,启动空调器,将有关控制器调至最冷位置(风机亦应在最高速),按需要使发动机温度正常(运行 5～10min)后,进行检测。

步骤 4:检查压力表的读数。若高、低压侧压力均很低,如图 2-2-24 所示,说明制冷剂不足。若空调系统工作一段时间出现此现象,可能是系统内某处出现泄漏,必须找出泄漏点并加以排除。

若高、低压侧压力均过高,很可能是制冷剂过多所致,如图 2-2-25 所示。应从低压侧放出一部分制冷剂,直到压力表显示规定压力为止。若开始时压力正常,后来出现上述现象,这是由于冷凝器散热差造成的。可检查冷凝器散热片是否堵塞、风扇传动带是否过松,风扇转速是否正常,若有故障应予排除。经上述方法排除后,高、低压侧压力还是高,可能是加注制冷剂过程中没有将空气抽尽,系统内有空气,可更换干燥剂,清洁冷冻润滑油,重新加注制冷剂。

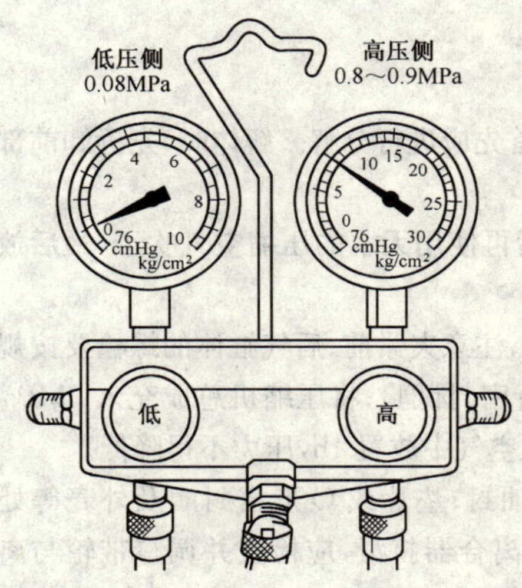

图 2-2-24　制冷剂不足时压力表的指示

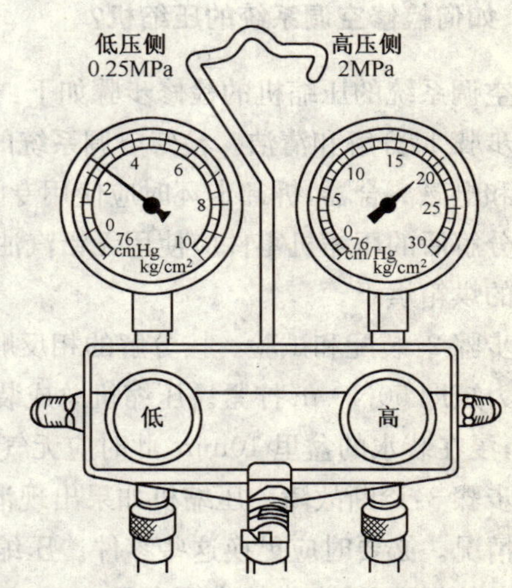

图 2-2-25　制冷剂过多时压力表的指示

若低压侧偏高、高压侧偏低，当增加发动机转速时，高低压变化都不大，如图 2-2-26 所示。这种情况一般是压缩机工作不良所致。应检查压缩机内阀片是否损坏，活塞及环是否磨损，并予以排除。

若低压侧出现真空、高压侧压力过低，如图 2-2-27 所示。这种情况多出现在膨胀阀温包内的制冷剂完全泄漏，使膨胀阀打不开，制冷剂不流动，系统不能制冷。排除的办法是更换或拆修膨胀阀。

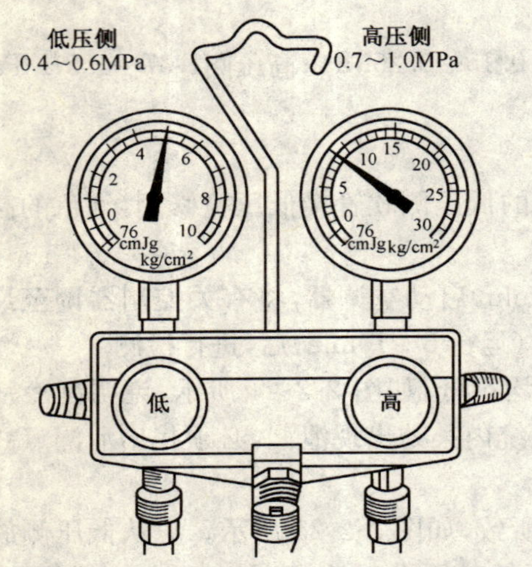

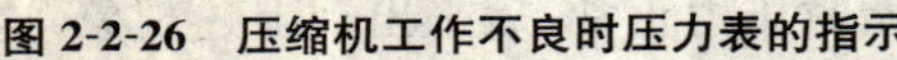
图 2-2-26 压缩机工作不良时压力表的指示

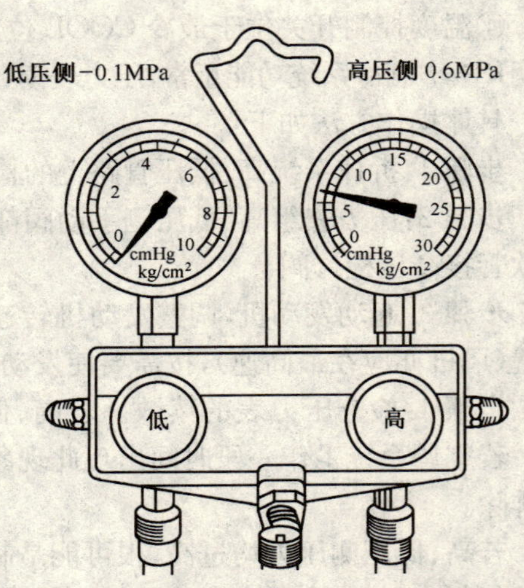

图 2-2-27 制冷剂不流动时压力表的指示

步骤 5：检测完后，关掉发动机，拆掉压力表组，把检修阀的护帽旋回。

注意：检查空调系统压力时，R12 与 R134a 不可使用同一个压力表组；检查过程中应注意旋转件，以免受伤；压力表组的高、低压管位置不能接反。

二十、如何检修空调系统的压缩机？

空调系统的压缩机的检修步骤如下：

步骤 1：分解和清洁。检修空调系统的压缩机时，首先应进行分解。解体时，先拆卸前部的带轮和电磁离合器，拆卸卡环时应使用专门的卡环钳。

分解后的压缩机零件应使用无铅汽油清洗，清洗后再使用无水的压缩空气吹干，最后放在 80℃的烘箱烘干。

步骤 2：装配和试验。按分解的相反顺序进行装配，注意夹紧前、后气缸体的螺栓要按规定拧紧力矩即 50N·m 拧紧。压缩机总成装配后，应进行密封试验；将压缩机总成充入 2MPa 的氮气，浸在装水的盆里 10min，此时应无气泡溢出，再在空气中放置 4h，压力不得降低。

步骤 3：诊断故障。压缩机如果出现泄漏，应检查油封、垫片或 O 形密封圈及外壳等处的密封情况。必要时应更换这些零件。压缩机如果出现离合器打滑，应检查并调整带轮与离合器吸盘的间隙、检查带轮表面有无油污，检查线圈是否损坏。压缩机如果出现异响，应检查高压阀和低压阀是否损坏，轴承是否磨损，视情更换。

二十一、如何检修桑塔纳 2000GSi 型轿车空调加热系统?

桑塔纳 2000GSi 型轿车空调加热系统主要由加热器总成、除霜器喷口、操纵机构总成和风道等组成,如图 2-2-28 所示。检修具体操作方法如下:

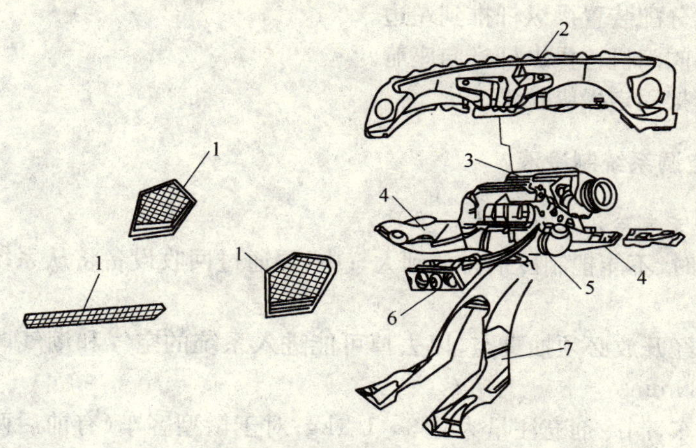

图 2-2-28　加热系统结构

1. 除霜器喷口　2. 除霜风道　3. 加热器总成　4. 吹脚风道　5. 环形风道　6. 操纵机构总成　7. 后暖风风道

(1)加热器的拆装与检修

步骤 1:拆下前挡板。

步骤 2:拆下全套风窗玻璃刮水器。

步骤 3:拆下中心托架和加热器上的张紧传动带。

步骤 4:打开膨胀室上塞头,切断并拆下热交换器上的冷却管,从车上完全把加热器分离下来。

步骤 5:拆下整套加热装置。

步骤 6:安装加热器前,应先更换自粘密封件。

步骤 7:连接冷却管,将下部软管接到水泵上。

步骤 8:检查加热器与蒸发器之间的插接件。

(2)加热器操纵拉索的调整

①将操纵拉索调到新鲜空气切断阀门处,如图 2-2-29中 1 的位置。

步骤 1:把风机开关滑到左端位置。

步骤 2:切断阀门位置,其内部靠外壳边缘封住。

步骤 3:用夹紧架固定操纵拉索。

②将操纵拉索调到空气调节阀门处,如图 2-2-29中 2 的位置。

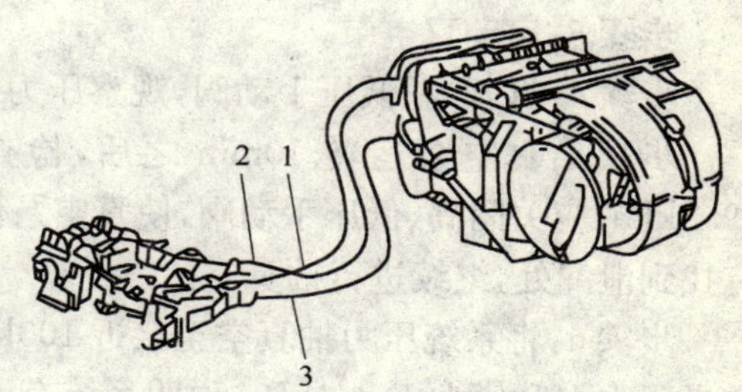

图 2-2-29　加热器操纵拉索的调整

1. 切断阀门　2. 空气调节阀门　3. 控制阀门

步骤1:把温度旋钮开关旋转到加热位置。

步骤2:把温度阀门机构操纵杆推到加热位置。

步骤3:用夹紧架固定操纵拉索。

③将操纵拉索调到控制阀门处,如图2-2-29中3的位置。

步骤1:将空气分配装置操纵杆推到左边。

步骤2:将控制阀门机构操纵杆推向座舱。

步骤3:用夹紧架固定操纵拉索。

二十二、如何补充空调系统制冷液?

1. 空调系统补充制冷液鉴定技术标准

①排放制冷剂时,不能把制冷剂排放到大气中,要通过回收设备将从系统中排放出的制冷剂回收再利用。

②空调系统一经开放必须抽真空,以去掉可能进入系统的空气和潮气。在各部件安装好后,系统需抽真空30min。

③对于一般轿车,制冷剂充注量为0.8～1.1kg;对于微型客车(有前后两个蒸发器),制冷剂充注量为1.2～1.5kg。

2. 补充制冷液的具体操作方法

(1)放空制冷剂

步骤1:将压力表组接入系统,调整控制器至最冷位置。

步骤2:将发动机转速调至1000～1200r/min,并运行10～15min。

步骤3:恢复发动机正常转速,然后关闭发动机。

步骤4:缓慢地开启高、低压侧手动阀,让制冷剂经过中间软管排出。

步骤5:中间软管开口端应裹上白抹布,若有冷冻润滑油排出,必显示在抹布上。这时,应关小手动阀,至刚好无冷冻润滑油排出。

步骤6:表座上高、低压力表读数均为1个大气压时,说明系统已放空。

(2)系统抽真空

步骤1:将压力表组上高、低压手动阀打开,中间软管接在真空泵进口上。

步骤2:拆除真空泵排气口护盖。

步骤3:启动真空泵。

步骤4:打开高、低压手动阀,观察压力表,表针应向下偏摆,略有真空显示。

步骤5:真空泵运转10min之后,检查低压表读数是否大于79.8kPa。如果压力小于79.8kPa,应关闭高、低压手动阀,使真空泵停转,检查系统是否有泄漏,根据情况修理。如果没有找到泄漏处,继续进行抽真空。

步骤6:将系统压力抽真空至接近100kPa。关闭高、低压手动阀及真空泵,放置5～10min,如果压力上升值大于3.4kPa,说明系统有泄漏,应检查排除后,再进行抽真空工序。

步骤7:如果低压表指针保持不动,继续抽真空30min以上,关闭高、低压手动阀后,再关闭真空泵。

(3)加注制冷剂

步骤1:按逆时针方向旋转注入阀手柄,直至阀针完全退回。

步骤2:将注入阀装到制冷罐上,逆时针方向旋转板状螺母,直至最高位置,然后将制冷剂注入阀顺时针拧动,直到注入阀嵌入制冷剂密封塞。

步骤3:将板状螺母顺时针方向旋转到底,再将压力表组上的中间软管接到注入阀接头上,用手拧紧板状螺母。

步骤4:顺时针方向旋转手柄,使阀针刺穿密封塞,再逆时针方向旋转手柄,使阀针抬起。

步骤5:松开表座上中间软管接头,放气几秒钟,再拧紧接头。

步骤6:打开表座上高压侧手动阀,观察低压表,看表针是否从真空范围转至压力范围。若系统堵塞,应排除后抽真空,再进行下一步骤。

步骤7:倒置1磅罐,使液态制冷剂进入系统。

步骤8:用手指敲击罐底,如果出现空筒声,说明罐已空。若制冷剂不足,可按上述步骤再注入另一罐,直到满足规定为止。

步骤9:关闭表座上高压侧手动阀,从中间软管上拆除注入阀,从系统上拆除压力表组,重新盖上所有的盖和帽。

步骤10:起动发动机,调整发动机转速到1250r/min,保证表座上两手动阀均处于关闭状态。

步骤11:调整控制器到最冷位置,鼓风机要调至高速。

步骤12:打开表座上低压侧手动阀,使气态制冷剂进入系统。低压侧压力降至377kPa时,倒置1磅罐,快速充注制冷剂。

步骤13:用手指敲击罐底,如果出现空筒声,说明罐已空。若制冷剂不足,可按上述步骤再注入另一罐,直到满足规定为止。

步骤14:关闭表座上低压侧手动阀,从中间软管上拆除注入阀,从系统拆除压力表组,重新盖上所有的盖和帽。

3. 空调系统补充制冷液作业时的注意事项

①严禁加错制冷剂。

②制冷剂罐温度应不高于51.7℃,不许用明火和电阻加热器加热制冷剂罐。

③低压侧压力低于337kPa时,不要倒置制冷剂罐。搬运制冷剂罐时,应带护目镜,应在通风、无火处排放制冷剂。

二十三、动力转向液压泵输出压力的检修步骤是怎样的?

动力转向液压泵输出压力的检修步骤如下:

步骤1:从动力转向液压泵出口接头上拆下软管,将管接头适配器接到动力转向液压泵的出口上,再将软管适配器接到动力转向压力表上,最后将出口软管接到适配器上,如图2-2-30所示。

步骤2:接通截流阀和压力控制阀,起动发动机并使其怠速运转,将转向盘从一侧极限位置向另一侧极限位置转动几次,待油温升到工作温度。

步骤3:接通截流阀,测量平稳后的油压,若动力转向液压泵工作良好,则动力转向压力表读数至少应为1500kPa。

步骤4:断开截流阀,再逐渐断开压力控制阀,直到压力表指针不动时,读取压力值。

步骤5:立即接通截流阀(每次截流阀关闭时间不大于5s),否则,会损坏动力转向液压泵。若动力转向液压泵工作良好,动力转向压力表读数至少应为6400～7400kPa。如果读数低,表明动力转向液压泵输出压力低,转向助力效果差,应更换动力转向液压泵。

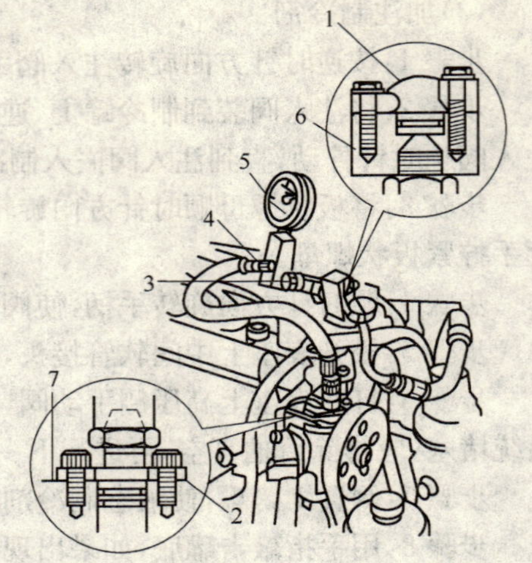

图2-2-30 动力转向液压泵压力的检查
1. 动力转向液压泵出口接头 2. 管接头适配器 3. 压力控制阀 4. 节流阀 5. 动力转向压力表 6. 软管适配器 7. 出口软管接头

注意事项如下:

①动力转向液压泵拆装时,应保护密封件,必要时应使用专用工具进行拆装。

②动力转向液压泵拆装时,应用堵塞(橡胶和木质)随时将各油孔堵住,以防泥沙、铁屑进入配合件内部。

③动力转向液压泵装配时,应注意清洁,决不允许泥沙、切屑混入配合件内部。装配之前,应对各零件进行清洗,在其表面涂上润滑油后再装配。

二十四、如何检修广州本田雅阁轿车的动力转向油泵?

广州本田雅阁轿车的动力转向油泵鉴定技术标准为:

①传动带的标准张力。旧传动带为390～540N,新传动带为740～880N。

②动力转向油泵压力表读数至少应为6400～7400kPa。

③将转向油泵固定螺母拧紧至22N·m。

④将转向油泵盖固定螺栓拧紧至39N·m。

具体操作方法如下:

1. 动力转向油泵的拆卸

动力转向油泵在车上的安装位置如图2-2-31所示。

步骤1:从储液罐中排出动力转向油液后,拆下传动带。

步骤2:拆下转向油泵固定安装螺栓,再拆下转向油泵。

步骤3:从转向油泵排出动力转向油液后,用台虎钳固定住动力转向油泵,用专用工具固定带轮,拆下带轮螺母,带轮的拆卸如图2-2-32所示。

步骤4:从动力转向油泵壳体侧面拆下3个凸缘螺栓,再拆下流量控制阀盖、弹簧、控制阀及O形圈,如图2-2-33所示。检查控制阀凹槽边缘是否损坏、起毛刺。

步骤5:将流量控制阀滑入动力转向油泵,看其是否移动自如,若移动有些卡滞应更换动力转向油泵总成。

步骤6:在流量控制阀一端接上软管,并将流量控制阀浸入转向油液中,经软管的另一端吹

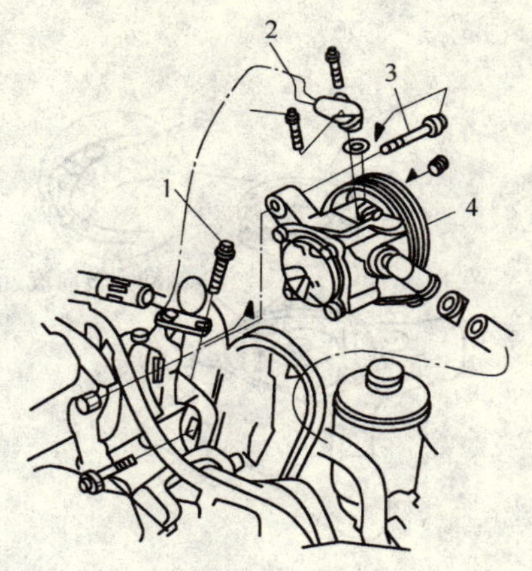

图 2-2-31　动力转向油泵在车上的安装位置

1. 调节螺栓　2. 出液管　3. 安装螺栓　4. 动力转向油泵

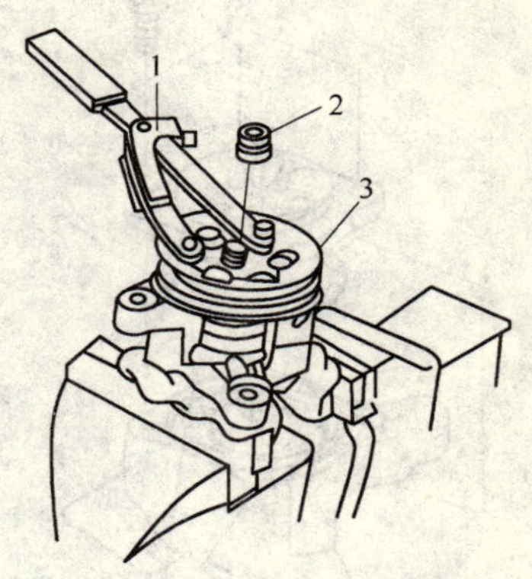

图 2-2-32　带轮的拆卸

1. 夹具　2. 螺母　3. 带轮

入压缩空气，如图 2-2-34 所示。若压力小于 100kPa，流量控制阀中溢出气泡，此时应维修流量控制阀。

步骤 7：拆卸转向油泵转子。

①拆下固定安装螺栓和进液管接头及 O 形圈，如图 2-2-35 所示。

②拆下转向油泵盖的固定螺栓和 O 形圈，如图 2-2-36 所示。

③拆下转向油泵凸轮环，如图 2-2-37 所示。

④拆下转向油泵转子和叶片。

⑤从侧盘上拆下两个滚子，如图 2-2-38 所示。

⑥取下侧盘和预载弹簧，从侧盘上拆下 O 形圈，如图 2-2-39 所示。

⑦拆下卡簧，用塑料锤从转向油泵外壳上拆下驱动轴总成，拆下油封和密封隔环，如图 2-2-40 所示。

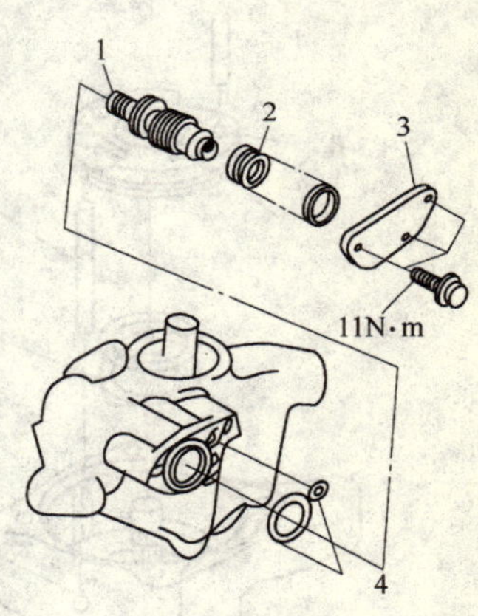

图 2-2-33　流量控制阀的拆卸

1. 流量控制阀　2. 弹簧　3. 阀盖　4. O 形圈

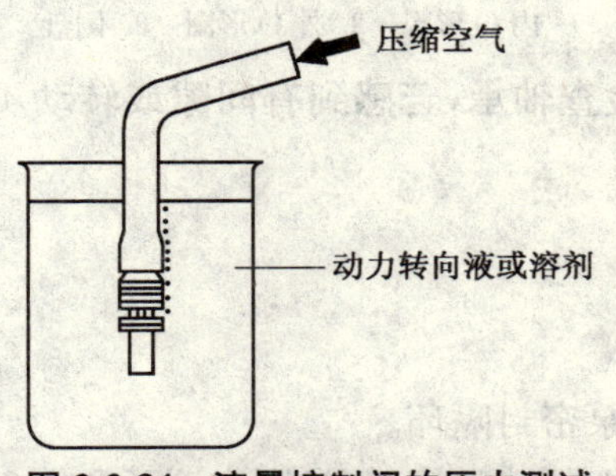

图 2-2-34　流量控制阀的压力测试

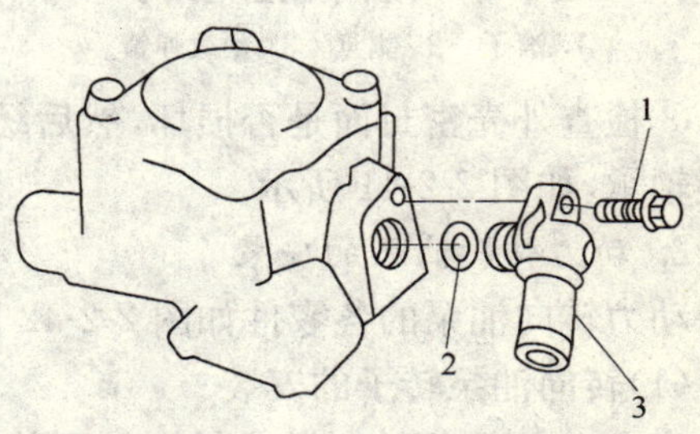

图 2-2-35　拆下安装螺栓

1. 安装螺栓　2. O 形圈　3. 进液管接头

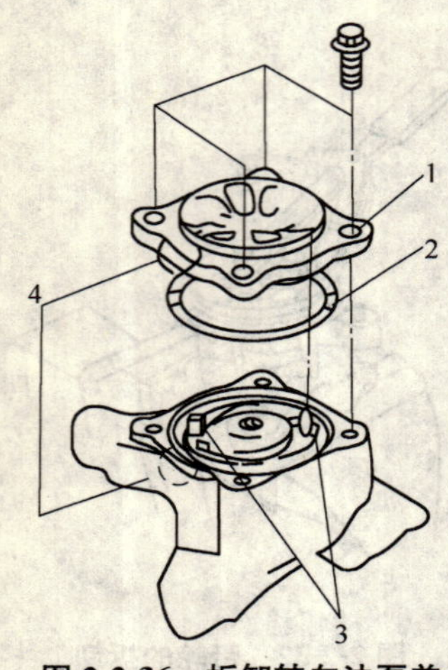

图 2-2-36 拆卸转向油泵盖

1. 转向油泵盖 2. O形圈 3. 滚子 4. 凸出部

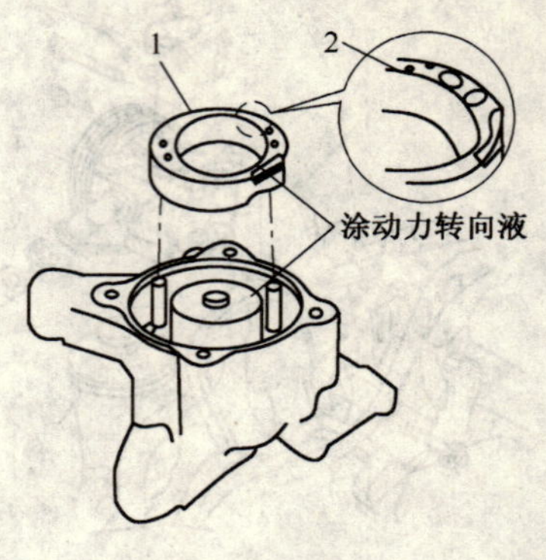

图 2-2-37 转向油泵凸轮环的拆卸

1. 转向油泵凸轮环 2. 标记

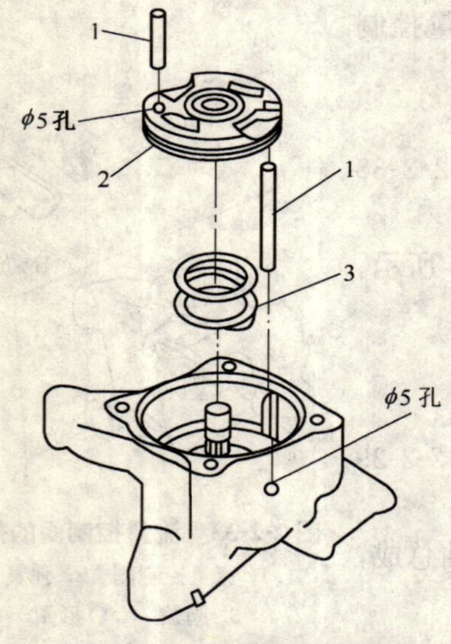

图 2-2-38 拆下侧盘的滚子

1. 滚子 2. 侧盘 3. 预载弹簧

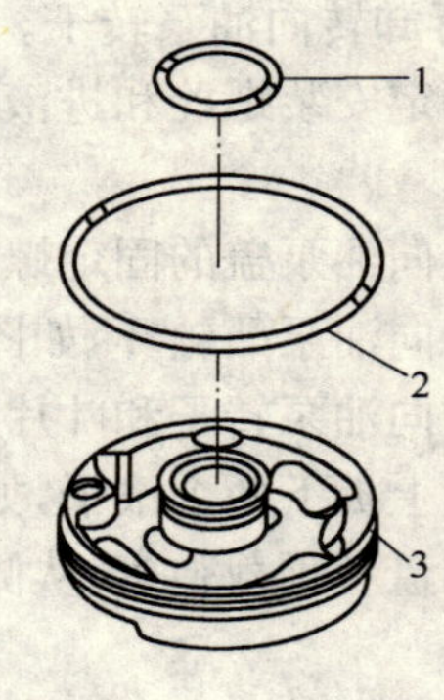

图 2-2-39 拆下 O 形圈

1. 内O形圈 2. 外O形圈 3. 侧盘

⑧检查外壳密封面是否损坏,然后缓慢转动外座,检查轴承,若感到有间隙或转动不畅应更换轴承,如图 2-2-41 所示。

2. 动力转向油泵的安装

动力转向油泵的各零件如图 2-2-42 所示。

(1)转向油泵转子的安装

步骤 1:用手把油封装入转向油泵外壳,安装转向油泵密封隔环。

步骤 2:用专用工具安装转向油泵驱动轴总成,依次把预载弹簧、侧盘固定滚子和侧盘装到外壳上。

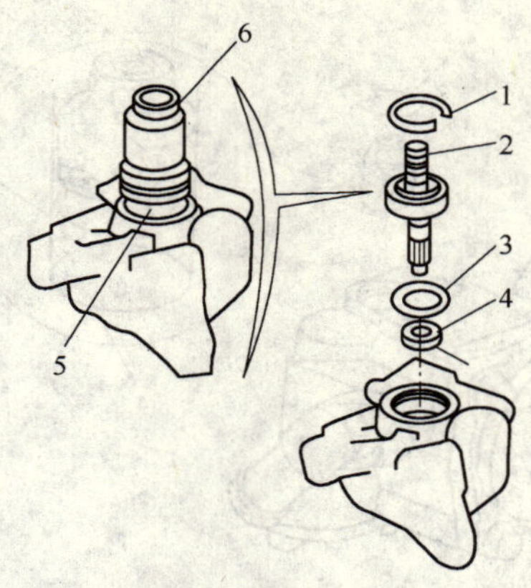

图 2-2-40 转子的拆卸

1. 卡簧 2. 驱动轴 3. 转向泵密封隔环 4. 油封
5. 隔环安装工具 6. 驱动轴安装工具

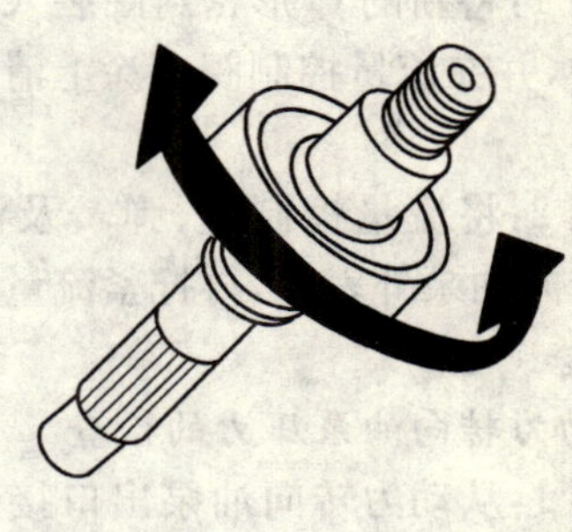

图 2-2-41 轴承的检查

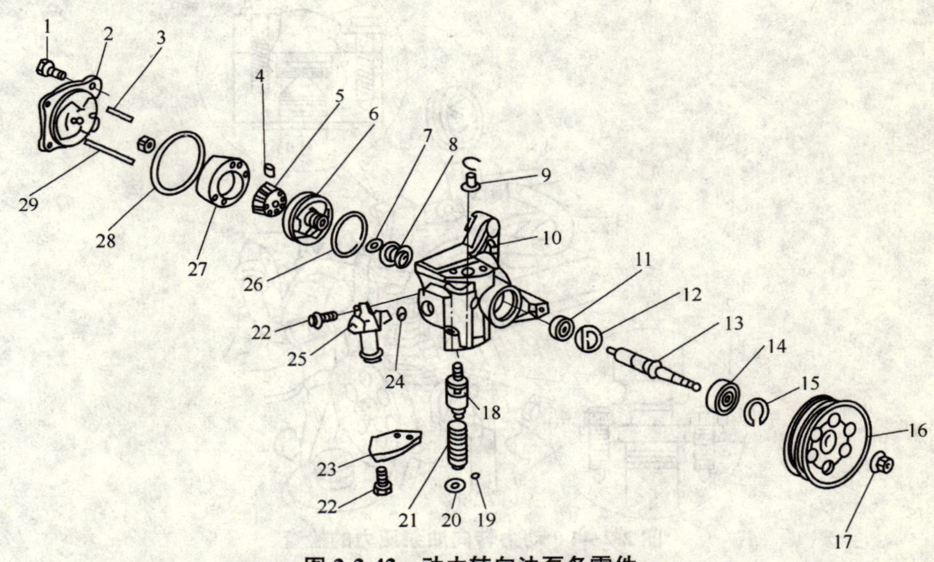

图 2-2-42 动力转向油泵各零件

1、22. 凸缘螺栓 2. 转向油泵盖子 3、29. 滚子 4. 转向油泵叶片 5. 转向油泵转子 6. 侧盘 7、19、20、24、26、28. O形圈 8. 预载弹簧 9. 辅助阀 10. 转向油泵外壳 11. 油封 12. 转向油泵密封隔环 13. 驱动轴 14. 球轴承 15. 卡簧 16. 带轮 17. 带轮螺母 18. 流量控制阀 21. 弹簧 23. 流量控制阀盖 25. 进液管接头 27. 转向油泵凸轮环

步骤 3:把转向油泵转子装到驱动轴上,使转子上的标记“0”向上,把叶片装在转子凹槽中。

步骤 4:把转向油泵凸轮环装在两个滚子上,使转向油泵外壳凸出部分与转向盖上的凸出部分对准,拧紧 4 个螺栓。

步骤 5:把 O 形圈装到进油管接头上,再把进油管接头装在转向油泵外壳上。

步骤 6:将辅助阀(图 2-2-43)的销子对准转向油泵外壳中心油路,再向下推,并用弹簧卡环固定紧。

(2)流量控制阀的安装

步骤1:将新的O形密封圈装入转向油泵外表凹槽中,并在流量控制阀上涂上清洁的动力转向油。

步骤2:将流量控制阀、弹簧及流量控制阀盖装在转向油泵外表上,再拧紧流量控制阀盖的3个螺栓。

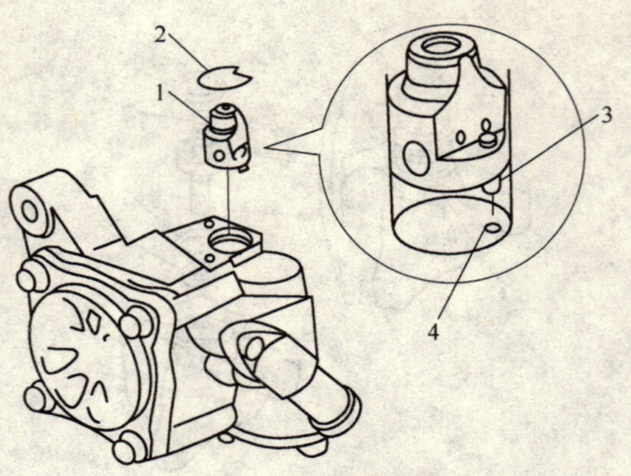

图2-2-43　辅助阀的安装

1. 辅助阀　2. 弹簧卡环　3. 销子　4. 油路

3. 动力转向油泵压力的检查

步骤1:从动力转向油泵出口接头上拆下软管,将管接头适配器接到油泵的出口上,将软管适配器接到动力转向压力表上,再将出口软管接到适配器上,如图2-2-44所示。

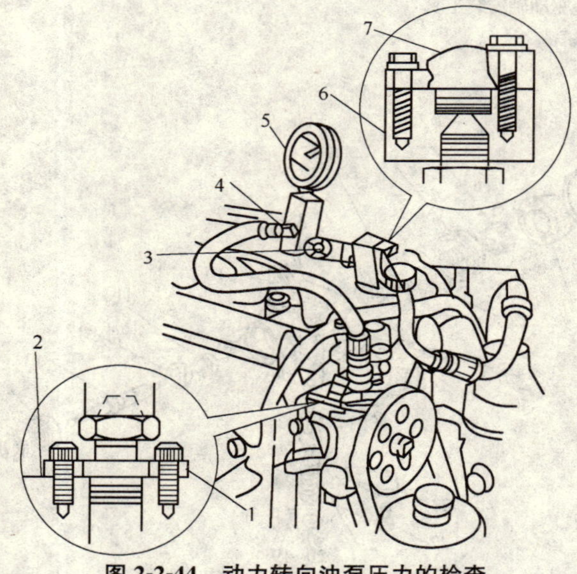

图2-2-44　动力转向油泵压力的检查

1. 动力转向油泵出口接头　2. 管接头适配器　3. 压力控制阀
4. 截流阀　5. 动力转向压力表　6. 软管适配器　7. 出口软管接头

步骤2:接通截流阀与压力控制阀,起动发动机并使其怠速运转,使转向盘从一侧极限位置向另一侧极限位置转动几次,待油温升至工作温度。

步骤3:接通截流阀,测量平稳后的液压,若动力转向油泵工作良好,则压力表计数至少应为1500kPa。

步骤4:断开截流阀,再逐渐断开压力控制阀,直至压力表指针不动时,读取压力值。

步骤5:立即接通截流阀(每次截流阀关闭时间应不大于5s,否则会损坏动力转向油泵)。如果动力转向油泵工作良好,动力转向油泵压力表读数至少应为6400～7400kPa。若读数低,表明动力转向油泵输出压力低,助力转向效果差,应更换动力转向油泵。

4. 注意事项

①拆装动力转向油泵时，要注意保护密封件，必要时应使用专用工具拆装。

②拆装动力转向油泵时，应用堵塞(橡胶或木质)随时将各油孔堵住，以防泥沙、切屑进入配合件内部。

③动力转向油泵装配时，应注意清洁。装配之前，应对各零件进行清洗，并在其表面涂上润滑油。

第二节 故障诊断应会

二十五、如何利用示波器分析诊断汽油发动机点火系统故障?

通过示波器，可观测到初级并列波形和次级并列波形。分析这些波形，可诊断点火系统的许多故障。

(1)初级并列波形

标准初级并列波形如图 2-2-45 所示，根据该波形可诊断以下故障：

①断电器触点闭合角。多缸发动机断电器触点闭合角：四缸机为 40°～45°；六缸机为 38°～42°；八缸机为 29°～32°。如果测出的断电器触点闭合角太小，表明断电器触点间隙过大；反之，表明断电器触点间隙过小。因此应正确调整断电器触点间隙，使其符合标准值。在标准初级并列波形上亦可容易地测出各气缸之间的重叠角。

②在标准初级并列波形中，如果在每一气缸的断电器触点闭合点或张开点段内有杂波，如图 2-2-46 所示，则表明断电器触点烧蚀。

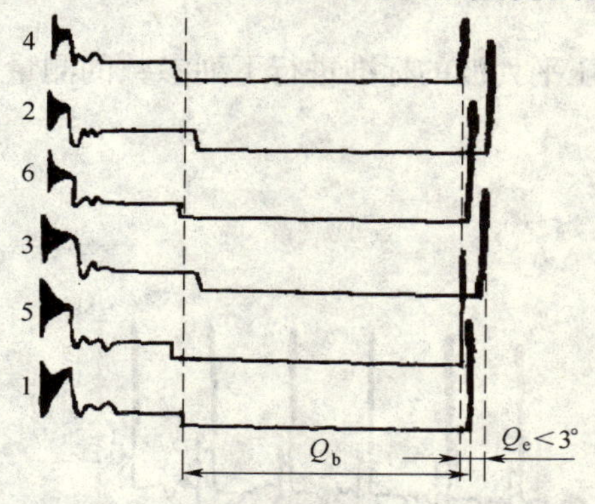

图 2-2-45 标准初级并列波形

Q_b—断电器触点闭合角 Q_c—各气缸之间的重叠角

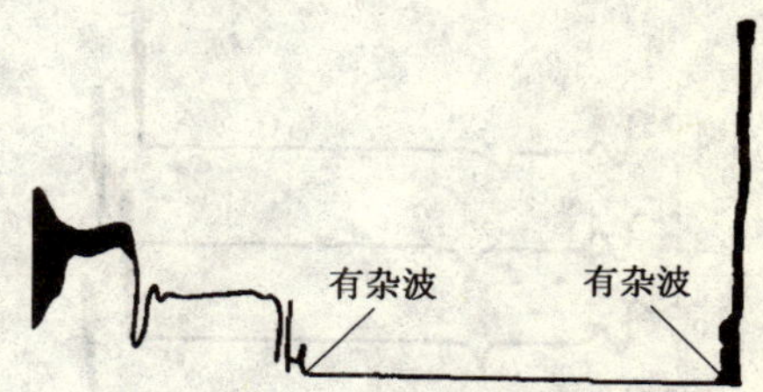

图 2-2-46 断电器触点烧蚀的故障波形

③在标准初级并列波形中，如果在某些气缸的断电器触点闭合点附近或断电器触点闭合段内有杂波，如图 2-2-47，则表明断电器活动触点臂弹簧片的弹力不足，应加以调整。

④在标准初级并列波形中，如果在某气缸火花塞跳火波形振荡波减少、振幅减小、波形变宽、波形平直且不上下跳动，如图 2-2-48 所示，则表明该气缸火花塞被“淹死”；若波形时好时坏，表明该气缸火花塞性能不良，应更换火花塞。

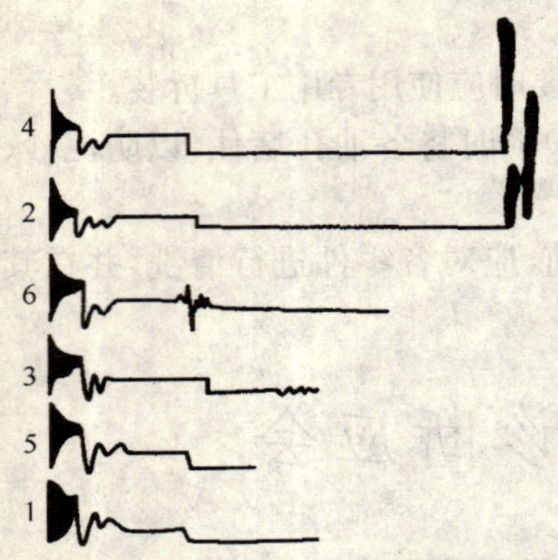

图 2-2-47 断电器活动触点臂弹簧片弹力不足的故障波形

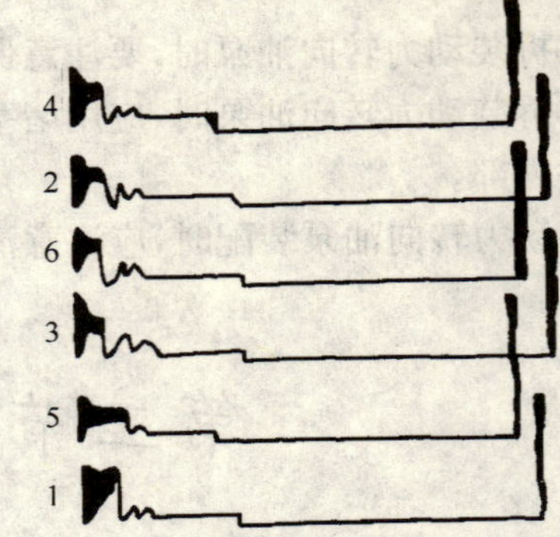

图 2-2-48 某气缸火花塞被“淹死”的故障波形

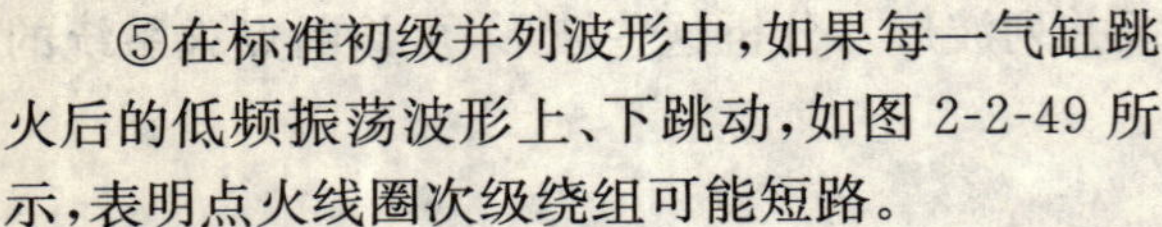

⑤在标准初级并列波形中，如果每一气缸跳火后的低频振荡波形上、下跳动，如图 2-2-49 所示，表明点火线圈次级绕组可能短路。

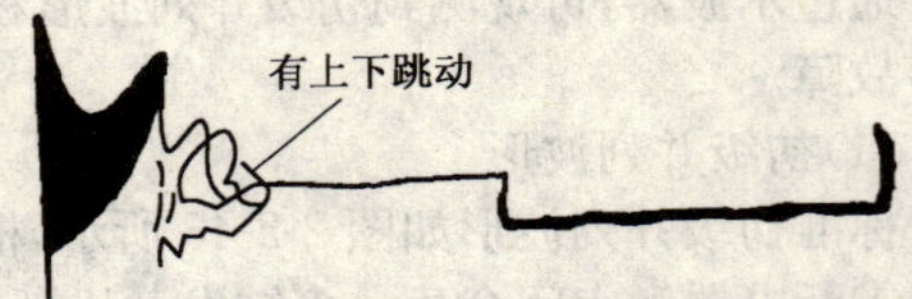

图 2-2-49 点火线圈次级绕组短路的故障波形

⑥在标准初级并列波形中，如果某一气缸触点张开时，波形时有时无，表明可能由于触点间隙过小、分电器凸轮磨损不均、分电器凸轮轴磨损松旷或弯曲变形等原因，造成触点有时无法张开。

(2)次级并列波形(高压并列波)

标准的次级并列波形如图 2-2-50 所示，其反映的故障和测量的项目与相应的初级波形一致，无特殊需要可不进行检测。

高压平列波的标准波形如图 2-2-51 所示。借助高压平列波的标准进行下列参数的测量和故障判断：

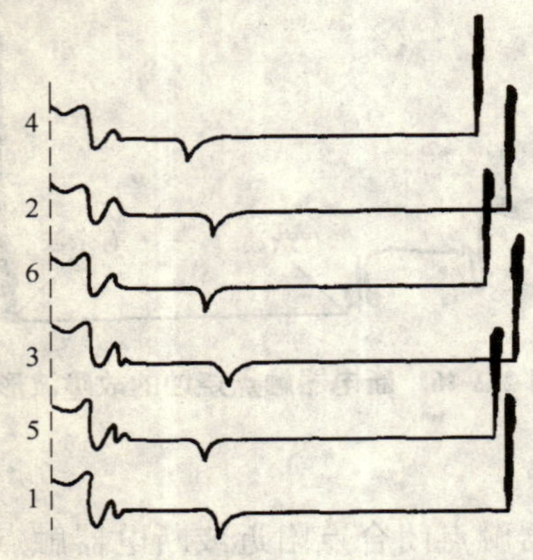

图 2-2-50 标准的次级并列波形

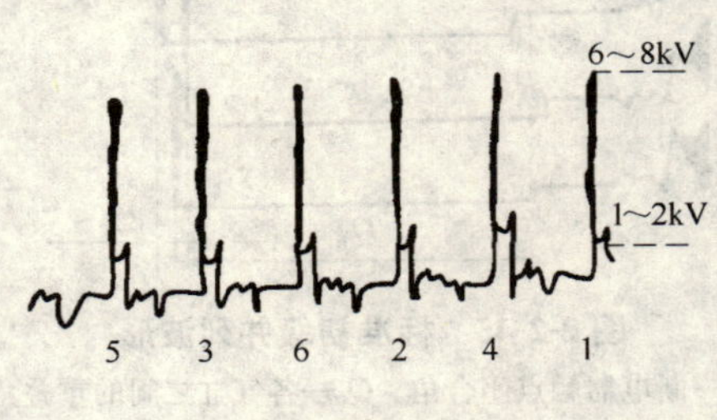

图 2-2-51 标准的高压平列波形

①各气缸点火电压的测量。可通过点火高压平列波直接观察各气缸点火电压高压值。各气缸点火电压的高压值之差应小于 2kV。

若各气缸的点火电压过高,均大于 10kV,则可能是可燃混合气过稀、分电器中央插孔高压线端部未插到底、分火头与分电器盖旁插孔间隙过大或各气缸火花塞间隙过大等原因造成的。

若各气缸的点火电压过低,均小于 6kV,则可能是可燃混合气过浓、各气缸火花塞间隙过小、火花塞脏污、蓄电池电压不足等原因造成的。

若个别气缸的点火电压过高,则可能是分火头与该气缸旁插孔高压线电极间隙过大或该气缸火花塞间隙过大等原因造成的。

若个别气缸的点火电压过低,则可能是该气缸火花塞间隙过小、电极过脏或者其绝缘性能差等原因造成的。

②单缸开路电压测量。将某气缸高压线从火花塞上取下而不短路,该气缸高压电应达到 20～30kV,如图 2-2-52 所示。否则,表明高压线、分电器盖绝缘不良或者点火线圈、电容器性能不良。

③单缸短路电压测量。将某气缸火花塞用旋具(螺丝刀)对气缸盖短路,跳火电压应小于 5kV,否则,表明分火头与分电器盖旁插孔电极间隙过大或者高压分线与分电器旁插孔接触不良。此时的次级平列波形如图 2-2-53 所示。

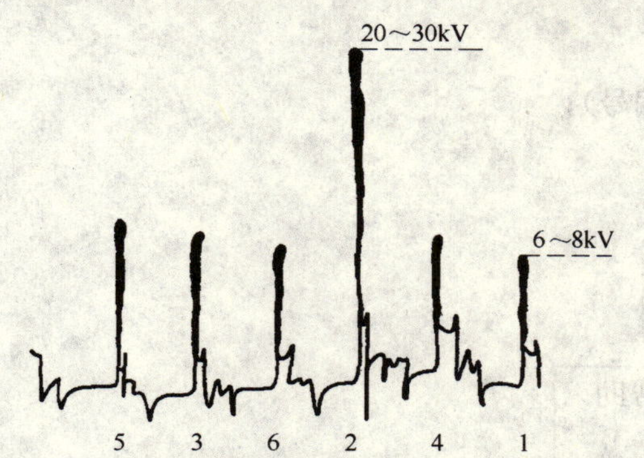

图 2-2-52　某气缸火花塞高压线取下的次级平列波形

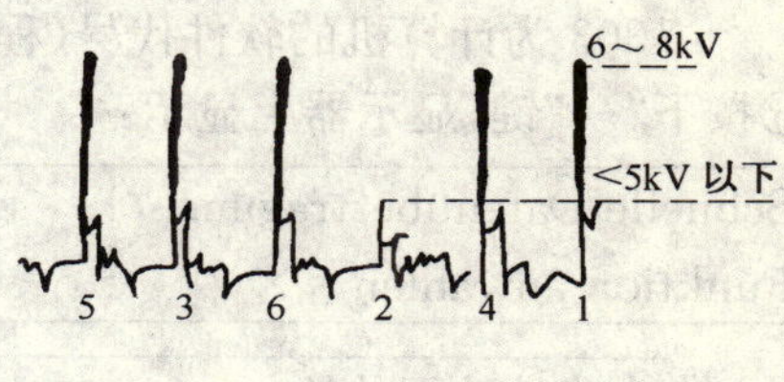

图 2-2-53　单缸短路次级平列波形

二十六、如何用解码器诊断电控燃油喷射系统故障?

下面以桑塔纳 2000GLi 型轿车使用的解码器 V・A・G1551 为例来说明。

(1)选择解码器功能

解码器功能见表 2-2-8。

表 2-2-8　解码器功能

功　能		点火开关接通	发动机怠速运转
02	读取故障存储器	√	√
03	执行机构自诊断	√	
04	进入基本设定	√	√
05	清除故障存储器	√	√
06	结束输出	√	√
08	读取测量数据组	√	√

(2)连接解码器

在读取故障存储器中的内容之前,蓄电池电压、发动机及变速器搭铁线正常,且确保 27 号熔断器工作正常,然后按下列步骤进行解码器连接。

①如图 2-2-54 所示,打开诊断插口盖板,用电缆 V·A·G1551/3 接上解码器 V·A·G1551。

②接通点火开关或起动发动机,读取计算机 ECU 版本编号和代号。发动机若因故障无法起动,点火开关仍应接通,便于控制所有信号。

③按显示器显示说明,操作解码器。

④输入代码 1(表示快速数据传输)。

⑤输入"发动机电控单元"地址指令 01,按 Q 键确认,解码器显示器上将显示 ECU 代号:

图 2-2-54　打开诊断插口盖板

300907311A MOTRONIC M1、5、4P1303

其中:300907311A 为 ECU 零件编号;

MOTRONIC 为燃油喷射系统;

Ml、5、4P 为计算机的硬件代号(制造编号);

1303 为计算机的软件代号(程序编号)。

⑥按下"→"键,显示器上显示:

Schnelle Datenübertragung	HELP
Funktion anwahlen　××	

中文:

快速的数据传输	帮助
功能选择	

⑦其他操作方法见维修步骤。

(3)读取故障存储器内容

①将点火开关处于接通位置,使发动机运行至少 220s,并满足以下条件:

a. 冷却液温度在高于 70℃情况下,发动机至少运转 174s。

b. 发动机高速运转至少 6s。

c. 发动机怠速运转 10s(至少在 2105r/min 之后)。

d. 发动机转速超过 2200r/min 至少一次。

②接上解码器,选择"发动机电控单元"(地址指令 01),使发动机怠速运转。

③按下"Print"键,接通打印机(键上的指示灯发光),此时显示器上显示:

Schnelle Datenübertragung	HELP
Funktion anwahlen　××	

中文:

快速的数据传输	帮助
功能选择	

④输入“读取故障存储器”功能代码 02，再按 Q 键确认，此时显示器上显示：

×Fehler drkannt!

中文：

×个故障被识别

显示器上显示了其他内容，应参见解码器使用说明。ECU 中存储多个故障时，则可按顺序显示并打印出来，然后显示器上显示：

Schnelle Datenübertragung　　　HELP Funktion anwahlen　××

⑤若无故障存储，按下“→”键。

⑥输入“结束输出”功能指令 06，再按下“Q”键确认。

⑦切断点火开关，根据发动机故障码表(见表 2-2-9)，排除故障并打印。

(4)消除故障存储器内容

①根据故障码表寻找和清除打印出来的故障。显示器上显示：

Schnelle Datenübertragung　　　HELP Funktion anwahlen　××

②输入“读取故障存储器”功能指令 02，并按下 Q 键确认，这时显示器上将显示：

Schnelle Datenübertragung　　　HELP Funktion anwahlen　××

③按下“→”键，直到显示出所有的仍被存储的故障，输入“清除故障存储器”功能指令 05，并且按下“Q”键确认，这时显示器上将显示：

Schnelle Datenübertragung　　　HELP Funktion anwahlen　××

表 2-2-9　发动机故障码表

故障代码	故障现象或部件	故 障 原 因	排 除 方 法
	未发现故障	如果存在问题，则故障未能被自诊断系统识别	继续按照故障码表查询故障
00518	节气门位置传感器(G68)对正极短路	电缆或 G69 对正极短路	检查 G69 的电路
	对地断路/短路	电缆断路	
		G69 损坏	
00519	进气压力传感器(G71)对正极断路/短路	G71 损坏	检查 G71 电路
		电缆断路	
00522	水温传感器(G62)对正极断路/短路	G62 损坏	检查 G62 电路
		电缆断路	

续表 2-2-9

故障代码	故障现象或部件	故 障 原 因	排 除 方 法
00523	进气温度传感器(G42)对地断路	G42 损坏	检查电缆或 G42 对地短路的情况
		电缆对地短路	
	进气温度传感器(G42)对正极断路/短路	G42 损坏	检查 G42 电路
		电缆断路	
00524	爆燃传感器(G61)无信号	在传感器电路内有电缆短路或断路	检查 G61 电路
		G61 损坏	更换 G61
00525	氧传感器(G39)无信号	G39 损坏	检测燃油空气混合气比例传感器
		电缆断路	检查 G39 电路
	氧传感器(G39)对正极短路	G39 损坏	检查电缆或 G39 对正极短路的情况
		电缆对正极短路	
00532	供电电压信号过大	蓄电池电压大于 16.0V	检测发电机
	供电电压信号过小	蓄电池电压小于 10.0V	检测蓄电池
01249	气缸 1 的喷油器(N30)对正极短路	电缆或 N30 对正极短路	检查 N30 或 N30 的电缆，必要时更换 N30
	气缸 1 的喷油器(N30)对地断路/短路	电缆对地断路/短路	
		N30 损坏	

④按下“→”键，显示器上将显示：

```
Schnelle Datenübertragung        HELP
Funktion anwahlen  ××
```

⑤输入“结束输出”功能指令 06，并按下“Q”键确认。

⑥重新进行试车并再次读取故障存储器，不得再有故障显示。

(5)注意事项

①如果被监测的传感器或者组件出现故障时，该故障及关于故障种类的说明将存储在故障存储器中，所存储的故障输出见故障显示器说明。

②读取故障码并排除故障后，应及时清除故障码，否则再次使用自诊断系统进行故障诊断时，此次的故障会一并读出，影响自诊断系统的正常工作。

③发动机故障如果是由于临时电缆短路或者接触不良造成的，则该故障也被存储，并将作为偶然故障“SP”显示。发动机如果经过 40 次起动后，故障未重复出现，存储的故障内容会被自动清除。

④如果一个故障涉及氧传感器的功能，发动机至少运行 4min 后才可读取故障存储器的内容。

⑤如果 ECU 供电电压被切断(ECU 插头被拔下或蓄电池接线柱上的接线被拆下)，则故

障存储器原来存储的内容即被清除。

二十七、如何诊断与排除电喷发动机发动不着的故障？

电喷发动机起动时发动不着，其故障原因主要有：点火系统、汽油供给系统、空气供给系统、机械方面或 ECU 有故障。具体排除方法如下：

(1)检查点火系统

步骤 1：检查分缸线是否有火。

①拆下火花塞，将分缸线插接上火花塞抵在气缸体上。

②起动发动机，观察火花塞跳火情况。也可以用正时灯夹住分缸线，观察正时灯的闪烁情况，若正时灯不闪，则说明火花塞不跳火。

步骤 2：检查中央高压线是否有火。若中央高压线有火而分缸线无火，则是分电器故障。

步骤 3：检查继电器和熔丝。

步骤 4：检查点火线圈。拔下点火线圈的插头，检查初、次级线圈的电阻和电源。

步骤 5：检查点火器。

①检查点火器的电源、搭铁。

②检查 ECU 对点火器的脉冲信号。

③功率晶体管能否导通和截止。

步骤 6：检查控制点火器的传感器。

①检查发动机曲轴位置传感器、凸轮轴位置传感器、转速传感器，可相应检查发动机空气流量计或进气压力传感器。

②若传感器有问题，要先检测传感器到 ECU 的线路是否导通，再检测传感器。

步骤 7：初步检查 ECU 外观。

(2)检查机械部分

①检查发动机能否转动。

②用缸压表检查气缸压力，若缸压不在 800～1300kPa 范围或压差超出标准，则要检查配气正时、气缸垫、正时带位置、活塞环密封性、气门密封性等。

(3)检查气路

步骤 1：检查管路有无脱落。

步骤 2：将各种连接卡箍拧紧。

步骤 3：按要求插好各种真空管路。

(4)检查油路

步骤 1：检查油压。

①用油压表检测燃油系统的油压。

②将滤清器到燃油分配管之间的油路断开，接上油压表，拧紧管接头，起动起动机可测出油压的高低。

③若油压不正常，则是油路问题，需检查油泵、滤网、滤清器、蓄压器、油压调节器、喷油器。

④检查油泵，可在打开点火开关时听油泵的运转声音，若有声音则为其他问题，若无声音

则是油泵或其线路问题。

⑤检查油压调节器,可加大节气门开度或拔下油压调节器的真空管路,看油压是否增加 50kPa。

步骤 2:检查喷油器是否堵塞。

①拔下喷油器插头,装上油压表,在车上建立起油压。

②逐个给每个喷油器脉冲式供电,油压下降的喷油器正常,而油压不下降的为堵塞。

步骤 3:检查喷油器是否泄漏。

①将汽车的油压建立起来,看其在 30s 内是否明显下降,若下降太多则表明存在泄漏之处。

②看喷油器处是否发黑,发黑表明有泄漏。

步骤 4:检查喷油器的电阻值。拔下电源插头,用欧姆表检查电阻值,3～16Ω 为正常,否则应更换。

步骤 5:检查喷油器的供电电源。

①将点火开关置于 OFF,拔下电源插头,用伏特表测电源插头两个端子的电压。

②电源端子在点火开关置于 ON 的瞬间或起动时应有 12V 的电源,若没有要检查继电器。

③若是分组喷射,则可能两个端子的电压都是 12V。

步骤 6:检查控制喷油的传感器。

①检查发动机曲轴位置传感器、凸轮轴位置传感器、转速传感器,可相应检查发动机空气流量计或进气压力传感器。

②若传感器有问题要先检测传感器到 ECU 的线路是否导通,再检测传感器。

(5)检查 ECU

①查看外观。

②检查线路、电源及搭铁,必要时进行解体检查。

③用红盒子故障检测仪检测发动机的数据流,根据发动机的运转状况对发动机进行修竣验收。

二十八、如何诊断与排除电喷发动机油耗过大的故障?

发动机动力良好,但耗油量过大,加速时排气管冒黑烟。其故障原因有冷却液温度传感器失常、空气流量计或进气管压力传感器失常、节气门位置传感器失常、燃油压力过高、冷起动喷油器漏油或冷起动喷油器控制失常。

故障排除步骤如下:

步骤 1:测量冷却液温度传感器,其不同温度下的电阻值应符合标准。电阻值太大,会使 ECU 误认为发动机处于低温状态,从而进行冷车加浓控制,使油耗增加。也可以用电脑解码器来检测,它能在发动机运转中显示冷却液温度传感器传给 ECU 的信号所表示的冷却液温度数值;将这一数值与发动机实际冷却液温度相比较,就能直观地反映出冷却液温度传感器工作是否正常。

步骤 2:检测空气流量计或进气管压力传感器,其数值应符合标准。空气流量计或进气管压力传感器的误差会直接影响喷油量。检测若有异常，应更换空气流量计或进气管压力传感器。

步骤3:检查节气门位置传感器。

①在节气门处于中小开度时，全负荷开关应断开。

②若全负荷开关始终闭合或闭合时间过早，会使ECU始终过早地进行全负荷加浓，从而增大油耗。

步骤4:测量燃油压力。

①怠速时的燃油压力应为250kPa左右。随着节气门的开启，燃油压力应逐渐上升。

②节气门全开时的燃油压力约为300kPa。若燃油压力随节气门开度的变化而改变，则说明油压调节器的真空软管破裂或脱落，或燃油压力调节控制电磁阀有故障，使进气管真空度没有作用在油压调节器的真空膜片室上，导致油压过高。对此，应更换软管或电磁阀。

步骤5:检查冷起动喷油控制是否正常。

①用电压表或试灯接在冷起动喷油器线束插头上，检查发动机起动时冷起动喷油器工作的持续时间是否符合标准值。

②若工作时间过长或起动后一直工作，则说明冷起动喷油控制失常，应检查冷起动温控开关及其控制电路。

步骤6:拆卸喷油器，检查各喷油器有无漏油。若有异常，应清洗或更换喷油器。

二十九、如何诊断与排除汽车不能行驶的故障？

无论操纵手柄位于倒档、前进档或前进低档，汽车都不能行驶；冷车起动后汽车能行驶一小段路程，但热车状态下起动后汽车不能行驶。

(1)故障原因

①自动变速器油底壳渗漏，液压油全部漏光。

②操纵手柄和手动阀摇臂之间的连杆或拉索松脱，手动阀保持在空档或停车档位置。

③油泵进油滤网堵塞。

④主油路严重泄漏。

⑤油泵损坏。

(2)故障排除步骤

步骤1:检查自动变速器内有无液压油。

①拔出自动变速器的油尺，观察油尺上有无液压油。若油尺上没有液压油，说明自动变速器内的液压油已漏光。

②检查油底壳、液压油散热器、油管等处有无破损而导致的漏油。若有漏油处，应修复后重新加油。

步骤2:检查自动变速器操纵手柄与手动阀摇臂之间的连杆或拉索有无松脱。若有松脱，应予以装复，并重新调整好操纵手柄的位置。

步骤3:拆下主油路测压孔上的螺塞，起动发动机，将操纵手柄拨至前进档或倒档位置，检查测压孔内有无液压油流出。

步骤 4:若主油路测压孔内无液压油流出,应打开油底壳,检查手动阀摇臂轴与摇臂间有无松脱,手动阀阀芯有无折断或脱钩。若手动阀工作正常,则说明油泵损坏。对此,应拆卸分解自动变速器,更换油泵。

步骤 5:若主油路测压孔内只有少量液压油流出,油压很低或基本上没有油压,应打开油底壳,检查油泵进油滤网有无堵塞。若无堵塞,说明油泵损坏或主油路严重泄漏。对此,应拆卸分解自动变速器,并予以修理。

步骤 6:若冷车起动时主油路有一定的油压,但热车后油压即明显下降,说明油泵磨损过甚。对此,应更换油泵。

步骤 7:若测压孔内有大量液压油喷出,说明主油路油压正常,故障出在自动变速器中的输入轴、行星排或输出轴。对此,应拆检自动变速器。

三十、如何用解码器诊断自动变速器故障?

以 A341E、A342E 型自动变速器为例,介绍诊断自动变速器故障的步骤如下:

步骤 1:确认变速器故障征兆。诊断故障之前,应填写用户故障分析表(表 2-2-10),询问故障情况,并在此基础上模拟经常出现的故障现象,以确定变速器是否有故障及有哪些故障征兆。检测时,应根据故障征兆确认故障大体部位。

表 2-2-10 用户故障分析表

用户姓名		登记号	
		登记年月日	
		车架号	
送修日期		里程表读数/km	
故障发生情况	发生故障日期		
	多长时间发生一次故障	□连续 □间断(次/天)	
故障次数	□车辆不行驶(□任何档位 □特定档位)		
	□无上行换档(□1～2 档 □2～3 档 □3～超速档)		
	□无下行换档(□超速挡～3 档 □3～2 档 □2～1 档)		
	□驻车锁定故障		
	□换档点过高或过低		
	□工接合不柔和(□空档～超速档 □锁定 □任何档位)		
	□滑移或打颤		
	□无自动跳合		
	□无模式选择		
	□其他		
其他项目	检查故障灯	□正常 □保持点亮	
故障码检查	第一次	□正常 □故障码(代码)	

步骤 2:读取故障码。通过故障码的读取,检修人员可以初步判断故障所在的部位。如果无故障码,可初步判断故障不在电控系统,应在液压控制系统、机械系统或者其他部位。故障码的读取,既可采用人工读取方法,也可采取解码器。下面介绍人工读取故障码的方法:

①在不起动发动机的情况下，将点火开关转至“ON”位置。

②如图 2-2-55 所示，把超速档开关置于“ON”位置。因为只有超速档开关置于“ON”位置，故障码才能显示出来；若超速档开关置于“OFF”时，超速档指示灯（O/D OFF 指示灯位于仪表板上）连续亮，但不闪烁。

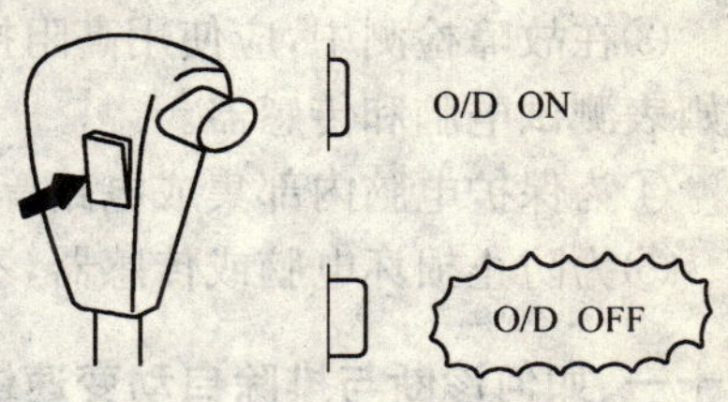

图 2-2-55　超速档开关

③用一根跨接线（SST：09843-18020）将 TDCL 接头端子 TE1（故障自诊断触发端）与 E1 连接，如图 2-2-56a 所示。

④通过 O/D OFF 指示灯闪亮的规律读取故障码，如图2-2-56b所示。如果系统工作正常，O/D OFF 灯每秒闪烁 2 次，电脑内无故障码，如图 2-2-57 所示；如果自动变速器电控单元存有故障码，则 O/D OFF 指示灯每秒闪烁 1 次。故障码为两位数，其十位数与个位数先后用 O/D OFF 指示灯闪烁次数表示，故障码闪烁间隔为 0.5s，如图 2-2-58 所示。十位数与个位数间隔 1.5s，先读出的为十位数，后读出的为个位数。电脑中如果存有两个以上故障码时，两个故障码间隔 2.5s，首先显示较低数码的故障码。

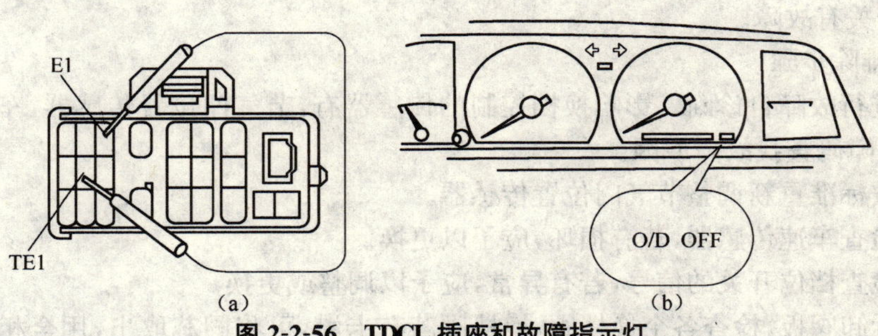

图 2-2-56　TDCL 插座和故障指示灯

(a)用跨接线连接 TE1 和 E1　(b)读取故障码

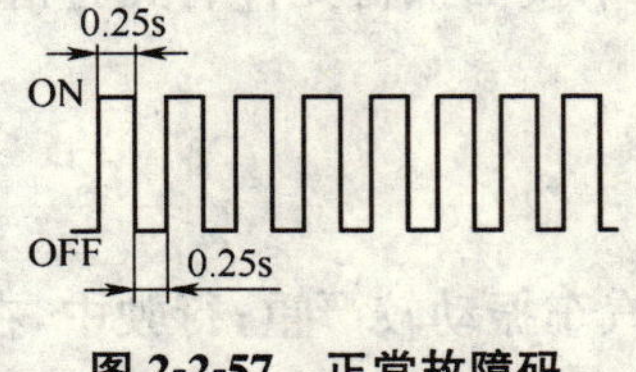

图 2-2-57　正常故障码

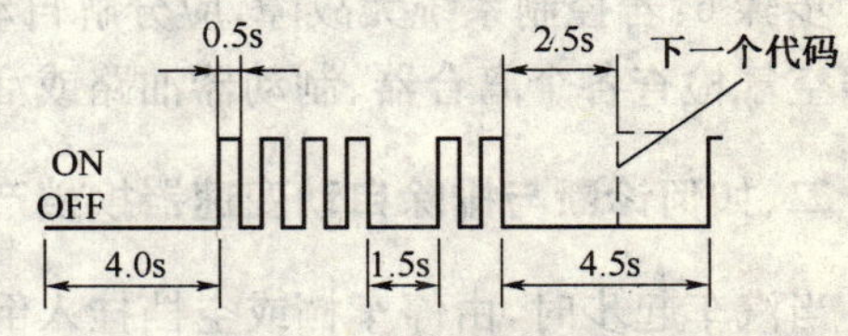

图 2-2-58　故障码为“42”

⑤故障码读取后，从 TDCL 插座上拔下跨接线，点火开关置于 OFF 位置。

⑥按故障码表查找故障部位或者故障零件，确定故障原因。

步骤 3：清除故障码。自动变速器故障排除后，O/D OFF 指示灯熄灭，但故障码仍存在电脑的存储器中。如果清除故障码，可将 EFI（发动机燃油喷射系统）的熔丝拔下 10s 或者更长时间，然后再装回即可清除故障码。

步骤 4：查看故障诊断表。检修注意事项如下：

①接通点火开关后，不能断开工作电压为 12V 的电器装置。否则会因电器装置线圈的自感作用，产生很高的瞬时电压，损坏电脑和传感器。

②在车上进行焊接作业时,应事先切断电脑系统的电源。

③在故障检测中,应使用高阻抗数字式仪表进行测试。除特殊情况外,不能用普通指针式欧姆表测试电脑和传感器。

④为保护电脑内部集成电路等电子元件,应可靠地连接电脑线束插头。

⑤为防止损坏电脑或传感器,不要用测试灯去测试和电脑相连接的电器装置。

三十一、如何诊断与排除自动变速器不能升档的故障?

当汽车在行驶中自动变速器始终保持在1档,不能升入2档或高速档,或行驶中自动变速器可以升入2档,但不能升入3档和高速档,则称自动变速器发生了不能升档故障。

(1)故障原因

①节气门位置传感器调整不当。

②车速传感器有故障。

③2档制动器或高档离合器有故障。

④换档阀卡滞。

⑤档位开关有故障。

(2)故障排除步骤

步骤1:进行故障自诊断。影响换档控制的传感器有:节气门位置传感器、车速传感器等。按所显示的故障码查找故障原因。

步骤2:按标准重新调整节气门位置传感器。

步骤3:检查车速传感器,若有损坏,应予以更换。

步骤4:检查档位开关的信号,若有异常,应予以调整或更换。

步骤5:拆卸阀板,检查各个换档阀,换档阀若有卡滞,可将阀芯取出,用金相砂纸抛光,再清洗后装入。若不能修复,应更换阀板。

步骤6:若控制系统无故障,应分解自动变速器,检查各个换档执行元件有无打滑现象,用压缩空气检查各个离合器、制动器油路或活塞有无泄漏。

三十二、如何诊断与排除自动变速器换档产生冲击的故障?

当汽车起步时,由停车档或空档挂入倒档或前进档时,汽车振动较严重;行驶中,在自动变速器升档的瞬间汽车有较明显的闯动,则说明自动变速器发生了换档产生冲击的故障。其故障原因主要在于调整不当、机械元件性能下降或损坏、电控系统有故障,具体为:发动机怠速过高;节气门位置传感器调整不当,使主油路油压过高;升档过迟;主油路调压阀有故障,使主油路油压过高;减振器活塞卡住,不能起减振作用;单向阀钢球漏装,换档执行元件(离合器或制动器)接合过快;换档执行元件打滑;油压电磁阀不工作;ECU有故障。

由于引起换档冲击的原因较多,因此,在诊断故障的过程中,必须循序渐进,对自动变速器的各个部分做认真的检查。一定要在全面检测的基础上,有针对性地进行分解修理,切不可盲目地拆修。总体而言,若是由于调整不当所致,只要稍做调整即可排除;若是自动变速器内部控制阀、减振器或换档执行元件有故障,应分解自动变速器,并予以修理;若是电控系统有故

障,应对电控系统进行检测,找出具体原因,加以排除。具体检查诊断与排除步骤如下:

步骤1:检查发动机怠速。若怠速过高,应按标准予以调整。

步骤2:检查节气门位置传感器的调整情况,若不符合标准,应重新予以调整。

步骤3:进行道路试验。

①如果有升档过迟的现象,则说明换档冲击大的故障是升档过迟所致。

②如果在升档之前发动机转速异常升高,导致在升档的瞬间有较大的换档冲击,则说明离合器或制动器打滑,应分解自动变速器,并予以修理。

步骤4:检测主油路油压。

①如果怠速时主油路油压过高,则说明主油路调压阀或调压电磁阀有故障,可能是调压弹簧的预紧力过大或阀芯卡滞所致。

②如果怠速时主油路油压正常,但起步进档时有较大的冲击,则说明前进离合器或倒档及高档离合器的进油单向阀阀球损坏或漏装。对此,应拆卸阀板,并予以修理。

步骤5:检测换档时的主油路油压。

①在正常情况下,换档时的主油路油压会有瞬时的下降。

②如果换档时主油路油压没有下降,则说明减振器活塞卡滞,对此,应拆检阀板和减振器,并予以修理。

步骤6:检查油压电磁阀的线路以及油压电磁阀工作是否正常、ECU是否在换档的瞬间向油压电磁阀发出控制信号。

①如果线路有故障,应予以修复。

②如果电磁阀损坏,应更换电磁阀。

③如果ECU在换档瞬间没有向油压电磁阀发出控制信号,说明ECU有故障,应更换ECU。

三十三、如何诊断与排除自动变速器跳档的故障?

当汽车以前进档行驶时,即使加速踏板保持不动,自动变速器仍经常出现突然降档现象;降档后发动机转速异常升高,并产生换档冲击现象,则说明自动变速器发生了跳档故障。其故障原因有:节气门位置传感器有故障;车速传感器有故障;控制系统电路接地不良;换档电磁阀接触不良;ECU有故障。

故障排除步骤如下:

步骤1:进行故障自诊断,若有故障码,则按所显示的故障码查找故障原因。

步骤2:测量节气门位置传感器。若有异常,应更换。

步骤3:测量车速传感器。若有异常,应更换。

步骤4:检查控制系统电路各条接地线的接地状态。若有接地不良现象,应予以修复。

步骤5:拆检自动变速器油底壳,检查各个换档电磁阀线束接头的连接情况。若有松动,应予以修复。

步骤6:检查控制系统ECU各接线脚的工作电压,若有异常,应予以修复或更换。

步骤7:更换新的阀板或ECU,如果故障消失,说明原阀板或ECU损坏,应更换。

步骤 8:更换控制系统所有线束。

三十四、如何诊断与排除自动变速器不能强制降档的故障?

当汽车以 3 档或超速档行驶时,突然将加速踏板踩到底,自动变速器不能立即降低一个档位,致使汽车加速无力,则说明自动变速器产生了不能强制降档的故障。其故障原因有:节气门位置传感器调整不当;强制降档开关损坏或安装不当;强制降档电磁阀损坏或线路短路、断路;阀板中的强制降档控制阀卡滞。

故障排除步骤如下:

步骤 1:检查节气门位置传感器的安装情况,若有异常,应按标准重新调整。

步骤 2:检查强制降档开关。

①在加速踏板踩到底时,强制降档开关的触点应闭合。

②松开加速踏板时,强制降档开关的触点应断开。

③如果加速踏板踩到底时强制降档开关触点没有闭合,可用手直接按动强制降档开关。

④如果按下开关后触点闭合,说明开关安装不当,应重新调整。

⑤如果按下开关后触点仍不闭合,说明开关损坏,应予以更换。

步骤 3:对照电路图,在自动变速器线束插头处测量强制降档电磁阀。若有异常,则故障原因是线路短路、断路或电磁阀损坏。对此,应检查线路或更换电磁阀。

步骤 4:打开自动变速器油底壳,拆下强制降档电磁阀,检查电磁阀的工作情况。若有异常,应予以更换。

步骤 5:拆卸阀板总成,分解、清洗、检查强制降档控制阀。阀芯若有卡滞,可进行抛光。若无法修复,则应更换阀板总成。

三十五、如何诊断与排除自动变速器液压油容易变质的故障?

当发现更换后的液压油使用不久即变质;自动变速器温度太高,从加油口处向外冒烟时,则表明自动变速器液压油容易变质。

(1)故障原因

①汽车使用不当,经常超负荷行驶。

②液压油散热器堵塞。

③通往液压油散热器的限压阀卡滞。

④离合器或制动器自由间隙太小。

⑤主油路油压太低,离合器或制动器在工作中打滑。

(2)故障排除步骤

步骤 1:让汽车以中低速行驶 5~10min,待自动变速器达到正常工作温度后,在发动机运转过程中检查自动变速器液压油散热器的温度。

①在正常情况下,液压油散热器的温度可达 60℃左右。

②若液压油散热器的温度过低,说明油管堵塞,或通往液压油散热器的限压阀卡滞。这样,液压油得不到及时的冷却,油温过高,导致变质。

③若液压油散热器的温度太高，说明离合器或制动器自由间隙太小。对此，应拆卸自动变速器，并予以调整。

步骤2：若液压油温度正常，应测量主油路油压。

①若油压太低，应检查节气门位置传感器的调整情况。

②若节气门位置传感器安装正常，应拆卸自动变速器，检查油泵是否磨损过甚、阀板内的主油路调压阀和油压电磁阀有无卡滞、主油路有无漏油处。

步骤3：若上述检查均正常，则故障可能是汽车经常超负荷行驶，或未按规定使用合适牌号的液压油所致。对此，可将液压油全部放出，加入规定牌号和数量的液压油。

三十六、凌志 LEXUS 型轿车 ABS 系统的故障诊断步骤是什么？

(1)故障诊断步骤

步骤1：检查警告灯。如图2-2-59所示，在接通点火开关时，ABS警告灯应亮3s，否则，应找出组合仪表的故障。

步骤2：检查故障码。

①将点火开关转到ON位置，脱开维修连接器，如图2-2-60所示。

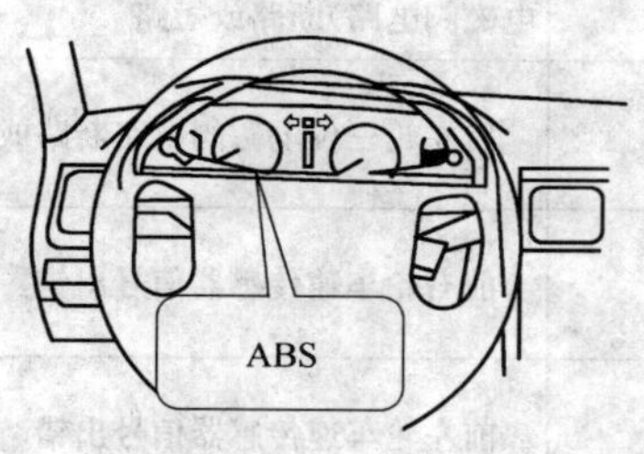

图2-2-59　警告灯

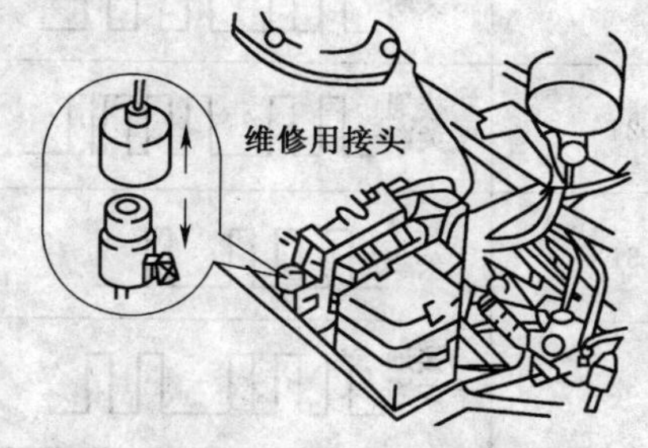

图2-2-60　脱开连接器

②用SST连接TDCL，如图2-2-61，或检查连接器的端子Tc和E1。

③读出组合仪表上ABS警告灯的故障码。若无故障码出现，应检查电路故障。警告灯出现的“正常码”、“故障码11和12”闪烁方式的信号，如图2-2-62所示。

④故障码的说明见表2-2-11。

⑤故障码检查完毕，应脱开端子Tc和E1，并关掉显示器。

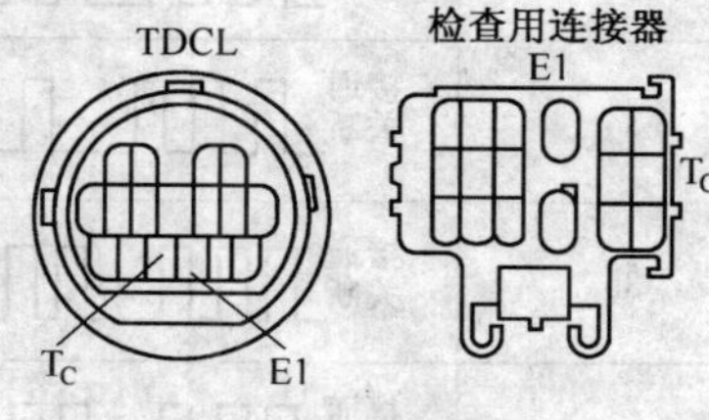

图2-2-61　连接TDCL

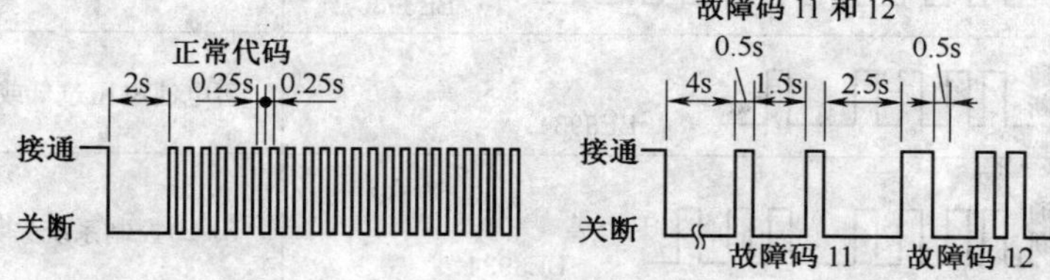

图2-2-62　故障码闪烁方式

表 2-2-11 故障码说明

诊断故障码	ABS警告灯闪烁方式	
11	接通 关断 BE3931	ABS电磁继电器电路断路
12	接通 关断 BE3931	ABS电磁继电器电路短路
13	接通 关断 BE3931	液压电动机继电器电路断路
14	接通 关断 BE3931	液压电动机继电器电路短路
21	接通 关断 BE3932	前右轮三位电磁阀电路断路或短路
22	接通 关断 BE3932	前左轮三位电磁阀电路断路或短路
23	接通 关断 BE3932	后右轮三位电磁阀电路(＊1)(或后轮电磁阀电路)断路或短路
24	接通 关断 BE3932	后左轮三位电磁阀电路断路或短路
31	接通 关断 BE3933	前右轮车速传感器信号出错
32	接通 关断 BE3933	前左轮车速传感器信号出错
33	接通 关断 BE3933	后右轮车速传感器信号出错
34	接通 关断 BE3933	后左轮车速传感器信号出错
35	接通 关断 BE3933	前左或后右车速传感器电路断路
36	接通 关断 BE3933	前右或后左车速传感器电路断路
37	接通 关断 BE3933	前车速传感器转子故障
41	接通 关断 BE3934	蓄电池电压过低或异常高
43	接通 关断 BE3934	(＊2)控制系统失灵

续表 2-2-11

诊断故障码	ABS警告灯闪烁方式	
51	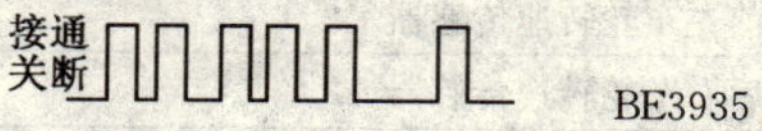 接通 关断 BE3935	液压电动机闭锁
常通	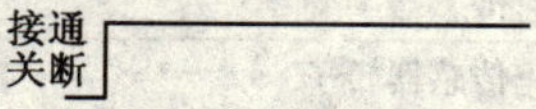 接通 关断	ECU失灵

注:①(＊1)仅指带TRC的汽车;

②(＊2)仅指不带TRC的汽车。

步骤3:检查传感器。

①把点火开关转到OFF位置,拉上驻车制动器,用SST连接连接器端子Ts和E1、Tc和E1,如图2-2-63所示。

②起动发动机,检查ABS警告灯是否闪烁,如图2-2-64所示。如果ABS警告灯不闪烁,应检查ABS警告灯电路。

③松开驻车制动器,驾驶车辆一直向前行驶,检查车辆达到表2-2-12所列速度时,ABS警告灯是否闪烁或持续亮;停车,读出ABS警告灯闪烁的次数。如果正常,ABS警告灯将反复亮0.125s和熄灭0.125s,如图2-2-65所示。如果2个或2个以上故障同时显示,则故障码数字最小的一个将首先显示。

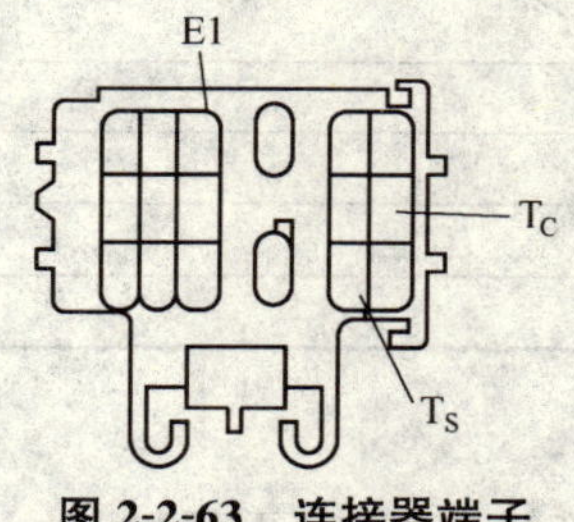

图2-2-63　连接器端子

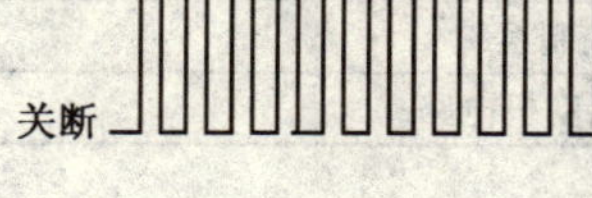

图2-2-64　检查ABS警告灯

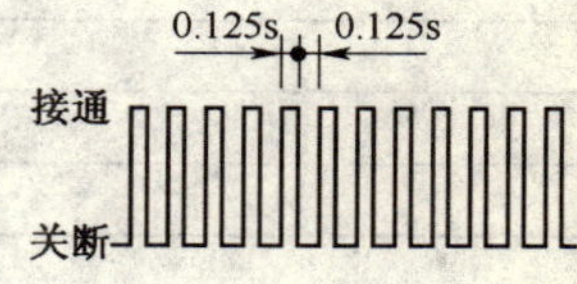

图2-2-65　警告灯闪烁次数

表2-2-12　不同车速ABS警告灯状态

车速/(km/h)	ABS警告灯状态	车速/(km/h)	ABS警告灯状态
0～3	闪烁(正常) 持续亮(不正常)	56～109	闪烁(正常) 持续亮(不正常)
4～6	熄灭1s后持续亮	110～130(参考)	熄灭1s后持续亮
7～44	闪烁(正常) 持续亮(不正常)	≥131(参考)	闪烁(正常) 持续亮(不正常)
45～55	熄灭1s后持续亮 闪烁		

④转速传感器检查功能故障码见表2-2-13。

表2-2-13　车轮转速传感器检查功能故障码

故障码	故障现象	故障部件
71	前右车轮转速传感器输出电压低	前右车轮转速传感器

续表 2-2-13

故障码	故 障 现 象	故 障 部 件
72	前左车轮转速传感器输出电压低	前左车轮转速传感器
73	后右车轮转速传感器输出电压低	后右车轮转速传感器
74	后左车轮转速传感器输出电压低	后左车轮转速传感器
75	前右车轮转速传感器输出电压不正常	前右车轮转速传感器转子
76	前左车轮转速传感器输出电压不正常	前左车轮转速传感器转子
77	后右车轮转速传感器输出电压不正常	后右车轮转速传感器转子
78	后左车轮转速传感器输出电压不正常	后左车轮转速传感器转子

⑤检查完毕后，脱开检查连接器端子 Ts 和 E1、Tc 和 E1。

步骤 4：故障码表索引。若检查故障码时，按表 2-2-14 中显示的故障码检查相应的零部件。

表 2-2-14 故障码及应检查的电路

故障码	应检查的电路或零件
11,12,13,14	ABS 执行器电磁继电器电路 ABS 执行器发电机继电器电路
21,22,23,24	执行器电磁线圈电路
31,32,33,34,35,36	车轮转速传感器电路
37	前车轮转速传感器转子未装或装错零件
41	电源电路
43	TRC 控制系统
51	ABS 电动机电路

(2)检修注意事项

①检查某一传感器时，应先检查传感器线路各个插接器是否接触良好，有无锈蚀、油污或搭铁等。

②为避免系统油压过高导致伤人，在进行拆装作业时，应首先降低系统的油压。

③对制动系统进行拆检作业时，应保护好传感器等电子元件，并注意各种车型传感器的安装位置，防止拆装时损坏传感器。

三十七、如何诊断与排除丰田 ABS 系统的故障？

操作方法如下：

(1)故障码的调取步骤

步骤 1：将维修插接器接头分开或将 W_A 与 W_B 之间的短接插销拔出，如图 2-2-66 所示。

步骤 2：接通点火开关。

步骤 3：将发动机室内的故障诊断座或驾驶室内的 TDCL 插接器的 Tc 与 E1 端子用跨接线连接，如图 2-2-67 所示。仪表盘上的 ABS 警告灯即可闪烁出故障码。故障码代号及故障内容见表 2-2-15。

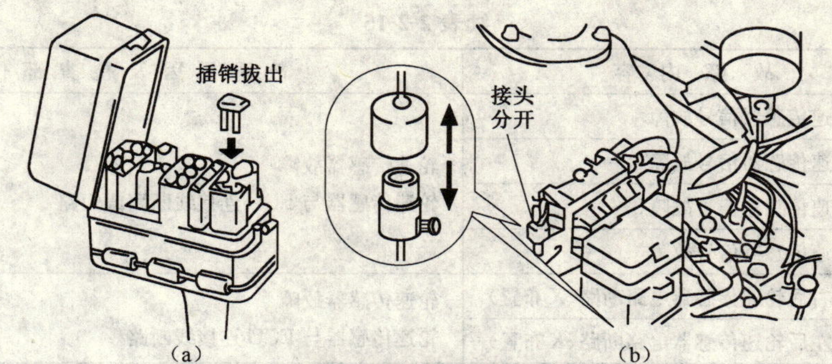

图 2-2-66　维修插接器接头和 W_A、W_B 接头

(a)短接插销拔出　(b)维修插接器接头分开

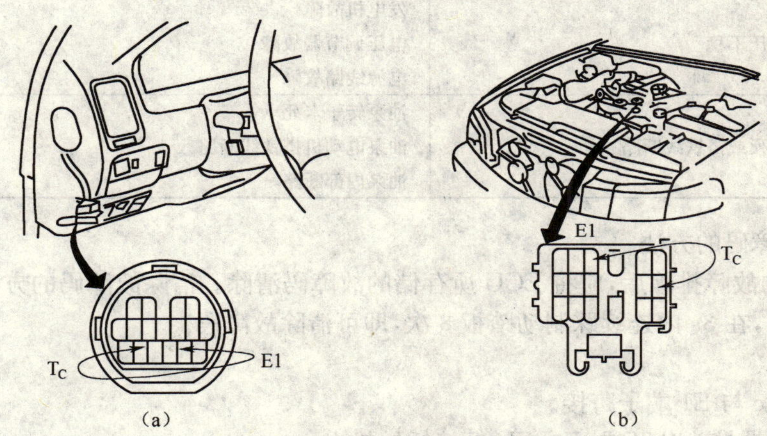

图 2-2-67　跨接 Tc 与 E1 端子

(a)驾驶室内　(b)发动机室内

表 2-2-15　ABS 故障码内容说明

故障码	故障内容	故障原因及检查部位
11	调节器电磁阀继电器线圈断路	电磁阀继电器线圈断路 电磁阀继电器与 ECU 连接线断路
12	调节器电磁阀继电器线圈短路	电磁阀继电器线圈短路 电磁阀继电器与 ECU 连接线短路
13	油泵继电器线圈断路	油泵继电器线圈断路 油泵继电器与 ECU 连接线断路
14	油泵继电器线圈短路	油泵继电器线圈短路 油泵继电器与 ECU 连接线短路
21	右前轮油压调节电磁阀电路故障	电磁阀线圈断路或短路 电磁阀与 ECU 连接线断路或短路
22	左前轮油压调节电磁阀电路故障	
23	右后轮油压调节电磁阀电路故障	
24	左后轮油压调节电磁阀电路故障	

续表 2-2-15

故障码	故 障 内 容	故 障 原 因 及 检 查 部 位
31	右前轮速传感器信号故障	轮速传感器故障 轮速传感器与 ECU 连接线断路或短路
32	左前轮速传感器信号故障	
33	右后轮速传感器信号故障	
34	左后轮速传感器信号故障	
35	左前或右后轮速传感器电路断路(X 布置)	轮速传感器故障 轮速传感器与 ECU 连接线断路
36	右前或左后轮速传感器电路断路(X 布置)	
37	后轮速传感器信号故障	传感器故障 传感器与 ECU 连接线路断路或短路
41	电源电压不稳	发电机故障 电压调节器故障 电源线路故障
45	油泵卡死或搭铁线断路	油泵转子卡死 油泵电动机搭铁线断路 油泵内部断路

(2)清除故障码的方法

ABS 系统的故障排除后,应将 ECU 所存储的故障码清除。清除故障码的方法是在满足下列条件的情况下,在 3s 内连续踩制动踏板 8 次,即可清除故障码。

①汽车停稳。

②诊断座 Tc 与 E1 端子跨接。

③维修插接器接头分开或 W_A、W_B 短接插销拔出。

④点火开关接通。

故障码清除后,再将 Tc 与 E1 跨线拆去,将维修插接器接头插好或将 W_A、W_B 短接插销插好。

三十八、如何诊断与排除本田 ABS 系统的故障?

本田车系 ABS 系统出现故障时,仪表盘上的 ABS 警告灯会点亮。故障码的调取与清除方法如下:

(1)调取 ABS 故障码的步骤

步骤 1:与调取发动机控制系统故障码方法相同,将两头诊断座跨接(诊断座线色为棕-绿/白或橘红-绿/白)。

步骤 2:通过仪表盘上的 ABS 警告灯闪烁读出故障码。故障码波形如图 2-2-68 所示。

①当轮速传感器与电磁阀同时出现故障时(主代码分别为 4 或 7),ECU 仅给出子代码中的较高者,如同时出现故障码 44 和 72 时,ECU 只给出故障码 44。

②ECU 最多可给出三种故障码。

③如果将闪烁频率计错,可关闭点火开关后再次打开点火开关,ABS 警告灯将再次闪烁故障码。

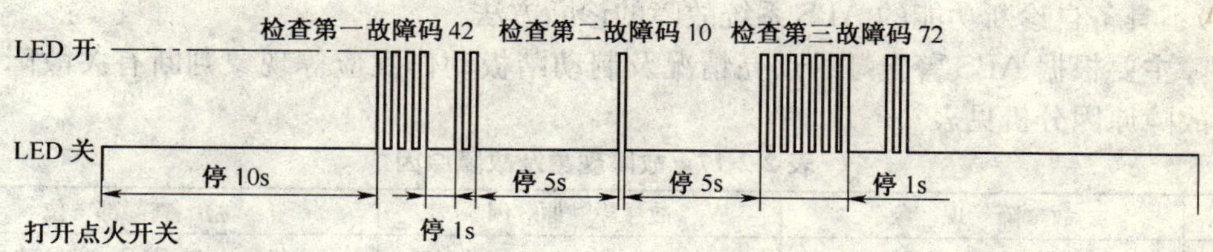

图 2-2-68　故障码波形

故障码内容见表 2-2-16。

表 2-2-16　故障码内容

故障码	故 障 内 容	故障原因、检测部位
10	油泵转动不停	压力开关故障 油泵继电器故障
12	油泵控制电路故障	ECU 熔丝 油泵熔丝 油泵继电器
13	高压管系统漏油	电磁阀故障
14	压力开关故障	压力开关 连接线
18	储能器故障	储能器
21	驻车制动开关 电路故障	驻车制动开关故障 制动灯故障
31、32、33	轮速传感器信号不良	传感头与齿圈间隙过大 传感头永磁体磁场过弱
41、42、44、48	轮速传感器线路故障	传感头故障 传感器至 ECU 连线故障
50、54、58	调节器电磁阀线路故障	电磁阀线圈故障 ECU 至电磁阀线路故障
60	前或后失效—保护继电器故障	前后失效—保护继电器故障 继电器至电磁阀线路故障 继电器至 ECU、电源线路故障
61	前失效—保护继电器故障	
64	后失效—保护继电器故障	
71	ABS — B1 熔体断路	B1 熔丝
72	前失效—保护继电器故障	失效保护继电器 继电器线路
74	后失效—保护继电器故障	

(2)故障码清除方法

故障排除后，只需将 ABS — B2 熔丝拆下 3s 以上，故障码即可清除。

三十九、如何诊断与排除奔驰 ABS 系统的故障？

奔驰车系中 ABS 系统分为两种：一种不具备故障自诊断功能；一种具备故障自诊断功能。

(1)不具备自诊断功能的ABS系统故障的诊断方法

故障主要根据ABS警告灯的点亮情况及制动踏板动作反应等现象判断有关故障。故障现象及故障原因分析见表2-2-17。

表2-2-17 故障现象及故障原因

序号	故障现象	故障原因	检查部位
1	ABS警告灯与充电指示灯同时点亮	ECU未收到发动机运转信号	发电机发电与否，D_+在发动机运转时有14V电压 D_+与ECU连接线故障
2	行驶中ABS警告灯偶尔亮，然后熄灭	电源电压过低(低于11V) 搭铁不良 电路负荷过大	过电压保护继电器输出端子电压应在12～14V 搭铁线 发电机输出电压在发动机运转时应为14V
3	行驶中ABS警告灯偶尔亮及一直点亮	发电机故障 轮速传感器信号故障 警告灯线路短路 ABS ECU主电源线接触不良 ABS ECU主搭铁线接触不良 过电压保护继电器故障 ECU熔体断路	发电机输出电压 轮速传感器电阻器及输出电压信号 轮速传感器至ECU连接线 检查警告灯线路 检查ECU主电源线及主搭铁线 过电压保护继电器 熔丝
4	车速行驶在约56km/h时，警告灯点亮	轮速传感器信号不正常 干扰过大	轮速传感器故障 轮速传感器安装不当或松动、有油污 轮速传感器至ECU线路接触不良
5	ABS警告灯一直不亮	警告灯灯泡或线路断路 ABS调节器中的二极管断路 警告灯至ECU连接线断路	检查警告灯灯泡及线路 检查调节器中的二极管 检查警告灯至ECU的“29”端子连接线是否断路
6	关闭点火开关后液压油泵仍继续运转	油泵继电器触点熔接短路 油泵电源线短路	油泵继电器触点 油泵电源线
7	制动时制动踏板有振动感	轮速传感器信号电压过低 轮速传感器信号间歇	轮速传感器电阻 轮速传感器至ECU连接线路 轮速传感器信号电压及波形

(2)具备自诊断功能的ABS系统故障的诊断方法

下面以奔驰W140-ABS为例进行介绍，可按下述方法调取故障码：

步骤1：按图2-2-69所示用测试灯将38孔诊断座中的6与2端子跨接。

步骤2：接通点火开关，等待10s。

步骤3：将6端子跨接线搭铁4s以上后取开。测试灯即闪烁出一组故障码。

步骤4：第一组故障码闪完后等待4s以上，再将6端子跨接线搭铁8s后再取开。

步骤5：再将6端子跨接线搭铁4s后取开，测试灯将开始闪烁第二组故障码。

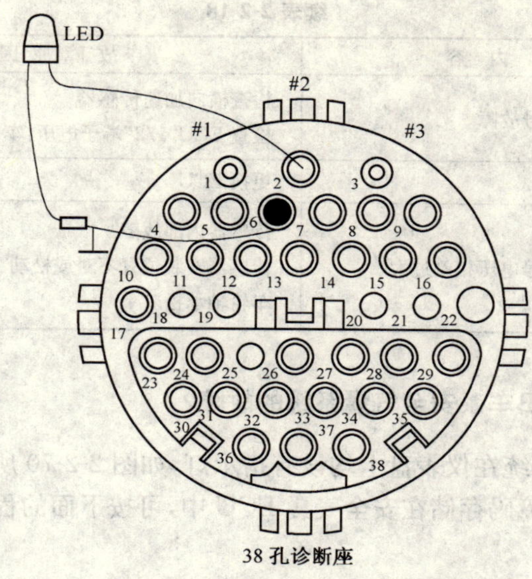

图 2-2-69　跨接测试灯

步骤 6:重复步骤 3～5,直到测试灯闪烁出与第一组故障码相同的故障码(即表示所有故障全部调出)为止。

关闭点火开关 30s 以上即可清除故障码。

故障码内容说明见表 2-2-18。

表 2-2-18　故障码内容说明

故障码	故 障 内 容	故 障 原 因、检 测 部 位
1	系统正常	
2	左前轮速传感器故障	轮速传感器故障:分别检测“2/14-2/34”、“2/13-2/33”、“1/19-1/30 及 1/6”端子的电压与电阻 轮速传感器与 ECU 连线故障
3	右前轮速传感器故障	
4	后轮速传感器故障	
6	左前轮电磁阀故障	电磁阀故障:检测电磁阀线圈电阻 电磁阀至 ECU 连接线故障:分别检查“2/22”、“2/20”、“2/17”端子连接线是否断路
7	右前轮电磁阀故障	
8	后轮电磁阀故障	
10	油泵工作监控信号故障	检测“2/37”端子电压,平时为 0V,踩制动踏板则为 12V 油泵与 ECU 连接线故障
11、17	电磁阀继电器输出电路故障	检查“2/41”端子电压:发动机发动后,电磁阀继电器输出(2/41)端电压应为 12～14V;若电压为 0V,则是继电器触点接触不良,显示故障码 11;若输出电压低于 10V,则显示故障码 17
12	压力开关信号故障	检查“2/38”端子电压:当液压油泵运转时应为 12V 电压;若为 0V,则显示故障码 12,是压力开关故障
13	制动开关信号故障	检查“1/27”端子电压:踩制动踏板时“1/27”端子应为 12V,不踩制动踏板时为 0V,是制动开关故障

续表 2-2-18

故障码	故 障 内 容	故 障 原 因、检 测 部 位
14	横向加速传感器信号故障	检查横向加速传感器 检查 ECU“1/2”端子电压:车辆静止时应为 2.35～2.65V
15	ABS ECU 故障	更换 ECU
16	轮速传感器输出信号电压相差过大	传感器内部故障 传感器安装位置不对或松动 车轮轴承松旷

四十、如何诊断与排除丰田车系安全气囊系统的故障?

丰田车系安全气囊系统在仪表盘上均设有指示灯,如图 2-2-70 所示,当安全气囊系统出现故障时,自诊断系统将故障码存储在安全气囊 ECU 中,可按下面的程序调取,由安全气囊指示灯闪烁显示。

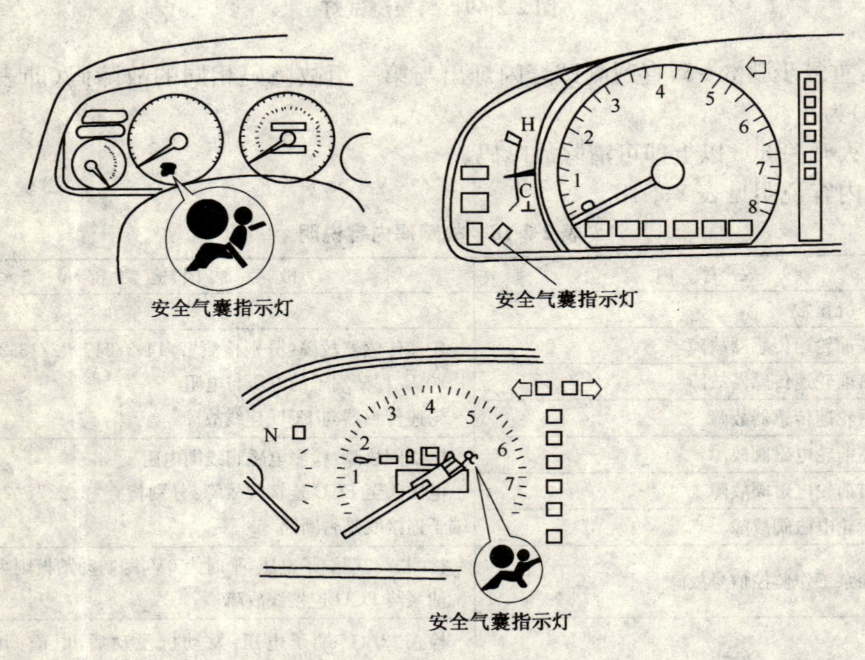

图 2-2-70　安全气囊指示灯

(1)故障码的调取

步骤 1:将点火开关拧到 A_{CC}或 ON 位置,等待 20s 以上。

步骤 2:将诊断座上的 Tc 端子与 E1 端子用导线跨接,如图 2-2-71 所示。此时安全气囊指示灯将会闪烁故障码。故障码波形如图 2-2-72 所示,故障码内容见表 2-2-19。

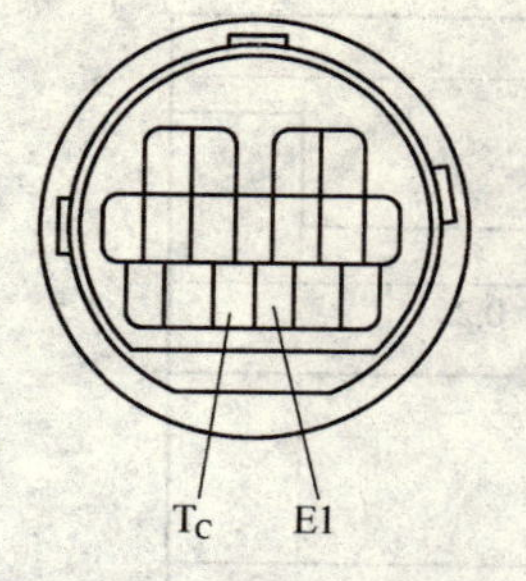

图 2-2-71　跨接诊断座上 Tc 与 E1 端子

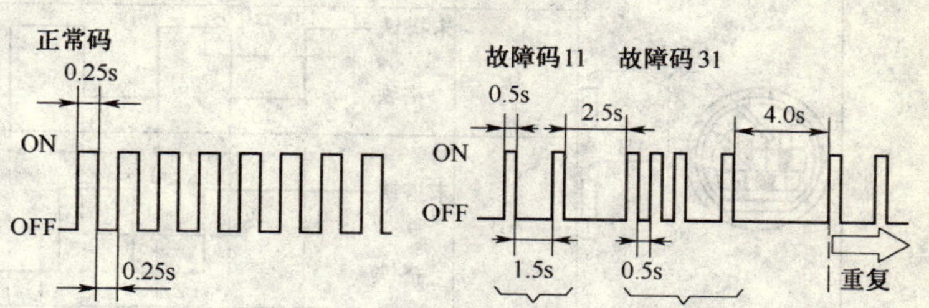

图 2-2-72　故障码波形

表 2-2-19　故障码内容

故障码	故障内容	检查部位
连续闪烁	系统正常 电压不足 安全气囊 ECU 故障	检查电源电压 检查更换安全气囊 ECU
11	安全气囊线路搭铁 碰撞传感器故障	检查安全气囊线路 检查碰撞传感器
12	安全气囊线路与电源短路 碰撞传感器线路断路	检查安全气囊与电源间电路 检查碰撞传感器及线路
13	安全气囊的 D_+ 与 D_- 两条导线相互短路	检查安全气囊 D_+ 和 D_- 线路
14	安全气囊线路断路	检查安全气囊线路
15	碰撞传感器断路	检查碰撞传感器及线路
22	安全气囊指示灯线路故障	检查指示灯线路及指示灯
31	安全气囊 ECU 故障	检查更换安全气囊 ECU
41	安全气囊 ECU 存储有故障	按 41 号故障码清除方法清除

(2)故障码的清除

安全气囊系统第 11～22 号故障码，只需将蓄电池搭铁线拆下 10s 以上即可清除。41 号故障码的清除步骤如下：

步骤 1：将点火开关拧至 Acc 或 ON 挡。

步骤 2：如图 4-2-73 所示，先将 Tc 端子搭铁 1s 后取开，并在 0.5s 内将 AB 端子搭铁 1s。

步骤 3：在 AB 端子尚未取开前，将 Tc 端子再次搭铁后再移开 AB 端子待 1s。

步骤 4：移开 Tc 端子搭铁后再将 AB 端子搭铁 1s。

步骤 5：AB 搭铁未移开前再将 Tc 搭铁，然后将 AB 搭铁移开，并保持 Tc 搭铁，直到安全气囊指示灯一直连续闪烁，即表示故障码 41 已清除。

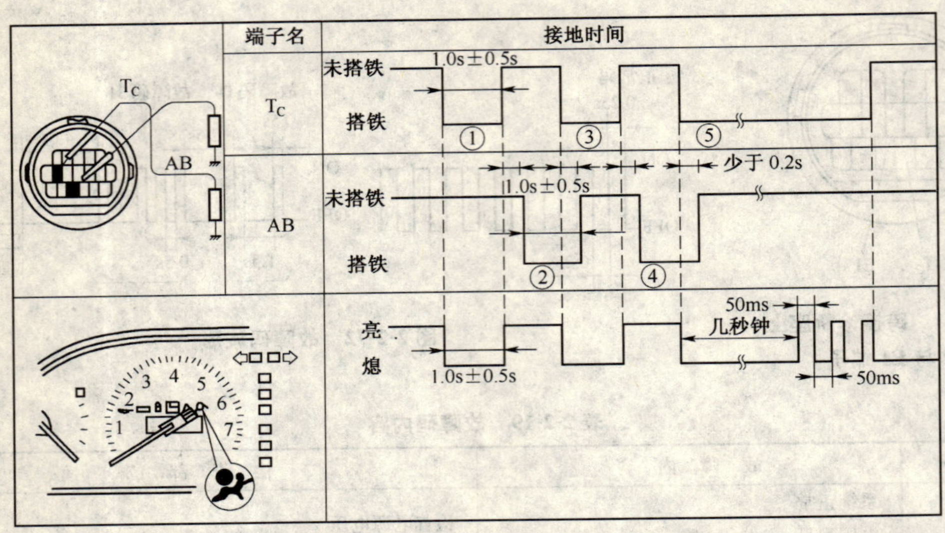

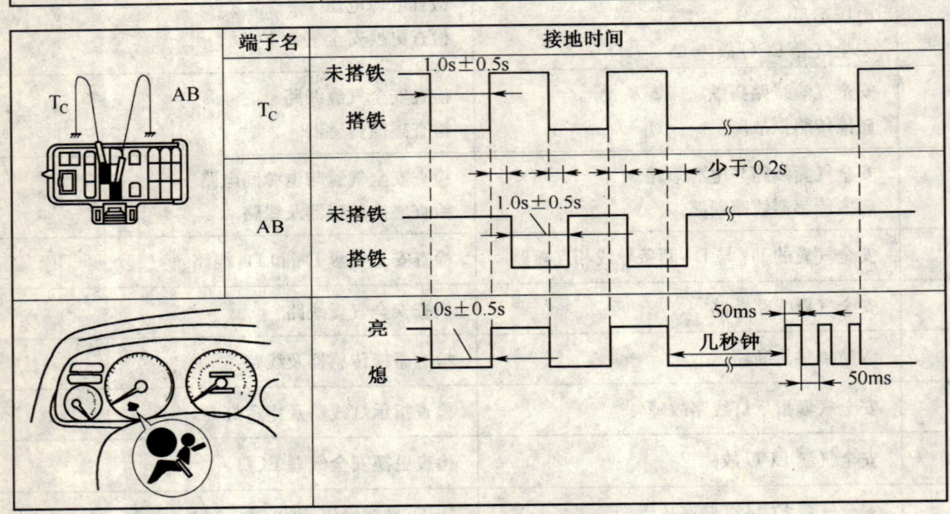

图 2-2-73 41 号故障码的清除

四十一、如何诊断与排除宝马车系安全气囊系统的故障?

德国宝马系列轿车安全气囊的控制系统方式有两种,因此安全气囊指示灯的闪烁方式也有两种。诊断故障时,应根据诊断插接器端子的设置、安全气囊指示灯指示状态和 ECU 插接器端子数目来确定如何跨接诊断座端子,见表 2-2-20。

表 2-2-20 宝马系列轿车安全气囊系统故障诊断方法

ECU 插接器端子数目	诊断插接器端子数目	安全气囊指示灯	跨接诊断座端子代号	故障码位数	故障码清除方法
55	20	常亮	1、6	1～2	拆下蓄电池负极电缆
55	20	常亮	1、15	3	跨接 30s 以上
88	20	闪亮	15、16	3	跨接 30s 以上

1. BMW3、5、7、8 系列轿车安全气囊系统的故障诊断

(1)故障码的读取

步骤 1:接通点火开关后,若安全气囊指示灯亮 6～10s 后熄灭,则说明系统正常;若安全气囊指示灯长亮不熄,则说明系统发生了故障。

步骤 2:打开发动机罩盖,拧下诊断插接器防护盖,接通点火开关。

步骤 3:将 LED 读码器与端子 1、6 跨接(若第 6 插孔无端子,则按宝马 6 系列轿车安全气囊系统的诊断方法读取与清除故障码),如图 2-2-74 所示。

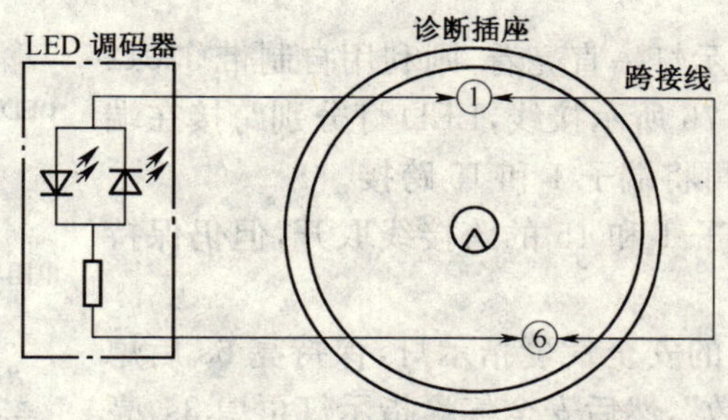

图 2-2-74　BMW3、5、7、8 系列轿车安全气囊系统故障诊断方法

步骤 4:用跨接线将 LED 读码器跨接的端子 1、6 短接 3～5s 后,再将跨接线断开。

步骤 5:根据驾驶室仪表盘上的安全气囊指示灯闪烁情况读取故障码,如图 2-2-75 所示。

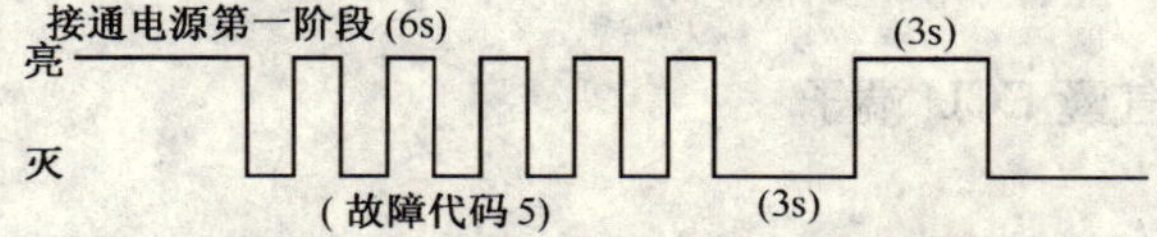

图 2-2-75　安全气囊指示灯故障码的显示方式

步骤 6:安全气囊指示灯先持续发亮 6s 后,熄灭 3s,然后开始闪烁显示故障码。故障码为 1～2 位数,见表 2-2-21。位与位之间间隔 3s,如果有两个或两个以上的故障码,则码与码之间间隔 6s,先熄灭 3s,然后亮 3s,再闪烁显示下一个故障码。

表 2-2-21　宝马 3、5、7、8 系列轿车安全气囊故障码表

故障码	故障部位及原因	故障码	故障部位及原因
1	安全气囊 ECU 备用电源故障	12	右前碰撞传感器搭铁
2	安全气囊 ECU 故障	13	左前碰撞传感器电源不稳定
3	安全气囊系统电源不稳定	14	左前碰撞传感器电源断路
4	安全气囊系统电源线路故障	15	右前碰撞传感器电源不稳定
5	安全带收紧器引爆电路电源故障	16	右前碰撞传感器电源断路
6	安全带收紧器引爆电路故障	17	安全气囊指示灯线路短路
7	左前碰撞传感器接触不良	18	安全气囊指示灯线路间歇短路
8	左前碰撞传感器故障	19	故障记忆控制电路作用不良
9	左前碰撞传感器搭铁	20	安全气囊 ECU 故障
10	右前碰撞传感器接触不良	21 以上	诊断功能失效
11	右前碰撞传感器故障		

(2)故障码的清除

拆下蓄电池的负极电缆线30s以上,即可清除故障码。

2. 宝马6系列轿车安全气囊系统故障诊断

(1)针对55针安全气囊ECU端子

①故障码的读取。

步骤1:打开发动机舱盖检查第6插孔有无端子。

步骤2:若无,将点火开关置于ON位置,并观察仪表板上的安全气囊指示灯,看其是一直保持亮还是一直闪烁。

步骤3:若安全气囊指示灯一直亮着,则利用自制带33012电阻器的LED灯按图2-2-76所示接线,LED灯分别跨接在端子1和15之间,用跨接线再将端子1和15跨接。

步骤4:3～5s后将端子1和15的跨接线取开,但仍保持LED灯处于跨接状态。

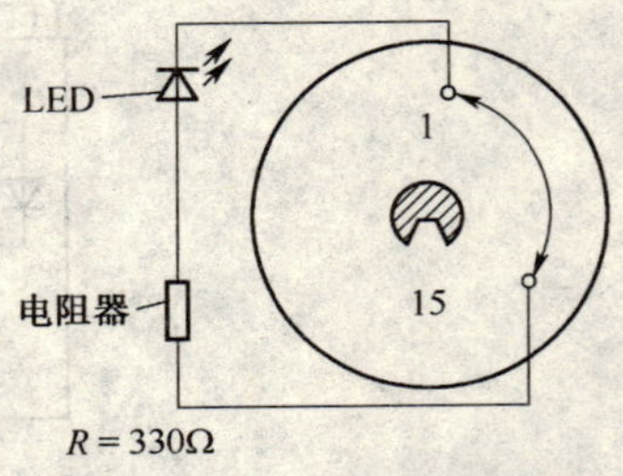

图2-2-76 LED灯接线图

步骤5:观察仪表板上的安全气囊指示灯,保持亮6s后熄灭3s会闪烁指示“故障组数”,然后安全气囊指示灯再熄3s、亮3s,接着闪烁指示故障码(三位数),再闪烁一次(表示间歇性故障)或闪烁两次(表示目前故障),再熄3s、亮3s,若另外有其他故障时会接着闪烁故障码。

②故障码的清除。将诊断插接器的端子1、15短接30s以上,即可清除存储器中的故障码。

(2)针对88针安全气囊ECU端子

①故障码的读取。

步骤1:将LED灯分别跨接在端子16和15之间,用跨接线再将端子16和15跨接。

步骤2:将点火开关置于ON,3～5s后,将端子15和16之间的跨接线取开,但仍保持LED处于跨接状态。

步骤3:观察仪表板上的安全气囊指示灯,保持亮6s后熄灭3s,会闪烁指示“故障组数”,然后安全气囊指示灯再熄3s、亮3s,接着闪烁指示故障码(三位数),再闪烁一次(表示间歇性故障)或闪烁两次(表示目前故障),再熄3s、亮3s,若另外有其他故障时会接着闪烁故障码。

②故障码的清除。将诊断插接器的端子15、16短接30s以上,即可清除存储器中的故障码。

(3)故障码表(表2-2-22)

表2-2-22 宝马6系列安全气囊故障码表

故障码	故障部位及原因
111、113、142、233	安全气囊线路断路或电源搭铁。若检测安全气囊点火器的电阻值在3～5Ω,检查线路无断路,说明安全气囊ECU故障
112、334、134	防碰撞传感器故障。需更换安全气囊ECU组件
141	安全气囊至安全气囊ECU之间的线路断路或搭铁
211、124、121	左前碰撞传感器线路短路或搭铁

续表 2-2-22

故障码	故 障 部 位 及 原 因
212、411	左前碰撞传感器故障。若检测传感器的电阻值在 9.5～10.5Ω，说明安全气囊 ECU 故障
221、421	右前碰撞传感器线路短路或搭铁
222、224	右前碰撞传感器故障。若检测传感器的电阻值在 9.5～10.5Ω 范围内，说明安全气囊 ECU 故障
231	安全气囊 ECU 或碰撞传感器搭铁不良
132、232、322、311、331、342、332、312、341、321	安全气囊 ECU 故障
241	右前碰撞传感器间歇性故障
242	左前碰撞传感器间歇性故障
114、431、131	安全气囊指示灯线路故障
143	安全气囊 ECU 电源电路故障
214、314、234、334、414	安全气囊 ECU 自诊断电路间歇性搭铁

四十二、如何诊断与排除通用车系(凯迪拉克)安全气囊系统的故障?

凯迪拉克安全气囊系统由空调控制面板及显示屏来调取与显示故障码，空调控制面板及显示屏如图 2-2-77 所示。故障码为两位数，若出现三位数故障码则表示曾经出现过故障。

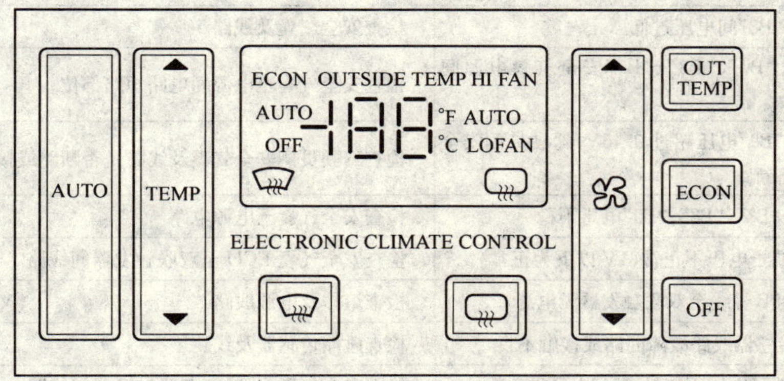

图 2-2-77　卡迪拉克空调面板

步骤 1：将点火开关打开(置于 ON)或起动发动机。

步骤 2：同时按下 TEMP▲及 OFF 键。

步骤 3：空调面板显示屏上显示“－00”，系统进入自诊断。

步骤 4：按▲及▼键选择所需诊断系统，当显示屏上显示“－03”时表示诊断安全气囊系统；“－02”表示诊断中央空调系统；“－04”表示诊断 ABS 系统。

步骤 5：按 OUT TEMP 键读取故障码。

步骤 6：直接按下 OFF 键即可清除所诊断系统中的故障码。如当前处于“－03”诊断功能，显示安全气囊系统故障码,当按下 OFF 键即可清除“—03”安全气囊系统故障码。

步骤 7:按 AUTO 键即可离开诊断功能。

凯迪拉克安全气囊系统故障码内容见表 2-2-23。

表 2-2-23 凯迪拉克安全气囊系统故障码内容

故障码	故障内容	检测部位
14	安全气囊 ECU“A3”、“A4”、“A5”、“A6”及“10”端子线路接触不良	检查 ECU 端子及线路
15	“A7”、“B7”乘员侧安全气囊电路电阻过大(电阻值在 12.5Ω 以下为正常)	检查气囊及线路
16	“A7”、“B7”间电阻过小,乘员侧安全气囊电路电阻过小(5Ω 以上为正常)	检查气囊及线路
17	“A7”、“B7”断路,乘员侧安全气囊电路断路	检查气囊及线路
18	碰撞传感器(C109、C110)线路断路	检查 C109、C110 碰撞传感器及线路
19	“A7”、“B7”间电压过高	检查气囊及 ECU
21	“B9”、“B8”间电阻过大,驾驶员侧安全气囊电路电阻过大(12.5Ω 以下为正常)	检查气囊及线路
22	“B9”、“B8”间电阻过小(5Ω 以上为正常)	检查气囊及线路
23	“B9”、“B8”间电压过高	检查气囊及线路
24	“B9”、“B8”间电压过低	检查安全气囊及线路
25	“A7”、“B7”、“B8”、“B9”安全气囊电源间短路	检查安全气囊至电源间电路短路部位
26	“B8”、“B9”电压超过 0.45V;驾驶员侧安全气囊线路断路	检查驾驶员侧安全气囊及线路是否断路或接触不良
28	“A7”、“B7”、“B8”、“B9”电压不稳	检查安全气囊至电源电路
31	“A5”端子电压不正常(1V 以下为正常)	检查安全气囊 ECU 至双联触发器间线路
34	有 1139B 号线至双联触发器无电源	检查熔体及电源线路
35	碰撞传感器线路故障断路或接触不良	检查碰撞传感器及线路
36	“A6”端子电压不正常(1V 以下为正常)	检查安全气囊 ECU 至双联触发器间线路
42	“A4”端子电压不正常(1V 以下为正常)	检查安全气囊 ECU 至双联触发器间线路
43	“B8”端子电压为 36V 时,“A5”端子电压不能达 36V	检查驾驶员侧安全气囊、双联触发器及线路
44	“B7”端子电压为 36V 时,“A6”端子电压不能达 36V	检查右侧乘员侧安全气囊,双联触发器及线路
51	安全气囊曾经引爆过	用专用仪器清除
52	系统存储故障码超过 4 个	用专用仪器清除
53	“B9”、“B8”端子线头松动	检查驾驶员侧安全气囊至安全气囊 ECU 的线路及接头

续表 2-2-23

故障码	故障内容	检测部位
54	“A7”、“B7”端子线头松动	检查右侧乘员侧安全气囊至安全气囊 ECU 的线路及接头
61	“B1”端子线路故障	检查安全气囊指示灯和至安全气囊 ECU 的线路及接头
62	“B12”端子线路故障	检查安全气囊指示灯和至安全气囊 ECU 的线路及接头
71	安全气囊 ECU 故障	检查安全气囊 ECU
81、82	双联触发器中二极管断路	检查双联触发器中二极管
83、84	双联触发器二极管击穿短路	检查双联触发器中二极管

四十三、如何诊断与排除奔驰轿车安全气囊系统的故障?

奔驰车系安全气囊系统出现故障时，仪表板上的安全气囊指示灯将被点亮，故障码将被存储在安全气囊 ECU 中。诊断时可通过 16 孔诊断座中的 6 号端子及 38 孔诊断座的第 30 号端子去调取故障码。

(1)故障码的调取步骤

步骤 1:按图 2-2-78a 或 2-2-78b 所示将检测灯跨接在诊断座上。

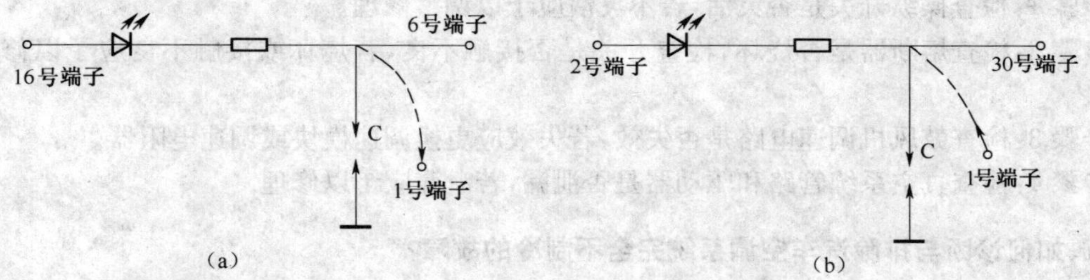

图 2-2-78　在诊断座上跨接检测灯

(a)16 孔诊断座　(b)38 孔诊断座

步骤 2:打开点火开关，但不要起动发动机。

步骤 3:将 C 线跨接到诊断座的 1 号端子或者搭铁 4s 后移开。此时检测灯即开始闪烁故障码，每次只闪烁一组故障码。若系统正常时则只闪烁一次(即正常码)后即熄灭。

步骤 4:将 C 线再次搭铁 4s 后移开，即可闪烁第二组故障码。

步骤 5:重复步骤 4 直至闪烁出相同故障码，即将系统所有故障码全部调出。

(2)清除故障码

步骤 1:按调取故障码的步骤调取一组故障码后，等待 3s，然后再将 C 线搭铁 6～8s 后移开，并将点火开关关闭(OFF)30s 以上，即可将刚调出的一组故障码清除。

步骤 2:按前面方法再调取另一组故障码后，再按步骤 1 的方法清除此组故障码，直至检测灯闪出故障码“1”(即只闪一下)，表示系统正常，故障码清除完毕。

奔驰车系安全气囊系统故障码内容见表 2-2-24。

表 2-2-24 奔驰车安全气囊系统故障码内容

故障码	故障内容	检查部位
1	系统正常	
2	安全气囊 ECU 故障	检查更换安全气囊 ECU
3	驾驶员侧安全气囊线路故障	检查驾驶员侧安全气囊及线路
4	右前乘员侧安全气囊线路故障	检查右前乘员侧安全气囊及线路
5	驾驶员侧安全带扣开关故障	检查驾驶员侧安全带扣开关及线路
6	右前乘员侧安全带扣开关故障	检查右前乘员侧安全带扣开关及线路
7	前乘员侧安全气囊保护电阻故障	检查保护电阻及线路
8	电源电压不足	检查蓄电池及发电机
9	安全气囊指示灯线路故障	检查安全气囊指示灯及线路
10	安全气囊 ECU 故障	检查安全气囊 ECU 及线路

四十四、如何诊断与排除汽车空调调节控制失效的故障?

汽车空调调节控制失效的故障原因有:熔断器断路或开关接触不良;鼓风机调速电路失效;操纵开关不灵活;真空泄漏等。

故障排除步骤如下:

步骤 1:检查操纵开关是否灵活,若不灵活应予以调整修理。

步骤 2:检查熔断器是否烧坏,检查开关是否接触不良,若烧坏或接触不良应予以修理或更换。

步骤 3:检查鼓风机调速电路是否失效,若失效应更换调速模块或调速电阻器。

步骤 4:检查真空系统管路和驱动器是否泄漏,若泄漏应予以修理。

四十五、如何诊断与排除汽车空调系统完全不制冷的故障?

汽车空调系统完全不制冷的故障原因有:A/C 熔断器烧断;控制电路发生故障;传感器发生故障;主继电器接触不良或失效;电线和插接件折断或脱落;电磁离合器线圈发生故障;恒温控制器失灵;储液干燥器或膨胀阀堵塞;送风系统发生故障;传动带松弛或折断;高压或低压开关发生故障;制冷剂全部漏光;压缩机内部损坏。

故障排除步骤如下:

步骤 1:检查 A/C 熔断器是否烧断,若烧断应查明原因并予以排除。

步骤 2:检查整个系统的控制电路,若有故障应查明原因并予以排除。

步骤 3:检测各传感器是否损坏,若损坏应更换传感器。

步骤 4:检测主继电器接触是否良好,若接触不良应进行修理或更换。

步骤 5:检测电线和插接件是否折断或脱落,若折断或脱落应接通线路。

步骤 6:检测电磁离合器线圈是否断路或短路,若断路或短路应修理或者更换。

步骤 7:检查恒温控制器是否失灵,若失灵应更换。

步骤 8:检查储液干燥器或膨胀阀是否堵塞,若堵塞应查明堵塞原因并进行检修或更换。

步骤 9:检测电动机、继电器,若损坏应进行修理或更换。

步骤 10:检查传动带是否松弛或折断,若松弛或折断应进行调整或更换。

步骤 11:检测高压或低压开关是否发生故障,若有故障应查明原因并进行更换。

步骤 12:检查制冷剂是否滴漏,若有滴漏应查明漏点,进行修理并重新抽真空、加注制冷液。

步骤 13:检查压缩机,若发生损坏,应进行修理或者更换零部件。

四十六、如何诊断与排除汽车空调系统制冷不足的故障?

汽车空调系统制冷不足的故障原因有:蒸发器风扇转速失控;恒温开关、放大器故障;电磁离合器打滑;压缩机进、排气阀腔窜气;储液干燥器、膨胀阀堵塞;冷凝器的气流不畅通;蒸发器的气流不畅通;蒸发器压力控制阀故障;系统中制冷剂过多或不足;冷冻油过多;系统内含水过多;蒸发器结霜堵塞。

故障排除步骤如下:

步骤 1:检查蒸发器风扇,检修调速电阻器。

步骤 2:检测恒温开关、放大器。

步骤 3:检查电磁离合器是否打滑,若打滑应更换磨损的离合器零件。

步骤 4:检查压缩机进、排气阀,更换气缸垫或者压缩机。

步骤 5:检查储液干燥器、膨胀阀是否堵塞,若堵塞应清洗或更换滤网、干燥器、膨胀阀。

步骤 6:检查冷凝器,清理冷凝器表面杂物。

步骤 7:检查蒸发器并清理表面杂物。

步骤 8:检查蒸发器压力控制阀是否发生故障,视情况调整或者更换压力控制阀。

步骤 9:进行压力检测,查看系统中制冷剂是否过多或不足,并视情况按照规范进行调整。

步骤 10:检查冷冻油是否过多,若过多应排出多余的冷冻油。

步骤 11:检查系统内含水是否过多并排空。

步骤 12:检查蒸发器是否结霜堵塞,若结霜堵塞应调整恒温开关或蒸发器压力控制器。

四十七、如何诊断与排除电喷发动机点火不正常的故障?

当发动机不能起动或起动困难,起动后运转不稳,有断火现象,排气管放炮,汽车行驶无力等情况发生时。检查高压火花为粉红色或暗红色,甚至无高压火花,电喷发动机即出现了点火不正常的故障。其故障原因有:点火线路接触不良;高压线电阻过大或漏电;点火线圈击穿、短路或断路;曲轴位置传感器损坏;点火器损坏;ECU 内点火控制模块损坏。

故障排除步骤如下:

步骤 1:检查点火线圈、点火器、分电器(曲轴位置传感器)的线束插头是否连接可靠。如果插头内有水渍或松动、接触不良,应清除水渍,使之连接牢固。

步骤 2:测量各高压线电阻值,每根高压线的电阻值应小于 25kΩ。如果电阻值太大或表面有破损、龟裂老化,应更换。

步骤 3:打开点火开关,测量点火线圈正极柱上有无 12V 电压。如果无电压,则说明点火开关损坏,点火开关至点火线圈的线路有断路或熔丝烧断。

步骤 4:检查点火线圈。分别测量点火线圈初级绕组和次级绕组的电阻。如果是高压火花弱的故障,还应检查点火线圈在热态下的线圈电阻。点火线圈初级绕组的电阻值一般为0.35~0.65Ω,次级线圈绕组的电阻值一般为9~18kΩ。如果有异常,应更换点火线圈。

步骤 5:检查曲轴位置传感器。测量传感器线圈电阻,检查信号转子与定子之间的气隙。如果不符合标准值,应调换或更换传感器。

步骤 6:检查点火控制系统。用示波器检测在发动机转动时 ECU 有无脉冲信号送到点火器。如果无信号,则说明 ECU 有故障;如果有信号,则说明点火器损坏,应更换点火器或 ECU。

四十八、如何诊断与排除曲轴主轴承异响故障?

(1)异响特征

该异响在气缸体下部的曲轴箱处发出连续有节奏的"镗镗"金属敲击声;突然提高发动机转速时,响声更加明显;一般单缸断火时无明显变化;相邻两缸同时断火时,响声会明显减弱或消失;响声与温度的关系:润滑油温度低,初发动时响声明显。

(2)异响原因

主轴承松动,轴承间隙过大;曲轴偏磨或弯曲;主轴承因过长或过短而折断或转动;润滑油过稀或不足,导致轴承烧毁。

(3)诊断排除

步骤 1:若响声严重,发动机机体随响声的出现发生较大抖动,尤其在汽车载重上坡时,驾驶室有明显的振动感。

步骤 2:保持低速运转,并反复加大油门试验。在慢加速时,若响声随转速升高而增大,可采用急加速的方法进一步确诊。当从中速到高速急加速瞬间,沉重发闷的"镗镗"声明显且润滑油压力明显降低,一般是由于曲轴轴承严重松旷、烧毁或减磨合金脱落所致;当发动机在怠速或低速运转时响声明显,高速时较为杂乱,则可能是曲轴弯曲。

步骤 3:断火试验。在最佳听诊转速用听诊器具,如听音旋具触在曲轴箱两侧与曲轴轴线平齐的位置上进行听诊并进行断火试验。在断火试验时必须注意,最前和最后两道轴承响,只需在首尾两缸单缸断火,其响声减弱或消失,其余各道只有在相邻两缸同时断火时,才能根据响声是否发生变化或者明显减弱或消失来确定该轴承是否有异响。

四十九、如何诊断与排除活塞销异响故障?

(1)异响特征

发动机气缸体上、下部均响,响声较脆,且随转速的升高而增大;单缸断火试验时响声明显减弱或消失;发动机温度变化对响声影响不大。

(2)异响原因

活塞销与连杆衬套配合松旷;活塞销与活塞销座孔配合松旷;衬套与连杆小头孔配合有间隙等。

(3)诊断排除

步骤1:当发动机在怠速或稍高怠速时,用听音管在加机油口处或用听音旋具在气缸体中上部查听有无异响。

步骤2:逐渐提高转速直到找到敲击声明显的最佳转速。

步骤3:断火试验。发动机在最佳转速下稳定运转。逐缸进行断火试验。在某气缸断火后,响声明显减弱或消失,而在复火的瞬间响声又快速地恢复,即可诊断为活塞销响。若配合间隙过于松旷,响声则会非常严重。在进行断火试验时,响声反而更加清晰,形成“反上缸”现象。

五十、如何诊断与排除活塞敲缸异响故障?

(1)异响特征

异响产生在气缸体的上部,声音清晰且有明显的“当当”声;冷车时响声明显,热车时减弱或消失;多缸响时,声音嘈杂;单缸断火时响声减弱或消失。

(2)异响原因

气缸或活塞严重磨损,致使它们的配合间隙过大;活塞或气缸壁间润滑不良;活塞反椭圆;活塞与衬套或连杆轴承与轴颈配合过紧;连杆弯曲或扭曲变形等。

(3)诊断排除

步骤1:在不同机温下诊断。活塞敲缸异响的最大特点是冷车明显、热车减弱或消失,因此应在初发动的瞬间和机温较低时仔细查听。若在冷车时有清脆和有节奏的敲击声,热车响声减弱或消失即为活塞敲缸响,且故障程度较低;若机温升高后其响声仍较明显,且加机油口处有脉动冒烟和排气管有冒蓝烟的情况,说明活塞敲缸响已十分严重。

步骤2:断火试验。将发动机置于敲击声最明显的转速下运转,逐缸进行断火试验。当某气缸断火后响声减弱或消失,复火后响声又出现,尤其第一声特别突出,即为该气缸活塞敲缸响。

步骤3:加机油进一步确认。将发动机熄火,卸下发响气缸的火花塞或喷油器,往气缸内注入少量(约20～25ml)浓机油,摇转发动机数圈后,立即装复火花塞或喷油器,起动发动机查听,若响声在起动后的瞬间减弱或消失,然后又重新出现,则可确诊为该活塞敲缸响。

五十一、如何诊断与排除连杆轴承异响故障?

(1)异响特征

异响发生在气缸的中下部,具有轻而短促的“嗒嗒”声;发动机突然加速时,响声更为明显;单缸断火时响声减弱或消失,但重新接通时又能立即出现;响声与温度无关;发动机负荷变化时,响声随负荷增加而加剧。

(2)异响原因

连杆轴承盖螺栓松动或折断;连杆轴承或轴颈磨损过甚致使连杆轴承间隙过大;连杆轴承合金烧毁或脱落;连杆轴承偏磨;机油压力过低或机油变质;连杆弯曲等。

(3)诊断排除

步骤1:急加速试验。起动发动机,控制好油门,使发动机转速由怠速向中速甚至由中速向高速进行急加速。用听音旋具在气缸体中下部(主油道附近)或用听音管在加机油口处查听，是否有轻而短促的“嗒嗒”金属敲击声。

步骤 2:断火试验。在发动机转速由怠速向高速急加速过程中,在响声最明显的转速下进行逐缸断火试验。若某气缸断火后响声明显减弱或消失,在复火的瞬间又能立即出现,可诊断为连杆轴承响。

步骤 3:观察机油压力是否降低。若压力下降较为明显,则说明发响的连杆轴承配合间隙已较大。

五十二、如何诊断与排除气门异响故障?

(1)异响特点

异响发生在气缸盖附近;发动机怠速或稍高怠速时出现明显有节奏的“嗒、嗒”(气门脚处)声或“啪、啪”的敲击声;温度变化和单缸断火时响声无变化;若气门脚响,插入厚度适当的塞尺,则响声消失。

(2)异响原因

①气门脚响。气门间隙过大;气门间隙调整螺钉松动或气门间隙处两平面不平;气门脚处润滑不良。

②气门落座响。气门杆与气门导管间隙过大;气门间隙过大;气门座圈松动。

(3)诊断排除

步骤 1:使发动机处于怠速或稍高怠速,用听音旋具在气门室盖处查听是否存在异响。

步骤 2:打开气门室盖,用塞尺检查或用手测试气门脚间隙。间隙最大者为最响气门。运转中的发动机,当用适当厚度的塞尺插入某气门脚间隙处,若响声减弱或消失,说明该气门的气门脚间隙过大而形成异响;否则为气门落座响。

步骤 3:若不是由于气门脚间隙过大造成的异响,则应检查气门座圈是否松动、气门杆与气门导管间隙是否过大、气门脚处润滑是否良好等。

五十三、德国奔驰 W140 电控动力转向系统的故障诊断程序是怎样的?

现代汽车动力转向系统大多具有自诊断功能。当动力转向系统出现故障时,电控单元将其故障信息以故障码的形式显示出来。下面以德国奔驰 W140 装用的动力转向系统为例,介绍动力转向系统的故障诊断程序:

(1)读取和清除故障码

步骤 1:将点火开关转到接通位置。

步骤 2:图 2-2-79 为诊断插座,在其 2 号和 12 号端子之间跨接 LED 灯。

步骤 3:将其“C”脚跨接搭铁 4s 后取下,从 LED 灯读取故障码闪烁信号。

步骤 4:待 4s 后,将“C”脚再跨接搭铁 8s 以上。

步骤 5:重复步骤 3、步骤 4,直至故障码重新显示,即完成了故障码的读取。

步骤 6:点火开关转到断开位置 30s 后,即可清除故障码。

(2)故障码内容

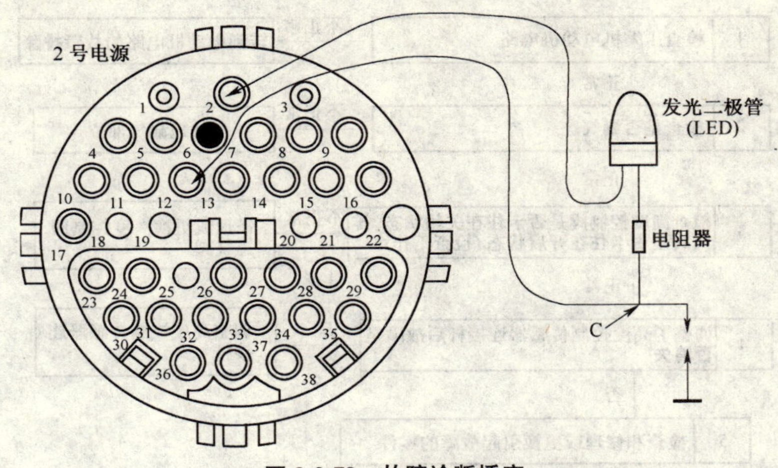

图 2-2-79　故障诊断插座

奔驰 W140 动力转向系统故障码内容见表 2-2-25。

表 2-2-25　奔驰 W140 动力转向系统故障码内容

故障码	表示的内容	故障码	表示的内容
1	系统正常	6	变速器车速信号传感器回路(L2)
2	PML 控制(N9/1)	7	车速控制动力转向阀线路短路到电源(Y10)
3	左后车速信号(由 ABS 的 ECU 故障码 1/6 来)(或由 ASR ECU 故障码 1/28 来)到故障码 1/30 脚	8	车速控制动力转向阀线路短路
4	右后车速信号(由 ABS/ASR ECU 故障码 1/26 来)到 PML 故障码 1/7 脚	9	车速控制动力转向阀线路搭铁
5	无法取得所有车速信号,参考:CODE3、4、5、12		

五十四、丰田轿车电控悬挂系统常见故障如何诊断?

下面以丰田 LS400 轿车装用的电控悬挂系统为例,说明两种常见故障的诊断方法。

(1)1 号高度控制继电器通电时间过长的故障诊断

当 1 号高度控制继电器通电时间过长时,可以输出故障码 51,其含义是:1 号高度控制继电器通电 8.5min 以上。故障诊断流程如图 2-2-80 所示。故障部位主要可能存在以下部件中:空气压缩机电动机;空气压缩机;空气管路;1 号或 2 号高度控制阀;车身高度传感器连接杆;车身高度传感器;排气阀;溢流阀;悬架 ECU。

(2)排气阀通电时间过长的故障诊断

当排气阀通电时间过长时,可以输出故障码 52,其含义是:排气阀的通电时间超过 6min 以上。故障诊断流程如图 2-2-81 所示。故障部位主要存在以下方面:高度控制阀、排气阀、空气管路、车身高度传感器连接杆、车身高度传感器和悬架 ECU。

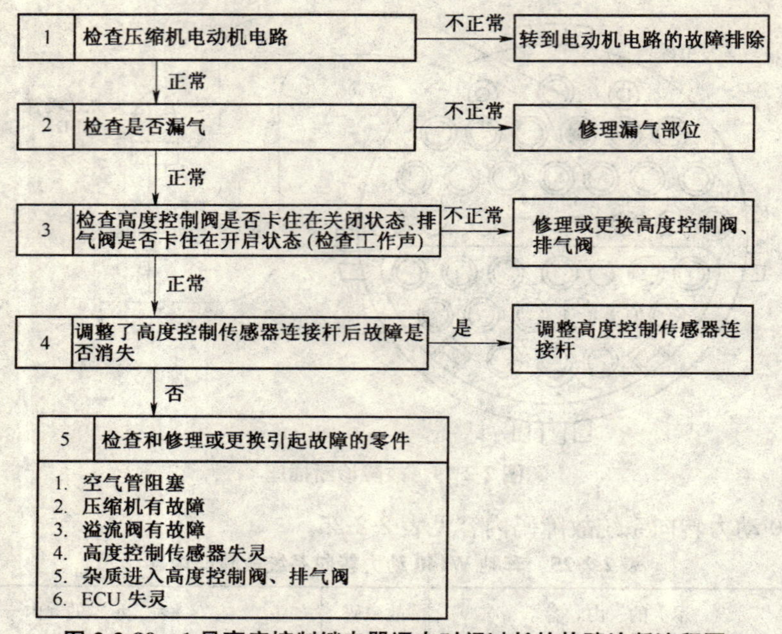

图 2-2-80 1 号高度控制继电器通电时间过长的故障诊断流程图

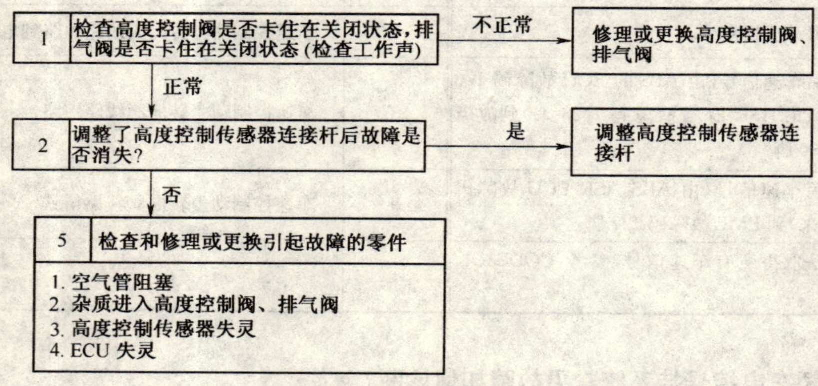

图 2-2-81 排气阀通电时间过长的故障诊断流程图

第三节 计算核算应会

五十五、什么是汽车修理组织中的统筹法？如何计算统筹法流线图中的参数？

为了合理的组织汽车大修生产,必须对汽车修理的各项作业所组成的工艺过程进行统筹计划,常用的方法是统筹法。统筹法也称网络分析技术、计划协调技术(PERT)和关键路径法(CPM),是我国著名数学家华罗庚教授从 1965 年开始,在我国推行和应用的一种数学管理方法。

以发动机大修为例,设圆圈代表事件,带箭头的线代表工序的流动方向,两个事件组成一道工序。从始点到终点,所有线路中所需工时最长的路线称为关键路线,关键路线上的各工序称为关键工序。

流线图各参数的计算包括工序的最早开工期、工序最迟开工期和工序时差等。

(1)画出流线图

流线图也称统筹图,是把各工序顺序、时间逻辑排列起来的箭头图。通常把工序连接的节点处画成圆圈,编上序号,各工序所需的时间标在箭杆上方,就构成了一幅完整的流线图,如图2-2-82所示。

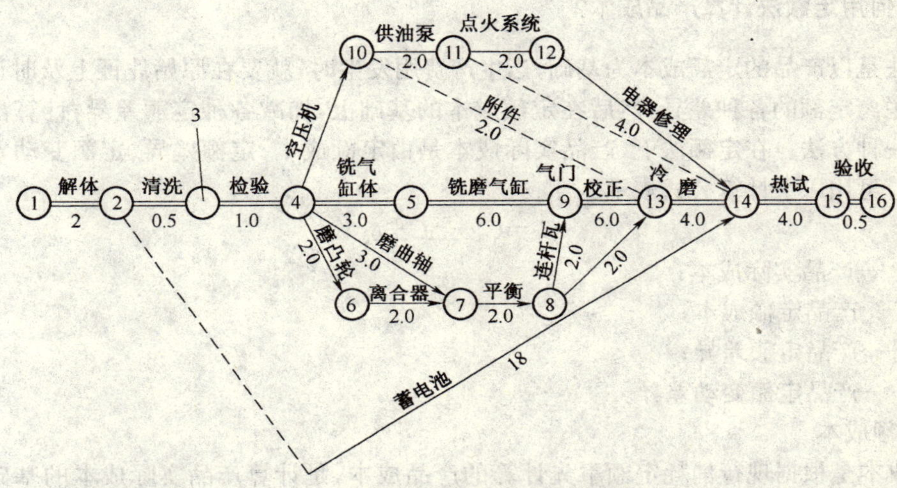

图 2-2-82　发动机大修工艺统筹图

(2)计算各工序的最早开工期 $T_E(ij)$

工序的最早开工期是指某一工序必须等它近前工序完工以后,才能开工的时刻。它等于近前工序的最早开工期加上近前工序所需的时间,若近前工序不止一个,则取其中的最大值。

$$T_E(ij)=\max[T_E(Qi)]+t_e(ij)$$

式中　$Q<i<j$。

(3)计算各工序的最迟开工期 $T_L(ij)$

工序的最迟开工期是指为不影响紧后工序按期开工,工序最晚的开工时刻,其值等于紧后工序的最迟开工期,减去本工序所需工时,当紧后工序较多时,选其中的最小者计算。

$$T_L(ij)=\min[T_L(i\varphi)]-t_e(ij)$$

式中　$Q<i<j<\varphi$;

$j=n,n-1\cdots$;

$T_L(n\varphi)=T_L(n)=T_E(n)$。

(4)计算各工序的时差 $S_t(ij)$

工序的时差是指一个工序的完工期延时多少,才不影响下一工序的最早开工时间。其值等于该工序的最迟开工期与该工序的最早开工期之差。时差越大,工序的时间潜力就越大。

$$S_t(ij)=T_L(ij)-T_E(ij)$$

(5)确定关键路线

时差为零的工序为关键工序，把关键工序连接起来的路径称为关键路线。关键路线确定后，就可以充分调动人力、物力，保证关键工序的按时完工，从而可保证整个发动机大修作业在规定时间内竣工。

需要注意的是，一个流线图的关键路线不是唯一的，经过精心计划安排可以出现多条关键路线；初始的非关键路线，也可变成关键路线，这样可以进一步缩短大修工期。寻找工期、人力、成本等的优化方案，只要在关键路线中的关键工序上采取相应措施即可实现。

五十六、如何用定额法计算产品成本？

定额法是以产品的定额成本为基础，当生产费用发生时，就要在原始凭证上及时计算实际生产费用脱离定额的各种差异，然后在定额成本的基础上，加减各种定额差异，计算出产品实际成本的一种方法。在定额法下，产品实际成本是由定额成本、定额差异、定额变动差异三个因素组成。可用以下计算公式表示：

$$C_s = C_a \pm \Delta C \pm \delta_c$$

式中　C_s——产品实际成本；

C_a——产品定额成本；

ΔC——产品定额差异；

δ_c——产品定额变动差异。

(1)定额成本

定额成本是根据现行消耗定额事先计算的产品成本，是计算产品实际成本的基础。定额成本的成本项目和计算方法，是通过编制成本计算表来进行。定额成本计算表的编制方法，与产品的结构零件的多少，是否实行车间成本核算，以及费用在车间之间的结转方式有直接关系。当产品的零部件不多时，可以先编制零件定额成本计算表，然后再汇编零部件和产品定额成本计算表；如果产品的零部件数量较多时，可以不编制零部件的定额成本计算表，直接编制每种产品的车间单位产品定额成本计算表，然后再编制企业单位产品定额成本计算表；在实行一级核算的企业里，可直接编制产品定额成本计算表。

计算定额成本计算表中各成本项目时，“原材料”、“燃料和动力”项目，应根据现行各项消耗定额及厂内计划价格计算。“工资”项目应按该产品的现实工时定额及每小时计划工资计算。如果工资能直接计入产品成本，则每小时计划工资用该产品计划产量去除其计划工资额确定。“车间经费”、“企业管理费”项目，应根据车间经费、企业管理费计划数及其分配标准计算；如果以定额工时为标准，则应按该产品现行工时定额及每小时计划车间经费、企业管理费确定。

(2)定额差异

定额差异是指生产中各项生产费用的实际支出脱离现行定额或预算的差额。采用定额法时，应将实际生产费用与定额数相比较，把实际费用分为定额内费用(即定额成本)和脱离定额的费用(即定额差异)两部分来计算和反映，定额成本和定额差异的代数和等于实际成本。定额差异通常由材料、工资、燃料和动力、车间经费和企业管理费用定额差异组成。

①材料定额差异。它是指材料的实际成本与材料的定额成本之差;或者指材料的实际消耗量与定额消耗量之差,乘以材料的计划单价。至于材料价格差异,一般同生产车间的价格无关,属于成本开支的可由财务部门一次分配计入产品成本,列“原材料”项目。

②工资定额差异。生产工人工资定额差异的计算,因工资形式不同而异。在计件工资形式下,生产工人工资脱离定额差异的计算与材料脱离定额差异的计算相类似。计时工资形式下,生产工人工资如果能够直接计入产品成本,其工资定额差异可按下式计算:

工资定额差异=实际生产工人工资-实际产量×单位产品定额工资

生产工人工资如果不能直接计入产品成本,而采用实际工时分配时,则工资定额差异可按下式计算:

工资定额差异=实际产量的实际生产工时数×单位小时实际工资-实际产量的定额生产工时×单位小时计划工资

由以上可看出,生产工人工资的定额差异的产生是由两个因素决定的,一是工时差异,二是小时平均工资差异。

③燃料和动力定额差异。燃料和动力应按照设备动力部门下达给各车间的全月消耗动力计划指标总额、各种产品耗用动力计划数,控制各车间的动力消耗和计算各种产品耗用的动力费用定额成本。实际成本数与各种产品的动力费定额成本相比较,即可求得各种产品燃料和动力的定额差异。

燃料和动力定额差异=产品实际耗用燃料和动力金额-产品定额燃料和动力金额

其中:产品实际耗用燃料和动力金额=该产品实际生产工时数×实际小时耗用燃料和动力费用

产品定额燃料和动力金额=该产品实际生产量的定额生产工时总数×计划小时耗用燃料和动力费用

④车间经费和企业管理费用定额差异。此两项费用都是间接费用(杂费),在日常核算中,主要通过费用预算、按照费用项目的性质,下达给有关部门和车间负责管理。

以车间经费为例,假定按生产工时分配,车间经费定额差异等于产品实际车间经费,减去产品定额车间经费。产品实际车间经费等于该种产品实际生产工时乘以实际小时车间经费;该种产品定额车间经费,等于该种产品实际生产量的定额生产工时乘以计划小时车间经费。“废品损失”成本项目,一般不列入产品的定额成本中。因此,它的实际发生额,通常应作为定额差异来处理。

(3)定额变动差异

定额变动差异与定额差异不同,定额变动差异是指因技术进步、劳动生产率提高、生产条件的变化,企业对定额进行修改而产生新旧定额之间的差异。它是定额本身变动的结果,与生产费用的节约或超支无关。而定额差异则是反映生产费用的节约或超支的程度。定额变动差异一般应该按照定额成本的比例,在完工产品和非完工产品之间进行分配。但如果差异额不大或者产品的生产周期小于一个月,则可以由产品的成本负担。

(4)产品实际成本

采用定额法时,产品实际成本的计算程序,因产品成本核算对象、产品成本结转的方法、在产品成本的估价等不同而异。在采用平行结转分步法计算各种产品成本时,各车间应按产品品种设置产品成本计算单位,由于产品实际成本是由定额成本加减定额差异和定额变动差异求得的,因而产品成本计算单位应该按定额成本、定额差异和定额变动差异分设专栏反映。

五十七、汽车维修企业如何计算成本?

汽车维修企业在进行产品成本核算时,常把产品成本分为三部分进行:材料费 M、基本工资 W 和杂费 A。三者累加起来即为产品成本 C,即:

$$C=M+W+A$$

式中 C——产品成本;

M——材料费,包括材料、配件、及辅助材料;

W——基本工资,直接参加生产工人的劳动报酬(不含奖金);

A——杂费,除前两项以外的其他成本构成费用。

在维修企业中,又常把成本简化为材料费和工时费之和,即

$$C=M+B$$

汽车维修工时费 B,由汽车维修的结算工时定额和结算工时单价确定:

$$B=tq$$

式中 t——结算工时定额(h);

q——结算工时单价(元/h)。

结算工时定额一般由交通主管部门和物价部门联合制定,它是企业向客户收费的重要依据。结算工时单价也是由上述两部门联合制定的,它是单位工时的收费标准。在向客户收费时,还应考虑企业的利润率和税率。

五十八、如何计算汽车大修费用?

例如:某型汽车大修工时 t 为 500h,结算工时单价为 8 元/h,消耗材料费为 6000 元,利润率 v 为 30%,税率 b 为 5%。修理厂应向客户收取汽车大修费用计算如下:

(1)计算大修成本

该型汽车的大修成本根据 4.2.58 中的计算公式为:

$$\begin{aligned}C&=M+B\\&=6000+500\times 8\\&=10000(\text{元})\end{aligned}$$

(2)计算大修费用

在考虑利润率和税率时,修理厂应向客户收取的汽车大修费用 Q 可用如下公式算出:

$$\begin{aligned}Q&=C\cdot\frac{1+v}{1-b}\\&=10000\times\frac{1+30\%}{1-5\%}\\&=13684(\text{元})\end{aligned}$$

因此，该车的汽车大修费用约为 13684 元。

五十九、如何计算汽车修理工时定额？

例如：某汽车修理企业，年修车能力为解放 CA1091 整车 2000 辆，发动机总成 1500 台，变速器总成 1000 台，生产纲领为 1000 辆时，其工时定额见表 2-2-26，求表中各作业的工时定额。

表 2-2-26　工时定额

1	发动机拆卸	8.0h
2	变速器拆卸	2.0h
3	货厢拆卸	12.0h
4	焊工(电气焊)	25.0h

工时定额 t_i 等于批量系数 K_3 乘以 1000 辆生产纲领的工时定额 t_0，即

$$t_i = K_3 t_{0i}$$

(1)求出四种作业的生产纲领 Z_i

$Z_{发}=2000+1500=3500$(台)

$Z_{变}=2000+1000=3000$(台)

$Z_{厢}=2000$(件)(只与整车有关)

$Z_{焊}=2000+1500\times0.21+1000\times0.05=2365$(辆)

(2)用插入法求出批量系数 K_3

生产纲领 Z_i	1000	2000	2365	3000	3500	4000
批量系数 K_3	1.0	0.91	0.89	0.86	0.83	0.80

(3)计算各作业的时间定额

$t_{发}=0.83\times8=6.64$(h)

$t_{变}=0.86\times2=1.72$(h)

$t_{厢}=0.91\times12=10.92$(h)

$t_{焊}=0.89\times25=22.25$(h)

六十、如何计算活塞与气缸的配合间隙？

在汽车修理中经常遇到配合副间隙的确定，一般情况下，汽车修理标准或汽车使用说明书中已经给出了某些配合副的间隙值，但对不熟悉的车型或手中缺少资料的汽车，可用经验公式计算确定活塞与气缸配合间隙 ΔD。

①柴油发动机的 $\Delta D=0.0012D$。

②汽油发动机的 ΔD：

a. 镶钢片的椭圆活塞 $\Delta D=0.0006D$。

b. 闭式开槽及有纵向防胀槽的活塞 $\Delta D=0.0007D$。

c. 闭式开槽及有纵向防胀槽的椭圆活塞 $\Delta D=0.0004D$。

式中　ΔD ——活塞与气缸的配合间隙(mm)；

D——活塞与气缸的公称直径(mm)。

六十一、如何核算产品成本?

例题:汽车配件产品 300 件,原材料项目的定额成本,上月旧定额为每件 40 元,共计 12000 元;自本月初起每件定额改为 32 元,本月投入生产 1000 件,实际生产发生原材料费用 36000 元,产品实际在月内完工 1300 件,如何核算产品成本?

由例题可知:上月转来月初的在产品定额成本 12000 元。

月初在产品定额成本降低费用:300×(40－32)＝2400(元)

本月投入产品定额成本:1000×32＝32000(元)。

定额成本合计:1300×32＝41600(元)。

定额超支差异:36000－(32×1000)＝4000(元)。

定额变动差异:2400 元。

原材料实际成本:36000＋12000＝48000(元)。

六十二、如何评定汽车大修质量?

根据 GB/T 15746.1～3—1995《汽车修理质量检查评定标准》的要求,汽车大修质量主要从以下几个方面进行评定:

(1)评定内容

①汽车大修基本检验技术文件。汽车大修基本检验技术文件包括汽车大修进厂检验单、汽车大修工艺过程检验单、汽车大修竣工检验单、汽车大修合格证,简称“三单一证”。

②一般技术要求。一般技术要求包括对驾驶室、车厢、涂漆、保险杠、翼子板、坐椅、门窗、拉杆、轮胎、电气、仪表、润滑、紧固、铆焊等质量要求。

③主要性能要求。主要性能要求包括动力性、经济性、滑行性能、转向操纵性、制动性能、前照灯、车速表、排放与噪声、密封性等质量要求。

④发动机运转。发动机运转主要指发动机起动性能、怠速运转、运转性能、机油压力等。

⑤传动机构工作状况。传动机构工作状况主要指离合器、变速器、传动轴及中间轴承、差速器及减速器等的工作状况。

(2)评定方法

汽车大修质量评定,采用综合项次合格率来衡量,计算公式如下:

$$\beta_0 = \sum_{i=1}^{3} K_i \beta_i$$

$$\beta_i = \frac{n_i}{m_i} \times 100\%$$

式中 β_0——综合项次合格率;

β_i——项次合格率;

n_i——检查合格的项次数之和;

m_i——检查的项次数之和;

i——角标,取 1、2、3,分别表示“三单一证”,一般项及关键项;

K_i——权重系数,分别取 0.2、0.6、0.2。

(3)质量分级

汽车大修质量分为优等、一等、合格、不合格四个等级,其中关键项次合格率只要小于100%(关键项出现不合格),整车大修质量就为不合格。具体数值见表 2-2-27。

表 2-2-27 汽车大修质量等级

项目 \ 等级	优等	一等	合格	不合格
关键项次合格率 β_3	100%	100%	100%	$<$100%
综合项次合格率 β_0	$\geqslant$95%	85%$\leqslant\beta_0<$95%	70%$\leqslant\beta_0<$85%	$<$70%

六十三、如何撰写好技术总结(科技报告)?

技术总结,又称科技报告。要撰写好技术总结,一要熟悉和掌握其五个基本特点;二要确定好写作种类;三要合理安排好写作结构。

(1)熟悉和掌握技术总结的五个基本特点

①客观性。报告一定要反映客观事实,不能主观臆造。报告是研究工作结果的记录,无论取得的结果与预料的结果是否一致,无论预料的目的被肯定还是被否定,都可写成报告,具有参考价值。

②自我性。报告是作者根据对科学的研究、考察、调研和实验结果等,如实记录和整理编写而成的。因此,报告是作者自己的报告,要对自己负责。

③单一性。大多报告以解决某一问题为目的,撰写时可以针对某一题目、某一目的和某项内容进行单项专一编写。

④叙述性。报告以叙述为基本手段,叙述整个工作过程、方法及其细节。它不要求有明确的论点,也可以重复别人做的工作。

⑤灵活性。报告撰写有一定格式要求,但又不完全局限于固定格式,可视实际需要,按不同种类灵活确定其格式和编写的字数,格式长短不受限制。

(2)确定好写作种类

技术总结的种类很多,主要有考察报告、技术报告、实验报告、科技协作合同书和技术鉴定书等。因此,要根据写作的目的,确定好写作种类,选择好写作方法和格式。

(3)合理安排好写作结构

在编写时,应考虑好全部情况,包括发展程序、相互联系、来龙去脉及细枝末节等。然后根据报告的写作目的,采用不同的写作结构。其结构一般有以下几种:

①以空间位置的变换为序。这种结构宜于表现并列事物和场景,在科学研究性的考察报告中使用较多。

②以学科的内在联系为序。这种方式在考察报告和实验报告中经常使用。

③以时间的先后为序。即依照表述对象的发展在时间上的自然顺序来安排文章的层次,这在科学实验报告中经常用到。

必须指出的是,上述三种结构在实际写作中,往往把两三种方式综合起来使用。对于写作经验少的作者,可以在正式写作前,设计一个报告编写提纲,构思整篇写作结构。

六十四、如何对零件进行测绘?

零件的测绘要依据实物,主要分为两个步骤:首先徒手画出零件草图;然后根据零件草图再画出零件工作图,为设计机器、修配零件和准备配件创造条件。

(1)画零件草图

经过对零件的名称、用途、材料、结构、工艺和表达方案进行分析后,就可以进行徒手画图,步骤如下:

①在图样上定出各个视图的位置,画出各视图的基准线、中心线,如图 2-2-83a 所示。安排各个视图的位置时要考虑到各视图间应有标注尺寸的地方,留出右下角标题栏的位置。

②详细地画出零件的外部及内部的结构形状,如图 2-2-83b 所示。

③选择基准,画尺寸线、尺寸界线及箭头。校检后,全部轮廓线描深,画出剖面线,如图 2-2-83c所示。

④测量尺寸,进行标注。注出表面粗糙度,写明技术要求,如图 2-2-83d 所示。

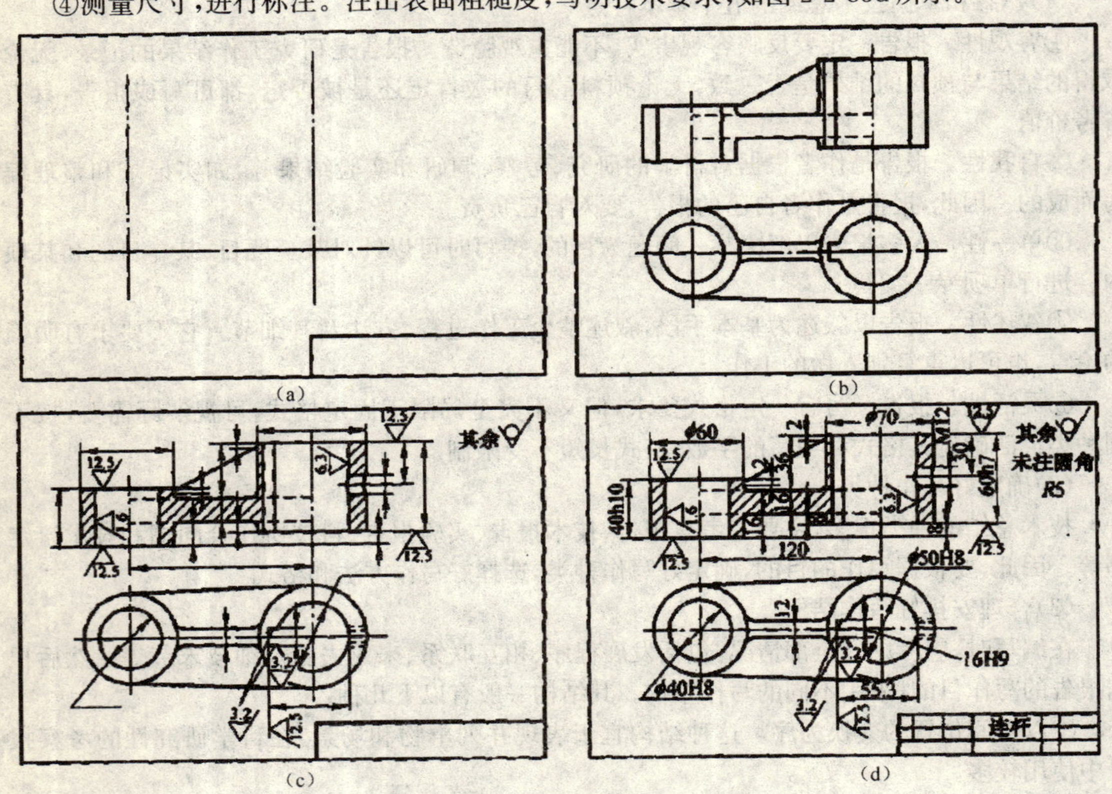

图 2-2-83　画零件草图步骤

(a)画基准线　(b)画结构　(c)画剖面　(d)尺寸标注

(2)画零件工作图

在零件草图的基础上，画零件工作图的具体方法和步骤如下：

①对零件草图进行审检，审检内容如下：表达方案是否完整、清晰和简便；零件上的结构形状是否多、少、损坏或有弊病等；尺寸标注是否完整、合理、清晰；技术要求是否满足零件的性能要求，而且经济效益较好。

②画零件工作图的步骤如下：

步骤1：选择比例。根据零件的复杂程度选择比例，尽量选用1∶1；选择幅面，根据表达方案、比例留出标注尺寸和技术要求的位置，选择标准图幅。

步骤2：画底图。首先定出各视图的基准线，画出图形，然后标注尺寸和技术要求，最后填写标题栏。

步骤3：校核、描深和审核。

六十五、如何合理标注零件图的尺寸？零件图有哪些技术要求？

为使标注尺寸合理，同时满足设计要求和工艺要求，必须对零件进行结构分析、工艺分析和形体分析，确定零件的基准，选择合理的标注方法，结合具体情况进行标注。

(1)选择基准

基准是指零件在机器中或在加工及测量时，用以确定其位置的一些点、线和面。基准根据用途分为设计基准和工艺基准。选择基准时，可以从设计基准出发，也可以从工艺基准出发。前者的优点是在标注尺寸时反映了设计要求，能保证所设计零件在机器中的工作性能。后者的优点是把尺寸的标注与零件的加工制造联系起来，在标注尺寸上反映了工艺要求，使零件便于制造、加工和测量。在标注尺寸时，应该把设计基准和工艺基准统一起来，既满足设计要求，又满足工艺要求。如果两者不能统一时，应以设计基准为主。

(2)标注尺寸的方法

根据尺寸在图上的布置特点，标注尺寸的方法有链状法、坐标法和综合法。

①链状法。它是把尺寸首尾相接，依次注写成链状，如图2-2-84所示。从图中可以看出，它是先以A为基准加工面，然后加工尺寸20H12，然后加工尺寸30H12、28H10等。依据这样的顺序加工，每一段的加工误差将影响这个尺寸的公差，前面各个尺寸的误差并不影响正在加工尺寸的公差。这是链状法标注尺寸的主要优点；缺点是累积误差较大。在机械制造业中，链状法常用于标注中心之间的距离、阶梯状零件尺寸要求十分精确的各段，以及用组合刀具加工的零件等。

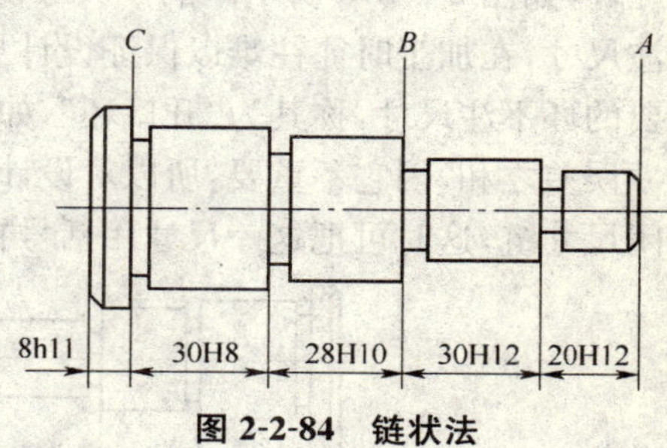

图2-2-84　链状法

②坐标法。坐标法是把各个尺寸从一个事先选好的基准标注的方法，如图2-2-85所示。这样标注尺寸时，任一尺寸的加工精度只决定于那一段加工的加工误差，完全不受其他尺寸误差的影响，这是坐标法的主要优点。因而，当需要从一个基准定出一组精确的尺寸时，经常采用这种方法。

③综合法。综合法是链状法和坐标法的综合，具有两种方法的优点，如图2-2-86所示。

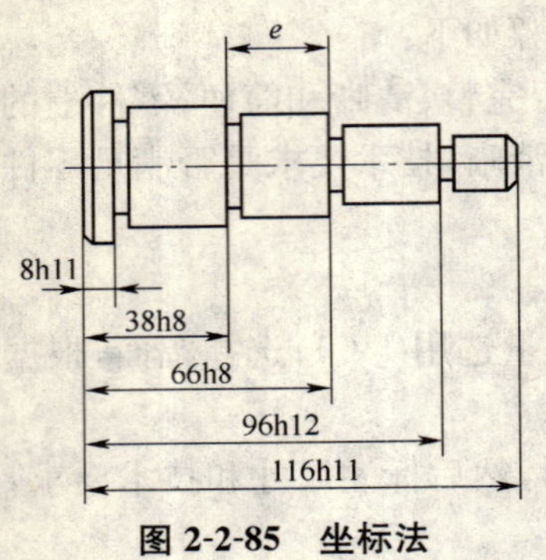

图 2-2-85　坐标法

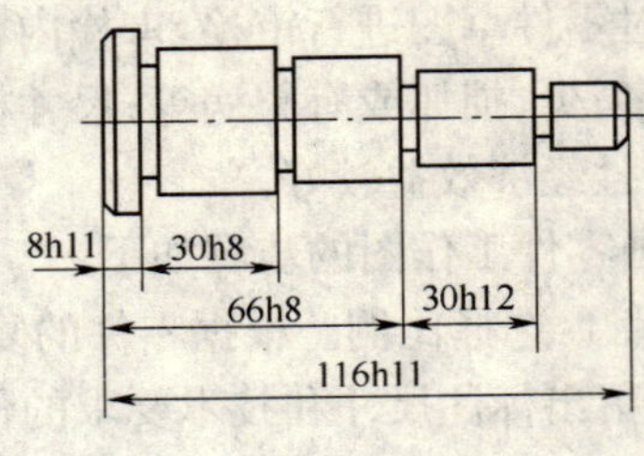

图 2-2-86　综合法

当零件上一些较重要的尺寸要求较小误差时，常用这种方法标注。在实际工作中，用得最多的是综合法。

(3)标注尺寸的原则

①考虑设计要求。

a. 功能尺寸要直接标出。功能尺寸是指那些直接影响产品工作性能、精度及互换性的重要尺寸。直接标注出功能尺寸，能直接给出尺寸公差和形位公差的要求，还可以避免加工误差的积累，以保证设计要求。

b. 联系尺寸要相互联系。一台机器由许多零件装配而成，各零件间总有一个或几个表面相联系。联系尺寸就是在数量上表达这种联系的。常见联系有轴向联系、径向联系和一般联系。

c. 尺寸链不能封闭。封闭尺寸链是头尾相接、绕成一整圈的一组尺寸，每个尺寸是尺寸链的一环，如图 2-2-87a 所示。图中尺寸链中任一环的尺寸公差，都是各环尺寸误差之和。这样标注尺寸，在加工时往往难以保证设计要求。因此，在标注尺寸时，一般在尺寸链中选一个不重要的环不注尺寸，称其为"开口环"，如图 2-2-87b 所示。这时开口环的尺寸误差，是其他各环尺寸误差之和，因它不重要，所以对设计要求没有影响。有时，为了加工和设计时参考，也注成封闭尺寸链，这时可把这一尺寸用括号括起来，作为参考尺寸。

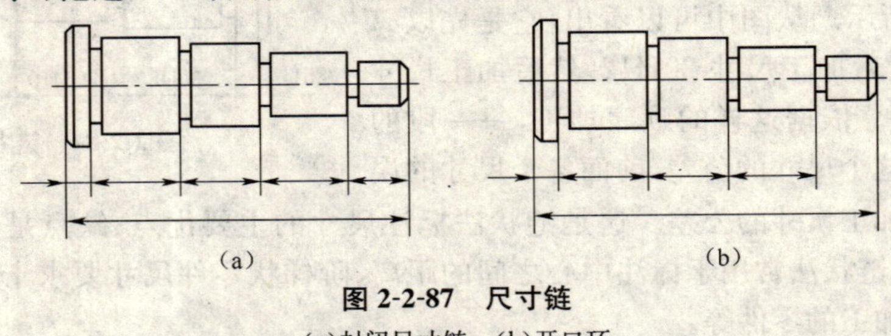

图 2-2-87　尺寸链

(a)封闭尺寸链　(b)开口环

②考虑工艺要求。

a. 按加工顺序标注尺寸。应考虑到符合加工过程，便于加工和测量。

b. 按加工方法集中标注尺寸。加工一个零件，不仅用一种加工方法，而是用多种加工方法(如车、刨、铣、钻和磨等)才能制成。在标注尺寸时，应将不同加工方法的有关尺寸集中标注。

c. 按形体标注尺寸。铸件、锻件按形体标注尺寸,以便制作模型与锻模。

d. 毛面与加工面的标注。按两组尺寸分别标注,各个方向要有尺寸把它们联系起来。

e. 要便于测量尺寸。

零件图是指导生产机器零件的重要技术文件,因此,它除了有图形和尺寸外,还必须有制造该零件时应达到的质量要求,即技术要求。零件图上通常标注的技术要求内容如下:表面粗糙度、尺寸的公差、零件的形状公差和位置公差、零件所用的材料、零件的热处理方法、表面强化和其他要求(倒角、圆角等)。

六十六、发动机总成进厂大修时如何进行检验和接收?

符合送修的发动机总成进厂大修时,一般需检验评定技术状况,确定修理作业范围,填写进厂检验单,办理交接手续,签订修理合同。

(1)调查发动机使用情况

通过对送修人员询问,并查阅车辆总成的技术档案,了解总成使用中的维修情况、经常发生的故障、燃料消耗情况等,作为判断发动机技术状况的初步依据。

(2)检验与试验

有检测手段的维修企业要对发动机总成进行单独检验或随车进行检验。贯彻“按需视情修理”的原则,准确判定修理的作业范围。没有条件的维修企业可借助检测站进行检验或进行人工检查和试验。发动机的外部检验,主要检视其装配是否齐全,有无拆换现象,基础件有无破裂、渗漏、变形等情况。还可通过道路试验进一步检查发动机的运转情况(怠速和低、中、高速)、燃料燃烧情况、有无异响等,从而可以进一步判断发动机总成的技术状况。

(3)发动机的接收

发动机经入厂检验和技术鉴定后,基本上能比较准确地确定修理的作业范围。接下来是承修单位与送修单位商定送修要求、修理时间、质量保证,签订修理合同,填写接收进厂检验单。

六十七、汽车维修设备的电动机功率如何确定?

电动机是设备的动力源,其功率的计算是设备零件和进行结构设计的依据。电动机功率若选得过大,不仅浪费电力,而且会使设备笨重;反之,功率选得过小,则电动机经常处于超负荷运转,容易发热甚至烧坏。设备所需的电动机功率,通常可按下列两种方法确定:

(1)实验类比法

根据对同类设备的调查研究,分析确定工件加工设备所需的切削用量和选用的刀具,然后用确定的最大切削用量在同类设备上做切削试验,测出电动机的输出功率。以此为依据,再类比国内外同类设备的电动机功率来确定。也可参照同类设备的电动机功率,类比选择一电动机,再用选择的电动机功率核算是否满足设备实际工作的需求;如能满足即为合理。

(2)分析计算法

所需的电动机功率分为有效功率和损耗功率两部分,用下式计算:

$$N=N_1+N_2=N_1K/\eta$$

式中 N——需要的电动机功率(kW);

N_1——切削时的有效功率(kW);

N_2——损耗于摩擦、搅动润滑油等所做的无用功率(kW);

η——设备的总效率,做旋转的设备取 $\eta=0.70\sim0.85$,往复运动设备取 $\eta=0.6\sim0.7$;

K——考虑损耗于进给运动和空载运动的系数,$K=1.5\sim2.0$。

切削功率的大小可用下式计算:

$$N_1=F_cV/625$$

式中 F_c——主切削力(N);

V——切削速度(m/min)。

$$F_c=C_pa_pf^{0.75}$$

式中 C_p——材料系数,铸铁 $C_p=175$,合金 $C_p=45$;

a_p——背吃刀量(mm);

f——进给量(mm/r)。

损耗功率的大小可用下式计算:

$$N_2=N_o+N_m$$

式中 N_o——设备的空载功率(kW);

N_m——设备传动系统中的机械损耗功率(kW)。

$$N_o=K_od_m(\sum n+Cn_j)/974000$$

式中 K_o——常数,通常取 3~5,根据传动链结构,制造装配和润滑情况而定;

d_m——除主轴外其他各传动轴的平均直径(mm);

$\sum n$——除主轴外其他各传动轴的转速和(r/min);

n_j——主轴转速(r/min);

C——系数。

$$C=K_jd_j/d_m$$

式中 K_j——系数,主轴采用滚动轴承时,取 1.5;采用滑动轴承时,取 2.0;

d_j——主轴平均直径(mm)。